Max Otte
Investieren statt sparen

Max Otte

INVESTIEREN
STATT SPAREN

Anlegen in Zeiten von Niedrigzinsen,
Bargeldverbot und Brexit

Econ

Für Friedrich Jeremiah (* 21.05.2016)

Econ ist ein Verlag
der Ullstein Buchverlage GmbH

ISBN: 978-3-430-20225-1

© der deutschsprachigen Ausgabe
Ullstein Buchverlage GmbH, Berlin 2016
Alle Rechte vorbehalten
Gesetzt aus der Janson Text
Satz: Pinkuin Satz und Datentechnik, Berlin
Druck und Bindearbeiten: CPI books GmbH, Leck
Printed in Germany

Inhaltsverzeichnis

Vorwort 7

1. Anlegen in der Niedrigzinsphase:
   Investieren statt sparen 15
2. Die dritte (oder vierte) Enteignung
   der Deutschen 59
3. Bargeld, Kontoguthaben und Sparprodukte –
   wofür man sie heute braucht und wofür nicht 97
4. Die Grundlagen des Investierens 135
5. Anleihen: Der Einstieg in die Welt
   der Wertpapiere 178
6. Gold, Silber und andere Sachwerte 212
7. Warum Aktien langfristig eine gute
   Kapitalanlage sind 261
8. Investieren in Aktien: die Grundlagen 282
9. Im Dschungel der Finanzbranche – welche
   Produkte Sie vermeiden sollten und was geht 321
10. Der Königsweg – verdienen Sie mit den
    besten Großunternehmen der Welt 365
11. Die Portfolios von www.privatinvestor.de 423
12. Der Weg zu Ihrer eigenen Investmentstrategie 462

Anhang 479

Vorwort zur vollständig überarbeiteten Ausgabe von 2016

Aktuell halten uns die Krise der Europäischen Union und der Brexit, die Eurokrise 2.0 und zunehmende Unruhen auf der Welt in Atem. Die Frage vieler Menschen ist aber dieselbe wie zu dem Zeitpunkt, als ich im Frühjahr 2000 das Manuskript zur Erstausgabe von »Investieren statt sparen« abschloss. Wie kann ich mein Geld sicher und ertragbringend anlegen?

Seit mittlerweile fast zwei Jahrzehnten habe ich es mir zur Aufgabe gemacht, Privatanlegern mit unabhängigen Finanzinformationen zur Seite zu stehen. Als ich »Investieren statt sparen« im Jahr 2000 schrieb, war der Neue-Markt-Wahnsinn auf seinem Höhepunkt. Unternehmen mit Geschäftsmodellen, die eigentlich nicht funktionieren konnten, wurden an die Börse gebracht und waren auf einmal viele Milliarden Euro wert. Milchgesichter, die kaum mit dem Studium fertig waren oder es abgebrochen hatten, wurden als Vorstände von NEMAX-Unternehmen zu Stars. Finanzanalysten und Banken beteiligten sich an den Schiebereien wertloser Aktien, auf die am Ende meistens unwissende Privatanleger hereinfielen. Die Stars des Neuen Marktes stürzten reihenweise ab.

Heute ist die Welt eine andere geworden. Während damals grenzenlose Euphorie herrschte, hat sich angesichts von Null- und Strafzinsen eine tiefe Verunsicherung breitgemacht. Die Staaten der Welt sind überschuldet. Irgendwann muss es zu einer Neuorganisation des Währungssystems kommen. Mit diesem Buch werde ich Ihnen helfen, Ihre Verunsicherung zu überwinden. Sie werden lernen, wie Sie gute von schlechten Kapitalanlagen unterscheiden und wie Sie Ihr Vermögen sichern. Vorab so viel: Auf dem Konto und mit Lebensversicherungen wird Ihnen dies nicht gelingen.

2006 griff ich wieder zur Feder. Kaum fünf Jahre nach dem Höhepunkt der Technologieblase tobte ein neuer, viel gefährlicherer Wahnsinn auf den Finanzmärkten: der aus den Fugen geratene Handel mit verbrieften amerikanischen Immobilienkrediten. Anders als bei den exorbitanten Übertreibungen bei Technologieaktien war der amerikanische Immobilienmarkt weit weg. Und die komplizierten Subprime-Papiere, zum Teil aus Hunderten von Einzelpapieren und Tausenden von Hypotheken zusammengestückelt, konnte keiner richtig verstehen. So bemerkten nur wenige die Blase. Im Sommer 2006 veröffentlichte ich »Der Crash kommt«, in dem ich »einen Finanz-Tsunami, ausgelöst durch US-Subprime-Papiere«, für die Jahre 2007 bis 2010 prognostizierte. Als die Prognose dann eintraf, stieg meine Bekanntheit über Nacht.

Ich wurde in Talkshows eingeladen und von den *tagesthemen* und vom *heute journal* zu aktuellen Entwicklungen befragt. In den vergangenen zehn Jahren hielt ich nahezu tausend Vorträge und habe damit ungefähr eine halbe Million Menschen erreicht – bei Volksbanken, Sparkassen, Großbanken, Kommunen, Kirchen, im Bundestag, aber auch bei der nordischen Finanzgewerkschaft in Oslo, der Konferenz der holländischen Finanzchefs, Lehrern aus der Schweiz. Dabei habe ich manch interessanten Veranstaltungsort kennengelernt – prunkvolle Wiener Stadtpalais, das Konferenzzentrum unter dem Louvre, Krynica in Polen und das Grand Hôtel in Montreux, in dem Deep Purple ihr legendäres »Smoke on the Water« aufnahmen.

Ich habe Tausende wunderbarer und interessanter Menschen kennengelernt – Sahra Wagenknecht und Oskar Lafontaine, Dirk Müller, den Magier Harry Keaton, den Kabarettisten Vince Ebert, Klaus-Peter Willsch, Frank Schäffler, Hans-Werner Sinn, Peter Bofinger, Helge Peukert, die Euro-Kläger

Karl Albrecht Schachtschneider und Joachim Starbatty, wdr-, hr- und swr-Urgesteine, Zeitungs-, Radio- und Fernsehjournalisten und viele, viele interessierte Bürgerinnen und Bürger.

Aber mein Ziel, den Deutschen das Anlageobjekt Aktie näherzubringen, habe ich nur teilweise erreicht. Im Gegenteil: Es scheint, als ob die Deutschen sich trotz Nullzinsen im Aktienkoma befinden. Nach wie vor investieren wir ungeschickt oder schlecht. Selbst der »Spiegel« schreibt (und ich werde dieses Zitat in Kapitel 1 wiederholen, damit es sich auch bei jedem von Ihnen ins Hirn brennt): »Der deutsche Sparer, so belegen es die Zahlen, ist ein Narr. Er spart sich nicht reich, sondern arm. Er vernichtet sein Vermögen, anstatt es zu vermehren. Er wirft sein Geld praktisch weg. Ja ist er denn völlig verrückt geworden?«[1]

Vom Aktienblues, dem Wiedererwachen des Interesses an Aktien 2005 bis 2008, der Finanzkrise und der atemberaubend schnellen Erholung der Aktienmärkte bis zu der darauffolgenden »Eurokrise« sowie neuen DAX-Höchstständen im Jahr 2015 haben wir nun in eineinhalb Jahrzehnten eine Achterbahnfahrt von Euphorie, Panik und Depression gesehen. Der DAX hat sich mittlerweile bei 10 000 Punkten stabilisiert. Warum das nicht das Ende der Fahnenstange ist, erfahren Sie neben vielen anderen Dingen in diesem Buch.

Die Achterbahnfahrten des DAX, die eher einer Provinzbörse als der Börse der viertgrößten Industrienation der Erde entsprachen, haben viele Privatanleger in Deutschland verunsichert. Der private Aktienbesitz war 2010 im Vergleich zum Jahr 2000 nach einer Studie des Deutschen Aktieninstituts e.V. um 30 Prozent gefallen! Erst 2015 deutete sich so etwas wie eine Trendwende an.

Während der Finanzkrise zeigte sich, dass Banken und Finanzdienstleister in vielen Fällen ihre Kunden abgezockt und betrogen hatten. In Deutschland und Österreich war, gefördert durch die Werbung der Banken, ein regelrechter Zertifikatewahnsinn ausgebrochen, der zum Beispiel im Schwarzbuch

Börse der Schutzgemeinschaft der Kapitalanleger SdK e.V. regelmäßig thematisiert wurde.

Sogar die angesehene »Wirtschaftswoche« veröffentlichte eine Titelgeschichte dazu: »Bankberater packen aus – ich habe Sie betrogen«.[2] In vielen Banken herrschten (und herrschen immer noch!) Zustände wie in Drückerkolonnen. Berater, die es nicht mit sich vereinbaren konnten, ihre Kunden abzuzocken, bekamen regelmäßig Druck von ihren Vorgesetzten – manchen wurde sogar mit der Kündigung gedroht. Obwohl die Banken in der Finanzkrise von uns allen – vom Steuerzahler – gerettet wurden, machen sie weiter wie bisher. Kunden werden immer noch reihenweise betrogen. Den lauten Beteuerungen der Politik, die Branche besser zu kontrollieren, sind kaum Taten gefolgt. Immer noch sind jene Kunden, die wenig von Finanzanlage verstehen, Freiwild für die Banken. Die Verbraucherzentralen scheiterten vor Gericht mit dem einleuchtenden Vorschlag einer Ampelkennzeichnung für Finanzprodukte.

Ich habe in den Jahren nach der Finanzkrise nicht nur gute Erfahrungen gemacht. Immer wieder habe ich die Missstände in der Finanzbranche, in der Politik, aber auch in der Berichterstattung sogenannter Qualitäts- und Mainstreammedien offengelegt und angeprangert. Das schafft nicht nur Freunde.

Zweimal wurde ich von Veranstaltungen wieder ausgeladen, weil ich nicht »bequem« war – einmal von einer Anhörung beim Deutschen Bundestag, einmal bei einer politischen Stiftung, die meinte, dass meine Gedanken nicht mit freiheitlichem Gedankengut vereinbar wären. (Zur Ehrenrettung: Die Stiftung hat nachher ihre Meinung revidiert und mich viermal zu verschiedenen Anlässen eingeladen.)

Meine kritischen Positionen werden nicht überall gerne gesehen. In einer Kolumne meines seit 2003 erscheinenden Börsenbriefes »DER PRIVATINVESTOR« berichtete ich darüber, dass der Finanzteil einer bekannten Tageszeitung immer mehr zu einer Verkaufsplattform für Zockerprodukte der Finanzbranche verkommt.[3] So nutzen manche Medien – insbesondere sogenannte »Qualitätszeitungen« – jede Gelegenheit, im Stil billigsten Sensationsjournalismus negativ über mich zu berichten. Dazu kann ich nur sagen: Das Rennen gewinnt, wer den längeren Atem hat. Aktienanlage ist ein Marathonlauf und kein Sprint. Vom März 2003 bis September 2016 hat mein öffentlich zugelassener Anlagefonds eine Rendite von 7,38 Prozent pro Jahr erzielt – ein Plus von 82,56 Prozent. Das Langfristdepot im PRIVATINVESTOR – in diesem Buch schreibe ich darüber – steht seit 2005 mit 242 Prozent im Plus.

Wer in den Medien präsent ist, muss Kritik ertragen können. Ich war präsent, weil ich etliche richtige Prognosen und treffende Analysen gemacht hatte. Aber das Investieren an den Kapitalmärkten ist ein nüchternes Handwerk. Es geht um die Beurteilung von Chancen und Risiken einzelner Wertpapiere. Dieses Handwerk betreibe ich seit vielen Jahren. 2007 gründete ich mit führenden deutschen Value-Investoren das unabhängige Zentrum für Value Investing e.V.

Meine Aufgabe ist es, Sie, sehr geehrte Privatanleger, zu informieren. Ich bin ausschließlich Ihnen verpflichtet; und diese Verpflichtung nehme ich ernst. Mit diesem Buch kehre ich zu den Anfängen zurück, um einer neuen Generation von Kapitalanlegern die Grundsätze des seriösen Investierens zu vermitteln. Ob ich in den Medien präsent bin oder nicht, ist Nebensache.

In der Finanzkrise boten sich dem beherzten Aktieninvestor enorme Chancen. Im März 2009 – auf dem Tiefstand der Märkte – sagte ich in einem Interview mit »Börse Online«, dass ich mich wie ein Junge im Süßwarenladen fühle, wenn Eltern und Verkäuferin nicht da sind. Ich empfahl Henkel, Nestlé, Coca-Cola, Beiersdorf, InBev und Procter & Gamble. Alle diese Aktien sind mittlerweile massiv gestiegen. AB InBev liegt in mehreren Depots meiner Kunden mit einem Gewinn von mehr als 1000 Prozent.[4] Heute ist es schwieriger. Aber Chancen gibt es immer wieder.

Börsenerfolg ist lernbar! Allerdings muss ich Sie mit den

Worten des Großmeisters André Kostolany warnen: An der Börse verdientes Geld ist Schmerzensgeld. Erst kommen die Schmerzen, dann das Geld. Nur wenn Sie die Lernphase durchstehen, folgt am Ende der Lohn. In dieser aktualisierten und zum Großteil neu verfassten Neuausgabe von »Investieren statt sparen« zeige ich Ihnen, wie Aktienanlage wirklich funktioniert, und erkläre Ihnen, wie Sie Ihre eigene Anlagestrategie entwickeln können.

Langfristig ist die Aktienanlage nach wie vor die beste Form der Geldanlage. Es handelt sich – zumindest bei guten Unternehmen – um Produktivvermögen. Tausende Mitarbeiter arbeiten daran, den Wert des Unternehmens, und damit den Ihrer Aktien, zu steigern. Mit der richtigen Anlagestrategie können Sie zwischen 8 und 10 Prozent Rendite erzielen und Ihr Vermögen alle sieben bis zehn Jahre verdoppeln. Zudem sind Aktien – wie auch Immobilien – Realvermögen. Sie sind damit gegen Inflation und Währungsrisiken recht gut geschützt und langfristig weniger risikoreich als Anleihen oder Lebensversicherungen.

Das gilt gerade in Zeiten der Null- und Negativzinsen. Sie MÜSSEN investieren, wenn Sie nicht schleichend enteignet werden wollen. Mit immer dramatischeren Maßnahmen wollen Notenbanker und Politiker uns dazu zwingen, unser Erspartes auszugeben – oder der schleichenden Enteignung zuzusehen. Klassisches Sparen ist keine Alternative mehr!

Die Prinzipien der Aktienanlage sind einfach. Sie sind aber nicht einfach durchzuhalten. Es braucht viel Erfahrung und eine kritische Distanz zu sich selbst. Außerdem benötigen Sie das Handwerkszeug, um Aktien richtig einzuschätzen. Dieses Handwerkszeug will ich Ihnen in dem vorliegenden Buch vermitteln. Lernen Sie, zwischen guten und schlechten Aktien zu unterscheiden! Lernen Sie, wo und wie Sie gute Aktien aufspüren können! Lernen Sie, wie Sie sich Ihr persönliches Aktiendepot zusammenstellen können! Entwickeln Sie sich zu einem ernsthaften Investor! Verdienen Sie unabhängig von den Moden und Stimmungsschwankungen der Finanzmärkte Geld an der Börse, indem Sie eine klare und solide Strategie verfolgen.

Ich wünsche Ihnen viel Erfolg bei Ihren Investments!
Blankenheimerdorf, im September 2016

Prof. Dr. Max Otte
www.privatinvestor.de

PS: Ich danke Gregor Sampson und Florian König – Finanzanalysten für unsere Fonds – für ihr Research und ihre Mitarbeit am Manuskript. Marie Ostrowski und Julia Weiler lasen Korrektur. Und Silvie Horch vom Econ-Verlag begleitete wie bereits im Jahr 2000 das Manuskript als kompetente Lektorin. Manche Dinge haben Bestand. Vielen Dank!

1. Anlegen in der Niedrigzinsphase: Investieren statt sparen

Können Sie sich – ohne einen Chef fragen zu müssen – ruhigen Gewissens ein Jahr lang in die Rocky Mountains verabschieden? Oder einen Segeltörn um die Welt machen? Wollen Sie weiterhin in Ihrem Beruf arbeiten, weil er Ihnen Freude macht? Oder stöhnen Sie unter der Last Ihrer Ratenkredite und wissen nicht, wie Sie die nächste Rechnung der Autowerkstatt bezahlen sollen? Müssen Sie unter einem unerträglichen Vorgesetzten leiden, weil Sie finanziell keine Alternative haben? Aber wie finanzielle Freiheit erreichen?

Vermögen hilft. Und das nicht nur, um für das Alter vorzusorgen. Sondern auch, um sich Freiräume und Freiheiten zu schaffen. Wer über Rücklagen verfügt, kann freier agieren als derjenige, der von der Hand in den Mund lebt. Oder noch schlimmer: Schuldenberge vor sich herschiebt. Finanzielle Freiheit ist Teil Ihrer persönlichen Freiheit. In einem reichen Land wie der Bundesrepublik sollten alle Haushalte Vermögen bilden können, wenn sie einige Jahre im Berufsleben waren. (Dass eine vernünftige Arbeitsmarktpolitik eigentlich Arbeit für alle schaffen sollte, sollte sich von selbst verstehen.)

Vermögensaufbau für jedermann (und -frau) wäre bitter nötig. Denn wir alle wissen, dass die staatliche Rentenversicherung nicht das einlösen kann, was sie verspricht. Dass weitere drastische Einschnitte im Leistungsniveau in unserem überalterten Land unumgänglich sind. Daran ändern auch die vielen Flüchtlinge nichts – im Gegenteil: Es kommen auf unabsehbare Zeit zusätzliche hohe Kosten auf unser Land zu.[1]

Wissen Sie, was in den alten Bundesländern nach 45 Beitragsjahren durchschnittlich netto als Rente gezahlt wird? Ich konnte die Zahl nicht glauben. Aber sie prangt ganz offen auf der Seite der deutschen Rentenversicherung:

1198 Euro.[2]

Ich war schockiert. 1198 Euro – das entspricht 2400 DM. Mit 2400 DM konnten Sie in der alten Bundesrepublik hervorragend leben. O.k., nehmen wir die Rentenerhöhungen der letzten Jahre raus, dann gab es vor 15 Jahren vielleicht 2000 DM Rente. Auch damit konnten Sie vor der Einführung des Euro ordentlich leben: Eine ordentliche Stadtwohnung war durchaus für 500–600 DM zu bekommen. Der Rest reichte, um gut über die Runden zu kommen. Zumal, wenn Sie dazu noch etwas gespart hatten.[3]

Das ist vorbei. Heute ist Altersarmut eine ernste Bedrohung. Mit 1198 Euro können Sie in einer Großstadt nicht mehr wirklich existieren. Wohnungsmieten von 600 bis 800 Euro sind eher das Einstiegsniveau. Und da haben sie noch nichts Besonderes. Bei Altbeständen greift zwar der Mieterschutz, aber auch da wird fleißig saniert und erhöht. Natürlich, auf dem Lande können Sie billiger mieten. Für 300 oder 400 Euro bekommen Sie passable Wohnungen, manchmal ganze Häuser. Aber auf dem Land werden öffentlicher Personennahverkehr, medizinische Versorgung, Bankfilialen und Einzelhandel ausgedünnt (ich weiß das, denn ich habe auch ein Haus in der Eifel). Die Bevölkerung zieht oftmals weg oder ergraut komplett. Keine besonders schöne Perspektive. Nicht umsonst zieht es viele Ruheständler wieder in die Städte und Ballungsgebiete. Tatsache ist, dass Sie mit der gesetzlichen Rente schon heute in vielen Fällen nicht mehr klarkommen werden.

Im April 2013 platzte eine Bombe. Monatelang hatte die Europäische Zentralbank (EZB) eine Studie zum durchschnittlichen Vermögen der Haushalte in verschiedenen Ländern Europas unter Verschluss gehalten, weil über die Rettung Zyperns verhandelt wurde. Nun kam es heraus: Beim durchschnittlichen Haushaltsvermögen belegten die Deutschen laut EZB mit 61 400 Euro den letzten Platz – noch hinter der Slowakei. Die Griechen hatten ein durchschnittliches Vermögen von 101 900 Euro, die Franzosen 115 800 Euro und die Italiener mit durchschnittlich 173 500 Euro fast das dreifache Nettovermögen.[4] Der durchschnittliche Haushalt in Zypern besaß laut EZB 266 900 Euro – mehr als das Vierfache der Deutschen. Spitzenreiter war der Steuersparstaat Luxemburg, dessen Premierminister als Dank für seine Begünstigung undurchsichtiger Geschäftspraktiken Präsident der EU-Kommission werden durfte. Mit 397 800 Euro Vermögen war der durchschnittliche Haushalt in Luxemburg 6,5-mal so reich wie der durchschnittliche Haushalt in Deutschland!

Wenn man die Zahlen des statistischen Bundesamtes für 2013 zugrunde legt, haben die deutschen Haushalte ein Nettogesamtvermögen von durchschnittlich 123 300 Euro.[5] Davon sind allerdings ca. 80 000 Euro durchschnittlich in einer Immobilie gebunden. Die Bundesbank kommt auf ein durchschnittliches Geldvermögen von ungefähr 94 000 Euro je Haushalt.[6] Je nach Lebensstandard könnte der durchschnittliche Haushalt davon zwei bis fünf Jahren leben – und wenn Sie die Summe für einen Haushalt fünf Jahre strecken müssten, dann würde es schon sehr eng.

Wie kann es sein, dass wir Deutschen im internationalen Vergleich zu den ärmeren Ländern in Europa gehören? Haben wir nicht immer wieder von der großen ökonomischen Macht Deutschlands gehört? Dass unsere Volkswirtschaft Europa dominiert? Mit 9,5 Prozent des verfügbaren Einkommens sparen wir Einwohner des ökonomisch mächtigsten Landes Europas immer noch deutlich mehr als unsere Nachbarn. Dort wird nämlich durchschnittlich 6 Prozent des verfügbaren Einkommens gespart. (Allerdings sparen wir nur weniger als die Hälfte von dem, was unsere Eltern in den 60er Jahren sparten. Und die waren ärmer! Oder China, wo nach offizieller Statistik fast

40 Prozent des Einkommens gespart werden.)[7] Wie dem auch sei: Unsere Ersparnisse reichen offensichtlich nicht aus, dass sich die meisten Menschen in unserem Land ein Polster aufbauen und schrittweise größere finanzielle Freiheit erlangen können.

Die Armutsquote steigt tendenziell. 2015 lag sie in unserem Land bei 15,4 Prozent. Vor zehn Jahren waren es noch 14 Prozent. Heute leben 120 000 Menschen mehr in Armut. In Deutschland sind das 12,5 Millionen Menschen, davon ca. 3,4 Millionen Rentner. Arm sind Einpersonenhaushalte, wenn sie mit weniger als 892 Euro Einkommen überleben müssen.[8] Bei einer Familie mit zwei Kindern liegt die Grenze bei 1872 Euro.

Gleichzeitig steigt die Zahl der Reichen. Die obersten 10 Prozent aller Haushalte besaßen laut Statistischem Bundesamt 2013 über 51,9 Prozent des Nettovermögens – die untere Hälfte nur gut 1 Prozent. 1998 hatten die reichsten 10 Prozent nur 45,1 Prozent, die unteren 50 Prozent 2,9 Prozent des Vermögens. Das heißt: Der Vermögensanteil der unteren 10 Prozent hat sich gedrittelt! Und auch die Vermögen der Mittelschicht schrumpfen.

Die finanzielle Situation der Mittelschicht stagniert seit mindestens einem Jahrzehnt. Markus Grabka vom Deutschen Institut für Wirtschaftsforschung (DIW) in Berlin hat berechnet, dass die Nettovermögen je Haushalt zwischen 2003 und 2013 um insgesamt nur 300 Euro – das sind 30 Euro pro Jahr – gestiegen sind. Netto haben die deutschen Haushalte in diesem Zeitraum sogar 15 Prozent oder 20 437 Euro eingebüßt, den Wert eines Mittelklasseautos.[9] Tatsächlich steigen in Deutschland nur die Vermögen der Reichen. Der »Selbstbetrug der Mittelschicht« – so der Titel eines Buches der nicht ganz so linken *taz*-Redakteurin Ulrike Hermann – geht weiter.[10]

Wie kommt es, dass im ach so reichen Deutschland auch die Mittelschicht zurückfällt? Und das zu einer Zeit, in der auch

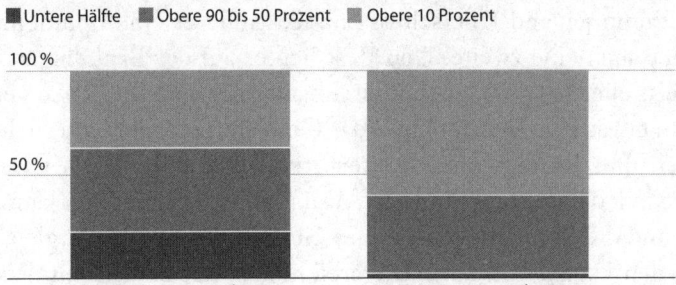

die Rentensysteme immer weniger belastbar werden und der Aufbau von Privatvermögen besonders wichtig wäre. Ich zitiere eine längere Passage aus einer Titelgeschichte des *Spiegel*: »Der deutsche Sparer, so belegen es die Zahlen, ist ein Narr. Er spart sich nicht reich, sondern arm. Er vernichtet sein Vermögen, anstatt es zu vermehren. Er wirft sein Geld praktisch weg. Ja ist er denn völlig verrückt geworden?«[11]

Wir Deutschen legen unser Geld nach wie vor überwiegend als Bargeld, Kontoguthaben oder Termingeld sowie bei Versicherungen und in Altersvorsorgeprodukten an. Das hat mehrere Gründe. Zum einen war Deutschland Vorreiter bei der staatlichen Altersvorsorge, die auch lange hervorragend funktionierte. Otto von Bismarck führte 1883 die Krankenversicherung und 1884 die Unfallversicherung ein.[12] 1891 kam noch die Rentenversicherung hinzu. Wir brauchten die private Altersvorsorge in nennenswertem Umfang einfach nicht. Noch heute versucht Amerika, etwas Ähnliches hinzubekommen, und schafft es nicht. Finanzen sind hochkomplex. Wenn ein Land es schafft, eine faire staatliche Altersversicherung aufzubauen, hat dieses Land einen wichtigen Wettbewerbsvorteil. Die Menschen können sich auf ihren Beruf als Schlosser, Bäcker, Arzt oder Vertriebsmitarbeiter konzentrieren und da spitze sein. Sie müssen nicht nebenbei noch umfangreiches Finanzwissen besitzen.

Wenn jemand Überschüsse hatte, kaufte er eine Immobilie oder auch eine zweite. Den Rest ließ er auf der Bank liegen – meist eine Volks- oder Raiffeisenbank oder eine Sparkasse, die ihm etwas Zinsen zahlte und das Geld an regionale Unternehmen und Kreditnehmer weiterverlieh. Ein dezentrales faires Modell, das gut funktionierte. Weil man sich gegenseitig kannte und die Reputation ein hohes Gut war, kam es im Vergleich zu den USA selten zu Betrügereien oder Kreditausfällen. Wir brauchten keine Ratingagenturen. Unser dezentrales, kreditorientiertes Modell funktionierte hervorragend.

Wenn da nicht die Katastrophen der Weltkriege und der anschließenden Währungsreformen gewesen wären. Die Deutschen verloren zweimal ihr gesamtes Geldvermögen – die in den neuen Bundesländern sogar dreimal. Und daraus haben die Deutschen die falschen Schlüsse gezogen. Sie legen nämlich wieder vor allem in Geldvermögen an: Bargeld, Kontoguthaben, Lebens- und Rentenversicherung. Sie meinen, das sei »vorsichtig« – und agieren außerordentlich schlecht. Bald stehen Sie vielleicht vor der dritten oder vierten Enteignung.

Noch nie waren wir so reich wie heute – und so dumm. Im Jahr 2016 ist das Geldvermögen der privaten Haushalte in Deutschland auf 5,3 Billionen Euro gestiegen. Nach Abzug der Schulden von 1,6 Billionen Euro bleiben immer noch netto 3,7 Billionen Euro. Das ist mehr als die Wirtschaftsleistung eines Jahres – ein Sozialprodukt.

Nun gibt es auf Bargeld, Sichteinlagen, Schuldverschreibungen und Versicherungen fast keine Zinsen mehr. Ungefähr 4,25 Billionen Euro sind so angelegt. Null Rendite – auf dem Papier. Tatsächlich dürfte eine schleichende, nicht in der Statistik erkennbare Inflation am Werk sein. Für die USA berechnet John Williams auf der Seite www.shadowstats.com die echte Inflation nach den früher geltenden Messkriterien. Dort

Vermögensaufteilung (in Milliarden Euro)[13]		Anteil
Bargeld und Einlagen	2117	40 %
Versicherungs-, Altersversicherungssysteme	2020	38 %
Schuldverschreibungen	141	3 %
Aktien und Anteilsrechte	556	10 %
Investmentfonds	484	9 %
	5318	

ist die tatsächliche Inflation 3 bis 4 Prozent höher als die offizielle Inflation. Nehmen wir für Deutschland in einer ersten Näherung Zinsen von 0 Prozent und eine tatsächliche Inflation von 2 bis 3 Prozent an.[14] In diesem Fall schrumpft die Kaufkraft des in Bargeld, Sichteinlagen und Versicherungen angelegten Vermögens jedes Jahr zwischen **80 und 120 Milliarden Euro**.

So viel verlieren wir Deutschen – mindestens – aufgrund unserer Dummheit. Das sind immerhin 1000 bis 1500 Euro pro Person und Jahr – und es kommt den Zahlen nahe, die Markus Grabka vom DIW für den realen Rückgang des Vermögens je Deutschem in den letzten zehn Jahren berechnet hat.

Investieren statt sparen!

Als ich im Jahr 2000 in die Computertastatur griff, um die Deutschen über die Geldanlage aufzuklären, nannte ich das Buch »Investieren statt sparen«. Das war plakativ – und strenggenommen nicht ganz richtig.

Denn »investieren« ist nach volkswirtschaftlicher Definition Investition in Produktivvermögen im Gegensatz zum Konsum. In einer Gesellschaft ohne Außenhandel kann also nur der Teil in Produktivvermögen (Maschinen, Bildung, Straßen) investiert werden, der nicht konsumiert wird. Sparen ist demgegenüber Konsumverzicht.

Eine Nation kann dann mehr (in Sachkapital) investieren, als sie spart, wenn sie Schulden im Ausland macht, also ein Außenhandelsbilanzdefizit fährt. Dies ist seit Jahren die Situation der USA. Anders herum kann eine Nation weniger investieren, als sie spart – das ist in Deutschland der Fall.

Geldvermögen und Sachwerte (Real Assets)

Geldvermögen sind Geldforderungen, also Zahlungsversprechen. Dazu gehören Banknoten (Zahlungsversprechen der Zentralbank), Kontoguthaben (Zahlungsversprechen der Geschäftsbank), Anleihen (Zahlungsversprechen der Gläubiger), Lebens- und Rentenversicherungen (Zahlungsversprechen der Versicherungsunternehmen) und auch vergebene Kredite (Zahlungsversprechen des Schuldners). Geldvermögen sind relativ einfach zu verstehen – wenn ich eine Summe X habe, dann habe ich diese Summe (vorausgesetzt, das Zahlungsversprechen kann von der anderen Partei eingelöst werden). Auf Geldvermögen gibt es normalerweise Zinsen.

Sachwerte sind demgegenüber real, also keine Versprechen. Deswegen heißen sie im Englischen auch »Real Assets«. Sachwerte können Oldtimer sein, Schmuck, Gold, Immobilien – aber auch Aktien. Wenn Sie Sachvermögen besitzen, sind Sie Eigentümer einer Sache. Eine Wohnung, Oldtimer, Gold – all das können Sie besitzen. Und eben auch Eigentum an Unternehmen. Bei der Daimler AG waren zum Beispiel im Jahr 2016 insgesamt 1 069 837 000 Aktien im Umlauf. Wenn Sie also eine Aktie der Daimler AG haben, gehört Ihnen knapp ein Milliardstel des Unternehmens – mit den Rechten und Pflichten eines Eigentümers.

Wenn wir Deutschen vom »Sparen« sprechen, meinen wir damit zumeist, dass wir Geld auf dem Konto haben oder eine Lebens- oder Rentenversicherung abschließen. »Sparen« ist aber eigentlich der Vorgang des Konsumverzichts. Wenn wir auf Konsum verzichten und das Ersparte als Geldforderung liegen lassen, muss es jemand anders investieren.

Sie können also Geldforderungen erwerben oder in Sachwerte investieren. Bei Geldforderungen – seien es Kontoguthaben oder Lebensversicherungen – gibt es kaum noch Verzinsung. Negativzinsen sind auf dem Vormarsch. Das heißt, dass Sie auch noch dafür bezahlen, dass Sie gespart haben.

Sachwerte sind also »alternativlos«. Sie sind oftmals inflationsgeschützt. Während es bei Oldtimern oder Gold nur um den Preis geht, werfen Immobilien und Aktien auch laufende Renditen ab – Immobilien in Form von Mieten, Aktien als Unternehmensgewinne, die teilweise im Unternehmen reinvestiert werden und teilweise als Dividenden ausgeschüttet werden. So schüttete die Allianz SE 2016 zum Beispiel eine stattliche Dividende von über 5,3 Prozent aus. Immobilien und Aktien sind also Produktivvermögen und als solches zu bewerten. Ihr Wert bemisst sich (auch) aus dem Wert der laufenden Erträge (Rendite), die Sie damit erzielen können. Im Gegensatz dazu sind Gold, Oldtimer oder Kunst »statisch«, das heißt, sie generieren keine laufenden Erträge, sondern höchstens Kosten für die Aufbewahrung.

Sachwerte haben allerdings gleich mehrere Haken:

1. Preis und Wert sind nicht identisch. Sie benötigen Sachverstand, um in Sachwerte zu investieren. Was ist ein Haus wirklich wert? Die 400 000 Euro, die Sie dafür gezahlt haben? Oder nur 300 000 Euro? Oder vielleicht sogar 500 000 Euro?
2. Da der Preis von Sachwerten an den Kapitalmärkten bestimmt wird und diese starken Stimmungsschwankungen unterliegen, kann der Preis von Sachwerten stark schwanken. Was ist denn die Deutsche Telekom AG wirklich wert? Die über 100 Euro je Aktie, die sie kurzzeitig im März 2000 kostete, oder die 16 Euro, die sie im Mai 2016 kostete? Oder die 7,80 Euro vom 04.06.2012? Das kann einen Laien (und auch etliche Profis) schon verunsichern.
3. Weil Sachwerte stark schwanken können, sind sie oftmals

> illiquide und können kurzfristig vielleicht nur unter Wert veräußert werden. Sie können also nicht unbegrenzt in Sachwerte investieren, sondern müssen auch dafür sorgen, dass Sie zahlungsfähig bleiben.

Wir Deutschen müssen lernen, in Sachwerte zu investieren. Bislang hat der Staat für unser Alter gesorgt. Dieses System war nicht schlecht für unser Land. Obwohl ich zwei Aktienfonds berate und mit Leidenschaft an der Börse investiere, glaube ich, dass ein einfaches und faires System der Altersvorsorge immer noch das Beste für ein Land ist. Deutschland wurde mit einem solidarischen, aber leistungsorientierten System zur dynamischsten Volkswirtschaft der Welt. Aber die Riester-Lobby hat uns das zerschossen. Im Neoliberalismus (= Finanzkapitalismus) werden Sie Ihre Finanzen zum großen Teil in die eigene Hand nehmen müssen. Oder Sie gehen gnadenlos unter.

> **Wie legen die Reichen und Superreichen an?**
>
> Die Deutschen haben nach Angaben der Bundesbank locker 85 bis 90 Prozent ihres Geldvermögens in Geldforderungen geparkt. (Aktien und Investmentfonds zählen nach der Statistik der Bundesbank auch zum »Geldvermögen«.) Und Geldvermögen schmilzt in der jetzigen Situation der Niedrigzinsen.
> Bei den ungefähr 80 000 Euro Netto-Immobilienvermögen dürfte es sich sehr oft um die eigene Immobilie handeln. Die eigene Immobilie ist oft KEIN gutes Investment, obwohl die Lobby der Bausparkassen es uns oft so darstellen möchte. Warum, dazu später mehr.
> Bei den Reichen und Superreichen sieht es da ganz anders aus. Jedes Jahr geben die Beratungsgesellschaften Cap Gemini und RBC Wealth Management den World Wealth Report heraus.[15]
> Im Gegensatz zum Durchschnittsbürger haben die Reichen in Europa 24 Prozent ihres Vermögens in Aktien – das ist mehr

> als 2,5-mal so viel wie beim durchschnittlichen Deutschen, und weitere 23 Prozent in Immobilien. Zusammen 47 Prozent Real Assets. Dazu noch ca. 13 Prozent »Alternative Anlagen«, wie zum Beispiel Private Equity. Allerdings ist »Alternative Anlagen« ein Modewort der Finanzbranche – dahinter verbergen sich dann doch meistens Real Assets (manchmal auch Anleihen und Geldforderungen), die nach einer bestimmten Strategie gemanagt werden. In den USA machen Aktien sogar 34 Prozent des Vermögens der Reichen aus.

Beim Schreiben der Erstausgabe meines Buches im Jahr 2000 wollte ich die Deutschen aufklären und bewegen, in Sachwerte, insbesondere in Aktien, zu investieren. 2006 folgte »Der Crash kommt«. Nach Eintreffen der Finanzkrise wurde das Buch zu einem Megabestseller. Ich wurde in Talkshows eingeladen, habe über 500 Vorträge gehalten und noch mehr Interviews gegeben. Bereits im März 2009 – zum Tiefstand des Aktienmarktes – riet ich in Börse Online zu »Vollgas für Aktien«: »Ich rate allen: kauft Aktien! Aktien sind Realvermögen und damit krisensicherer als beispielsweise festverzinsliche Papiere. Ich glaube, dass Aktien binnen der kommenden zehn Jahre Cash und Anleihen deutlich schlagen werden.«[16]

Leider hat das alles nichts genützt. Die Deutschen sind größere Aktienmuffel als je zuvor, was man ihnen aufgrund der Erfahrungen mit dem DAX nicht unbedingt verübeln kann. Auf die absolute Euphorie der Technologieblase um das Jahr 2000 – als der DAX im März 2000 die 8000er-Marke überschritt – folgte eine tiefe Depression. Anfang 2003 stand der DAX nur noch bei 2200 Punkten. In den Jahren 2007 und 2008 streifte er wieder die 8000, nur um dann aufgrund der Finanzkrise auf 3600 Punkte einzubrechen.

Nachdem während der Technologieblase Aktien überall DAS Thema waren, wurden diejenigen, die am lautesten geprahlt hatten, in den Folgejahren immer ruhiger. Als es dann

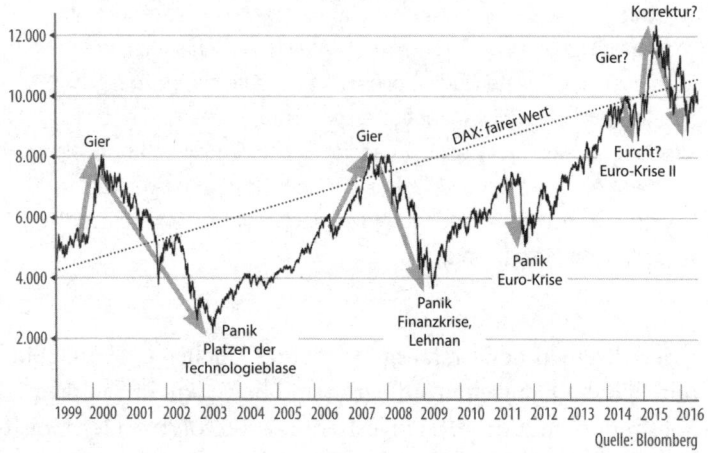

2005 und 2006 wieder bergauf ging, kam langsam die Lust auf Aktien wieder – nur um mit der Finanzkrise ein jähes Ende zu finden. Als ich im März 2009 öffentlich verkündete, dass ich mich wie ein Junge im Süßwarenladen fühlen würde, wenn die Eltern und die Verkäuferin nicht da seien, wurde ich schon manchmal etwas komisch angeschaut.

Seitdem kommen wir aus den Krisen nicht mehr heraus: Eurokrise, zweite Eurokrise, der arabische Frühling, China, die Ukraine, die Flüchtlingskrise. Und dennoch hat sich der DAX seit dem Tiefstand bei der Finanzkrise ungefähr verdoppelt. Aktien sind immer noch (relativ) billig. In einem späteren Kapitel dieses Buches zeige ich Ihnen, wie Sie selbst bestimmen können, ob Aktien billig sind.

Die verschiedenen Vermögensklassen.
(Zu den Vor- und Nachteilen später im Buch)

	Geldforderungen	**Sachwerte (Real Assets)**
liquide	Bargeld, Devisen, Termingeld, Geldmarktfonds, Anleihen und Rentenfonds	
	Indexzertifikate (!), Finanzderivate, Garantie-, Bonus- und Discount-Zertifikate	
einigermaßen liquide	Gold und Edelmetalle	
		Aktien und Aktienfonds (können ggf. nur mit Verlust verkauft werden)
nicht liquide	Renten und Rentenansprüche gegenüber Staat und Unternehmen Kapitallebensversicherungen	Immobilien, eigengenutzt bzw. fremdvermietet (auch Landbesitz), Unternehmensbeteiligungen, geschlossene Fonds, Schmuck/Sammlerobjekte

Die dritte (oder vierte) Enteignung der Deutschen

Die dritte (oder vierte) Enteignung der Deutschen in hundert Jahren – zumindest der sparsamen Deutschen – ist schon längst im Gange. Seitdem es keine oder kaum noch Zinsen auf Konto- und Spargutbaben gibt, verlieren die Deutschen, wie oben schon angedeutet, jedes Jahr mindestens 80 bis 120 Milliarden Euro an Kaufkraft.

Diesmal passiert das Ganze schleichender und kontrollierter als in den Jahren 1919 bis 1923. Damals mussten wir eine Hyperinflation verkraften, an deren Ende für eine Goldmark eine Billion Papiermark gezahlt wurden. Im Jahr 1948 erfolgte in der Bundesrepublik Deutschland die Währungsreform.

- Bargeld und Kontoguthaben wurden 10:0,65 umgestellt
- Verbindlichkeiten 10:1
- Aktien 1:1

Am Ende waren also vor allem die Sparer und Inhaber von Anleihen und Lebensversicherungen angeschmiert. Wer Aktien hatte, konnte sich gerade in den ersten Jahren der Bundesrepublik über enorme Wertzuwächse freuen. Und Immobilienbesitzer bekamen vielleicht im Rahmen des Lastenausgleichs eine Zwangshypothek eingetragen, konnten diese aber langsam abzahlen.

Die Menschen aus der ehemaligen DDR durften 1990 noch einmal eine ähnliche Erfahrung machen. Zur Hyperinflation habe ich vor einigen Jahren das Buch »Das Ende des Geldes« von Adam Ferguson neu herausgegeben. Es ist sicherlich keine erbauliche Lektüre, aber dieses Buch zeigt auf, was damals in Deutschland und Österreich los war.[17] Es waren Zustände, die wir nicht mehr erleben wollen.

Eine drastische Reduktion der Geldvermögen muss kommen – in Deutschland und in den meisten anderen Industrienationen. Fakt ist: Es gibt zu viele Schulden (= Geldforderungen) auf der Welt. Wie die Unternehmensberatung McKinsey vorgerechnet hat, haben wir seit der Finanzkrise ein Weltsozialprodukt an Schulden hinzuaddiert. Unsere Schulden sind auch nach der Finanzkrise trotz aller Anstrengungen schneller gewachsen als die Weltwirtschaft. Faktisch wird es unmöglich sein, dass wir aus den Schulden herauswachsen.

Bereits in meinem Bestseller »Der Crash kommt« aus dem Jahr 2006, in dem ich eine größere Finanzkrise für die

Die Schulden der Welt*

				Wachstum in Prozent	
				2000-07	2007-14
		188	Gesamt	7,3	6,3
	+57 Billionen	40	Haushalte	8,5	2,8
	142				
	33	56	Unternehmen	5,7	5,9
87	38				
19		68	Regierung	5,8	9,3
26	33				
22	37	45	Finanzen	9,4	2,9
20					
4Q 00	4Q 07	2Q 14			
246	269	286	in Prozent des BIP		

Quelle: Report – McKinsey Global Institute – Februar 2015
* in Billionen USD

Zeit von 2007 bis 2010, wahrscheinlich 2008, prognostizierte, war das Wachstum der Schulden eines der Hauptthemen. Ich konnte mir allerdings nicht vorstellen, in welchem Umfang die Industrienationen nach 2008 Geld drucken und mit welcher Verzweiflung sie es in den Markt drücken würden. Mittlerweile sind Strafzinsen ja Realität. Politiker, Banken und viele Notenbanken haben einen konzertierten »Krieg gegen das Bargeld«, so Bundesbank-Vorstand Carl-Ludwig (die Bundesbank verteidigt das Bargeld) gestartet, um Negativzinsen und unsere schleichende Enteignung besser durchsetzen zu können.[18]

Ex-Boston-Consulting-Group-Berater Daniel Stelter zeigt in seinem aktuellen Buch »Eiszeit in der Weltwirtschaft« auf, wie in dreißig Jahren Schuldenboom die Zinsen immer weiter gesenkt wurden und immer mehr »unproduktive« Kredite vergeben wurden.[19] Immer mehr Schulden sind notwendig, damit überhaupt noch Wachstum stattfindet. Wenn Sie wissen wollen, wie sich die Situation weiterentwickelt hat, seitdem ich »Der Crash kommt« geschrieben habe, kann ich Ihnen das Buch von Daniel Stelter empfehlen. Hier ist die Entwicklung der Weltwirtschaft seit der Krise klar und präzise auf den Punkt gebracht.

Es gibt keinen Zweifel: Eine weitreichende Reorganisation (= Streichung) der Geldvermögen muss kommen. Die dritte oder vierte Enteignung wird für Besitzer von Geldvermögen Realität werden. Ich habe in den letzten Jahren immer davon gesprochen, dass uns das »Endspiel« bevorsteht. Jetzt hat der berüchtigte Ex-Finanzier Florian Homm ein Buch mit diesem Titel geschrieben, das durchaus lesenswert ist.[20] Wenn Sie vor allem Sparkonten, Lebensversicherungen oder Pensionsansprüche haben, werden Sie zu den großen Verlierern gehören. Wahrscheinlich auch mit einem Häuschen irgendwo auf dem Land in einem strukturschwachen Gebiet. Sie müssen etwas unternehmen, um sich auf die kommende Umverteilung vorzubereiten und ihr nicht schutzlos ausgeliefert zu sein. Dieses Buch will Ihnen dabei helfen.

Politisch engagiere ich mich in vielerlei Weise gegen dieses kranke und verrückte Wirtschaftssystem, zum Beispiel in der von mir gegründeten Initiative »Rettet unser Bargeld« (www.rettet-unser-bargeld.de). Dabei werde ich von vielen Persönlichkeiten unterstützt, z. B. Sahra Wagenknecht, Frank Schäffler, Willy Wimmer, Dirk Müller und Peter Hahne. Das vorliegende Buch ist kein politisches Buch. »Investieren statt sparen« ist ein Ratgeber. Ich zeige Ihnen, wie Sie Vermögen aufbauen oder sichern können angesichts eines Systems, das die Mittelschicht und die Kleinsparer massiv benachteiligt. Es geht um Hilfe zur Selbsthilfe. Wenn Sie sich politisch informieren wollen, ist »Reichtum ohne Gier« von Sahra Wagenknecht – die sich als Linke einen Blick von außen auf das System bewahrt hat – eine gute Möglichkeit.[21]

Finanzielle Freiheit steht Ihnen zu!

Viele Privatanleger sind verunsichert, wenn nicht sogar verängstigt. Sicherheit steht bei vielen im Vordergrund. Das ist der falsche Ansatz – es ist ein negatives Ziel! Sie sollten sich damit nicht zufriedengeben! Denken Sie an finanzielle Freiheit! Defensive und Offensive gehören beide zur Kapitalanlage. Immer.

Finanzielle Freiheit ist ein wichtiger Bestandteil Ihrer persönlichen Freiheit. Überprüfen Sie Ihre Finanzziele und Ihre Grundeinstellung. Nehmen Sie Ihre Finanzen in die eigene Hand. Dies ist einfacher, als Sie denken. Vermögensaufbau schafft finanzielle Freiheit. Und finanzielle Freiheit ermöglicht es Ihnen, Ihr volles Potential zu entwickeln. Denken Sie daran, dass es absolute Sicherheit bei der Geldanlage im neuen Umfeld nicht mehr gibt. Dass das Chance-Risiko-Verhältnis bei Ihren Anlagen stimmen muss. Dass Defensive und Offensive dazu gehören. Das ist nicht so schwer, wie Sie jetzt vielleicht meinen. Sie müssen nicht zum hektischen Spekulanten werden. Oder wie ein Börsenjunkie ständig den aktuellen Finanzmeldungen hinterherhetzen. Nein, Sie sollten Ihre Finanzentscheidungen in Ruhe, strategisch und langfristig treffen. Vor allem sollten SIE Ihre Finanzentscheidungen treffen und diese nicht für sich treffen lassen. In diesem Buch zeige ich Ihnen, wie. Wenn Sie sich allerdings entschlossen haben, Ihre Kapitalanlage zu delegieren, dann suchen Sie sich Ihren Vermögensverwalter und -berater genau aus. Auch hierzu gebe ich Hinweise.

Wollen Sie endlich einen Schauspielkurs machen und sich ein Jahr lang diesem Hobby widmen? Oder wollen Sie sich einige Jahre ganz um Ihre Kinder kümmern? Einen Roman schreiben? Oder wollen Sie ein Haus, das Ihnen besonders gut gefällt, bar bezahlen? Oder ein Segelschiff auf dem Mittelmeer? Oder wollen Sie sich für einen guten Zweck einsetzen? Mit dem entsprechenden Vermögen wird all dies zumindest leichter. Wir Deutschen reden nicht gerne über Geld. Und wenn wir es tun, dann unter den Stichworten »Alterssicherung« und »Vorsorge«. Dies sind wichtige Aspekte der finanziellen Freiheit. Aber es reicht nicht. Es muss auch »Wachstum« dazukommen.

Denken Sie daran, dass unsere Renten und Pensionen keinesfalls sicher sind. Die Regierungen Kohl und Schröder wussten es, und auch die Regierung Merkel weiß es. Trotz anderslautender Behauptungen haben sie angefangen, die Renten nach unten anzupassen. In den USA, wo es kein staatliches Rentensystem gibt, müssen viele Menschen bis in ihr siebtes oder achtes Lebensjahrzehnt hinein arbeiten, weil sie nie einen Dollar Vermögen aufgebaut haben. In Deutschland sind wir von diesen Verhältnissen zwar noch ein gutes Stück entfernt, aber auch hier steigt die Gefahr der Altersarmut, wenn Sie nicht vorsorgen. Wenn Sie jetzt anfangen, systematisch Ihr Vermögen aufzubauen, denken Sie an die folgenden fünf Grundsätze:

1. Bejahen Sie das Ziel der finanziellen Freiheit: Wir Deutschen sind oft noch mit Komplexen behaftet, wenn es ums Geld geht. Vermögen ist gut – wenn Sie es zu einem guten Zweck einsetzen. Es gibt Ihnen Sicherheit, sich zu entfalten, und schafft Freiräume.

2. Um Vermögen aufzubauen, müssen Sie investieren: Einfach ausgedrückt bedeutet investieren, vorhandenes Geld in mehr Geld zu verwandeln. Und vor allem – das Geld für sich arbeiten zu lassen und nicht für das Geld zu arbeiten.

3. Um zu investieren, müssen Sie etwas haben: Von nichts kommt nichts! Sie müssen Vermögen aufbauen – je früher, desto besser. 50 Euro zu Lehr- oder Studienzeiten vernünftig investiert sind besser als 500 Euro mit Mitte vierzig. Es ist aber nie zu früh oder zu spät, mit dem Vermögensaufbau anzufangen. Wenn Sie die ersten Schritte machen, werden Sie sehen, wie Ihr Geld bald für Sie zu arbeiten beginnt.

Verwechseln Sie Vermögen nicht mit Einkommen. Vermögensaufbau ist vor allem eine Einstellungssache. Ich kenne genug Leute mit 200 000 Euro Jahreseinkommen, die es nicht schaffen, Geld zu investieren. Und Familien, die mit einem Jahreseinkommen von 30 000 Euro noch sparen können.

4. Bauen Sie zunächst Ihre Schulden ab: Etwas zu haben heißt auch, schuldenfrei zu sein. Solange Sie Schulden haben (Ihr Haus- oder Wohnungskredit ist hiervon ausgenommen), können und sollten Sie nicht investieren. Sie haben nicht die Ruhe für erfolgreiche Anlagen, denn Ihre Schulden setzen Sie unter Erfolgsdruck. Erfolgsdruck wirkt sich fast immer negativ auf Ihre Investitionen aus. Auch professionelle Geldmanager stehen unter dem Druck ihrer Vorgesetzten oder Investoren. Deswegen können Sie auch besser sein als viele Experten. Sie haben keinen Druck.

5. Wissen, Geschick und Geduld sind Ihre Helfer auf dem Weg zur finanziellen Freiheit. Erfolgreich investieren heißt, Ihr eigenes Geld in mehr Geld zu verwandeln. Nehmen Sie Ihr Schicksal selbst in die Hand!

Bejahen Sie das Ziel der finanziellen Freiheit! Vermögen und finanzielle Freiheit fangen im Kopf an. Das klingt banal und einfach, aber es stimmt. Übernehmen Sie Verantwortung für sich selbst. Es gibt Menschen, die suchen sich sehr viele Ausflüchte dafür, dass sie nicht das haben, was sie eigentlich wollen. Da ist der Ehepartner schuld oder der Vorgesetzte oder das Elternhaus. Sie können nur dann Ihre Ziele erreichen, wenn Sie – und Sie alleine – die Verantwortung dafür übernehmen. Sie können nicht alle Ereignisse beeinflussen, und Sie sind nicht für alle Ereignisse verantwortlich. Aber Sie haben es in der Hand, wie Sie auf die Ereignisse reagieren und was Sie unternehmen. Es gibt nichts Gutes, außer man tut es!

Beginnen Sie heute damit, Ihre finanzielle Unabhängigkeit zu realisieren. Legen Sie die ersten fünf Euro auf die Seite. Oder gehen Sie zur Schuldnerberatung, wenn Sie verschuldet sind. Nichts hindert Sie daran. Setzen Sie sich konkrete Ziele. Es ist wichtig, dass Sie wissen, was Sie mit Ihrem Geld anfangen wollen. Für mich war das schon als Jugendlicher klar. Ich wollte nie »Mitarbeiter« von jemand anderem sein. Ich wollte meine Arbeit sowie mein Leben selbstbestimmt gestalten. Ein

Jahr meines Lebens war ich im engeren Sinne des Wortes angestellt. Länger ging es nicht gut. Ich brauche keinen Sportwagen. Ich brauche keine teuren Klamotten. Ich brauche keine Statussymbole. Es gab eine Phase in meinem Leben, da lief ich diesen Dingen hinterher und verlor dabei mein wesentliches Ziel aus den Augen – Unabhängigkeit und eine Aufgabe, die meiner Persönlichkeit entspricht.

Der Weg in die finanzielle Freiheit begann bei mir spät. Ich habe immer Geld verdient, schon als Acht- oder Neunjähriger mit dem Austragen von Kirchenzeitungen, später mit Nachhilfestunden. Aber ich habe es auch ausgegeben – und manchmal auch in den Sand gesetzt. Im Jahr 1998 hatte ich dann die Vision, aus der nach vielen Geburtswehen und Turbulenzen 2003 das Institut für Vermögensentwicklung werden sollte. Da war ich fast vierzig! Mit meinem Informations- und Vermögensdienst www.privatinvestor.de sowie den Fonds und Vermögensverwaltungen, die nach meinem Research arbeiten, habe ich finanzielle Unabhängigkeit erreicht. Aus dem aktiven Hochschuldienst als Professor habe ich mich zurückgezogen, wobei ich nicht ausschließe, dass ich in einem späteren Lebensabschnitt wieder in die Lehre zurückgehe.

Wenn ich mich nicht ganz dumm anstelle, muss ich mir aller Voraussicht nach keine Sorgen mehr machen. (Allerdings muss ich aufpassen – ich bin gefährdet. Schon oft habe ich mich viel dümmer angestellt, als Sie vielleicht glauben. Menschen neigen gerade in der Phase des Erfolgs dazu, Dummheiten zu begehen. Ich habe das hoffentlich hinter mir, nachdem ich ein paarmal ganz schön auf die Nase gefallen bin.)

Machen Sie sich einen Vermögensplan. Ist Vermögenssicherung Ihr Ziel? Selbst dann kommen Sie nicht darum herum, Rendite zu erzielen. In diesem Buch lernen Sie, wie viel Sie realistisch durch solide Investments erzielen können. Ja, Sie können Millionär werden. Sie können vielleicht auch zehnfacher Millionär werden. Aber es gibt Grenzen, die Ihnen durch Ihre Lebenssituation vorgegeben sind. Wenn Sie mehr erreichen wollen, müssen Sie eben nicht nur auf Ihre Investments achten (das ist der Hauptinhalt dieses Buches), sondern vielleicht Ihren Beruf verändern, reich heiraten oder andere Schritte unternehmen.

Rendite

Nach einer repräsentativen Umfrage des Bankenverbandes wissen 59 Prozent der 14- bis 24jährigen nicht, was das Wort »Rendite« bedeutet. Rendite ist kurz und knapp der Gesamterfolg einer Kapitalanlage und wird meist jährlich in Prozent angegeben.

Für viele ist »Rendite« ein Schimpfwort. Das ist sogar bis zu einem gewissen Grad verständlich, denn im Finanzkapitalismus wird die gnadenlose Jagd nach Rendite oft zum Selbstzweck. Es kommt entscheidend auf das WIE an. Das Ziel einer angemessenen Rendite an sich ist wertneutral, und wenn Sie Kapitalanlagen auswählen, mit denen Sie sich identifizieren, haben Sie sogar in ihrem Sinne auf die Wirtschaft eingewirkt.

Auf Ihr Vermögen müssen sie eine Rendite erzielen, um nicht unterzugehen. Bei Sparvermögen waren das vor der Nullzinsära die Sparzinsen. Bei Lebensversicherungen galt lange Zeit eine gesetzliche Mindestverzinsung von 4 Prozent. Heute sind es noch magere 1,25 Prozent. Mit beiden Arten der Kapitalanlage ist heute kein Blumentopf mehr zu gewinnen.

Rendite kann auf zweierlei Weise anfallen: erstens als laufende Rendite – also zum Beispiel die Sparzinsen oder Dividenden bei Aktien – und zweitens als Kurs- oder Wertsteigerung beim Verkauf. In vielen Produkten der Finanzbranche (geschlossene Fonds, Rentenprodukte) werden Sie auf das Laufzeitende oder einen späteren Zeitpunkt vertröstet. Etliche sogenannte Investments fressen laufend Geld, zum Beispiel das eigengenutzte Haus. Wir bevorzugen Kapitalanlagen, die auch laufende Renditen abwerfen, also Aktien (Dividenden) oder vermietete Immobilien (Miete).

Wenn Sie jung sind, kann ich Ihnen einen Ratschlag mitgeben, den der Superinvestor Warren Buffett gerne äußert: Wählen Sie den Beruf oder die Beschäftigung, die Sie ausüben würden, wenn Sie bereits unabhängig wären.

Wenn Sie älter sind oder bereits über Vermögen verfügen, kann ich Ihnen nur nahelegen, Ihren Gemütszustand nicht vom Zustand Ihrer Aktiendepots oder Ihrer Vermögenswerte abhängig zu machen. Das ist leichter gesagt als getan. Vielleicht brauchen Sie viel Zeit. Aber wenn Sie so weit sind, schafft es Gelassenheit. Wenn Sie Ihren Gemütszustand von den äußeren Umständen abhängig machen, setzen Sie sich unter Druck. Und unter Druck geht es langfristig nicht gut. Also: Arbeiten Sie mit Energie, aber mit innerer Gelassenheit an Ihren Zielen. Gehen Sie Risiken ein. Wer wagt, gewinnt. Um etwas erreichen zu können, müssen Sie Risiken eingehen. Risiken eingehen heißt aber nicht, Harakiri zu begehen. Planen Sie sorgfältig und fragen Sie sich immer wieder kritisch, ob ein Risiko überhaupt notwendig ist. Wenn es aber notwendig ist, dann wagen Sie!

Das Wunder der Zinseszinsen

Können Sie sich vorstellen, welche Dynamik entsteht, wenn Sie einen Geldbetrag regelmäßig verdoppeln? Angenommen, Sie legen einen Euro auf Ihren Wohnzimmertisch und erhöhen einmal täglich Ihr »Tischgeld« um den schon vorhandenen Betrag. Schon am 15. Tag haben Sie das unmögliche Kunststück vollbracht, einen Turm mit 16 384 Eurostücken zu bauen. Um einen Monat durchzuhalten, müssten Sie Milliardär sein. Haben Sie schon einmal darüber nachgedacht, dasselbe mit Ihrem Vermögen zu machen? Wir wollen natürlich nicht, dass Sie es sich in Eurostücken auszahlen lassen und diese auf dem Wohnzimmertisch stapeln. Aber wie wäre es mit einer regelmäßigen Verdopplung Ihres Vermögens?

Geht nicht? Geht doch! Natürlich ist das Ganze eine Frage

des zeitlichen Horizonts. Dauerhaft werden Sie es kaum schaffen, jährlich Ihr Angespartes zu verdoppeln, geschweige denn täglich. Wenn Ihnen jemand so etwas verspricht, dann setzen Sie ihn am besten vor die Tür. Oder würde der Kerl noch zum Klingelputzen gehen, wenn er Derartiges vollbringen könnte? Sie könnten bei Ihrer Bank nachfragen, wie lange es dauert, bis Sie für 1000 Euro das Doppelte erhalten. Vermutlich wird der Mensch hinter dem Schalter ein bisschen stutzig werden. Mag sein, dass Sie der Erste sind, der eine solche Frage stellt. Denn bei Nullzinsen wächst Ihr Sparbetrag eben nicht. Und tatsächlich schrumpft er sogar, wenn Sie die schleichende Inflation berücksichtigen.

Schon vor einigen Jahren waren die Sparbuchzinsen mager. Sagen wir, es hätte 2 Prozent gegeben. Dann hätte der Mann in der Bank gesagt: »Kommen Sie in 36 Jahren wieder. Dann kriegen Sie sogar ein bisschen mehr als 2000 Euro. Vorausgesetzt natürlich, Sie haben für den ganzen Zeitraum einen Freistellungsauftrag ausgefüllt.« Wenn Sie nicht mehr der Jüngste sind, wäre die faire Antwort wohl: »Ob Sie das noch erleben?!« Probieren Sie es aus, und schreiben Sie uns, welche Antwort Sie bekommen haben.

Ein Versicherungsvertreter hätte Ihnen vor einigen Jahren noch stolz gesagt: »Unter Berücksichtigung aller Steuersparmaßnahmen haben Sie in 18 Jahren Ihr Vermögen verdoppelt.« In diesem Fall hätte er mit der durchschnittlichen Rendite für Lebensversicherungen von 4 Prozent gerechnet.

Heute müsste Ihr Vertreter von der Lebensversicherung allerdings kleinlaut zugeben: »Kommen Sie in 57,6 Jahren wieder. Dann haben Sie bei uns Ihr Kapital verdoppelt.« Denn die Lebensversicherungen haben den Garantiezins auf extrem magere 1,25 Prozent gesenkt.

Aber vielleicht gibt es in Ihrer Bank auch einen kessen Berater, der feststellt: »Mit gut neun Jahren sind Sie dabei.« Dann hat er einen Blick auf die durchschnittliche Rendite des Deutschen Aktienindexes (DAX) in den letzten vierzig Jahren geworfen. Die liegt nämlich bei ca. 8,5 Prozent. Wir zeigen Ihnen, dass dieses Ziel durchaus realistisch ist. Wie wir auf die ganzen Jahreszahlen kommen? Eine ganz gute Annäherung gibt die folgende Faustformel: Dividieren Sie die Zahl 72 durch die jeweilige Rendite. So erhalten Sie die Jahre, die notwendig sind, um das eingesetzte Geld zu verdoppeln. Bei 2 Prozent ergeben sich auf diese Weise 36 Jahre und bei 6 Prozent zwölf Jahre. Bei Zinssätzen über 15 Prozent wird die Formel allerdings etwas ungenau. Allerdings sind das Renditen, die nur ganz, ganz wenige der besten Investoren der Welt erzielen.

72/Zinssatz = Zahl der Jahre, die Sie benötigen, um Ihr Vermögen zu verdoppeln.

Also, bei 8,5 Prozent – der durchschnittlichen Aktienmarktrendite der letzten vierzig Jahre – verdoppeln Sie Ihr Vermögen ungefähr alle neun Jahre, genau genommen alle 8,5 Jahre. Dieser Effekt kommt durch das Wunder der Zinseszinsen zustande. 1000 Euro zu 8,5 Prozent investiert ergeben nach einem Jahr, na? – Richtig: 1085 Euro! (1000 Euro plus 85 Euro Zinsen.) Nach zwei Jahren sind es schon 1177,25 Euro, denn die Rendite fällt ja auf die 1078 Euro an! Nach drei Jahren sind es schon 1277,29 Euro. Diese kleinen Zuwächse am Anfang steigern sich im Laufe der Zeit sehr stark. Nach achteinhalb Jahren sind aus Ihren 1000 Euro so 2000 Euro geworden, das heißt, Sie haben Ihr Investment verdoppelt!

Und auf dem Sparbuch hätte das Geld dahingeschlummert. In vierzig Jahren: außer Spesen nichts gewesen. Tatsächlich können Sie sicher sein, dass Ihr Geld wesentlich weniger wert wäre. Schon bei einem angenommenen schleichenden Wertverlust von 3 Prozent pro Jahr – das ist meiner Meinung nach eher noch niedrig bemessen, da vieles dafür spricht, dass die tatsächliche Inflation noch höher ist[22] – sind nach vierzig Jahren über 70 Prozent Ihres Guthabens weg!

Angenommen, Ihre Oma Erna hätte mit dreißig Jahren 2000 DM, also heute 1000 Euro, auf einem Sparbuch vergessen und würde es als heute 70-Jährige merken. Da es keine Zinsen mehr gibt, hebt sie das Geld ab. Und da sie keine großen Ansprüche mehr hat, schenkt Sie Ihnen das Geld. Wenn wir für den gesamten Zeitraum vielleicht 2,5 Prozent Verzinsung ansetzen würden, wären aus dem Tausender 2685 Euro geworden. Klingt nicht schlecht, aber nach vierzig Jahren? Vielleicht hätte sie ihr Geld besser investieren sollen; sei es in eine rentablere Geldanlage oder in die Kinder; wie auch immer … Und wenn Sie die schleichende Geldentwertung dagegensetzen, stehen diesen 2,5 Prozent Verzinsung mindestens 3 Prozent Wertverlust entgegen. Nach vierzig Jahren haben Sie faktisch über 18 Prozent Ihres Guthabens verloren – obwohl Sie eine auf dem Papier gut aussehende Verzinsung hatten!

Deutlich besser sieht es aus, wenn Sie in Aktien investieren. Der DAX (in der Vergangenheit mit einer Rendite von 8,5 Prozent pro Jahr) verwandelt den Anfangswert schließlich in stolze 26 130 Euro. Langsam wird es besser, oder? Aber was sagen Sie dazu? Bei 9,5 Prozent Rendite wären es 37 720 Euro geworden, bei 10,5 Prozent Rendite sogar 54 260 Euro. Schon beachtlich, was zwei Prozent Zinsdifferenz in vierzig Jahren so alles ausmachen können!

Warren Buffett, vielleicht der erfolgreichste Investor der Geschichte, hat fünfzig Jahre lang Durchschnittsrenditen von 20,8 Prozent erzielt.[23] Das entspricht einer Wertsteigerung von 1,6 Millionen Prozent. Diese Weltspitze werden Sie nicht erreichen. Aber den DAX um ein paar Prozent zu schlagen ist möglich, wenn Sie sich wirklich mit der Materie beschäftigen. Wichtig ist dabei vor allem Ihr Charakter. Stephanie Mucha, eine ehemalige Krankenschwester aus Buffalo, wurde mit Aktien Multimillionärin.[24] Als ihr Mann 1985 starb, hatte das Ehepaar ein Vermögen von 300 000 Dollar. Im Jahr 2014 waren es 5,5 Millionen Dollar. Das waren 10 Prozent Rendite pro Jahr.

Mit 10 Prozent werden Sie vielleicht kein Multimilliardär, aber auch damit sollte es Ihnen gelingen, eine gute Summe auf die Seite zu legen. Also, wenn Sie Oma Ernas Sparbucherbe hätten antreten können, hätten Sie sich wahrscheinlich schon gefreut. Mit den 2685 Euro kann man immerhin mal in den Urlaub fahren oder eine ordentliche Geburtstagsparty mit Freunden feiern.

Wenn Oma Erna ihr Geld Herrn DAX überlassen hätte, also einfach wahllos Aktien des damals noch nicht existierenden DAX – alles solide Großunternehmen – gekauft hätte, könnten Sie jetzt schon über 26 133 Euro verfügen, denn der DAX hat in diesen vierzig Jahren durchschnittlich 8,5 Prozent Rendite p. a. gebracht.

Warren Buffett, der größte Investor des Jahrhunderts, investierte sein Geld in solch bekannte Großunternehmen wie Coca-Cola und erzielte damit langfristig eine erstaunliche Durchschnittsrendite von 21 Prozent pro Jahr. Wenn Oma Erna bei Warren Buffett investiert hätte – und es gibt in den USA Omas, die das getan haben –, wären aus 1000 Euro in vierzig Jahren mehr als 2 Millionen Euro geworden!

Was bei verschiedenen Renditen nach vierzig Jahren aus Ihren 1000 Euro geworden wäre ...

Anlageform	Rendite pro Jahr	Endsumme
Sparbuch	0,5 %	1221 Euro
Lebensversicherung heute (Garantiezins)	1,25 %	1644 Euro
Lebensversicherung vor der Finanzkrise (Garantiezins)	2,5 %	2685 Euro
DAX	8,5 %	26 133 Euro
Investieren mit Stephanie Mucha	10 %	45 259 Euro
Investieren mit Warren Buffet	21 %	2 048 400 Euro

In Boomjahren wie z. B. Ende der 1990er Jahre mag es Investoren gegeben haben, die deutlich über 10 Prozent pro Jahr oder mehr erzielten. 1998 hatte ich auch ein Jahr, in dem ich 100 Prozent erzielte. Das ist toll und ein Geschenk des größten Börsenbooms dieses Jahrhunderts. Aber es gibt auch immer wieder maue Jahre wie z.B. 2000 bis 2003 und die Zeit vom Sommer 2007 bis Frühjahr 2009 – dem Höhepunkt der Finanzkrise. Auf die langfristige Durchschnittsrendite kommt es an. Und da zeigt es sich, ob Sie eine gesunde Strategie haben. Wahrscheinlich wird es keiner von uns schaffen, langfristig 21 oder auch »nur« 15 Prozent zu erzielen. Aber auch mit 8,5 bis 11,5 Prozent kann man sich ein Vermögen zusammeninvestieren. Wir glauben, dass JEDER langfristig 8,5 bis 10 Prozent schaffen kann und dass viele auch mehr schaffen können. Ganz ohne Experten, nur indem Sie auf Ihren gesunden Menschenverstand vertrauen. Verschieben Sie Ihre Sparbemühungen nicht mit dem Scheinargument, Sie könnten das Ganze ja nachholen! Fangen Sie heute an! 100 Euro, die Sie mit 20 Jahren investieren, sind bei 10 Prozent Verzinsung (die durchaus möglich sind – dazu später mehr) genauso viel wert wie 672 Euro, die Sie mit 40 Jahren investieren. Denken Sie, Ihr Einkommen wächst genauso schnell wir Ihr Sparkapital? Und haben Sie schon mal darüber nachgedacht, was später mit Ihren Lebenshaltungskosten passieren wird (Familie, Kinder, neue Wohnung …)?

Welche Renditen erzielen eigentlich Besserverdiener?

Welche Renditen erzielen eigentlich die Besserverdiener bei Ihren Kapitalanlagen? Können wir etwas von unseren vermögenderen Mitbürgern lernen? Die Commerz-Finanz-Management hat die Daten von 2500 Besserverdienern der Jahre 1996 bis 1999 ausgewertet. Das waren Jahre, in denen der DAX locker um mehr als 20 Prozent pro Jahr angestiegen ist und der Neue Markt – seit es ihn gab – noch erheblich mehr. Diese Besserverdiener sollten also doch zumindest den DAX geschafft haben, oder? Hier ist das Ergebnis: Von 100 Kunden erzielten (Rendite nach Steuern)[25]

Tatsächliche Depoterfolge von Besserverdienenden in Prozent p. a.

weniger als 4 %	49
4–6 %	29
6–8 %	9
mehr als 8 %	13

Fast die Hälfte der Besserverdienenden erzielte weniger als läppische 4 Prozent nach Steuern! Mehr als drei Viertel aller Kunden blieben unter 6 Prozent. Und fast 90 Prozent blieben unter 8 Prozent. Das darf Ihnen nicht passieren! Wir wollen, dass Sie zumindest die Aktienmarktrenditen erreichen – und hoffentlich etwas mehr. Damit würden Sie zur absoluten Spitzengruppe der Privatinvestoren gehören. Aber das geht nur, wenn Sie Ihr Geld zur Chefsache machen und Ihre eigenen Anlageentscheidungen treffen.

»Von nichts kommt nichts« – aber auch Sie können sparen

Investieren kann man nur, was man hat. Was aber, wenn Sie gar nichts haben oder wenn Sie Student sind? Investor werden Sie nur, wenn Sie wie ein Investor denken. Können Sie sich in den folgenden Sätzen wiederfinden? – »Ich habe einfach zu wenig Geld, um zu investieren.« – »Ich investiere später, wenn ich genug verdiene!« Diese Sätze sind falsch. Investments sind eine Einstellungssache. Glauben Sie wirklich, dass es einfacher ist, mit fünfundvierzig Jahren jeden Monat 4841 Euro auf die hohe Kante zu legen, als mit zwanzig Jahren zu beginnen, jeden Monat 261 Euro zu sparen? Bei 10 Prozent Rendite erzielen beide Ansätze identische Ergebnisse: Mit 55 Jahren wären Sie jeweils Millionär! 261 Euro – das sind drei Abende Arbeit als Kellner in der Kneipe oder eine kleinere Wohnung oder einmal nicht in Urlaub fahren oder ...

»Von nichts kommt nichts« – um zu investieren, müssen Sie sparen. Sparen hängt nicht (oder nur teilweise) von Ihrem Einkommen ab. In der folgenden Untersuchung des Deutschen Aktieninstituts aus dem Jahr 1997 wurden Privatpersonen befragt, warum sie nicht in Aktien investieren. Es wurden verschiedene Antworten vorgegeben. Die weitaus häufigste Antwort war: »Ich habe zu wenig Geld zum Anlegen.«

»Ich habe zu wenig Geld, um in Aktien zu investieren«

Haushalts-Nettoeinkommen in DM[26]	Zustimmung (%)
unter 750	78 %
750–1250	64 %
1250–2000	60 %
2000–2500	56 %
2500–3000	48 %
3000–4000	42 %

Also, wie man es sich gedacht hat: 78 Prozent der Haushalte mit weniger als 750 DM Nettoeinkommen konnten nichts auf die Seite legen. Das heißt aber im Umkehrschluss, dass zumindest 22 Prozent in dieser Einkommenskategorie es doch irgendwie schafften. Bei Haushalten bis 2000 DM Nettoeinkommen sank die Quote derjenigen, die zu wenig Geld hatten, auf 60 Prozent. Bei einem Nettoeinkommen zwischen 1250 und 2000 DM konnten 60 Prozent gar nichts sparen? Und bei Nettoeinkommen von 3000 bis 4000 DM konnten immer noch 42 Prozent keinen Cent auf die Seite legen? Das war damals ein ordentliches Einkommen. Da stimmt doch was nicht! Aber halt, wir haben ja noch die wirklich gut Verdienenden vergessen, diejenigen Haushalte mit Nettoeinkommen von über 4000 DM. Dafür müssen sie in vielen Fällen mal locker das Doppelte brutto verdienen. Sicherlich entpuppen sich diese Gutverdiener als wahre Meister im Sparen und im Ansammeln von Kapital! Also, hier die Zahlen für die Höchstverdiener:

»Ich habe zu wenig Geld zum Anlegen« – die Zweite:

Haushalts-Nettoeinkommen über 4000 DM: Zustimmungsrate von 45 Prozent!

Die Zustimmung zu der obigen Aussage STEIGT wieder! Wirklich gut Verdienende haben angeblich weniger Geld, das sie investieren können. Die Ansprüche sind eben unbegrenzt und steigen SCHNELLER als das Einkommen. Und wenn man sich erst mal an den Porsche, die Zweitwohnung und die Segelyacht gewöhnt hat, fällt es verdammt schwer, diese schönen Sachen wieder aufzugeben. Nun gut, ein echter Multimilliardär kann das, was er verdient, wohl wirklich nicht mehr ausgeben. Aber für gewöhnliche Sterbliche wird es immer eine Herausforderung bleiben, die Kluft zwischen Einkommen und Ansprüchen zu schließen. Ein Freund – ein vielfacher Millionär – lud mich einmal zum Mittagessen in ein Restaurant ein. Als die Rechnung kam, teilte er diese. Ich muss wohl etwas erstaunt geschaut haben, denn er sagte: »Ja, ich bin ein Geizhals. Man kann nie genug ausgeben, um glücklich zu sein. Man kann aber genug gespart haben, um sich einigermaßen frei und unabhängig zu fühlen.«

Warum viele Promis pleite sind – und wie die Krankenschwester Stephanie Mucha zur mehrfachen Millionärin wurde

Regelmäßig lesen wir in der Presse von Prominenten, die zu einem bestimmten Zeitpunkt ihres Lebens große Geldsorgen hatten oder mit ihren Investments auf die Nase gefallen sind. So mancher

musste sogar Privatinsolvenz anmelden. Bei diesen Prominenten – Sportlern, Sängern oder Schauspielern – können Sie davon ausgehen, dass sie nicht zu den Niedrigverdienern gehören.
Ein guter Verdienst alleine reicht eben nicht, um Vermögen aufzubauen. Viel wichtiger sind die richtige Einstellung und der richtige Charakter. Immer wieder hört man Geschichten von Lottomillionären oder Showgewinnern, denen ihre Gewinne kein Glück gebracht haben. Im Jahr 2014 starb Marlene Grabherr, die erste Gewinnerin von »Wer wird Millionär?«, im Alter von sechzig Jahren vereinsamt und verarmt. Innerhalb von neun Jahren hatte sie ihr ganzes Geld für Häuser, Autos und Reisen ausgegeben sowie einen Teil an Verwandte verliehen.[27]
Stephanie Mucha wurde 1917 als drittes von sechs Kindern geboren. Als Dienstmädchen lauschte sie während der Großen Depression aufmerksam den Unterhaltungen ihrer Dienstherren zum Thema Finanzen. Zeitlebens lebte sie sparsam und investierte in Aktien. Aus fünfzig Medtronics-Aktien zu 5,11 Dollar im Jahr 1991 wurde ein Paket von 451 000 Dollar. Bereits 1972 hatten Mucha und ihr Ehemann 150 000 Dollar im Depot, das dann im Crash 1973 massiv an Wert verlor. Als Muchas Ehemann 1985 starb, betrug das Depotvolumen 300 000 Dollar. Im Jahr 2014 verfügte Mucha über 5,5 Millionen – und hat bereits mehr als 3 Millionen für wohltätige Zwecke gespendet. Sie erwarb dieses Vermögen als disziplinierte Langfristinvestorin und mit Sparsamkeit, obwohl ihr Verdienst eher mäßig war. Als sie als Krankenschwester anfing, verdiente sie 2500 Dollar pro Jahr, als sie 1994 in Rente ging, waren es 23 000 Dollar.[28]
Als der Schotte Edward Ried 2002 starb, ahnten seine Erben nicht, was sie erwartete. Sein Haus hatte keine Heizung, er fuhr einen rostigen alten Ford. Eine Nachbarin hatte solches Mitleid mit dem Junggesellen, dass sie ihm einmal eine warme Mahlzeit anbot, die er nach einigem Zögern annahm. Als Reid mit 85 Jahren starb, hatte er mehr als zwei Millionen Euro auf der Bank und 25 Millionen Euro in Aktien. Die Aktien hatte er vor vielen Jahrzehnten erworben und größtenteils einfach liegen lassen.[29]

Mit diesen Beispielen will ich Ihnen nur sagen, dass es beim Vermögensaufbau keine Geheimnisse und keine Abkürzungen gibt. Sie müssen Vermögen erwerben, damit dieses Vermögen anfängt, für Sie zu arbeiten. Das erfordert vor allem System und Disziplin – aber es ist kein Geheimnis dabei. Sparen ist keine ernste Sache. Sparen ist die Basis für Ihre persönliche Freiheit. Es ist schon ein Unterschied, ob Sie dem Geld hinterherlaufen müssen oder ob das Geld Ihnen nachläuft. Eine finanzielle Basis schafft Ihnen die Möglichkeiten, sich unbeschwert den wichtigen Dingen des Lebens zu widmen. Versuchen Sie, 10 Prozent Ihres Einkommens zu sparen. Einige von Ihnen werden vielleicht nur 5 Prozent sparen können, andere eher 20 Prozent.

Sparen ist vor allem Einstellungssache und weniger Einkommenssache. Auch als Student können Sie normalerweise 100 Euro im Monat sparen. Ich kenne Leute mit Jahreseinkommen von über einer Viertelmillion, die nichts sparen. Man kann nie genug Geld ausgeben, um glücklich zu sein. Geld ausgeben ist wie der Heroinschuss – beim nächsten Mal muss die Dosis schon größer sein. Aber man kann genug Geld haben, um ruhig und unbeschwert in die Zukunft zu blicken und sich die Dinge zu leisten, die wirklich wichtig sind. Schon nach wenigen Jahren werden Sie sehen, wie Ihr Geld für Sie zu arbeiten beginnt. Es ist ein psychologisch sehr befreiendes Gefühl, wenn Sie sehen, dass Ihr Vermögen – so klein es auch sein mag – für Sie arbeitet und sich vermehrt, ohne dass Sie viel dafür tun. Sie haben Freude daran zu sehen, wie Sie 1000 Euro in 10 000 und 10 000 in 100 000 Euro verwandeln und so weiter ...« »Setzen Sie sich persönliche Ziele, die Sie motivieren!«, würde ein Motivationstrainer jetzt sagen. Stellen Sie sich Ihre Zukunft vor – visualisieren Sie Ihre Ziele! Also zum Beispiel folgendermaßen: »Langsam gleitet der Hubschrauber zu meinem Penthouse in New York. Als er aufsetzt, wartet schon das Hauspersonal ...« Klingeling – zurück zur Wirklichkeit. Ziele dürfen ruhig etwas anspruchsvoll sein. Aber sie müssen auch irgendwie erreichbar sein. Träumen Sie. Unsere Träume motivieren uns. Und dann machen Sie einen Realitätstest. Hier einige Gedanken zum Realitätstest. Ihre Vermögensziele hängen von drei Faktoren ab: Ihrem verfügbaren Einkommen, der Rendite, die Sie erzielen, und Ihrem Anlagezeitraum.

Rahmenbedingungen für Ihre Finanzziele

1. Verfügbares Einkommen: Natürlich macht es einen Unterschied, ob Sie 2000 Euro oder 10 000 Euro im Monat verdienen. Dies ist sicherlich ein Element des Realitätstests.
2. Rendite: Es ist relevant, ob Sie 5 Prozent, 8 Prozent oder 12 Prozent Rendite erwirtschaften. Wir glauben, dass Sie langfristig zwischen 8 und 10 Prozent schaffen können.
3. Zeitraum und Alter: je früher und je länger, desto besser. Wenn Sie mit 55 Millionär sein wollen, ist es bei 10 Prozent Rendite genauso viel wert, ab dem Alter von 20 Jahren 261 Euro im Monat zu sparen wie mit 45 Jahren 4841 Euro im Monat zu sparen.

Sie können durchaus in fünfundzwanzig Jahren zum Millionär werden, wenn Sie jeden Monat 747 Euro auf die Seite legen. Das setzt voraus, dass Sie eine Rendite von ca. 10 Prozent erzielen – ziemlich hoch, aber mit Disziplin und gesundem Menschenverstand machbar. Sind Sie 40 Jahre alt? Dann setzen Sie sich zum Ziel, als Millionär in den Ruhestand zu gehen! Sind Sie erst 25 Jahre alt? Dann gönnen Sie sich doch mit 50 ein Jahr »Auszeit«, um auf das Erreichte zu schauen und Zwischenbilanz zu ziehen. Oder steigen Sie aus und machen nur noch das, was Ihnen Spaß macht.

Bevor Sie aber investieren, sollten Sie Ihre persönlichen Finanzen ordnen. Mit Schulden schläft es sich nicht gut. Schulden bewirken, dass Sie dem Geld hinterherlaufen und nicht das Geld Ihnen. Nervös und hektisch investiert es sich schlecht. Jeder Amerikaner besitzt durchschnittlich vier Kreditkarten.

Kreditschulden haben in den USA Zinssätze von 15 bis 20 Prozent (in Deutschland eher von 11 bis 15 Prozent). Wenn Sie sehr gut sind und etwas Glück haben, können Sie diese Verzinsung bei Ihren Anlagen erreichen. Aber Sie sollten nicht damit rechnen. Deswegen sind Sie sehr schlecht beraten, wenn Sie Ihre Aktienanlagen auf Pump finanzieren. Die beste erste Geldanlage ist es, Ihre Schulden abzubauen. Nur das schafft Ihnen die nötige Freiheit, zu investieren. Eine Ausnahme bilden hierbei Hypotheken auf Immobilien. Weil diese Kredite »dinglich besichert« sind (die Bank hat Ihr Haus als Sicherheit), müssen Sie niedrigere Zinsen als bei anderen Krediten zahlen. Aber selbst hier kann es sinnvoll sein, auf die eigenen vier Wände zu verzichten, zur Miete zu wohnen und die Ersparnisse anderweitig zu investieren.

Exkurs

Wie wäre es, wenn Ihnen jemand verspräche, Ihnen für jeden Euro den stattlichen Betrag von 50 Cent zurückzugeben? Das klingt ziemlich schlecht. Und dennoch lassen sich jede Woche Millionen Deutsche darauf ein: beim Lotto. Beim Lotto wandern – das ist vorgeschrieben – 50 Cent wieder in den Gewinntopf. Die anderen 50 Cent werden für die Gesellschaft und die stattlichen Gehälter der Geschäftsführer dieser Gesellschaften verwendet oder als Lotteriesteuer an die Länder ausgeschüttet. 2007 gaben die Bundesbürger für Lotterien und Sportwetten 7,46 Milliarden Euro aus. Das entspricht ca. 90 Euro pro Kopf und Jahr. Nehmen wir Jugendliche und Kinder aus, steckt jeder Deutsche durchschnittlich mindestens 150 Euro pro Jahr in das Lottospiel.

Investieren Sie Ihr Spielgeld lieber geschickt. Das ist der einzig sichere Weg, durch Lotto zum Millionär zu werden. Und was ist aus den Lottomillionären geworden? Nicht viel. Viele von ihnen hatten nie gelernt, mit Geld umzugehen. Als dann der unverhoffte Geldsegen kam, wurde er zum Problem. Viele gaben ihr Geld so schnell aus, wie sie es erhalten hatten. Der »Millionensegen« entpuppte sich oft als das Gegenteil. Wenn Sie sich ein Ziel gesetzt haben – sagen wir, in zwanzig Jahren die erste Million –, sollten Sie sich einen Fahrplan aufstellen, mit dem Sie den Fortschritt Ihrer Reise jederzeit überprüfen können. Welche Rendite wollen Sie erzielen? Mit welchen Strategien? Wie viel Geld haben Sie in fünf, zehn oder fünfzehn Jahren? Wohlgemerkt: Der Fahrplan ist nicht dazu da, eine als richtig erkannte Strategie hektisch über Bord zu werfen, wenn Sie einmal hinter Ihren Zielen zurückbleiben. Gleichzeitig sollten Sie auch keine rauschenden Feste feiern und viel Geld ausgeben, wenn Sie einmal schneller als der Plan sind. Nur Kontinuität verspricht Erfolg! Investieren kann zu einer interessanten und erfüllenden Tätigkeit werden. Aber denken Sie immer daran, dass die wirklich wichtigen Dinge im Leben andere sind: die Entwicklung Ihrer Kinder, eine erfüllte Partnerschaft, innere Ruhe, das Erreichen von Zielen, die Sie sich gesetzt haben. Ihre Investitionen sollen Ihnen Spaß und Freude ermöglichen, nicht den Schlaf rauben. Sobald Sie anfangen, sich permanent um die Entwicklung Ihres Aktiendepots Sorgen zu machen, läuft etwas falsch. Einem Fahrplan folgen ist die eine Sache, sich von seinen Anlagen bestimmen zu lassen die andere. Lassen Sie es niemals zu, dass Ihr Geld Sie bestimmt!

So können Sie sparen

Sparen kann Spaß machen. Vor allem, wenn Sie nach einigen Jahren sehen, wie sich die Cents vermehren und für Sie zu arbeiten beginnen. Oft ist es nur Nachlässigkeit, die einen nicht auf das Geld achten lässt. Eines unserer Mitglieder mit Internetnamen »Las Vegas« legt abends immer sein Kleingeld zur Seite und packt es in ein Sparschwein. Lesen Sie selbst:
»Beim Sparen hab ich so 'ne Marotte ... ich leere jeden Abend meine Taschen und lege mein Kleingeld zur Seite ...

Egal ob es 75 Cent sind oder gar 18,20 Euro. Kommt in eine Dose. Wenn die Dose voll ist, bring ich's feierlich auf ein Extrakonto ... Das bringt pro Jahr immer so zwischen 1500 bis 2500 Euro ... Und ich merk es gar nicht ...«

Ich sollte vielleicht noch dazusagen, dass »Las Vegas« trotz seines Namens ein sehr solider und erfahrener Investor Anfang fünfzig ist, für den Geld nach eigenen Angaben nicht besonders wichtig ist.

Konsum

Beim Sparen denken Sie vielleicht zunächst an den Konsum. Und das ist gar nicht mal so falsch. Ein Mitglied aus unserer Gemeinschaft hat einmal einem Berufskollegen mit einem Kredit »aus der Patsche« geholfen. Was machte der Kollege mit dem Geld? Er kaufte für sich und seine Frau ein Motorrad, um Ausflugsfahrten zu machen! Nun, so kann Freiheit nicht aussehen. Weitere Spartips:

- Führen Sie ein Haushaltsbuch! Allein durch das Aufschreiben gehen Sie viel bewusster an Ihre Ausgaben heran.
- Prüfen Sie, ob alle Ihre Versicherungen wirklich notwendig sind und ob Sie für die, die Sie benötigen, nicht zu viel bezahlen. Die Interessengemeinschaft »Bund der Versicherten« hilft Ihnen hierbei (www.bundderversicherten.de).
- Gehen Sie nicht hungrig zum Lebensmitteleinkauf. Sie werden sich wundern, es wirkt!
- Vergleichen Sie Strom- und Telefonanbieter. Das Internet oder Zeitschriften können Ihnen dabei helfen.
- Und ein ganz persönlicher Spartip von mir: Überlegen Sie sich sehr lange, ob Sie etwas wirklich wollen. Wenn Sie es aber wirklich wollen, dann kaufen Sie Sachen hoher Qualität – insbesondere bei Kleidung und Schuhen. Es lohnt sich: Gute Kleidung sieht auch noch alt gut aus, schlechte Kleidung sieht vielleicht schon neu schlecht aus. Noch besser

ist es, wenn Sie die 1a-Qualitätswaren in Secondhandläden beziehen. Das lohnt sich natürlich ganz besonders für Familien mit heranwachsenden Kindern.

Auto

Beim Auto könnten die meisten Leute besonders viel sparen. Nach einer alten Faustregel sollte ein Auto nicht mehr als drei bis vier Nettomonatsgehälter kosten. Sind Sie jetzt erschrocken? Kostet Ihres vielleicht sogar ein ganzes Jahresgehalt? Dann leben Sie eindeutig über Ihre Verhältnisse!

Ich lebe übrigens auch leicht über meine Verhältnisse. Zwar kostete mich mein gebrauchter und mittlerweile etwas rostiger Mercedes Benz Kombi 320 E Jahrgang 2003 mit einer Laufleistung von mittlerweile fast 400 000 Kilometern weniger als ein Monatsgehalt. Aber neben der Familienkutsche leiste ich mir noch einen Dienstwagen – eine gebrauchte S-Klasse –, und der lag dann schon bei drei bis vier Gehältern.

Das Auto ist leider für viele zum Statussymbol geworden. Es wird gehegt und gepflegt (dagegen ist nichts einzuwenden) und vorgeführt. Überlegen Sie sich einmal, was ein Auto ist – ein Gebrauchsgegenstand, der Sie bequem von A nach B bringen soll. Wegen der Bequemlichkeit leiste ich mir einen Mercedes mit viel Blech und dicken Sitzen. Ein Statussymbol dürfte meiner aber kaum sein: Häufig ist er nicht besonders ordentlich gewaschen. Hierzu schreibt Williken, Leser meines Börsenbriefes und mehrfacher Millionär:

»Das größte Einsparpotential bietet sich meines Erachtens im Fahrzeugbereich. Ich beobachte hier immer wieder sehr viel unvernünftiges Verhalten. Da kaufen sich Leute mit einem Monatseinkommen von 1800 Euro einen Neuwagen für 30 000 Euro und sparen sich das Geld regelrecht vom Mund ab. Da bleibt dann kein Euro mehr für eine sinnvolle langfristige Investition mit dem Ziel eines Vermögensaufbaus übrig. Ich glaube, wenn man immer ein Fahrzeug in einer etwas kleineren Klasse fährt, als man sich aufgrund seiner Einkommenssituation eigentlich leisten könnte, bietet das schon ungeheure Möglichkeiten. Und wenn man das Fahrzeug dann nicht nach zwei Jahren wieder verkauft, sondern sechs oder acht Jahre oder noch länger damit fährt, bietet sich weiteres Sparpotential. Ich habe übrigens auch die Erfahrung gemacht, dass der Wechsel von einer Markenwerkstatt zu einer freien Werkstatt bei Inspektionen Geld spart. Ich habe jahrelang für Inspektionen in einer Markenwerkstatt ca. 800 Euro bezahlt. Die gleiche Leistung mit Stempel im Scheckheft kostet in einer freien Werkstatt 300 Euro. Macht bei zwei Inspektionen im Jahr eine Ersparnis von 1000 Euro. Diese Liste ließe sich beliebig fortführen. Unter dem Strich glaube ich aber, dass durch vernünftiges Verhalten im Umgang mit dem Pkw ein Einsparpotential pro Haushalt von sicherlich 2000 bis 4000 Euro pro Jahr möglich ist.«

Nehmen wir einmal eine jährliche Einsparung beim Auto von 2000 Euro, was die untere Grenze von Willikens Schätzungen darstellt. Das kann sich sogar noch lohnen, wenn Sie schon fünfzig Jahre oder älter sind. Sie haben nämlich laut Statistik eine Lebenserwartung von achtzig Jahren – und viele von Ihnen werden bedeutend älter. Es ist doch sehr schön, seinen Lebensabend finanziell abgesichert und in Luxus zu verbringen. Klar, Sie leben jetzt. Aber oft ist es erstaunlich, wie wenig echte Lebensqualität mit dem Geldausgeben zu tun hat. Wenn Sie also vor der Wahl stehen, heute ein größeres Auto zu fahren oder in zwanzig Jahren auf einem guten Finanzpolster zu sitzen, sollten Sie es sich zweimal überlegen, ob Sie das große Auto wirklich brauchen.

Machen Sie noch heute den ersten Schritt!

Ihr Einkommen oder Ihr Vermögen mögen nicht so groß sein, wie Sie sich das wünschen. Daran können Sie kurzfristig wenig ändern. Aber Sie haben immer noch viel mehr, als Sie denken. Es gibt Dinge, die Ihnen keiner wegnehmen kann. Entscheidend ist, was sie daraus machen. Vielleicht befinden Sie sich gerade in einer größeren Krise und wissen nicht, wie Sie den nächsten Schritt machen sollen. Krisen gehören zum Leben. Wenn wir uns ihnen stellen, wachsen wir daran. Ich hatte den Tiefpunkt meines Lebens im Jahr 1996 erreicht. Nach einer Blitzkarriere als junger Mann ging in meinem 31. Lebensjahr nichts mehr. Meine Freundin hatte sich von mir getrennt. Meine Immobilieninvestitionen verliefen nicht ganz glücklich. Einige Aufträge, auf die ich dringend angewiesen war, kamen nicht herein. Langsam ging mir das Geld aus. Zudem wollte mein Doktorvater in den USA absolut nicht so, wie ich wollte. Ständig hatte er noch Verbesserungsvorschläge und wollte meine Arbeit nicht annehmen. Das ging schon seit zwei Jahren so. Diese Stresssituation musste sich irgendwann bemerkbar machen: Im Sommer hatte ich einen Hörsturz, und das, obwohl ich körperlich eigentlich recht fit war. Da war mir klar – so geht es nicht weiter. Nur: Wie sollte der erste Schritt aussehen? Mich um Aufträge bemühen, damit ich finanziell wieder auf die Beine käme? Meine Doktorarbeit abschließen (wenn mein Doktorvater sie jemals akzeptieren würde)? Mein Privatleben in Ordnung bringen?

Ein altes chinesisches Sprichwort besagt, dass jede Reise mit dem ersten Schritt beginnt. Jetzt zeigte sich, wie wichtig der erste Schritt ist. Ich überlegte, welcher Punkt für mich absolut am wichtigsten war. Und da brauchte ich gar nicht lange nachzudenken. Es war die Doktorarbeit in Princeton. Ich hatte mich als Sohn relativ unvermögender Eltern bis zu einer der weltbesten Universitäten durchgekämpft und hatte schon einige Jahre in meine Promotion investiert. Princeton hatte meine Promotion mit einem Vollstipendium gefördert. Ich gehörte zu den wenigen Privilegierten, die in diesem Umfeld mit den besten Köpfen der Welt studieren durften. Und jetzt die Flinte ins Korn werfen, weil der Doktorvater, vielleicht sogar zu Recht, unzufrieden mit mir war? Also, die Doktorarbeit musste abgeschlossen werden. Sollte ich doch zwischenzeitlich pleitegehen! Aus einem Konkurs kann man sich immer wieder aufrappeln. Aber ich wusste, dass ich die Promotion nie mehr zu Ende bringen würde, wenn nicht jetzt. Und dass ich mir das für den Rest meines Lebens vorwerfen würde.

Sobald diese Entscheidung klar war, klärten sich auch die anderen Dinge Stück für Stück. Zunächst einmal überwand ich meinen Stolz und nahm eine gutbezahlte Stelle als Unternehmensberater bei einem weltweit tätigen Beratungsunternehmen an. Das kostete mich einige Überwindung. Jeder Mensch hat seine eigenen Zielvorstellungen. Und meiner entsprach es eben nicht, Angestellter zu sein und einen Vorgesetzten zu haben. Ich hatte mir eigentlich vorgenommen, selbständig zu sein. Darüber halfen auch der große Name einer internationalen Gesellschaft und das gute Gehalt nicht hinweg. Aber jetzt musste ich es eben tun, um finanziell einigermaßen abgesichert zu sein. Mit dem Anstellungsvertrag in der Tasche überzog ich mein Konto und setzte mich in das Flugzeug nach Amerika. In fünf Wochen musste die Doktorarbeit fertig sein. Alle anderen Sorgen und Probleme vergaß ich, so gut ich das konnte. Und tatsächlich, jetzt, da ich wieder vor Ort war und mich ganz dieser einen Sache widmen konnte, ging es mit meinem Doktorvater viel besser. Im November 1996 schloss ich die Promotion mit der mündlichen Prüfung ab. Das war mir nur möglich, weil ich herausgefunden hatte, was für mich das Wichtigste war, und mich darauf konzentriert hatte!

Und 1998 hatte ich dann die Vision, die mein berufliches Wirken bis heute prägt: Finanzinformationen für die Bürgerinnen und Bürger verständlich, unterhaltsam und vor allem nutzbringend aufzubereiten. Daraus entstand die IFVE Institut für Vermögensentwicklung GmbH, die den Börsenbrief Der Privatinvestor herausgibt (www.privatinvestor.de). Eine Vermögensverwaltung arbeitet nach meiner Methode (www.fpartner.li). Und zwei Aktienfonds werden nach meiner

Methode verwaltet (www.max-otte-fonds.de). Bis dahin war es ein weiter Weg – mit extrem vielen Rückschlägen und Mühen. Aber das wäre Stoff für ein anderes Buch.

Sie haben mehr, als Sie denken!

Auch Sie können heute den ersten Schritt zur Verwirklichung Ihrer Lebenswünsche machen. André Kostolany sagte einmal, dass Sie für eine erfolgreiche Börsenkarriere vor allem die vier Gs benötigen: Geld, Gedanken, Geduld und Glück. Wenn Sie Spekulant werden wollen, benötigen Sie tatsächlich ein Quentchen Glück. Für die meisten Menschen ist es jedoch besser, ihr Geld nach soliden Grundsätzen zu investieren, als zu spekulieren. Ich werde Ihnen zeigen, wie Sie mit einfachen Prinzipien und soliden Investitionen eine durchschnittliche Jahresrendite von 10 bis 15 Prozent erzielen und systematisch ein Vermögen aufbauen können. Hierfür benötigen Sie vor allem Gedanken und Geduld. Das Geld wird dann von selbst anfangen zu wachsen. Eines hat »Kosto« in seiner Aufzählung der vier Gs vergessen, es aber an anderer Stelle immer wieder betont: Freunde. Man könnte auch sagen: Gefährten. Ein intaktes Privatleben, eine Familie oder Freunde sind vielleicht das Wichtigste überhaupt. »Kosto« erzählte, wie er in den 1920er Jahren »auf Baisse« spekulierte, also auf einen Einbruch der Kurse setzte. Als dann tatsächlich der große Kurseinbruch kam, verdiente er viel Geld. Aber er hatte keine Freude daran. Von seinen Bekannten waren einige ruiniert, und die schönen Kaffeehäuser und Restaurants in Paris waren plötzlich leer. Wie sollte er sich an seinem Reichtum erfreuen, wenn es allen anderen schlecht ging? Schreiben wir hier also die vier Gs des Privatinvestors auf: Gefährten, Gedanken, Geduld und Geld. Von alledem brauchen Sie etwas, Geld aber zunächst am wenigsten.

Gefährten (Familie, Freunde, Interessensgefährten): Wer in Ihrem Umfeld hat besondere Talente, die Ihnen helfen könnten?

Lernen Sie davon, wie einer Ihrer Freunde staatliche Fördermittel genutzt hat, um sein Haus zu renovieren. Lernen Sie von der Börsenerfahrung anderer Leute. Aber seien Sie skeptisch, wenn jemand nur mit Erfolgen prahlt. Dazu sind viele Leute gerade in guten Börsenzeiten versucht. Fragen Sie, welches die größten Investmentfehler dieser Freunde und Bekannten waren, und lernen Sie daraus. Sie werden sich wundern, wie viele Dinge man auch in unserer »unpersönlichen« Welt noch viel besser und kostengünstiger privat oder »auf dem kleinen Dienstweg« regelt. Schaffen Sie sich ein Netzwerk von Freunden. Wenn Sie von anderen Personen etwas mehr wollen, als nur zu lernen, müssen Sie natürlich etwas bieten können. Was können Sie interessanten Personen im Gegenzug bieten? Und schließlich: Bei privatinvestor.de bekommen Sie Rat in Echtzeit.

Gedanken: Ihre Gedanken sind Ihr Eigentum und Ihr größter Aktivposten. Keiner kann Ihnen verbieten, sich Gedanken zu machen. Wenn Sie sich über Ihre Ziele im Klaren sind, schafft das mehr Freiheit als alles Geld der Welt. Machen Sie sich Gedanken über Ihre Finanzziele. Schreiben Sie diese Gedanken auf. Machen Sie sich Gedanken, aber lassen Sie nicht ALLE Ihre Gedanken um das Geld kreisen.

Geduld: Geduld ist die Geheimwaffe des Langfristinvestors. Alleine Sie bestimmen, wie viel Geduld Sie haben. Damit haben Sie einen unschätzbaren Vorteil gegenüber vielen Reichen und Managertypen.

Geld: Es stimmt – von nichts kommt nichts. Aber ich habe Ihnen weiter oben gezeigt, wie Sie auch mit einem sehr kleinen Startkapital so weit kommen können, dass Ihr Geld für Sie zu arbeiten beginnt.

Vergessen Sie den Spaß nicht!

Denken Sie daran – sie leben nicht, um zu sparen, sondern Sie sparen, um unbeschwerter zu leben. Geld ist es nicht wert,

Ihnen die Freude am Leben zu verderben. Ich hörte einmal von einer alten Dame. Diese Dame ist zigfache Millionärin und Mitbesitzerin eines Weltkonzerns. Zudem hat sie umfangreichen Immobilienbesitz. Einmal in der Woche kommt sie mit der Post an ihre Mieter ins Büro, um sie dort frankieren zu lassen. Bei dieser Aktion spart sie pro Woche einige Euro! Stellen Sie sich das einmal vor – die Dame hat mehr Geld, als sie jemals ausgeben kann, und fährt ins Büro, um auf Kosten der Firma einige Euro Porto zu sparen! Sparen ist richtig, und Sparen ist für den Vermögensaufbau wichtig. Aber Sparen ist nur die eine Hälfte der Gleichung. Sie müssen das gesparte Geld gut für sich arbeiten lassen. Und weder das Sparen noch das Investieren sollte Ihnen die Freude am Leben verderben. Sonst machen Sie etwas falsch.

Also – machen Sie eine Pause. Packen Sie Ihre Freunde oder Ihre Familie ins Auto, und fahren Sie ins Grüne. Gehen Sie ins Theater. Spielen Sie Fußball mit den Kindern. Oder schließen Sie – wie ich – Ihre Elektrogitarre an den Verstärker an und spielen zusammen mit Ihrer Amateurband einige Takte Rockmusik – laut und heavy. Und dann widmen Sie sich entspannt und erholt wieder Ihren Zielen.

Merksätze:

1. Bejahen Sie das Ziel der finanziellen Freiheit.
2. Um Vermögen aufzubauen, müssen Sie investieren.
3. Um zu investieren, müssen Sie etwas haben. Man ist nie zu arm oder zu reich, um etwas beiseitezulegen. Sparen ist vor allem eine Einstellungssache.
4. Bauen Sie zunächst Ihre Schulden ab.
5. Investieren Sie (auch) in Sachwerte (Real Assets). Achten Sie darauf, dass es »gute« Sachwerte sind, also solche, die eine laufende Rendite abwerfen, und nicht solche, die laufend noch Geld verschlingen.

6. Arbeiten Sie mit den vier Gs: Gedanken, Gefährten, Geduld und Geld. Nutzen Sie das, was Sie haben, und weinen Sie nicht dem hinterher, was Sie nicht haben.
7. Machen Sie sich das Wunder der Zinseszinsen zunutze. Die Zahl 72, dividiert durch den Zinssatz, ergibt die Anzahl der Jahre, die Sie benötigen, um Ihr Vermögen zu verdoppeln.
8. Bleiben Sie gelassen – machen Sie Ihre Stimmungslage nicht von Ihrem Depot und ihrem Vermögensstand abhängig.
9. Vergessen Sie den Spaß nicht – Vermögen aufbauen ist keine ernste Sache.
10. Besuchen Sie uns auf www.privatinvestor.de, und schließen Sie sich unserer Gemeinschaft von Gleichgesinnten an.

2. Die dritte (oder vierte) Enteignung der Deutschen

Die dritte (oder vierte) Enteignung der Deutschen innerhalb von hundert Jahren ist schon längst im Gange. Bereits vor einigen Jahren spekulierte der Internationale Währungsfonds (IWF) über eine Vermögensabgabe zur Sanierung der maroden Finanzen der Industrieländer. Das wird nicht ausreichen. Es werden viel umfangreichere Währungsschritte und -schnitte notwendig sein, denn das globale Finanzsystem steuert unweigerlich auf einen großen Neustart zu.[1]

Wir Deutschen (und auch die Österreicher) werden als Sicherheitsfanatiker besonders geschädigt, weil wir einen großen Teil unseres Vermögens in Geldforderungen halten – seien es Bargeld, Kontoguthaben, Sparprodukte, Lebens- oder Rentenversicherungen. Und eben nicht in Sachwerte investieren. Daran hat sich auch durch die Finanzkrise nichts geändert. Deswegen lohnt es sich, wenn Sie sich mit den Grundlagen unseres Geldsystems befassen. Wenn Sie diese verstehen, werden Sie einen ganz anderen Blick auf Kapitalanlage und Vermögensaufbau bekommen und verstehen, dass Geldforderungen in der heutigen Welt langfristig mit das Unsicherste sind, das Sie besitzen können. Dass Sie sich mit der Investition in Sachwerte oder Wertpapiere beschäftigen müssen.

Wie bei den ersten Enteignungen 1919 bis 1923 und 1948 wird vor allem die Mittelschicht geschröpft: Seitdem es keine oder kaum noch Zinsen auf Konto- und Sparguthaben gibt, verlieren die Deutschen jedes Jahr 80 bis 120 Milliarden Euro an Kaufkraft. Aus Schaden wird man nicht immer klug!

Zum ersten Mal wurden die deutschen (und österreichischen) Geldbesitzer in der Hyperinflation der Jahre 1919 bis 1923 nach dem Ersten Weltkrieg enteignet. An deren Ende im November 1923 war ein US-Dollar 4,2 Billionen Mark wert. Vielen sind die Bilder noch im Kopf, wie Kinder mit dicken Geldbündeln spielen oder wie Geldscheine als Tapete verwendet wurden. Wer in der Endphase der Inflation eine Zahlung bekam, bemühte sich, das Geld sofort auszugeben – denn abends oder am nächsten Morgen war es schon wieder viel weniger wert.

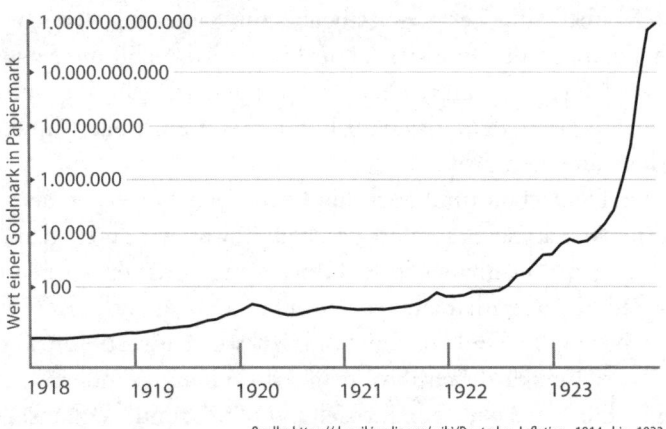

Quelle: https://de.wikipedia.org/wiki/Deutsche_Inflation_1914_bis_1923

Das Deutsche Reich hatte den Krieg durch Gelddrucken finanziert. Die Regierung gab Schatzanweisungen aus, um den Kriegsbedarf zu finanzieren. Diese Anweisungen waren letztlich nichts anderes als Kredite der Reichsbank an die Regierung. Die Schatzanweisungen wollte man durch Kriegsanleihen, welche durch die Bevölkerung gezeichnet werden sollten, neutralisieren. Viele Deutsche folgten dem Aufruf und zeichneten Anleihen – aber bei weitem nicht genug. Anfangs war die Euphorie groß, aber mit zunehmender Kriegsdauer ließ die Bereitschaft der Bevölkerung nach, Anleihen zu zeichnen. Im Jahr 1917 traten die USA in den Krieg ein, obwohl Präsident Woodrow Wilson seinen Wahlkampf unter dem Motto geführt hatte, die USA aus dem Krieg herauszuhalten. Führende Bankierskreise in den USA waren besorgt, ob im Falle einer Niederlage oder eines Stillstands die an Frankreich oder an England gewährten Kredite zurückgezahlt würden. Im Friedensvertrag von Versailles wurden dem Deutschen Reich dann hohe Reparationszahlungen auf unbestimmte Zeit aufgezwungen. Das Deutsche Reich musste also neben den Inlandsschulden noch hohe Verpflichtungen im Ausland bedienen. Die Regierung holte sich die benötigten Mittel durch das Drucken von Geld – was aber zwangsläufig zu einer sich immer weiter verstärkenden Inflation und letztlich zum Ruin der Währung führte.

Die zweite Enteignung der Deutschen durch die Währungsreform 1948 erfolgte nach einem ähnlichen Muster. Auch in diesem Fall hatte die Reichsbank von 1936 bis 1945 durch das Drucken immer größerer Mengen Geldes den Zweiten Weltkrieg finanziert. Die Inflation, die daraus gefolgt wäre, verhinderte das NS-Regime durch eine Zwangsbewirtschaftung und Rationierungen. Nahrungsmittel gab es nur noch in festgelegten Mengen gegen Lebensmittelmarken. Für die meisten anderen Güter mussten Bezugsscheine beantragt werden. Geld war also vorhanden; man konnte aber wenig dafür kaufen, wie später in der DDR. Zum System der Rationierung gehörten natürlich auch Devisenverkehrskontrollen, um das Abfließen von Kaufkraft ins Ausland zu verhindern.

Es kam, wie es kommen musste. Nach dem Zusammenbruch des Deutschen Reiches waren die enormen Geldforderungen wertlos. Die meisten Großstädte lagen in Schutt und Asche, und zumindest in der sowjetischen Besatzungszone wurden fleißig Industrieanlagen demontiert und als Reparationszahlungen in die Sowjetunion verschifft. Wieder gab es keine funktionierende Währung. Lebensmittel und viele andere Güter wurden weiter zwangsbewirtschaftet.

Am 20. Juni 1948 wurde die neue Währung – die D-Mark – eingeführt. Die D-Mark ist wohl das Symbol der Bundesrepublik Deutschland gewesen. Sie blieb uns bis zur Umstellung auf den Euro im Jahr 2002 erhalten. Im Einzelnen wurde 1948 wie folgt umgestellt:

- Laufende Zahlungen wurden 1:1 umgestellt
- Bargeld, Konto und Bauspargutahben wurden 10:0,65 umgestellt
- Verbindlichkeiten und Hypotheken 10:1
- Aktien 1:1
- Immobilien wurden später im Rahmen des Lastenausgleichs teilweise mit Zwangshypotheken belastet
- Jede natürliche Person bekam ein Kopfgeld von 40 D-Mark und später noch einmal 20 D-Mark
- Unternehmen, Personenvereinigungen, Gewerbetreibende und Angehörige freier Berufe erhielten ebenfalls ein Kopfgeld von 60 D-Mark je Beschäftigtem

Die Bankbilanzen wurden per Gesetz so umgestellt, dass es wieder passte. Da Geldforderungen letztlich ein Rechtsgut sind, kann hier per Gesetz so gut wie alles erlassen werden. Der Anspruch der Inhaber von Geldforderungen gilt nur so lange, wie die entsprechenden Rechtsgrundlagen Bestand haben. Werden diese geändert, können über Jahrzehnte angesparte Summen entwertet werden oder weg sein.

Der große Neustart

In seinem Buch »Der große Neustart« schreibt der niederländische Finanzanalytiker und Fondsmanager Willem Middelkoop, dass ein Neustart auf vielerlei Weise erfolgen kann: Für die meisten Menschen ist unser Finanzsystem ein binäres System mit nur zwei Optionen: es funktioniert – oder es bricht zusammen. Sie

> vergessen dabei, dass dieses System hochflexibel ist und auf viele Weisen angepasst werden kann. Da das derzeitige System von Menschen geschaffen wurde und nicht den Naturgesetzen folgt, kann jede gewünschte Änderung erfolgen.²

Innerhalb weniger Tage war die Umstellung vollzogen. Reichsmarkbestände, die nicht abgeliefert wurden, verfielen bereits zum 26. Juni 1984. Auf einmal gab es in den Geschäften wieder viele Waren zu kaufen, die vorher gehortet worden waren, denn der spätere Wirtschaftsminister und Bundeskanzler Ludwig Erhard hatte gegen den Rat der Alliierten die Zwangsbewirtschaftung aufgehoben. Und siehe da: Der Markt funktionierte. Bereits am 14. Juli 1948 wurde auch der Aktienhandel wieder aufgenommen. Nachdem zunächst die Börsenkurse um 13 Prozent fielen, verdoppelten sie sich aber im Laufe des Jahres 1949, um dann noch einige Jahre fulminant zu haussieren.

Am Ende waren wieder vor allem die Sparer und Inhaber von Anleihen und Lebensversicherungen die Dummen. Wer Aktien hatte, konnte sich gerade in den ersten Jahren der Bundesrepublik über enorme Wertzuwächse freuen. Immobilienbesitzer bekamen vielleicht im Rahmen des Lastenausgleichs eine Zwangshypothek eingetragen, konnten diese aber langsam abzahlen.

Und ein drittes Mal in einem Jahrhundert traf es die Deutschen – zumindest diejenigen, die in der ehemaligen DDR lebten. Nach dem Mauerfall pendelte sich der Tauschkurs der D-Mark zur Mark der (bankrotten) DDR auf 1:8 ein. Mit der Währungsunion der beiden deutschen Staaten zum 1. Juli 1990 übernahm die DDR die D-Mark.

- Westdeutsche und Ausländer konnten im Verhältnis 1:3 tauschen
- DDR-Bürger konnten 1:2 tauschen
- 2000 DDR-Mark je Kind und 4000 Mark je Erwachsenem

sowie 6000 D-Markt je Rentner konnten 1:1 getauscht werden

Löhne, Renten und laufende Kosten wie Miete, Strom etc. wurden 1:1 umgestellt. Dieser politisch gewollte Umtauschkurs entsprach nicht den ökonomischen Realitäten, wie selbst der frühere Bundesbankpräsident Karl-Otto Pöhl 2014 kurz vor seinem Tod zugab. Die Umtauschrate wirkte zunächst wie eine massive Aufwertung, doch die negativen Folgen für die Wirtschaft im Osten waren enorm: Die Unternehmen in der DDR konkurrierten mit internationalen Unternehmen, denen sie nicht gewachsen waren. Falsche Preise, unrentable Fertigung, geringe Produktivität, Verschwendung und marode Anlagen sorgten für den Untergang tausender Unternehmen und für Massenentlassungen.

Bei allen Gütern, bei denen die staatlichen DDR-Subventionen wegfielen, kam es zu deutlichen Preiserhöhungen. Da das Lohnniveau in DDR-Mark unter dem für D-Mark im Westen lag und die Preise für viele nicht bewirtschaftete Güter stiegen, bedeutete dies tatsächlich für viele Bürger der neuen Bundesländer einen Kaufkraftverlust.

Dreißig Jahre Schuldenboom

Eine drastische Reduktion der Geldvermögen muss kommen – in Deutschland und den meisten anderen Industrienationen. Fakt ist: Es gibt zu viele Schulden (= Geldforderungen) auf der Welt. In den letzten Jahrzehnten ist die Summe der Geldforderungen in den meisten Ländern viel stärker gewachsen als die Wirtschaftsleistung.

Die Geldflut hat Tradition und ist über die Jahrzehnte zu einer Sturzflut angeschwollen. In den 80er und 90er Jahren des 20. Jahrhunderts entstand in den westlichen Industrienationen der Glaube, dass ernsthafte Wirtschaftskrisen der Vergangenheit angehören und dass die Regierungen und Notenbanken die Wirtschaftsentwicklung »steuern« können.[3] Immer, wenn es ökonomische Krisen oder Probleme gab, drehten die Notenbanken den Geldhahn auf:

- nach dem Börsencrash im Oktober 1987, den ich als junger Praktikant an der Frankfurter Wertpapierbörse miterlebte
- nach der Asienkrise 1997/1998
- nach der Russland-Krise 1998/1999
- sowie nach der Pleite des Hedgefonds LTCM 1998

ebenso nach

- dem Platzen der Technologieblase im Jahr 2000 und den Anschlägen vom 11. September 2001
- der Rezession des Jahres 2003
- der Finanzkrise 2007/2008
- und der Eurokrise ab 2010, insbesondere ab 2012

Seit der Finanzkrise im Jahr 2008 hat die Gelddruckerei manische Formen angenommen. Im Juli 2012 fasste EZB-Chef und Ex-Goldman-Sachs-Banker Mario Draghi die Haltung der Europäischen Zentralbank in drei Worten zusammen: »Whatever it takes« – was auch immer notwendig ist, werde die EZB tun, um den Euro zu erhalten.[4] Dass es Draghi dabei nicht um den Euro ging, sondern um die Zahlungsfähigkeit der angeschlagenen Länder des Südens und ihrer Banken, sei hier nur am Rande erwähnt.

Als ich im Jahr 2006 meine Sorgen zur Überschuldung im Rahmen der Buchvorstellung von »Der Crash kommt« in der ehrwürdigen Berliner Urania äußerte, erläuterte ich meine Bedenken, dass die Welt überschuldet sei. Prof. Michael Burda von der Humboldt-Universität meinte damals, dass das nicht so problematisch sei: »Die Schulden des einen sind immer die Guthaben des anderen, und zusammen ist das alles null.«

Aber natürlich kann es »zu viele Schulden« geben. Wir haben ein Kartenhaus aus Schulden gebaut, das dann in sich zusammenbrechen wird, wenn der Wirtschaftsmotor ernsthaft stottert. Insgesamt sind die Schulden von Staaten, privaten Haushalten und Nichtfinanzunternehmen in der westlichen Welt von 1980 bis 2012 von 180 Prozent des Bruttoinlandsprodukts (BIP) auf rund 340 Prozent des BIP gestiegen. Wenn man diese Zahlen um die Inflation bereinigt, haben die Unternehmen mehr als drei-, die Staaten mehr als vier- und die privaten Haushalte sogar mehr als sechsmal so viele Schulden wie 1980.[5]

Seit dem Jahr 2000 wachsen die Schulden viel schneller als die Weltwirtschaft. Noch im Jahr 2000 lagen sie einer Berechnung von McKinsey zufolge bei 246 Prozent der Weltwirtschaftsleistung, 2007 bei 269 Prozent, 2014 dann bei 286 Prozent.[6]

Im Jahr 2010 veröffentlichten die amerikanischen Ökonomie-Professoren Kenneth Rogoff und Carmen Reinhard eine Studie mit dem Titel »Wachstum in Zeiten der Verschuldung«.[7] Sie kamen zu dem Schluss, dass Staatsschulden über 60 Prozent des Bruttoinlandsprodukts wachstumshemmend sind. Später wurde die Studie methodisch angegriffen, aber was jedem Laien klar ist, darüber müssen Ökonomen anscheinend intensiv streiten. Ich will den Streit hier gar nicht vertiefen: Zu viele Schulden sind riskant, und irgendwann sind sie wachstumshemmend.

Die Staatsschulden in den USA haben zum Beispiel wieder das Niveau wie im Zweiten Weltkrieg erreicht. Danach konnten die USA ihre Schulden auf natürlichem Wege zurückführen. Aber die USA gehörte eben zu den Siegermächten. Hätte das Deutsche Reich sich im Ersten Weltkrieg behauptet, hätte vielleicht auch Deutschland seine Schulden auf »natürlichem Wege« zurückführen können. Und nach 1945 machten die USA 40 Prozent der Weltwirtschaft aus, heute nur noch 20 Prozent. Europa lag in Trümmern – von hier kamen massive Wachstumsimpulse.

In der Eurozone liegen die Staatsschulden trotz der negativen Presse und der verfahrenen Situation um ca. 15 Prozentpunkte unter denen der USA. Eigentlich geht es Europa also gar nicht so schlecht.

Und was machen wir Europäer? Wir bemühen uns eifrig zu

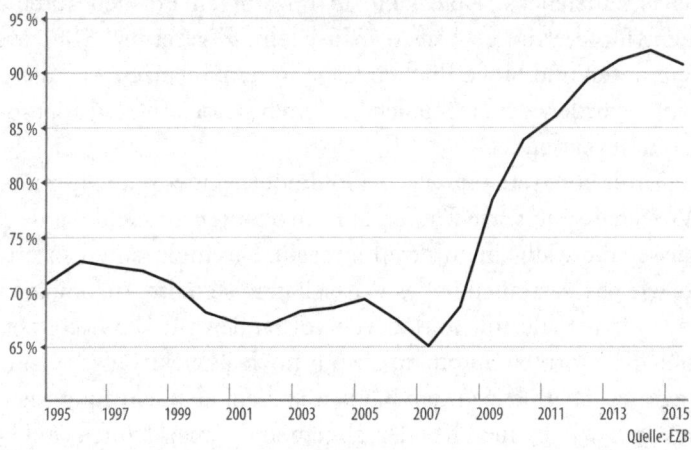

sparen, während überwiegend amerikanische, aber auch andere Hedgefonds fleißig Schulden machen, um Unternehmen in Europa zu kaufen. Waren im Jahr 2003 noch ungefähr 60 Prozent der Aktien von DAX-Unternehmen in deutscher Hand, sind es heute nur noch ungefähr 30 Prozent. Wenn die ganze Schuldenlawine kollabiert, halten die Family Offices der Reichen und das Ausland Aktien und Unternehmensanteile, und viele Deutsche werden Geldforderungen haben. Auch der deutsche Staat begnügt sich damit, Geldforderungen an das Ausland zu haben. Bereits 2014 hatte die Bundesbank Forderungen von über einer halben Billion Euro gegenüber den anderen Euroländern aufgebaut. Norwegen, China, Singapur oder Katar sind da klüger – die investieren über ihre Staatsfonds ihre Leistungsbilanzüberschüsse in Sachwerte, nämlich in Unternehmensbeteiligungen oder Rohstoffe.

Vom Wesen des Geldes

Über das Thema Geld sind ganze Bibliotheken geschrieben worden. Es handelt sich zweifelsohne um eines der interessantesten und vielleicht auch mysteriösesten Phänomene unseres Wirtschaftslebens. Geld kann in unzähligen Formen auftauchen. Gold, Kühe, Sklaven, Muscheln, Zigaretten, Münzen, Banknoten und bloße Bucheinträge in Bankbilanzen – all diese Dinge wurden zu verschiedenen Zeiten schon als Geld angesehen und verwendet.

Damit konkrete Güter wie Gold oder Rinder oder abstrakte Wirtschaftsgüter wie Zahlen auf Girokonten zu Geld werden, müssen diese allgemein akzeptiert sein. Das funktioniert so lange, wie das Vertrauen in das Wirtschaftssystem im Allgemeinen und in das Geld im Besonderen vorhanden ist. Dann können auch die enormen Summen, die nur noch als elektronische Einträge in den Bilanzen der Banken stehen, als Geld fungieren. Belassen wir es hier bei der allgemeinen anerkannten volks-

wirtschaftlichen Definition: Etwas ist dann Geld, wenn es drei Funktionen erfüllt:
1. Wertaufbewahrung: Geld soll als Wertspeicher dienen können.
2. Tauschmittel: Geld sollte ein allgemein akzeptiertes Tauschmittel sein.
3. Rechenmaßstab: Geld sollte einen allgemeingültigen Rechenmaßstab liefern, mit dem die Güter und Dienstleistungen der Volkswirtschaft verglichen werden können.

Wenn diese Funktionen gegeben sind, kann ALLES Geldfunktionen erfüllen. Es kommt also nicht darauf an, ob Geld physisch durch Gold hinterlegt ist. Auch nicht, ob eine Notenbank staatlich oder privat ist, wenn sie nur Gesetzen folgt, welche die oben genannten drei Funktionen garantieren.

Auf diese Geldfunktionen werde ich später noch einmal zurückkommen, denn sie machen das Wesen des Geldes in einem freiheitlichen System aus. Während der Zwangsbewirtschaftung der Nazis und in der DDR war Geld zwar ein Rechenmaßstab, aber kein allgemeingültiges Tauschmittel. Es wurde kombiniert mit administrativen Maßnahmen wie Bezugsscheinen oder Wartezeiten. Auch als Rechenmaßstab war das Geld damit nicht voll funktionsfähig. Und zur Wertaufbewahrung taugte es auch nicht wirklich.

Die Geschichte, die Wirtschaftsstudenten gerne über die Entstehung des Geldes erzählt wird, ist sehr plausibel – und weitgehend falsch. Sie geht wie folgt (kleine Abwandlungen erlaubt): In einem kleinen Dorf waren die Einwohner Selbstversorger. Jeder webte sein Tuch, backte sein Brot und baute seine Lebensmittel an. Das war natürlich ungeheuer aufwendig, denn jeder Haushalt musste so ziemlich alles können. Die Menschen begannen, sich zu spezialisieren. Es gab jetzt einen Bäcker, der nur backte. Und einen Bauern, der nur Ackerbau und Viehzucht betrieb. Und einen Schuster, der Schuhe herstellte und flickte. Aber das machte die Sache nur teilweise einfacher. Zwar konnten Bäcker, Bauer und Schuster jetzt effizienter produzieren, aber der Tausch der Waren war sehr umständlich: Wie viel Getreide sollte der Bäcker für fünf Brote bekommen? Und wie viele Brote waren ein paar Schuhe wert? Und was sollte ein Schwein in Getreide kosten?

Die Anzahl der Tauschrelationen stieg explosionsartig mit zunehmender Anzahl der Güter an. Die Einwohner des kleinen Dorfes waren nun fast den ganzen Tag damit beschäftigt, Preise auszurechnen und zu verhandeln. Plötzlich kam jemand auf die Idee, die Preise aller Waren in Relation zu einer bestimmten Warenart zu setzen, sagen wir, Goldstücke mit dem Gewicht von $^1/_{10}$ Unze. Auf einmal hatten alle einen Preis in Bezug auf Gold. Die Einwohner des kleinen Dorfes freuten sich über ihre Erfindung, die sich nach und nach über die ganze Welt ausbreitete.

Unzählige Wirtschaftsstudenten haben diese Geschichte gelernt. Und geglaubt. Sie klingt ja auch so rational und plausibel: Geld macht das Leben aller Bürger einfacher. Ergo musste es wohl irgendwann erfunden werden. Wie wirklich getauscht wurde, beschreibt Napoleon Chagnon in seinen bahnbrechenden Studien über die Yanomami-Indianer: Wenn eine Gruppe ein anderes Dorf besucht, wird dies von komplizierten Ritualen begleitet. Es geht darum, sich gegenseitig zu beeindrucken. Immer besteht auch das Risiko, dass Gewalt ausbricht. Wenn man sich »beschnuppert« hat, gibt es irgendwann ein Festmahl. Und die Gäste gehen durch das Dorf und suchen sich Gegenstände aus, die ihnen gefallen. Irgendwann bei einem Gegenbesuch werden dann die Gastgeber des Festes »Geschenke« von ihren damaligen Gästen einfordern. Tauschmittel, um soziale Beziehungen zu zementieren und zu dokumentieren, nicht aus Gründen der ökonomischen Zweckmäßigkeit.[8] Und bei den Wikingern lagen Tausch und Raub ganz eng beieinander. Erst tauschte man, und dann griff man gegebenenfalls zu den Waffen, um zu plündern.

Auch das Geld wurde zunächst nicht als Tauschmittel zwischen Bewohnern erfunden. Geld ist eine Herrschaftstechnik.

Es wurde zuerst in großem Umfang benötigt, als Armeen zu finanzieren und Steuern einzutreiben waren. Geld kam also »von oben«, nicht »von unten«. Die Hochkulturen in Mesopotamien und auch Ägypten kamen ohne Geld aus. Sie zählten und verwalteten Wirtschaftsgüter, oft mit erstaunlich komplexen Buchhaltungs- und Schriftsystemen. Auch bei den Inkas in Peru gab es kein Geld. Die produzierten Güter wurden eingesammelt, eingelagert und dann weiterverteilt. Die Geschichte von Joseph aus der Bibel zeigt, wie stark der ägyptische Staat war und dass die Zentralverwaltungswirtschaft à la Pharao hervorragend funktionierte.

Ein weiterer Bedarf für Geld ergibt sich durch den religiösen Opferkult. Die meisten Naturvölker sehen sich in einem tiefen Zusammenhang zur Natur. Wenn sie ein Tier töten, dann bitten sie um Verzeihung oder opfern etwas. Dieses Schuldverhältnis der Menschen den Göttern gegenüber durchzog auch spätere Gesellschaften von der Antike bis zur Neuzeit. Und oftmals konnten gar nicht so viele Stiere geschlachtet werden, wie Opfer erbracht werden sollten. Also lag es nahe, ein Standardmaß für die Opfergaben zu entwickeln – Münzgeld eben. Der deutsche Wirtschaftshistoriker Bernhard Laum (1884–1974) legt in seiner Habilitationsschrift dar, dass Geld einen sakralen und kultischen Ursprung hat.[9] Auch die (standardisierten) Beilklingen oder Armreife, die in vielen Hortfunden der Bronzezeit vorkamen, können sakrales Geld gewesen sein.

Das Thema »Schuld« kann gar nicht überschätzt werden, wenn es um die Themen »Schulden« und »Geld« geht. In einem aufsehenerregenden Buch hat vor einigen Jahren David Graeber das Thema Schulden soziologisch untersucht.[10] Auf die zunächst verblüffende Frage »Was war zuerst da, das Geld oder die Schulden?« antwortet Graeber: »Die Schulden natürlich.« Im Dorf aus unserem obigen Beispiel wurde sicher getauscht. Aber was passierte, wenn eine Familie für ein Festmahl ein Schwein von einem Viehzüchter haben wollte? Sicher hat man nicht sofort den ganzen Gegenwert in Brot oder Tuch bezahlt, sondern es wurde »angeschrieben«. Ein Schuldverhältnis entstand. Dabei war das Schuldverhältnis zunächst nach ganz konkreten Gegenständen bemessen und noch nicht in abstrakten Geldforderungen. Schulden gab es aber eben nicht nur anderen Dorfbewohnern, sondern später auch den Göttern und den Königen gegenüber. Den einen brachte man Opfer, den anderen Tribute.

Im Laufe der Zeit wurden die Recheneinheiten abstrakter. Die konkreten – in Opferstieren, Getreide oder bronzenen Beilklingen zu entrichtenden – Schulden wurden zunehmend normiert. Die ersten Münzen stammen aus dem Reich der Lyder ungefähr im 7. Jahrhundert vor Christus. Sie waren aus Elektron, einer natürlich vorkommenden Gold-Silber-Legierung.[11] Den meisten bekannt sein dürfte der letzte König der Lyder: Krösus. Mit Münzen konnte man Armeen und Söldner bezahlen. Und Tribute erheben. Schließlich konnte Geld auch genutzt werden, um Schäden zu kompensieren. Die ersten athenischen Münzen waren vier Tagelöhne eines freien Bürgers wert – mitnichten eine Summe, mit der man kleine Einkäufe erledigt.[12] Auch der Außenhandel wurde weitgehend ohne Geld abgewickelt. Geld war also viel mehr ein Wertspeicher und ein Tauschmedium, das nur für besondere Transaktionen genutzt wurde. Ein Großteil der ökonomisch notwendigen Transaktionen beruhte weiter auf Selbstversorgung oder Tauschverhältnissen. Weik und Friedrich resümieren: »Wo die erdrückende Mehrheit der Menschen Landwirtschaft betreibt und sich selbst versorgt, da gibt es nicht sehr viel zu handeln.«[13]

Gerne wurden auch Münzen ausgegeben, deren Wert unter ihrem Metallwert lag. Solange die Menschen solche Münzen als Zahlungsmittel akzeptieren, sind sie vollwertiges Zahlungsmittel. Deswegen behielten sich die Fürsten und Herrscher in ihren Herrschaftsgebieten auch zumeist das Prägerecht vor. Wenn nur sie privilegiert waren, Münzen zu prägen, konnten sie mit der Ausgabe neuer Münzen hohe Gewinne erzielen. Der Fachbegriff für diese Gewinne ist »Seignorage«. Die Herrscher achteten zumeist streng darauf, dass ihr Münzprivileg erhalten wurde und wandten bei Verletzung desselben drakonische Strafen an.

Bereits zur Römerzeit gab es Finanzoperationen großen Stils und Geldverleiher. Weitgehend moderne Banken entstanden in der Renaissance in Venedig und Florenz, wo sich eine städtische Wirtschaft mit Fernhandel entwickelte, als in Deutschland noch weitestgehend agrarische Selbstversorgung vorherrschte.

Banken haben nun ein Privileg, das dem der Münzprägung nicht unähnlich ist. Ebenfalls in der Renaissance wurde das System der doppelten Buchhaltung und Bilanzierung entwickelt, das dem Bankwesen einen großen Sprung nach vorne ermöglichte. Die Archive von Francesco Datini (um 1335 bis 1410) geben hier einen sehr guten Einblick.[14] In der Bilanz, welche die Vermögenssituation einer Person oder einer Firma darstellt, wird auf der Passivseite die Mittelherkunft, auf der Aktivseite die Mittelverwendung dargestellt.

Nehmen wir also an, die Eigentümer haben 50 Gulden eingezahlt, um eine Bank zu gründen (Eigenkapital, Stammkapital). Bankkunden haben insgesamt 200 Gulden bei der Bank eingezahlt. Dafür haben sie Hinterlegungsscheine (= Banknoten der Bank) bekommen. Weil das Vertrauen in die Bank hoch ist, zirkulieren diese Banknoten in der Wirtschaft, das heißt, die Menschen machen sich nicht mehr die Mühe, Goldmünzen von der Bank abzuheben und damit zu bezahlen, sondern bezahlen gleich mit den Hinterlegungsscheinen.

Vereinfachte Bankbilanz

Aktiva (Mittelverwendung)		Passiva (Mittelherkunft)	
Goldmünzen	40	Kundeneinlagen	200
Vergebene Kredite	210	Eigenkapital	50
Summe	250	Summe	250

Die Wirtschaftsteilnehmer haben der Bank Kredit – ihr Vertrauen – geschenkt. Weil die Bank dies weiß, muss sie auch die 200 Gulden nicht in Goldmünzen vorhalten, sondern nur einen kleinen Teil davon. Den Rest kann sie verleihen und dafür Zinsen kassieren (»vergebene Kredite«). Probleme gibt es nur, wenn die Menschen an der Solvenz der Banken zweifeln und ihr Geld gleichzeitig zurückhaben wollen. Dann kommt die Bank in Zahlungsschwierigkeiten und ist schnell pleite, weil die Kredite ja längerfristig vergeben wurden.

In der Vergangenheit gaben Banken tatsächlich oft ihre eigenen Banknoten aus. Das System war unübersichtlich – man musste sich über die Solvenz der Bank informieren, auf die man sein Geld einzahlte. Deswegen ging den Bankern auch ihr guter Ruf über alles. Geld zu haben, sei nicht so wichtig, Kredit zu bekommen, wäre wichtiger. Kredit ist eine Funktion der Reputation. Wenn Sie schnell an günstige Kredite kommen, können Sie ökonomische Chancen wahrnehmen oder auch Zahlungsschwierigkeiten abwenden. Wenn also die Kunden der obigen Bank 100 Gulden abziehen würden, würde diese Bank wohl in Schwierigkeiten kommen.

Nun vergeben Banken nicht nur Kredite, sondern nehmen auch welche auf. Im folgenden Beispiel hat sich die Bank 100 Gulden geliehen und diese weiterverliehen, weil sie vielleicht bei ihren Kunden höhere Zinsen bekommt, als sie ihrem Kreditgeber bezahlen muss. Insofern ein gutes Geschäft.

Die Bank nimmt einen Kredit auf

Aktiva (Mittelverwendung)		Passiva (Mittelherkunft)	
Goldmünzen	40	Kundeneinlagen	200
Vergebene Kredite	310	Aufgenommene Kredite	100
		Eigenkapital	50
Summe	350	Summe	350

Aber die Bankbilanz bläht sich dadurch auf. In der Fachsprache heißt dies auch Bilanzverlängerung. Während die Bank im ersten Beispiel ein Eigenkapital von 50 auf eine Bilanzsumme von 250, mithin eine Eigenkapitalquote von 20 Prozent hatte (= Eigenkapital/Bilanzsumme), ist es im zweiten Beispiel nur eine Eigenkapitalquote von 14,3 Prozent. Hätte das heutige Finanzsystem nur eine solche Eigenkapitalquote! Im ersten Beispiel war das Eigenkapital 5fach gehebelt (= Leverage = Bilanzsumme/Eigenkapital). Im zweiten Beispiel 7fach. Noch in den 1970er Jahren durften sich englische Banken maximal 14fach hebeln (Eigenkapitalquote von 7 Prozent). Seitdem die Finanzbranche die Politik gekapert hat, so Simon Johnson, ehemaliger Chefvolkswirt des IWF, sind alle Schranken für die Geldvermehrung durch Bilanzverlängerung gefallen.[15]

Die Deutsche Bank ist zum Beispiel 24mal gehebelt und hat

Vereinfachte Bilanz der Deutschen Bank im Jahr 2015/16 (in Mio. €)[16]

Aktiva (Mittelverwendung)		Passiva (Mittelherkunft)	
Barreserven und Zentralbankeinlagen	96 940	Bankeinlagen	566 974
Einlagen bei Kreditinstituten	12 842	Wertpapiere und Ähnliches	244 866
Wertpapiere und Ähnliches	456 240	Finanzderivate	494 076
Finanzderivate	515 594	kurzfristige Geldaufnahmen	28 010
vergebene Kredite	427 749	langfristige Verbindlichkeiten	160 016
übrige Aktiva	119 765	übrige Passiva	67 564
		Eigenkapital	67 624
Summe	1 629 130	**Summe**	1 629 130

eine Eigenkapitalquote von 4,2 % – womit sie fast noch zu den besser kapitalisierten Banken gehört.

Ich will diese Bilanz nicht im Einzelnen analysieren und erklären, aber vier Punkte sind doch bemerkenswert und symptomatisch für das heutige Bankwesen.

1. Die *Eigenkapitalquote* beträgt nur 4,2 %. Das ist das Kapital, mit dem die Bank für Fehlentscheidungen haftet. Macht die Bank mehr als 4,2 Prozent der Bilanzsumme Verlust, ist sie pleite – oder der Staat muss einspringen.
2. Die *vergebenen Kredite* von 427 Milliarden Euro machen nur 26 Prozent der Bilanzsumme aus. Allein das Volumen der Finanzderivate (= komplexe gehebelte Wetten mit Verfallsdatum) ist auf beiden Seiten der Bilanz höher. US-Superinvestor Warren Buffett bezeichnete Derivate einmal als »finanzielle Massenvernichtungswaffen«.
3. Die *Bankeinlagen* machen nur 34 Prozent der Passivseite aus, zusammen mit dem Eigenkapital der Bank ergibt das insgesamt 38,2 Prozent der Passivseite. Fast zwei Drittel der Passivseite sind Verbindlichkeiten, die innerhalb des Finanzsektors zirkulieren. Ähnlich sieht es auf der Aktivseite aus, die auch zu fast zwei Dritteln aus Vermögenswerten besteht, die nur innerhalb des Finanzsektors zirkulieren.
4. Nur 6 Prozent der Aktiva sind *Barreserven und Zentralbankeinlagen*. In den vorigen Beispielen waren dies die Gulden, die die Bank auf Vorrat hält, wenn ein Kunde eine Auszahlung möchte. Sie können sich vorstellen, dass die Zahlungsfähigkeit auch der Deutschen Bank schnell erschöpft ist.

Unser heutiges Finanzsystem ist vielfach zu hoch gehebelt. Viele Finanzgeschäfte sind letztlich unproduktiv und finden innerhalb des Finanzsektors statt. Das obige Beispiel der Deutschen Bank zeigt dies recht anschaulich. Zwar ist dies nur eine »Stichprobe«, aber die Deutsche Bank gehört durchaus zu den solideren Banken im Mittelfeld. Es gibt Großbanken, die besser dastehen, aber auch etliche, die viel schlechter dastehen.

Bei den regionalen Volks- und Raiffeisenbanken und den Sparkassen, die lange das Rückgrat der Deutschen Wirtschaft darstellten, ist das Problem ein anderes. Zwar haben diese Institute kaum Derivate und Handelspositionen in der Bilanz – sie nehmen tatsächlich vor allem Einlagen an und vergeben Kredite –, aber sie verdienen im Kreditgeschäft aufgrund der Niedrigzinspolitik kaum noch Geld. Spätestens 2018 werden daher auch etliche der sehr solide arbeitenden deutschen Regionalbanken unverschuldet in Schwierigkeiten geraten.

Auftritt der Notenbanken

Das System der Geschäftsbanken wurde in der Neuzeit immer wieder von Krisen geschüttelt, wenn das Vertrauen in das Finanzsystem sank und Kunden ihre Einlagen abzogen. So entstanden nach und nach die Zentralbanken, die im Prinzip das Münzprivileg der Fürsten und Herrscher für die Nationalstaaten wahrnahmen. Nur dass es diesmal vor allem um Banknoten ging und das Münzgeld im Laufe der Zeit immer unwichtiger wurde.

Zentralnotenbanken können Geld drucken. In früherer Zeit geschah dies tatsächlich weitgehend mit der Druckerpresse. Heute sind es überwiegend elektronische Einträge. Notenbanken üben zwangsläufig staatsnahe und hoheitliche Aufgaben aus. Eine sehr einfache Notenbankbilanz sähe wie folgt aus: Die Notenbank ist vom Staat oder wem auch immer mit einem bestimmten Eigenkapital versehen worden. Sie hat das Privileg, Bargeld zu drucken. Dieses Bargeld gibt sie den Geschäftsbanken, indem sie a) den Geschäftsbanken Vermögenswerte abkauft (zum Beispiel Goldmünzen und Devisen, heute aber wie im Falle der EZB auch oftmals Wertpapiere von zweifelhaftem Wert) oder b) indem sie den Geschäftsbanken Kredite gewährt und dagegen das Bargeld auszahlt. Eigentlich unterscheidet sich die Notenbankbilanz also nicht von einer einfachen Bankbilanz, außer dass die Notenbank eine Ebene »höher« als »Bank der Banken« agiert. In Fall einer Bankenpanik oder eines Liquiditätsengpasses kann sie ihren Kredit an das Bankensystem einfach ausweiten und die Geschäftsbanken mit Liquidität versorgen.

Vereinfachte Notenbankbilanz

Aktiva (Mittelverwendung)		Passiva (Mittelherkunft)	
Goldmünzen, Devisen	40	Bargeld	200
Vergebene Kredite an Geschäftsbanken	210	Eigenkapital	50
Summe	250	Summe	250

Die Notenbank kann aber nicht nur Bargeld ausgeben, sondern den Geschäftsbanken auch einfach das Geld elektronisch gutschreiben. So findet heute die überwiegende Form der Geldschöpfung statt. Im folgenden Beispiel hat die Notenbank einfach 100 Währungseinheiten elektronisch geschaffen. Diese 100 Einheiten sind jetzt Guthaben der Geschäftsbanken bei der Notenbank. Die Geschäftsbanken können mit diesem Geld arbeiten. Demgegenüber stehen vergebene Kredite gegenüber den Geschäftsbanken nun in Höhe von 100 Einheiten mehr.

Im Jahr 2016 betrugen die harten Reserven, die in der obigen beispielhaften Bilanz durch Goldmünzen und Devisen dargestellt sind, für die Bundesbank 6 Prozent. Nun kann man darüber diskutieren, ob dies viel oder wenig ist. Für die US-Notenbank Fed waren es allerdings nur 0,5 Prozent![17] Als ich »Der Crash kommt« im Jahr 2006 schrieb, waren es immerhin noch 1,8 Prozent.[18]

Die Volkswirtschaftslehre verwendet in der Regel vier verschiedene Geldmengendefinitionen, die aufeinanderfolgend immer etwas weiter gefasst sind.

Die Notenbank schafft elektronisch Geld

Aktiva (Mittelverwendung)		Passiva (Mittelherkunft)	
Goldmünzen, Devisen	40	Bargeld	200
Vergebene Kredite	310	Guthaben der Geschäftsbanken bei der Notenbank, Buchgeld	100
		Eigenkapital	50
Summe	350	Summe	350

- M0 (Geldbasis): Banknoten und Münzen plus dem Zentralbankgeldbestand der Kreditinstitute: Dies ist das von der Notenbank geschaffene Geld und entspricht in etwa dem Bargeld und den Guthaben der Geschäftsbanken bei der Notenbank in der obigen Tabelle.

Im Bankensystem kann allerdings durch Kreditvergabe weiteres Geld geschaffen werden. Eine Geschäftsbank darf zum Beispiel Aktiva wie Immobilien oder Wertpapiere kaufen und den Betrag ihrem Vertragspartner elektronisch gutschreiben. Begrenzt wird sie hierbei nur durch die Mindestreserven, die sie halten muss (im obigen Beispiel Goldmünzen) und die Eigenkapitalvorschriften.

- M1: Bargeldumlauf plus Sichteinlagen der Nichtbanken;
- M2: M1 plus Einlagen mit vereinbarter Laufzeit bis zu zwei Jahren und Einlagen mit gesetzlicher Kündigungsfrist bis zu drei Monaten;
- M3: M2 plus Anteile an Geldmarktfonds, Repoverbindlichkeiten, Geldmarktpapieren und Bankschuldverschreibungen mit einer Laufzeit bis zu zwei Jahren.

Die erste Bank, die nach und nach Notenbankfunktionen übernahm, war übrigens eine Bank, die bis heute in Privatbesitz ist: die Bank of England. Die englische Krone war nach einem Krieg 1693 wieder einmal in finanzieller Bedrängnis. Eine Vereinigung von 1286 Gläubigern gewährte dem Staat eine Anleihe und erhielt dafür das Privileg, eine Notenbank zu gründen. Dem Staat wurde gegen einen Zinsfuß von 8 Prozent ein Darlehen über das Stammkapital (Eigenkapital) der Notenbank gewährt, die in Höhe des Darlehens Banknoten ausgeben durfte. Kredite der Bank of England an die Krone musste allerdings das Parlament genehmigen. Im Laufe der Zeit erhielt die Bank of England weitere Privilegien. Ab 1708 durften keine anderen Banken mit mehr als sechs Teilhabern mehr Banknoten ausgeben. Ab 1871 war die Bank of England dann offiziell Bank der Banken. Am 1. März 1946 wurde die Bank verstaatlicht.

Die deutsche Reichsbank wurde 1876 gegründet. Anders als die Bank of England war sie von Anfang an eine staatliche Institution, kein Privatunternehmen, dem hoheitliche Aufgaben übertragen wurden. Ursprünglich unterstand die Reichsbank dem Reichskanzler und hatte ein Direktorium, dessen Präsident vom Kaiser auf Vorschlag des Bundesrats ernannt wurde. In der Weimarer Republik wurde die Reichsbank dann auf Druck der Alliierten am 6. Mai 1922 autonom und unabhängig von der Regierung. Das Reich behielt nur eine Aufsichtsbefugnis.

Viele andere Notenbanken wurden in der zweiten Hälfte des 19. Jahrhunderts gegründet. Die Vereinigten Staaten schufen erst am Vorabend des Ersten Weltkriegs eine Zentralbank, die aber – wie die Bank of England über den überwiegenden Teil ihrer Geschichte – bis heute eine Privatbank ist. An dieser Tatsache entzündet sich immer wieder massive Kritik.[19] Letztlich ist es aber egal, ob eine Notenbank staatlich oder privat ist. Es kommt darauf an, wie ihre Aufgaben gesetzlich geregelt sind und ob sie im Sinne des Allgemeinwohls oder der privaten Profitmaximierung handelt. Auch privat gehaltene Unternehmen können gemeinwohlorientiert handeln. Der legendäre US-Notenbankchef Paul Volcker setzte zum Beispiel eine sehr

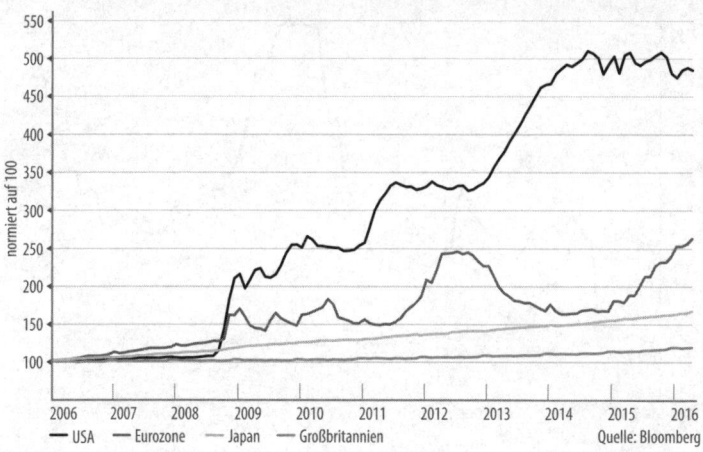

restriktive Geldpolitik durch, um den Wert des Dollars zu stabilisieren. Dennoch spricht natürlich einiges dafür, dass eine staatliche Notenbank mit einem klaren Mandat, die Geldwertstabilität zu sichern, die beste Lösung ist: wie es für die Bundesbank ab 1957 (von 1948 bis 1957 Bank deutscher Länder) bis zur endgültigen Einführung des Euro 2002 war.

Seit der Ära des Fed-Chefs Alan Greenspan, der den Oktober-Crash 1987 mit viel billigem Geld bekämpfte (und alle folgenden Krisen auch), befinden sich die Industrienationen in einer wahren Geldorgie. Das viele Geld hat das Wirtschaftswachstum nur bedingt gefördert. In den 1990er Jahren kamen positive Impulse vor allem durch die Globalisierung (positiv oftmals allerdings nur in Bezug auf das Bruttosozialprodukt, nicht im Hinblick auf den Lebensstandard der Bevölkerung).

Allein seit der Finanzkrise haben die Notenbanken der Industrienationen die Geldbasis massiv erhöht.

In der Wirtschaft kommt davon allerdings wenig an. Während die Geldbasis in der Eurozone seit 2008 um ca. 100 Prozent stieg, ist die Wirtschaftsleistung in Europa seit 2008 um

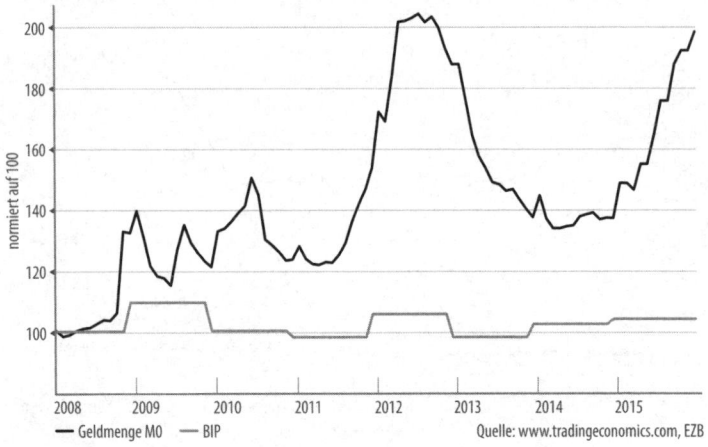

5 Prozent gefallen! All die verzweifelten Versuche zur »Rettung« Griechenlands, der Südländer und des Euro, die uns die Politiker immer wieder mit dramatischen Appellen verkaufen wollten, haben nichts gebracht.

Die Geldmengen M1, M2 und M3, die auch ein Indikator für die private wirtschaftliche Aktivität sind, sind wesentlich langsamer gewachsen. Das durch die Staaten per Knopfdruck bereitgestellte Geld will einfach nicht in den Umlauf.

Das neugeschaffene Zentralbankgeld (M0) bleibt oft einfach als Kontoguthaben der Geschäftsbank bei der Europäischen Zentralbank oder einer der nationalen Zentralbanken liegen. Der Staat muss immer stärkere Zwangsmaßnahmen anwenden, um überhaupt noch Geld in den Umlauf zu bekommen. Seit 2015 kaufte die Europäische Zentralbank unter Mario Draghi Staatsanleihen im Wert von bis zu 60 Milliarden Euro pro Monat, und das bis zu einer Gesamtsumme von 1,1 Billionen Euro. Später wurde das Programm ausgeweitet. Diese verzweifelten Maßnahmen stehen im Widerspruch zum Grundgesetz, da hier die Europäische Zentralbank ziemlich unverblümt Staaten fi-

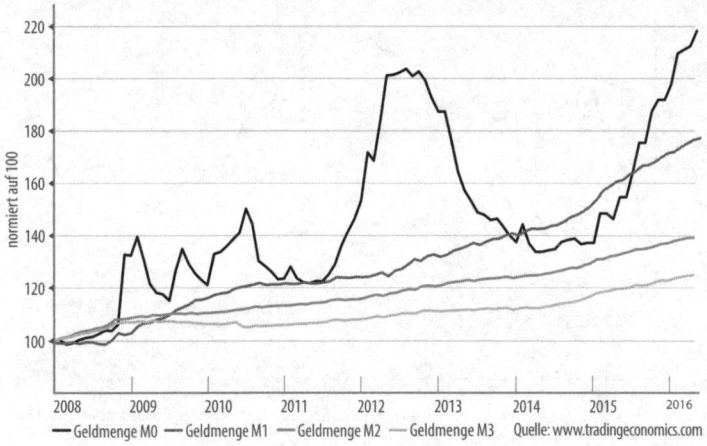

Entwicklung der Geldmenge M0, M1, M2 und M3 in der EU seit 2008

nanziert. Damit ist die Unabhängigkeit der EZB und ihre Verpflichtung auf die Geldwertstabilität nicht mehr gewährleistet. Der CSU-Politiker Peter Gauweiler hat deswegen eine Verfassungsbeschwerde beim Bundesverfassungsgericht eingereicht.[20]

Aber damit nicht genug: Seit 2014 kauft die EZB auch private Anleihen. Seit dem 5. Juni 2014 müssen Banken, die Liquidität bei der Europäischen Zentralbank halten, dafür Zinsen BEZAHLEN.[21] Seit dem 10. März 2016 beträgt dieser Negativzins 0,4 Prozent p. a. Welche Groteske! Uns wurde erzählt, dass Zinsen der Lohn für das Sparen sind. Und nun wird die Mittelschicht durch Null- und Negativzinsen schleichend enteignet. Im Oktober 2010 nahm die genossenschaftliche Skatbank als erste Negativzinsen von 0,25 Prozent p. a. für Einlagesummen über 500 000 Euro. Der Baumarktkonzern Hornbach hatte berichtet, dass die Banken für hohe Liquiditätsbestände bereits Gebühren erhoben.[22] Bei den meisten Banken sind Negativzinsen für Privatkunden noch tabu. Noch. Man behilft sich damit, die Gebühren auf Konten zu erhöhen und so versteckte Strafzinsen einzuführen.[23]

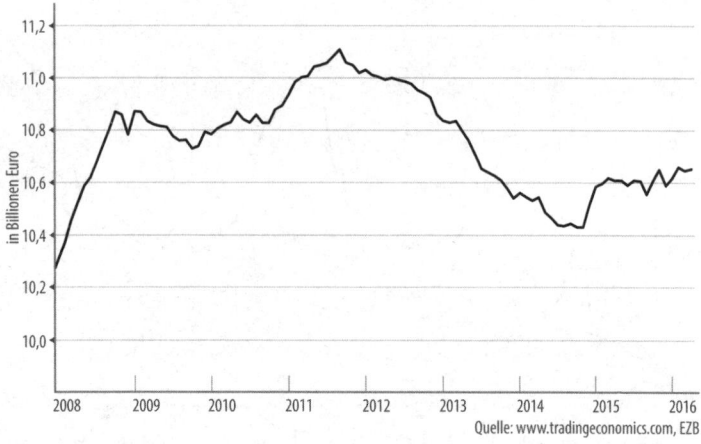

Kreditvergabe an den privaten Sektor in der EU seit 2008

Quelle: www.tradingeconomics.com, EZB

Genützt haben diese Zwangsmaßnahmen wenig. Während die Staatsschulden in Europa zwischen 2008 und 2012 um 40 (!) Prozent gestiegen sind (siehe oben), liegt das Volumen der privaten Kredite in der Eurozone nur ca. 2 Prozent über dem Volumen des Jahres 2008. Die Staaten greifen zu immer verzweifelteren Maßnahmen. Und trotzdem kommt der Motor nicht wieder in Gang. Noch einmal: Mit Stand 2016 scheint es unmöglich, dass wir aus dieser Misere »herauswachsen«. Zwangsmaßnahmen werden notwendig sein. Hoffen wir, dass es nicht zu einem größeren Krieg kommt, traditionell das Allheilmittel der Regierungen, wenn ihnen die Lage über den Kopf wächst. Sicher ist dies nicht.

Schleichende Enteignung: Wie hoch ist die Inflation tatsächlich?

Fühlen Sie sich irgendwie ärmer und ökonomisch unsicherer als vor zehn oder fünfzehn Jahren? Lässt Sie dieses nagende Gefühl nicht los, dass früher vielleicht nicht alles besser war, einiges aber doch? Ihr Gefühl könnte begründet sein. Wie ich in Kapitel 1 gezeigt habe, nehmen die Deutschen in der Vermögensstatistik einen erstaunlich schlechten Platz unter den Europäern ein.

Mehrere Faktoren tragen zur schleichenden Enteignung der Mittelschicht bei, vor allem 1. die »kalte Progression« bei der Besteuerung, 2. die Vermögensblasen (Asset Price Inflation) und 3. die Inflation, die tatsächlich viel höher ist als offiziell ausgewiesen.

1. Die **kalte Progression** greift, wenn bei einer progressiven Einkommensteuer (also Steuersätzen, die bei höherem Einkommen steigen) Ihr Einkommen erhöht wird. Dann zahlen Sie einen höheren Steuersatz. Wenn aber die Inflation die Einkommenserhöhung auffrisst, dann haben Sie nachher weniger Geld in der Tasche. Genau dies passiert seit Jahren in der Bundesrepublik. Da aber die Steuern der Mittelschicht die Haupteinnahmequelle unseres Staates sind, mag keine Partei die kalte Progression abschaffen. Und an eine Besteuerung der Superreichen traut sich auch die SPD nicht mehr, seitdem sie in der Regierungsverantwortung ist. Laut Statistischem Bundesamt sind die **Einnahmen aus der Mehrwertsteuer** von 2002 bis 2012 von 105 Milliarden Euro auf rund 142 Milliarden Euro gestiegen – **eine Steigerung von 35 Prozent (!).**

Laut Steuerberater Dr. Hans-Georg Jatze musste ein Lediger im Jahr 1960 umgerechnet 60 000 Euro brutto verdienen, um den Spitzensteuersatz zahlen zu müssen, heute erwischt es ihn bereits bei 55 000 Euro Jahresbrutto. Vor über fünfzig Jahren waren 60 000 Euro (also rund 120 000 DM) ein absolutes Spitzeneinkommen. Musste 1960 ein Erwerbstätiger fast das *20fache* des Durchschnitts verdienen, um mit dem Spitzensatz besteuert zu werden, ist heute bereits Spitzenverdiener, wer knapp das *Doppelte* des Durchschnitts verdient.[24] Es trifft heute also die Normalverdiener, während die wirklich Vermögenden in Steueroasen ausweichen. Im Netz gibt es verschiedene Rechner, mit denen Sie die kalte Progression berechnen können.[25]

Zudem trifft auch die normale Progression gerade diejenigen, die anfangen, einigermaßen zu verdienen – Meister sowie Haushalte und Doppelverdiener mit normalen Berufen.

2. Die **Vermögensblasen** (»Asset Price Inflation«) haben sich in den letzten Jahrzehnten durch die Politik des billigen Geldes sprunghaft vermehrt. Die Finanzkrise wurde durch einen Immobilienboom in den USA und unrealistische Preise nach dem Jahr 2000 ausgelöst – als die Börsen- und Technologieblase platzte. Immer mehr Geld zirkuliert in den Vermögensmärkten (Immobilien, Aktien, Private Equity, Anleihen), weil die Einkommen und die Wirtschaftsaktivität der Normalverdienenden schon lange nicht mehr Schritt halten können. Diese Vermögensblasen sind also ein eher unproduktives Umverteilungsspiel zwischen Vermögenden und solchen, die meinen, dass sie es sind. Normale Haushalte investieren eben meistens nicht, weil sie die Schwankungen bei den Vermögensmärkten nicht aushalten oder schlicht nicht mehr das Kapital haben, in Asset-Märkte zu investieren. Ich will Ihnen mit diesem Buch helfen, diese Barriere zu überspringen, aber die meisten Menschen werden auch weiter nicht »investieren«.

Auf mindestens eine Art kommen die Vermögensblasen aber mittlerweile auch in Deutschland an: Seit 2010 steigen die Preise für Immobilien rasant, nachdem sie zuvor einige Jahre stagnierten. Angaben des Instituts der deutschen Wirtschaft (IW) zufolge stiegen die Preise für Eigentumswohnungen allein in Hamburg in den letzten vier Jahren um 39 Prozent, in Berlin um 41 Prozent und in München um 47 Prozent. Derzeit scheint der Preisanstieg weiterzugehen, denn die Nachfrage nach Wohnimmobilien ist weiter hoch.

Nach Schätzungen der Bundesbank sind die Immobilienpreise in sieben untersuchten Großstädten im Schnitt um ein Viertel zu teuer, so das Fazit. Die Preise waren im Schnitt in den letzten fünf Jahren um 45 Prozent gestiegen. Ein wichtiger Indikator für Immobilienpreise ist, zum Wievielfachen der Mieteinnahmen die Immobilien gehandelt werden. Galt früher ein Multiplikator von 17 als akzeptabel (bei Renditeobjekten ohne Wertsteigerungspotential sogar deutlich weniger), kann man heute aufgrund der Niedrigzinsen vielleicht einen Multiplikator von maximal 25 akzeptieren. Dieser kritische Wert ist in etlichen Metropolen längst überschritten: in München dauert es 32 Jahre, in Düsseldorf 29, in Stuttgart und Hamburg 28 Jahre und in Köln 27 Jahre, bis der Kaufpreis durch die Mieteinnahmen wieder reingekommen ist.[26] Derzeit (2016) wollen alle Immobilien kaufen. Vielleicht ist diese Vermögensklasse aber aktuell nicht das beste Investment. Dazu im übernächsten Kapitel mehr.

Zurück zur Mittelschicht: Die Preisblase macht sich natürlich bemerkbar: vor allem in Großstädten ziehen die Mieten in den letzten Jahren sprunghaft an, während die Löhne und Gehälter stagnieren. Das Magazin Focus resümiert: »Lage auf Wohnungsmarkt verschärft sich – das wird zum Problem für die Mittelschicht.«[27]

3. Finanzrepression und geschönte Inflationszahlen: Eine ganz wichtige Rolle bei der schleichenden Enteignung spielt die Inflation. Sobald die Inflationsrate über dem Zinsniveau für Sparer liegt, verlieren Bargeld, Sparvermögen und Vermögen, die in niedrigen Geldforderungen angelegt sind, kontinuierlich an Wert. Es gibt sogar einen beschönigenden Fachbegriff dafür: »*financial repression*« *(Finanzrepression)*. Aktuell ist diese schleichende Enteignung der Sparerinnen und Sparer von vielen Akteuren aus der Politik gewollt oder wird zumindest stillschweigend in Kauf genommen. Bei einer Geldentwertung von 2 Prozent sind nach zehn Jahren immerhin gut 18 Prozent Ihres Ersparten weg, bei 3 Prozent schon ca. 27 Prozent. Und es spricht einiges dafür, dass die tatsächliche Geldentwertung noch höher ist.[28]

Finanzrepression ist kein neues Phänomen. Nach dem Zweiten Weltkrieg war der amerikanische Staat mit 120 Prozent seiner Wirtschaftsleistung verschuldet. Das ist im Übrigen etwas mehr als die Verschuldung, die das Deutsche Reich nach dem Ersten Weltkrieg hatte – nämlich ca. 150 Milliarden Mark Schulden bei einer Wirtschaftsleistung von 142 Milliarden Mark. In Wikipedia heißt es hierzu: »Weil es den Krieg verloren hatte, konnte das Deutsche Reich die Kriegslasten nicht auf andere Staaten abwälzen. Im Gegenteil, das Reich musste selbst Reparationen zahlen, was die Inflation noch verstärkte.«[29] In den USA lief die Geschichte glimpflicher ab. Nach dem Ende des Zweiten Weltkriegs war Europa zerstört; die USA waren mit 40 Prozent der Weltwirtschaftsleistung unangefochtene Nummer eins. Die amerikanischen Sparer und Anleiheinvestoren nahmen eine ganz langsame schleichende Enteignung hin, so dass die USA dreißig Jahre nach dem Zweiten Weltkrieg nur noch eine Staatsschuldenquote von gut 30 Prozent der Wirtschaftsleistung aufwiesen. Seitdem geht es wieder steil bergauf (s. oben).

Angesichts der offiziellen Inflationszahlen könnte man glauben, dass die Finanzrepression in Deutschland kein Thema ist. In den Jahren 2009 und zum Jahreswechsel 2014 auf 2015 fiel die offizielle Inflationsrate bereits in den negativen Bereich. Das treibt den Schuldenpolitikern aller Couleur Schweißperlen auf die Stirn: Wenn die Inflationsrate negativ wird – also Deflation vorherrscht –, wird das Geld, ergo Geldforderungen, ergo Schulden, mehr wert. Die überschuldeten Nationen des Westens hätten keine Chance mehr, die Schuldenorgie fortzusetzen.

Allerdings dürfte die tatsächliche Teuerungsrate für Bürgerinnen und Bürger der Mittelschicht schon längst deutlich über den offiziellen Zahlen liegen. Mich lässt das Gefühl nicht los, dass irgendetwas mit den offiziellen Zahlen nicht stimmen kann.[30] Die Manipulation der Inflationszahlen bekam einen ersten großen Impuls, als der damalige US-Notenbankchef Arthur Burns nach dem Ölpreisschock 1973 bis 1974 das Konzept der sogenannten »Kerninflation« (core inflation) einführte. Dabei wurden die besonders schwankungsanfälligen Komponenten – in diesem Fall Energiepreise und Nahrungsmittel – aus dem

Warenkorb herausgenommen. Das Problem dabei ist nur, dass die besonders stark schwankenden Komponenten meistens auch die sind, die langfristig stark steigen. Im Jahr 1983 wurden dann auch die Preise fürs Wohnen angepasst. Und in den 1990er Jahren kam dann die »hedonische« Anpassung hinzu. (»hedonisch« kommt aus dem Griechischen und bedeutet »Lust« oder »Freude«). Computer mit erhöhter Rechnerleistung, die dasselbe kosteten wie das Vorgängermodell, wurden im Preis einfach nach unten angepasst, weil man ja nun für denselben Preis angeblich mehr Ware – und damit mehr Freude – hatte.[31] Bezeichnenderweise werden die unzähligen Qualitätsverschlechterungen, die Anbieter oftmals dadurch erzielen, dass sie Arbeit auf den Kunden abwälzen, kaum erfasst. In Deutschland erfolgte diese Umstellung mit der Euro-Einführung 2002.

> **Philipp Bagus und Andreas Marquart:**
> **Wie die Inflationslüge funktioniert:**
>
> »Im Statistischen Bundesamt arbeiten 2940 Mitarbeiter (Stand 2013). Die fertigen Monat für Monat unzählige Statistiken an, die genau genommen kein Mensch braucht. Vom Statistischen Bundesamt jedenfalls wird monatlich die sogenannte Teuerungsrate vermeldet, auch gerne Inflationsrate genannt. Und aus der Teuerungsrate bildet sich dann der Verbraucherpreisindex.
>
> **Die Teuerungsrate gehört wohl zu den komplexesten, am schwierigsten nachzuvollziehenden volkswirtschaftlichen Kennzahlen überhaupt.** Wahrscheinlich (…) damit kein Laie auch nur den Hauch einer Chance hat, die Zahlen zu überprüfen. Und wenn vonseiten der Bürger ab und zu Zweifel an den offiziellen Zahlen zur Preissteigerung aufkommen, dann wiegelt man ab, mit dem Hinweis, das sei alles nur Einbildung, und es handle sich um die sogenannte »gefühlte Inflation«.
>
> Mit der offiziellen Teuerungsrate des Statistischen Bundesamtes wird die **laufend stattfindende Geldentwertung verschleiert.**

Ein Vertrauensverlust in das staatliche Geld soll verhindert werden. Denn ein Papiergeldsystem hängt eben am Vertrauen. Geht das verloren, schießen die Preise in die Höhe, keiner will das Papier mehr haben, und das System bricht zusammen. (…) Die Manipulation der erwarteten Teuerung nach unten gehört daher zu seinen geübtesten Kabinettstückchen.

Bei der Berechnung der Preissteigerungsrate bedienen sich die Statistiker einer Art virtuellem Warenkorb. In den wird alles reingepackt, was Sie und Ihre Familie in der Regel so zum Leben brauchen: Wohnen, Nahrungsmittel, Hygieneartikel, Auto und so weiter. Wie hoch schätzen Sie den prozentualen Anteil, den Sie monatlich von Ihrem Gehalt für Nahrungsmittel und Strom aufwenden müssen? Überschlagen Sie einfach einmal. **Im Statistischen Warenkorb jedenfalls sind per Ende 2013 Nahrungsmittel mit 10,3 Prozent und Stromkosten mit 2,6 Prozent gewichtet.**

Für eine vierköpfige Familie mit einem Monatsnettoeinkommen von angenommen 3000 Euro jedenfalls bedeuten diese Werte, dass für Nahrungsmittel und Strom zusammen nur knapp 390 Euro aufgewendet werden müssten. **Aber gerade diese beiden Haushaltsposten sind in den letzten Jahren erheblich teurer geworden.** Zu welchen Resultaten die gleiche Rechnung bei manch alleinstehender Rentnerin führt, die mit einem monatlichen Einkommen von 800 Euro auskommen muss, darüber wollen wir hier gar nicht erst reden. Tatsache ist und bleibt, dass die Gewichtung dieser beiden – große Teile eines durchschnittlichen Familieneinkommens verschlingenden – Positionen eindeutig viel zu niedrig angesetzt ist.

Bei niedrigen Einkommen wirkt sich die falsche Gewichtung natürlich noch wesentlich gravierender aus. Ach ja, das mit den hedonischen Methoden in der amtlichen Preisstatistik müssen wir Ihnen unbedingt noch erklären. Klingt kompliziert? Keine Angst, ist es nicht. Denn das bedeutet nichts anderes, als dass beispielsweise Ihr neuer PC mit der doppelten Leistung Ihres alten Gerätes von vor vier Jahren zwar gleich viel in der Anschaffung kostet, der Statistiker aber einen niedrigeren Preis ansetzen darf. Er tut also so, als wäre der Preis gefallen. Begründet wird das offiziell so: Daher ist es notwendig, qualitative Verbesserungen der Produkte bei der Preismessung zu quantifizieren und aus der Preisentwicklung herauszurechnen.

Das Problem ist nur, der Preis ist gar nicht gefallen. Und einen PC mit der niedrigen Leistung Ihres vorigen Modells können Sie überhaupt nicht mehr kaufen. Außerdem würde auch die neueste Software darauf nicht mehr funktionieren. Die so **herbeigezauberten Preissenkungen – im richtigen Leben gibt es sie überhaupt nicht** – helfen, die Preissteigerungen aus anderen Bereichen, beispielsweise bei den Nahrungsmitteln und Energie, zu kompensieren. Im Preis stark ansteigende Komponenten des Warenkorbes zu niedrig gewichten und mit virtuellen, in der Realität nicht existierenden Preissenkungen verrechnen?

Wenn Sie an dieser Stelle möchten, legen Sie doch eine kurze Lesepause ein, und schauen Sie sich auf der Website des Statistischen Bundesamtes (www.destatis.de) etwas näher um, vor allem in der Rubrik »Preise«. Es wird Ihnen die Sprache verschlagen. Wir bezeichnen es schlicht und einfach als **dreist, mit welch irrsinnigen und komplexen Berechnungsmethoden das Thema Preise für den Bürger zu einem Buch mit sieben Siegeln gemacht wird.** Die amtliche Preisstatistik jedenfalls spielt eine ganz wesentliche Rolle beim Täuschen der Bürger über die wirklich stattfindende Geldentwertung und somit über die Enteignung, die ihnen laufend widerfährt.

Wichtig zu bemerken ist an dieser Stelle auch, dass die Vermögensmärkte, also vor allem Aktien und Immobilienmärkte, in die Preisstatistik nicht mit einfließen. Und gerade dort sind die Preise in den letzten Jahren am stärksten gestiegen. Bei der offiziellen Teuerungsrate fällt das aber völlig unter den Tisch. Wundert Sie das noch? Die Fachleute sprechen hier auch von »asset-price-inflation«, wenn beispielsweise die Anlageklasse

Aktien durch die Geldmengenausweitung nach oben getrieben wird. Preissteigerungen auf Vermögensmärkten sind ebenfalls ein bedeutender Faktor, warum die **Spaltung der Gesellschaft in Arm und Reich immer weiter fortschreitet.** Kann eine Familie gerade noch so von ihrem Einkommen leben, dann bleibt nun mal kein Geld übrig, um in Aktien zu investieren. Von der Investition in eine eigene oder vermietete Immobilie ganz zu schweigen.

Und wenn es der Normalfamilie doch mal gelingt, ein paar Euro auf die Seite zu legen, dann kann sie es sich gar nicht leisten, Schwankungsrisiken einzugehen, mit denen man bei einer Investition in Sachwerte zwangsläufig rechnen muss. **Diejenigen, die schon Vermögen haben, profitieren von den Steigerungen an den Vermögensmärkten.** Sie werden immer reicher und können ihr Vermögen als Sicherheit nutzen, um noch weitere Kredite aufzunehmen und noch mehr Aktien oder Immobilien zu kaufen.«[32]

In den USA berechnet der unabhängige Ökonom John Williams auf seiner Internetseite ShadowStats die Inflationsrate für die USA, wenn man noch die alten Maßstäbe anwenden würde.[33]

Nach Williams' Berechnungen war die tatsächliche Inflation in den letzten Jahren in den USA nach der alten Berechnungsmethode durchschnittlich ca. 3 Prozent pro Jahr höher, als es die offizielle Statistik angab:

Für Deutschland liegen keine ähnlich sorgfältigen Berechnungen vor, aber da das Statistische Bundesamt seit 2002 ebenfalls auf hedonische Preisindizes umgestellt hat, können wir von einer ähnlichen Größenordnung ausgehen. Das bedeutet, dass bei Nullzinsen innerhalb von zehn Jahren Ihr Angespartes um 26,3 Prozent schrumpft, nach fünfzehn Jahren sogar um 36,7 Prozent! Und diese schleichende Enteignung läuft schon viele Jahre.

**Inflation bei den Verbraucherpreisen:
offizielle Zahlen und „Schattenstatistik"**

Quelle: www.shadowstats.com

So schrumpfen 100 Euro bei 3,5 Prozent negativer Realverzinsung

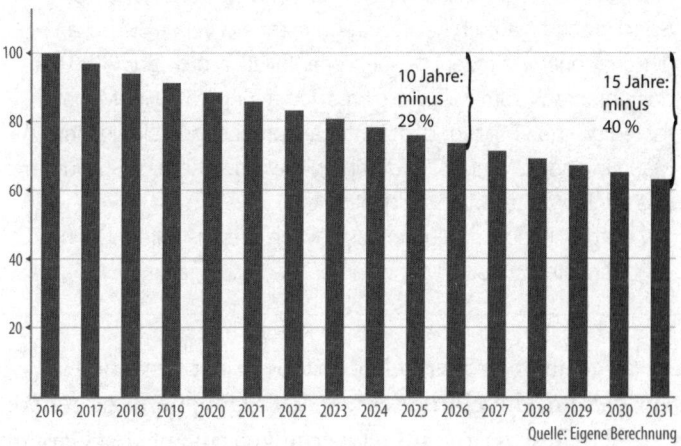

Quelle: Eigene Berechnung

> **Wie meine Tante Frieda (1923–2016) für die unsolide Finanzpolitik ihrer Regierungen bezahlt hat**
>
> Im Jahr 2016 starb meine Tante Frieda, Jahrgang 1923, zu der ich ein enges Verhältnis hatte. Sie lebte zusammen mit ihrem Mann Kurt im selben Haus, in dem ich aufgewachsen war. 1947 wurde ihre Familie aus Schlesien vertrieben und verlor alles. 1953 heiratete sie, und zwei Jahre später hatten mein Vater und ihr Mann ein Häuschen gebaut, an das dann im Laufe der Zeit zweimal angebaut wurde. Die ersten fünfzehn Jahre in der neuen Heimat im Sauerland waren von sehr bescheidenen, fast ärmlichen Verhältnissen geprägt. Die ersten Jahre lebte ich mit Vater, Mutter, Bruder, Onkel, Tante, Großmutter, Großvater und Großonkel in sieben kleinen Zimmern. Ich fand das toll – es war immer jemand da.
>
> Frieda und Kurt, ein Stahlwerker, lebten sparsam. Gegen Ende ihres Lebens hatte Frieda an die 200 000 Euro zusammengespart. Ich durfte sie dann beraten, in welcher Sparform sie dieses Geld halten sollte. Aber es gab damals schon auf alle Sparformen eigentlich keine Erträge mehr. So verlor Sie bei angenommenen 3 Prozent tatsächlicher Inflation pro Jahr 6000 € – das entsprach zum Zeitpunkt ihres Todes ungefähr vier Monatsrenten oder 33 Prozent des Rentenanspruchs, den sie und ihr Mann in nahezu fünfzig Berufsjahren erworben hatten. So wurde Frieda ein zweites Mal enteignet.
>
> Sie werden Frieda im Kapitel über Aktien wieder treffen. Denn dort berichte ich über »Meine Tante, das Aktiengenie«.

Fazit: Wer heute größere Geldvermögen hat, wird bestraft. Es sei in diesem Umfeld besser, zu den Schuldnern zu gehören als zu den Besitzern von Geldvermögen, meint der Ökonom Daniel Stelter.[34] Allerdings stimmt dies auch nur bedingt: Reichen, Family Offices, Private-Equity-Firmen, großen Unternehmen und Staaten wird das Geld hinterhergeworfen. So hat z. B. Nestlé im Jahr 2012 eine Anleihe mit einem Kupon von 0,75 Prozent begeben, die 2015 erstmals mit einer negativen Rendite gehandelt wurde, weil die Nachfrage so groß war.[35] Am 14. April 2016 rentierten 10-jährige Bundesanleihen erstmals negativ.[36] Allerdings ist das mit der Verschuldung ein zweischneidiges Schwert. Unternehmen und Family Offices verschulden sich als Kapitalgesellschaften mit beschränkter Haftung. Die Durchgriffsrechte auf Schuldner sind also nur sehr begrenzt. Normale Privatpersonen und kleinere bis mittlere Gewerbetreibende werden hingegen von ihren Kreditgebern in die Abhängigkeit getrieben und müssen oft mit ihrem Privatvermögen haften. Neuester Trick der Banken: Es wird geprüft, ob Privatpersonen während ihres Lebens noch in der Lage sind, einen Immobilienkredit zurückzuzahlen. Meine Mutter, Jahrgang 1940, konnte so noch nicht einmal einen Modernisierungskredit für ihr Haus bekommen, obwohl das Haus schuldenfrei ist. So machen die niedrigen Zinsen vor allem diejenigen reicher, die schon reich sind – und alle anderen ärmer.

Merksätze:

1. Nach mehr als dreißig Jahren Schuldenpolitik in den westlichen Industrienationen sind Staaten, Banken und Notenbanken überschuldet bzw. haben keine ausreichende Eigenkapitalbasis mehr.
2. Es muss in der nächsten Zeit ein Neustart des Währungssystems erfolgen, der mit erheblichen Vermögensverlusten für viele einhergehen wird.
3. Die Niedrigzinspolitik trifft vor allem Menschen, die Geldforderungen halten.
4. Besonders hart wird es die Inhaber von Geldforderungen als Bankguthaben, Ansparprodukten, Riester-Produkten und Lebensversicherungen treffen.
5. Die tatsächliche Inflation ist deutlich höher als die offizielle

Inflation. Sparer verlieren so in zehn Jahren schätzungsweise 26 Prozent und in fünfzehn Jahren 37 Prozent ihrer Kaufkraft.
6. Niedrigzinsen helfen vor allem den Vermögenden, da sie die Vermögenswerte aufblähen. Diese sind wiederum nicht in der Inflationsstatistik enthalten – schlagen sich aber zum Beispiel in Mietsteigerungen nieder.
7. Es ist in der Niedrigzinswelt besser, zu den Schuldnern zu gehören als zu den Geldbesitzern. Allerdings gilt das für normale Haushalte nicht, da sie im Gegensatz zu den Reichen schnell in Abhängigkeiten geraten.

3. Bargeld, Kontoguthaben und Sparprodukte – wofür man sie heute braucht und wofür nicht

Zahlungsfähig sein und bleiben – das ist auch in Zeiten von Niedrigzinsen ein absolutes Muss. Wenn Sie liquide sind, kann man Sie nicht erpressen – zum Beispiel mit hohen Zinsen für einen Konsumentenkredit. Liquidität ist daher oberstes Gebot, bevor Sie anfangen können zu investieren. Zumindest drei Monate lang sollten Sie Ihre absolut notwendigen laufenden Ausgaben durch Ihre Liquiditätsreserven decken können.

»Geld muss man nicht haben, Kredit muss man haben«, besagt eine alte Finanzweisheit. Da ist was dran. Wer über seine Geschäftsbeziehungen oder seinen Status an Kredite herankommt, der muss weniger liquide sein und kann gerade in Zeiten von Niedrigzinsen etliche Chancen wahrnehmen oder auch mal eine kurzfristige Unterliquidität ausgleichen. Leider gelten hier für Sie nicht dieselben Regeln wie für die Reichen und Superreichen. Wer zu diesem illustren Club gehört, hat Vermögensgegenstände und bekommt darauf Kredit, oftmals zu lächerlich niedrigen Konditionen. Normalbürger oder kleinere Selbständige werden oft geschröpft, wenn sie mal Kredit brauchen.

Allerdings: Auch sehr vermögende Menschen oder Unternehmen können ihren Kredit überziehen. Und dann kollabieren auch größere Gebilde oder Vermögen. Die Insolvenz des Schlecker-Drogerieimperiums im Jahr 2012 ist nur ein Beispiel. Oder die spektakuläre Pleite des Baulöwen Jürgen Schneider im Jahr 1994, in dessen Verlauf Deutsche-Bank-Vorstand Hilmar Kopper äußerte, dass die Verluste im Schneider-

Fall nur »Peanuts« für die Deutsche Bank seien. Schneider hatte viele Bauwerke saniert, die zu den schönsten Objekten in Deutschland zählen, darunter die Mädlerpassage in Leipzig und das Bernheimer-Palais in München. Mit zum Teil gefälschten Wertgutachten hatte er insgesamt 5,4 Milliarden D-Mark Kredit von den Banken erhalten. Es kam, wie es kommen musste: Die Erträge aus den Immobilien reichten irgendwann nicht mehr für Zinsen und Tilgung. Schneider tauchte unter, wurde 1995 gefasst und saß bis 1999. Seit 2013 berät er wieder Bauherren: »Mir macht keiner was vor«, so Schneider: »Wenn einer wie ich mal 5,4 Milliarden Mark von Banken kassiert hat, der weiß doch auch heute noch, wie die Geschäfte mit den Banken laufen.«[1]

Viele der solidesten Investoren haben Vermögen aufgebaut, ohne sich unangemessen zu verschulden. US-Superinvestor Warren Buffett hält in seiner Holding Berkshire Hathaway immer viel Liquidität vor, um nicht in Bedrängnis zu kommen, aber auch um auf Chancen reagieren zu können. Im Jahr 2015 waren dies 61 Milliarden Dollar.[2] Tatsächlich haben sich in der Finanzkrise etliche Banken, darunter Goldman Sachs, größere Beträge von Buffett geliehen. Etwas »schummelt« er aber auch: Während seine BuffettPartnership ausschließlich Buffetts Kapital und das Kapital seiner Investoren investierte, also Eigenkapital, besitzt Berkshire auch mehrere Versicherungsunternehmen. Mit den eingezahlten Versicherungsprämien kann Buffett arbeiten, obwohl sie dem Unternehmen von den Versicherungsnehmern nur geliehen wurden. Der Trick dabei: Es ist dauerhaftes Kapital (»permanent capital«), das nur langsam abgezogen werden kann.

Ihre Liquiditätsreserve – einige Leitlinien

Minimale Absicherung: Halten Sie so viel Liquidität vor, dass Sie mindestens drei Monate über die Runden kommen.
Komfortable Absicherung: Halten Sie so viel Liquidität vor, dass Sie ein Jahr einigermaßen davon existieren können.
Finanzielle Freiheit: Sie haben so viel Liquidität oder liquide Vermögensgegenstände, dass Sie Ihren Lebensunterhalt davon bestreiten können.
Allerdings schützt eine Liquiditätsreserve nicht vor Ängsten. Oftmals sorgen sich diejenigen, die finanziell komfortabel ausgestattet sind, am meisten um das eigene Vermögen. Sich liquide und abgesichert »fühlen«, ist stark von emotionalen Faktoren geprägt. Versuchen Sie immer wieder, die Finanzreserve RATIONAL zu gestalten. Es bewahrheitet sich immer wieder: Anlegen beginnt im Kopf!
Ihren Sicherheitspuffer berechnen die deutschen Haushalte aktuell großzügig. Bargeld und Sichteinlagen entsprechen mit rund 30 445 Euro je Haushalt ungefähr neun Monaten der durchschnittlichen Gesamtausgaben von 2960 Euro vor Ausgaben für Vermögensbildung. Gleichzeitig erhöhten die deutschen Haushalte Ende 2015 ihren Bestand an Bargeld und Sichteinlagen um durchschnittlich rund 200 Euro pro Monat.[3]
Wenn Sie bedenken, dass deutsche Haushalte zusätzlich signifikante Summen von rund 21 000 Euro in Termingeldern und Sparbriefen lagern, kommen Sie auf eine durchschnittlich Abdeckung von 18 Monaten. Viele Haushalte halten zu viel Liquidität zu Lasten des Vermögensaufbaus.
Wie Sie Ihre Liquidität am sinnvollsten halten, dazu später mehr. Dann haben wir einen Blick auf die einzelnen Möglichkeiten geworfen.

Der Krieg gegen das Bargeld[4]

»Nur Bares ist Wahres«, hieß es früher. Nach der Finanzkrise traf ich einen vermögenderen Rentner, der dem System so misstraute, dass er fast sein ganzes (legales) Vermögen bar hielt. »Bargeld ist gedruckte Freiheit« schrieb Dostojewski. Nur Bargeld ist letztlich vom Staat garantiertes, rechtssicheres, kostenfreies Geld. Bargeld ist ein wichtiges öffentliches Gut in einer freiheitlichen, transparenten bürgerfreundlichen und demokratischen Rechtsordnung. Es schafft Vertrauen und ermöglicht Zug-um-Zug-Geschäfte zwischen freien Bürgern, zum Beispiel beim Autokauf. Bargeld ermöglicht es Ihnen, Ihr Vermögen zu transportieren und Ihr Recht auf informationelle Selbstbestimmung wahrzunehmen. Hierin waren sich Vertreter der Bundesbank, von Datenschutz und Verbraucherschutz auf einer öffentlichen Anhörung des Landtages NRW einig, auf der ich als Experte sprach.[5] Derzeit laufen in Deutschland ca. 1700 Euro pro Kopf an Bargeld um. Praktisch und rechtlich gesehen ist das Bargeld immer noch eine unersetzliche Form von Liquidität. Banknoten sind das einzige unbeschränkt gesetzliche Zahlungsmittel, das Gläubiger von Geldforderungen prinzipiell akzeptieren müssen.[6] Wenn nicht – und das ist eine Crux –, müssen die Vertragsparteien eine andere Zahlungsform vereinbaren. Münzen sind hingegen nur in beschränktem Umfang ein gesetzliches Zahlungsmittel. In Deutschland müssen Münzen laut Münzgesetz nur im Wert bis zu 200 Euro akzeptiert werden. Zudem ist kein Gläubiger dazu angehalten, mehr als 50 Münzen anzunehmen.[7]

Bei Bargeld können Sie anders als bei Bankeinlagen auf keinen Fall von negativen Zinsen betroffen sein. Sie können frei über Ihr Vermögen verfügen – solange keine Bezahlobergrenzen mit empfindlichen Strafen wie in Griechenland, Italien und Frankreich eingeführt sind oder Abhebegrenzen am Bankautomaten. In Griechenland hätte es bei der Abhebegrenze von 60 Euro am Tag zum Beispiel über zwei Jahre gedauert, bis

Sie 50 000 Euro zusammen gehabt hätten. Schon 10 000 Euro dauern über 150 Tage.

Für unangenehme Zeiten sollten Sie etwas Bargeld parat halten. Denn staatliche Zwangsmaßnahmen wie Massenenteignungen, Vermögenseinfrierungen und Beschränkungen des Zahlungsverkehrs, so extrem sie sein mögen, wurden im Laufe der Geschichte bereits eingesetzt. Beschränkungen des Zahlungsverkehrs – sogenannte »Kapitalverkehrskontrollen« – gab es in Griechenland im Juni 2015 für die gesamte Bevölkerung: Die Banken wurden zwei Wochen geschlossen, und anschließend konnten die Griechen höchstens 60 Euro pro Tag abheben und nichts mehr ins Ausland überweisen. Die EZB stoppte die Liquiditätsversorgung, um die griechische Syriza-Regierung zum Einlenken zu bewegen.[8]

So ein Szenario steht in Deutschland (und in Österreich) nicht unmittelbar vor der Tür. Unsere Banken kommen derzeit ohne Notfall-Liquiditätshilfe aus. Auszuschließen ist aber gar nichts mehr. Sehr wohl hängen die deutschen Banken von Liquidität mittels Einlagen und Krediten von anderen Banken ab. Eine Bankenkrise, wie sie in Griechenland stattfand, ist also durchaus möglich. Die Vermögen von diversen politisch unliebsamen Personen, zuletzt beispielsweise aus Russland und Libyen, wurden bereits eingefroren. Auch normale Bürgerinnen und Bürger kann es treffen. Schon nach 9/11 berichtete das »Handelsblatt« im November 2001 empört, dass in Deutschland kein Richter die Sperrung von Konten freigeben muss, falls es das Bundeswirtschaftsministerium anordnet.[9]

In Kapitel 2 habe ich Ihnen gezeigt, wie die Banken selbst Geld erschaffen, das einfach als elektronischer Eintrag in den Büchern steht. Würden viele Menschen sich morgen ihr Geld auszahlen lassen, dann bräche das Schneeballsystem zusammen. Bargeld ist daher eine der letzten Möglichkeiten für Bürgerinnen und Bürger, dem Finanzsystem die »rote Karte« zu zeigen.

Wer Geld »produziert«, kann fast ohne Gegenleistung riesige Gewinne einstreichen. So schreibt die promovierte Ökonomin und Linksfraktion-Chefin Sahra Wagenknecht in ihrem neuen Buch »Reichtum ohne Gier«: »Geld ist nicht knapp, denn Geld kostet nichts. Wer die Lizenz zur Geldschöpfung hat, hat ein ungeheures Privileg gegenüber allen anderen Wirtschaftsteilnehmern.«[10] Und dieses Privileg hat sich die Finanzbranche schon zu großen Teilen selbst übertragen. In modernen Wirtschaften wird Geld benötigt. Irgendjemand muss es produzieren – seien es Münzen, Banknoten oder eben Buchgeld. Sobald der Nominalwert des Geldes seinen Materialwert übersteigt, entsteht ein »Geldschöpfungsgewinn«, traditionell auch »Seignorage« genannt. Denn derjenige, der dieses Geld in Umlauf bringt, kann sich damit etwas kaufen, das mehr wert ist, als ihn die Geldproduktion kostet. Die Finanzbranche konnte ihre enorme Macht erlangen, weil sie über das Geldschöpfungsprivileg verfügt, das in früheren Zeiten nur den Landesherren zustand.

Nur Notenbankgeld ist staatlich garantiertes Geld. Und Notenbankgeld können Sie als Privatperson nur in der Form von Bargeld besitzen, wie der n-tv-Kommentator Raimund Brichta anmerkt.[11] Denn die Bundesbank oder die EZB erlauben es Privatpersonen nicht, Konten oder Guthaben bei ihnen zu haben.

Verschiedene Reforminitiativen haben daher vorgeschlagen, den Banken die Geldschöpfung zu entziehen und das sogenannte »Vollgeld« einzuführen, zum Beispiel der Verein Monetative e.V.[12] Dann dürften die Geschäftsbanken nur das Geld verleihen, das sie von der Notenbank erhalten haben und selbst kein Geld mehr per Knopfdruck schaffen. Der Geldschöpfungsgewinn, den der Journalist Norbert Häring allein in Europa bei ausstehenden Krediten von 17 Billionen Euro auf bis zu 300 Milliarden Euro schätzt, würde dann dem Staat – also uns – zustehen und nicht in die Taschen der Finanzbranche fließen.[13] Die Kreditvergabe wäre wahrscheinlich stetiger. Es würde also nicht in guten und optimistischen Zeiten zu viel Kredit vergeben, in pessimistischen Zeiten zu wenig – die Kreditvergabe wäre weniger zyklisch und würde die Boomphasen nicht noch verstärken und die Krisen nicht verschärfen. Ob die

Einführung von Vollgeld ausreichen würde, um das Finanzsystem sicherer und fairer zu gestalten, bleibt abzuwarten. Ein erwägenswerter Schritt ist es auf jeden Fall.

Aktuell laufen in Deutschland Banknoten in Höhe von 14 Prozent der Geldmenge M1 um, in der Eurozone sind es sogar nur 4 Prozent. Dies zeigt, dass die überwiegenden Transaktionen bargeldlos abgewickelt werden.

Geldumlauf und Wirtschaftsleistung (in Milliarden Euro)[14]

	Deutschland	Eurozone
Bruttoinlandsprodukt	3025	14300
Banknoten	250	594
in % des BIP	8 %	4 %
Geldmenge M1	1793	6800
in % des BIP	59 %	48 %
Geldmenge M2	2633	10400
in % des BIP	87 %	73 %
Geldmenge M3	2677	11000
in % des BIP	88 %	77 %

Vom Bargeld wiederum wird ein Drittel in 500-Euro-Scheinen gehalten.[15] Mittlerweile werden Banknoten und Geldmünzen mit erschreckender Geschwindigkeit aus dem Verkehr gedrängt. Der Deutsche-Bank-Chef John Cryan hat auf dem Weltwirtschaftsforum in Davos im Januar 2016 dem Bargeld den Kampf angesagt – es sei fürchterlich teuer und ineffizient und werde innerhalb von zehn Jahren verschwinden. Wenig später schlug Wolfgang Schäuble eine Obergrenze von 5000 Euro für Bargeldzahlungen vor. Und Ende April 2016 beschloss die EZB, ab Ende 2018 keine 500-Euro-Scheine mehr zu produzieren.[16]

In der schönen neuen Welt ohne Bargeld soll es uns allen bessergehen. Dabei würde sich der Traum einer Welt ohne Bargeld sehr schnell als Alptraum entpuppen, genau wie die schöne neue Welt aus dem gleichnamigen Zukunftsroman von Aldous Huxley. Eine mächtige Koalition aus vier Gruppen hat sich zusammengefunden, um dem Bargeld den Garaus zu machen: 1. Banken, 2. Anbieter von elektronischen Bezahlsystemen, 3. e-Commerce-Unternehmen und Datenkraken und 4. Politiker. Alle haben ein großes Interesse daran, die bargeldlose Welt zu schaffen, weil sie dann viel mehr verdienen und ungestört vom Willen der Bürger wirtschaften können.

Die Koalition der Bargeldgegner ist stark, gut vernetzt und hervorragend organisiert. In jüngster Zeit haben die Bargeldgegner massive Geländegewinne verbuchen können: In Frankreich gilt seit September 2015 eine Bargeldobergrenze von 1000 Euro (davor 3000 Euro), in Italien bereits seit 2012. In Griechenland wurden Bargeschäfte von mehr als 1500 Euro mit Jahresanfang 2011 illegal, solange zumindest ein Partner gewerblich aktiv ist.[17] Schon jetzt können Sie in Schweden im öffentlichen Personennahverkehr teilweise nicht mehr mit Bargeld zahlen. Für Dänemark liegt ein Gesetzesentwurf vor, der auch Tankstellen und Kneipen von der Pflicht entbinden würde, Bargeld anzunehmen. Und seit Anfang 2016 wird eine einheitliche Obergrenze für Zahlungen in der Europäischen Union diskutiert. Der »Krieg gegen das Bargeld« wird mit allen Mitteln der Meinungsbeeinflussung, Desinformation, Propaganda und der Einschüchterung geführt. Bares ist auf einmal etwas, das bekämpft werden muss.

In ihrer Schrift gegen das Bargeldverbot haben Ulrich Horstmann und Gerald Mann eine Vielzahl von Gründen aufgelistet, die gegen das Bargeldverbot sprechen:[18]

- ökonomische – Enteignung der Sparer durch Negativzinsen,
- machtpolitische – die Bürger werden gläsern und die Digitalkonzerne und Regierungen undurchschaubar,

- rechtliche – ein Unrechtsregime lässt sich leichter verwirklichen, wenn Geld seinen Eigentumscharakter verliert,
- soziologische und kommunikative – noch mehr als in der früheren DDR wären Kontrolle und Gleichschaltung möglich,
- mentale und psychologische – die Manipulation von Menschen wird erleichtert,
- technische Gründe – ein Systemausfall hätte katastrophale Folgen.

Ein beliebter Kunstgriff der Bargeldgegner ist, es in die Nähe von Kriminalität zu rücken. Bei seiner Rede im Ifo-Institut im November 2014 zeigte der ehemalige Chefökonom des IWF Kenneth Rogoff Bargeld-Bündel zusammen mit automatischen Waffen und Päckchen von Drogen. Der Suggestivkraft solcher Bilder kann man sich schwer entziehen.[19]

Norbert Häring berichtet in seinem Buch »Die Abschaffung des Bargelds und die Folgen« von einem Selbstversuch: Er wollte von seinem Konto 15 000 Euro abheben, mit der Erklärung, dass er ein Auto kaufen wolle. Nun sieht der langjährige »Handelsblatt«-Journalist sicher nicht aus wie ein Krimineller, und ich nehme an, dass auch seine Zahlungsgewohnheiten nicht besonders verdächtig sind.

Am Schalter wurde Häring gesagt, man könne maximal 10 000 auszahlen und müsse höhere Summen bei der Zentrale anmelden. Mit Voranmeldung dauere es allerdings drei Arbeitstage. Erst nach der Frage, ob er nun durch verschiedene Filialen tingeln müsse, wurde Häring hereingebeten. Sein Pass wurde kopiert. Nach etlichen Telefonaten und Computereingaben konnte er sein Geld in Empfang nehmen.[20]

Wenn Sie das schon fast als »normal« empfinden, erinnere ich Sie daran, dass es Härings Geld war, dass sein Konto gedeckt war, dass Geld gesetzliches Zahlungsmittel ist und dass er seinen Pass vorgelegt hatte.

www.rettet-unser-bargeld.de:
Aktion und Erfahrungsaustausch

Um etwas gegen die drohende Verdrängung des Bargeldes aus dem Zahlungsverkehr zu unternehmen, habe ich die Aktion www.rettet-unser-bargeld.de gestartet. Namhafte Persönlichkeiten wie zum Beispiel Peter Hahne, Hans-Olaf Henkel (MdEP), Dirk Müller, Frank Schäffler, Karl-Albrecht Schachtschneider, Joachim Starbatty (MdEP), Sahra Wagenknecht und Klaus-Peter Willsch (MdB) haben sich der Aktion angeschlossen.

Unter www.rettet-unser-bargeld.de können Sie sich unserer Petition anschließen. Mehr als 10 000 Unterschriften haben wir schon gesammelt und werden diese zusammen mit anderen Initiativen im Bundestag einbringen.

Im Forum von www.rettet-unser-bargeld.de können Sie sich mit anderen zum Thema Bargeldverbot austauschen. So schrieb mir zum Beispiel ein Steuerberater:

Hallo Herr Dr. Otte,
Ihre Bücher zur Rettung des Bargeldes finden in meiner Kanzlei reißenden Absatz. Da die Empörung bei mir gerade noch frisch ist, hier eine kurze Ergänzung: Bei mir gibt es jetzt schon mehrere Anfragen älterer Mandanten mit wohlsituierter Vermögenssituation, die zu Hause beachtliche Sparsäckerl mit 500er Noten beherbergen und mich um Umtausch bitten. Wohlgemerkt, aus »sauberem« und versteuertem Vermögen und Einkommen.
Meine Hausbank lehnt ab und verweist die alten Leutchen an ihre Banken ...
Eine daraufhin erfolgte telefonische Anfrage bei der LZB hier in Düsseldorf ergab Folgendes: Ein Geldwechsel ist generell möglich. Die Identität und Wohnort der Leute ist nebst einer glaubhaften Darstellung, woher das Vermögen denn stamme, vorzulegen.
Ich finde das unfassbar ... Das ist ja ein super Draghi-Coup!
Insbesondere ältere Leute wollen jetzt keine großen Scheine mehr im Hause haben. Ich habe hier mehrere gleichgelagerte Fälle, und diese Leute sind keineswegs dadurch beruhigt, dass ja der 500er

Schein weiterhin Zahlungsmittel bleibt. Wenn ich denen erkläre, man wolle sicherstellen, dass sie keine Geldwäscher seien, schlafen die nie mehr!
Das sollte man mal thematisieren und veröffentlichen.

Sparkasse und Postbank wechseln keine 500-Euro-Scheine mehr

Ein Diskutant im Forum von www.rettet-unser-bargeld.de schrieb mir geradezu Unglaubliches:

Gestern war ich bei der Postbank in Krefeld. Dort erfuhr ich, dass man bei der Sparkasse Krefeld UND bei der Postbank KEINEN 500-Euro-Schein (gesetzliches Zahlungsmittel!) mehr gewechselt bekommt, wenn man dort KEIN Konto besitzt.
Auf meine Bemerkung, da stünde doch wohl noch das Bundesbankgesetz davor, machte die Schalterbedienstete nur ein ratloses Achselzucken. Es wird ALLES geschluckt und ohne Rückfrage befolgt, was von oben kommt, und sei es auf Zwang von Herrn Schäuble mit Hinweis auf eine imaginäre Terrorismusfinanzierung. Klar, die Bundestagsabgeordneten bekommen ihre 500er ja auch offiziell von ihrer Zahlungsstelle.

Ich habe im Jahr 2005 meine ersten Edelmetalle bei den Edelmetallschaltern der großen Banken an der Düsseldorfer Königsallee gekauft. Bar bezahlt, Gold und Silber mitgenommen. Auch damals gab es schon Geldwäschegesetze und ich musste die Herkunft des Geldes dokumentieren. Die Deutsche Bank stellte irgendwann den Verkauf von Silber ein. Als ich 2014 noch einmal Silber bei der Commerzbank kaufen wollte, war dies nur noch mit einem Konto bei der Commerzbank möglich. Niemals wäre ich damals auf die Idee gekommen, dass Banken den Umtausch von Banknoten verweigern, wenn man kein Konto bei ihnen besitzt!

Die Einlagensicherung: Wie sicher ist unser Giralgeld?

Im April 2005 verbot die Großbank JP Morgan ihren Kunden per Allgemeinen Geschäftsbedingungen, ab April 2015 in den Safes der Bank Bargeld aufzubewahren. Auf dem Konto sei das Geld ja sicherer, da es auch von der Einlagensicherung geschützt sei. Wie sieht es damit in Deutschland aus?

Zunächst einmal halten Sie auf dem Konto nicht dasselbe Geld wie Bargeld. Sie halten das von den Banken selbst produzierte Geld (Sichteinlagen, Giralgeld), also eine Forderung gegen die Bank anstelle des Notenbankgeldes. Zu den Sichteinlagen werden die beiden Kontoformen Girokonten und Tagesgeldkonten gezählt (M1). In Deutschland ist M1 ungefähr siebenmal so hoch wie der Bargeldumlauf, in der Eurozone sogar elfmal. Das Eigenkapital der Banken beträgt nur 387,1 Milliarden Euro, die bilanzielle Eigenkapitalquote des gesamten deutschen Bankensektors somit nur 5 Prozent. Als Kontoinhaber sind Sie Gläubiger Ihrer Bank. Entsprechend sollten Sie sich mit der Bonität – also Zahlungsfähigkeit – Ihres Schuldners auseinandersetzen. Das übersteigt aber die Fähigkeiten fast aller Menschen im Land mit Ausnahme ausgewählter Finanzanalysten.

Einlagensicherung: Damit Menschen ihren Banken ohne größere Prüfung – die ihre Möglichkeiten sowieso übersteigen würde – vertrauen, entstand ein Einlagensicherungssystem. 1937 wurde der »Kreditgenossenschaftliche Garantiefonds« des deutschen Genossenschaftsverbandes gegründet, in den die Mitglieder der genossenschaftlichen Finanzgruppe einzahlen, um Instituten zu helfen, die in eine Schieflage gerieten. 1966 wurde die erste bundesweite Sicherungseinrichtung der privaten Banken gegründet. Die Gewährträgerhaftung der öffentlichen Hand schützte die Einlagen bei den Sparkassen. Nach dem Konkurs der Kölner Herstatt-Bank im Juni 1974 wurden die Sicherungssysteme ausgebaut. Es gab jedoch keine gesetzliche Pflicht, diesen Einrichtungen beizutreten.

Der Bundesverband deutscher Banken e.V. nimmt seit 1998 die öffentlich-rechtliche Aufgabe der Mindestsicherung wahr. Über die Mindestsicherung von 100 000 Euro hinaus sind zusätzlich rund 160 Kreditinstitute Deutschlands freiwillig beim Einlagensicherungsfonds des Bundesverbandes deutscher Banken beteiligt.[21] Dadurch werden die Einlagen jedes Kunden bis zu 20 Prozent des haftenden Eigenkapitals pro Kunde abgesichert. Der Einlagensicherungsfonds besteht in Deutschland seit 1976. Bis dato wurden Kunden in allen Fällen völlig entschädigt. Sparkassen (einschließlich Landesbanken, Girozentralen und Landesbausparkassen), Volksbanken, Raiffeisenbanken und öffentliche Banken haben ihre eigenen ähnlichen Einlagensicherungssysteme und sind nicht vom Einlagensicherungsfonds abgedeckt. Falls es sich um eine Zweigniederlassung einer ausländischen Bank handelt, zählt die jeweilige nationale Entschädigungseinrichtung, die für den Hauptsitz der Bank zuständig ist. Das merkten in der Finanzkrise Anleger, die ihr Geld isländischen Banken für überdurchschnittlich hohe Zinsen anvertraut hatten: Auch das Risiko war überdurchschnittlich – das Geld war futsch.

Bail-in: Einlagen sind seit 2011 gesetzlich in Deutschland mit bis zu 100 000 Euro pro Person pro Bank durch das Einlagensicherungsgesetz staatlich garantiert. In besonderen Situationen, wie z.B. bei Beträgen, die aus dem Verkauf von Immobilien innerhalb der letzten sechs Monate resultierten, ist ein Betrag bis zu 500 000 Euro gesetzlich besichert. Eine derartige Einlagensicherung von 100 000 Euro pro Person pro Bank ist mittlerweile auch in allen Mitgliedstaaten der Europäischen Union garantiert. Basis ist die von der Europäischen Kommission definierte Einlagensicherungsrichtlinie.[22]

Die Bail-in-Bestimmungen sind ein Kernelement der im Mai 2014 verabschiedeten EU-Richtlinie zur Sanierung und Abwicklung von Kreditinstituten (Abwicklungsrichtlinie oder »BRRD«).[23] Mindestens 8 Prozent bestimmter Bankverbindlichkeiten müssen herunter- oder abgeschrieben bzw. in Eigenkapital gewandelt werden. Erst dann können öffentliche Mittel zur Sanierung oder Abwicklung eingesetzt werden. Neben den Kapitalgebern können auch Sparerinnen und Sparer mit mehr als 100 000 Euro herangezogen werden, ebenso Unternehmen. So kann der Staat seine Haftung und Verantwortung für das Bankensystem auf die Sparer abwälzen.

Selbst der Wirtschaftsweise Peter Bofinger, der sich als Bargeldgegner geoutet hat, kritisiert dies in scharfen Tönen: »Die Grenze von 100 000 Euro ist viel zu niedrig«, sagte Bofinger der »Welt am Sonntag«.[24] Viele Unternehmen hätten mehrere Millionen Euro auf dem Konto. »Es kann nicht sein, dass sie dieses Geld verlieren, nur weil sie es zur falschen Bank gegeben haben.« Der Ökonom hält sichere Einlagen für einen Grundpfeiler des Finanzsystems sowie einen Staat, der nicht pleitegehen kann. »Führt man jetzt noch ein Insolvenzrecht für Staaten ein, ist das System perfekt destabilisiert.«[25]

Negativzinsen: Unter gewöhnlichen Umständen wären zwar Sichteinlagen aus Anlegerperspektive mit dem Bargeld gleichgestellt. Falls Sie adäquate Zinsen bekämen und unsere Privatsphäre weiter geschützt wäre, wären Bankeinlagen sogar attraktiver. Die derzeitigen Umstände sind aber alles andere als gewöhnlich. Falls die Zentralbank den Hauptrefinanzierungssatz von derzeit 0,0 Prozent in den negativen Bereich senkt, könnten theoretisch auch bei Sichteinlagen Negativzinsen anfallen.

Die EZB hat ihren Instrumentenkasten weitgehend ausgeschöpft und könnte zu dieser Maßnahme greifen. Wir sind nicht weit von Negativzinsen entfernt, so zweifelhaft es sein mag, ob damit das endgültige Ziel erreicht wird: die Banken zur Vergabe von produktiven Krediten an die Privatwirtschaft zu animieren. Sollten Banken negative Zinsen an die Kunden weitergeben, könnte das desaströse Bank Runs verursachen. Auch deswegen wird das Bargeld von so vielen Offiziellen dämonisiert.

In Schweden, Dänemark und in der Schweiz gibt es bereits

negative Zinsen. Banken wie die Svenska-Handelsbanken und Nordea zögern noch, negative Zinsen an die Kunden weiterzugeben. Das Bankhaus Julius Bär verrechnet seinen Privatkunden keine Negativzinsen, sehr wohl aber den institutionellen Anlegern. Auch im *Max Otte Vermögensbildungsfonds (WKN: A1J3AM)* müssen wir Strafzinsen zahlen, wenn wir zu viel Liquidität halten.

In einer bargeldlosen Welt wäre es leichter möglich, negative Zinsen weiterzugeben, denn ein Bank-Run wäre dann ausgeschlossen. Unter derzeitigen Umständen erscheint es realistisch, dass negative Zinsen ab einem bestimmten Betrag kommen, damit Kunden abgehalten werden, größere Mengen von Kapital unproduktiv zu deponieren. Die Skatbank hat es vorexerziert.

Wenn Sie Rendite und Werterhalt wünschen, müssen Sie Ihren Liquiditätsbedarf berechnen und den Teil des Vermögens, den Sie nicht zur Liquiditätssicherung benötigen, investieren. Einmal mehr gilt: »Investieren statt sparen!«

Vor- und Nachteile von Bar-, Giralgeld und e-Pay

Bargeld

Vorteile	Nachteile
Möglichkeit für Kunden, Geld der Notenbank zu halten	keine Zinsen
anonym, Schutz der Privatsphäre	kann gestohlen werden
erlaubt es Privatpersonen, in direkte Geschäftsbeziehungen einzutreten	Kosten der Aufbewahrung und Sicherung
rechtssicher	
kostenfrei	
kein Bail-in bei Bankpleiten	

Giralgeld, Kontoguthaben

Vorteile	Nachteile
in normalen Zeiten: Zinsen (derzeit nicht)	überwachbar, kontrollierbar
oft praktisch (Banküberweisung, Dauerauftrag)	bei weitgehender Bargeldverdrängung sind Negativzinsen durchsetzbar
	bei Bankensanierung nur teilweise geschützt, kann enteignet werden

e-Pay

Vorteile	Nachteile
für einige Bezahlarten vielleicht praktischer	Zahlungsanbieter und e-Commerce-Anbieter sind eng verknüpft, Menschen werden zum transparenten Datensatz
	meistens extrem teuer: Anteil an der Überweisungssumme
	wird mittlerweile von etlichen e-Commerce-Anbietern als Zahlungsart quasi erzwungen
	Cyberkriminalität

Zusammenfassend: Eine sehr starke Lobby arbeitet daran, das Bargeld weitgehend zu verdrängen. Auch die klassische Banküberweisung ist unter Beschuss, obwohl sie gegenüber e-Pay viele Vorteile aufweist. Solange Bargeld noch eine Funktion hat, sollten Sie einen Teil Ihrer Liquiditätsreserven unbedingt in bar halten. Und dann besser im heimischen Tresor oder dem heimischen Versteck als im Bankschließfach. Wer weiß schon, was damit im Falle eines Falles passiert.

Devisen und Auslandskonten

Immer wieder werde ich gefragt, ob man etwas »in Fremdwährungen machen« solle. Meine Antwort ist: prinzipiell ja. Aber zunächst einmal ist es wichtig, etwas Bargeld und Liquidität zu haben und das Vermögen sinnvoll in Geld- und Sachwerte aufzuteilen. Die Frage, wie viel Sie in Geldforderungen, wie viel in Sachwerte (Immobilien, Gold und Edelmetalle, Aktien, andere Sachwerte) stecken, hat einen viel größeren Einfluss auf Ihren zukünftigen Finanzstatus.

Wenn Sie Devisen kaufen, investieren Sie nicht, sondern »parken« das Geld. Sehr oft wird mir auf meinen Seminaren und Vorträgen die Frage gestellt, ob der Dollar künftig steigt oder fällt. Darauf antworte ich dann meistens: »Er steigt oder fällt.« Devisenspekulationen sind ein heißes Eisen, mit dem Sie sich ganz schön die Finger verbrennen können. Gerade beim Investieren in Aktien ist es völlig unerheblich, in welcher Währung die Aktie notiert.

Die BMW-Aktie zum Beispiel ist in Euro notiert. Entscheidend ist aber, wie und wo das Unternehmen sein Geld verdient. BMW verkauft seine Autos global. Ein Drittel des BMW-Konzernumsatzes wird in den USA gemacht. Steigt der Dollar, macht BMW mehr Gewinn in Euro. Fällt er, macht das Unternehmen weniger Gewinn. Das sollte sich auf den Kurs auswirken. Samsung macht in den USA und Europa viel größere Umsätze als in Korea. Ob die Aktie in Dollar, Euro oder koreanischem Won notiert, ist also bei global tätigen Unternehmen nicht so wichtig.

Es kann auch heute nicht schaden, eine gewisse Menge Devisen zu besitzen. Für Kleinsparer ist das eher unpraktisch, ab einem gewissen Vermögen kann es aber eine Ergänzung darstellen. Wenn Sie sich zum Beispiel einige 1000 Schweizer Franken oder vielleicht auch US-Dollar ins Schließfach legen, kann dies durchaus hilfreich sein. Aber nur, wenn Sie diese Summe als zusätzliche Absicherung investieren. Letztlich entgeht dem Kontrollstaat immer weniger. Von einem Mitglied erhielt ich die folgende Zuschrift:

Sehr geehrter Herr Otte,
 ich (bin seit Jahren Abonnent Ihres »Der Privatinvestor«) kam mit Euro-Bargeld an den Schalter der Sparkasse Nürnberg und wollte 250 Schweizer Franken kaufen.
 Die Dame verlangte ein Ausweismedium (entweder meine Kundenkarte oder meinen Ausweis). Ich fragte nach, ob die Geldwäscheregelung nicht erst ab 15 000 Euro oder so greift.
 Tja, sagte sie, das wäre ja ganz etwas anderes: da müsse sie ein Geldwäscheformular ausfüllen, das wäre bei dem hier vorliegenden kleinen Betrag ja nicht der Fall; meine Daten würden ja auch nicht gespeichert.
 Ich fragte: »Wenn Sie nicht vorhaben, meine Daten zu speichern – warum wollen Sie sie dann haben?« Sie müsse das so machen, sagte sie, »zur Vorbeugung von Drogen- und Geldwäschegeschäften«.
 Da ich nicht erpicht war auf eine verbale Auseinandersetzung während der besten Schalterzeit, verzichtete ich auf eine schlüssige Antwort, die sie mir bis heute schuldet.
 Nachdem sie in Gottes Namen meine Kundenkarte geprüft hatte und ich noch meine Unterschrift für den Kauf leisten durfte, händigte sie mir endlich die 250 Schweizer Franken in bar aus.
 Da muss es jemand wirklich brandeilig haben, den Bürger bis ins Kleinste zu kontrollieren.
 Mit freundlichen Grüßen
 Christian W.

Ein legales Auslandskonto, zum Beispiel in der Schweiz, ist durchaus sinnvoll. Sie sind dann nicht direkt durch ihre deutsche oder österreichische Regierung erpressbar. Allerdings werden auch hier die Maschen immer enger. Mir sind etliche Fälle bekannt, bei denen Schweizer Banken sich geweigert haben, ihren deutschen Kunden mittelgroße Beträge in bar auszuzahlen. Das ginge nur noch per Überweisung auf ein Konto.

Am 29. Oktober 2014 haben 51 Staaten in einer feierlichen Unterzeichnungszeremonie in Berlin ihre Teilnahme an einem Abkommen zum automatischen Informationsaustausch und zur gegenseitigen Amtshilfe in Steuerangelegenheiten zugesagt.[26] Zwischenzeitlich ist die Zahl der teilnehmenden Länder auf 83 angestiegen, darunter auch Bermuda, Cayman Islands, Curaçao, Guernsey, Indien, Jersey, Liechtenstein, Luxemburg, Österreich, Schweiz.[27] Nach dem Globalen Meldestandard (Common Reporting Standard – CRS) sind die Banken und Finanzinstitute dieser Länder verpflichtet, für meldepflichtige Konten eines anderen Staates bestimmte Informationen zu beschaffen und zu übermitteln:

- Name, Adresse, Ansässigkeitsstaat, Steueridentifikationsnummer, Geburtsdatum und -ort
- Kontonummer
- Name und Identifikationsnummer des meldenden Instituts
- Kapitalerträge wie Zinsen, Dividenden und andere Kapitalerträge aus Vermögenswerten solcher Konten
- Veräußerungs- und Einlösungserlöse von Finanzanlagen, insbesondere Wertpapieren

Banken in diesen Ländern werden also zu Erfüllungsgehilfen oder Filialen Ihres Finanzamtes. Der Hammer: Die Vereinigten Staaten von Amerika, die sehr viel Druck gemacht haben, nehmen am automatischen Informationsaustausch nicht teil.

Panama Papers mal anders: Schäuble als oberster amerikanischer Finanzbeamter[28]

Im Frühjahr 2016 machten die Enthüllungen um die sogenannten Panama Papers medien- und politikwirksam die Runde. Wolfgang Schäuble präsentierte einen 10-Punkte-Plan gegen die Steuerflucht. Journalistische Recherche gegen Steuerflucht,

Aktionen gegen Steuerflucht – all dies klingt gut. Aber die Wirklichkeit ist mal wieder – wie so oft in den letzten Jahren – anders, als Medien und Politik es uns glauben lassen.

Rund 400 Journalisten in 100 Medienorganisationen und 80 Ländern waren mehr als ein Jahr mit der Auswertung beschäftigt. Wer orchestriert so etwas? Wer Journalisten kennt, weiß, dass es oft Individualisten sind. Berufsneid ist ihnen nicht fremd, Streit auch nicht. Ich bin überzeugt: Hier hatten Staaten und andere Organisationen ihre Hand im Spiel – sonst hätte ein solches Großprojekt nicht durchgeführt werden können.

Deutsche Unternehmen, Personen mit Verbindungen zum russischen Präsidenten und zur chinesischen Politikelite – ein buntes Potpourri wurde uns nach der Veröffentlichung von 214 000 Briefkastenfirmen präsentiert. Aber – und das ist das Interessante – kein Amerikaner von Rang war darunter.

Seit der Finanzkrise haben die USA erheblichen Druck auf verschiedene Steueroasen ausgeübt. Die Schweiz ist mittlerweile extrem transparent, dienstbeflissen und gesetzeskonform. Das amerikanische Justizministerium entscheidet darüber, in welche von drei Kategorien jede Schweizer Bank eingestuft wird und wieviel Strafe eine Bank zahlt, damit ein sogenanntes »non-prosecution-agreement« (NPA) zustande kommt. Auch Liechtenstein ist sauber.

Ich habe selber erlebt, wie die schweizerische Finanzmarktaufsicht FinMa quasi als verlängerter Arm des amerikanischen Justizministeriums agierte. Kein Wunder: Vor einigen Jahren verhafteten die USA einige schweizerische Bankmanager, weil diese angeblich amerikanisches Recht gebrochen haben. Mit einer atemberaubenden Geschwindigkeit ist danach die Schweiz eingeknickt. Viele Schweizer Banken haben sich mit Strafzahlungen in Milliardenhöhe den Verzicht auf Strafverfolgung in den USA erkauft, ihre Taktiken zur Steuerhinterziehung offengelegt und damit das lange verteidigte Schweizer Bankgeheimnis zu Grabe getragen.

Als (auch) amerikanischer Staatsbürger bin ich verpflichtet, den amerikanischen Steuerbehörden in meiner Steuererklärung jede

Bankverbindung zu melden. Ebenso gehen meine Mehrheitsbeteiligungen nicht mit dem Gewinn oder Verlust, sondern mit den einzelnen Ertrags- und Aufwandspositionen in meine amerikanische Steuererklärung ein.
Nicht nur ich bin dazu gezwungen, sondern auch alle ausländischen Banken, die Konten für US-Bürger führen. Dies ist die Folge des FATCA-Gesetzes von 2010 (Foreign Accounts Taxand Compliance Act). Die amerikanischen Behörden können aufgrund von FATCA weltweit Informationen einholen – und halten sich selbst nicht daran.
Schnell werden die USA zum größten Offshore-Bankplatz der Welt. Im bekannten Steuerparadies Delaware sind in einem einzigen Haus 285 000 Briefkastenfirmen ansässig. Und in Nevada, Wyoming und South Dakota entstehen neue Steueroasen. Bereits 2013 hat die Schweizer Rothschild Bank AG in Reno eine Filiale eröffnet. Kein Wunder: Nevada hat wohl weltweit einmalig lockere Vorschriften für Firmierungen als Ltds. (GmbHs): keine Stammkapitalpflicht, keine Buchführungs- und Bilanzierungspflicht, keine Aufbewahrungspflicht für Belege und keine Nachweise zur Mittelverwendung. Wenn Sie gut beraten sind, können Sie auch Betriebsprüfungen vermeiden.
»Wie ironisch – nein, wie pervers –, dass die USA in ihrer Verurteilung von Schweizer Banken so scheinheilig ist und dabei zur Gerichtsbarkeit des Bankgeheimnisses geworden ist (...) Können Sie das Riesen-Sauggeräusch hören? Es ist der Klang des Geldes, das in die USA rauscht«, so der Züricher Anwalt Peter Cotorceanu.
Amerika hat in der OECD auch das Abkommen zum automatischen Informationsaustausch (AIA) durchgesetzt, an dem fast hundert Staaten teilnehmen, und das die Banken in diesen Ländern verpflichtet, u. a. den amerikanischen Behörden die Vermögensverhältnisse für US-Bürger zu melden. Das Abkommen hat nur eine kleine Asymmetrie: Die USA selber sind nicht beigetreten und halten sich nicht daran.
Wirtschaftsimperialismus pur. Faire internationale Praktiken: Fehlanzeige. So haben die USA nicht nur ihre Verbündeten als

Helfershelfer für die Jagd auf eigene Steuersünder eingespannt, sondern auch noch Steuersünder und viele ultrareiche Familien in ihre eigenen geschützten Steueroasen geholt. Kein Wunder, dass der Dollar beim Zustrom so großer Finanzmassen derzeit stark ist. Zudem: Wenn die FED nun das Geldmengenwachstum etwas eindämmt, müssen die Impulse für die marode amerikanische Wirtschaft ja irgendwoher kommen.

Die Panama Papers beschleunigen den Prozess nun noch. In nichtamerikanischen Steueroasen müssen jetzt viele um die Aufdeckung bangen. Was liegt da nahe? Richtig – Geld in eine amerikanische Oase bringen.

So betätigt sich Herr Schäuble mit seinem 10-Punkte-Programm, wie auch unmittelbar nach der Finanzkrise Herr Steinbrück, als oberster amerikanischer Finanzbeamter. Herzlichen Glückwunsch!

Auf gute Investments,
Ihr
Prof. Dr. Max Otte

Termingelder und Spareinlagen

Für meine im 92sten Lebensjahr verstorbene Tante durfte ich in den letzten Jahren die Finanzanlagen nach ihren Vorstellungen tätigen. Dabei konnte ich vor allem entscheiden, zu welchen Fristen ich die vorhandenen Sparsummen bei der örtlichen Sparkasse anlegen sollte.

Traditionell haben wir Deutschen viel Geld in Termingeldern und auf dem Sparbuch angelegt. Die Logik dahinter ist einfach: Je länger das Geld der Bank zur Verfügung steht, desto länger kann sie damit arbeiten und desto höhere Zinsen kann sie zahlen. Je nachdem, ob Sie eine feste Laufzeit oder eine bestimmte Kündigungsfrist für Ihre Geldanlage vereinbaren, wird zwischen Festgeld und Kündigungsgeld unterschieden. Bei Festgeldern vereinbaren Sie mit der Bank eine bestimmte

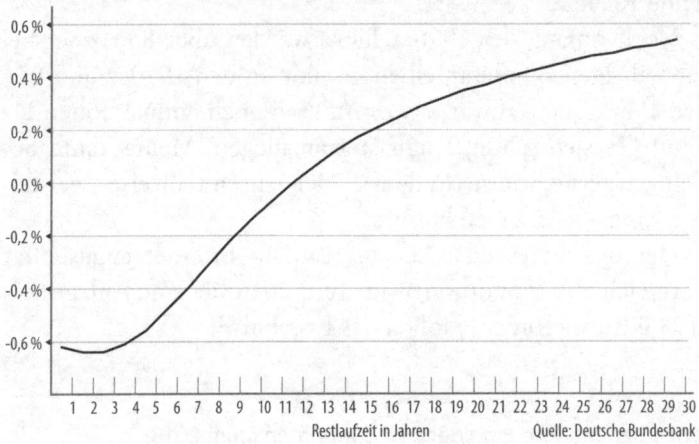

Laufzeit, an deren Ende das Festgeld wieder zu einer normalen Sichteinlage oder verlängert wird. Wenn Sie zwischenzeitlich an Ihr Geld wollen, verlieren Sie normalerweise Ihren Zinsanspruch.

Bei Kündigungsgeldern hingegen vereinbaren Sie eine bestimmte Kündigungsfrist. Bis zur Kündigung ist Ihre Einlage unbefristet und meist variabel verzinslich. Nach der Kündigung gibt es bis zum Ablauf einen Festzins.

Besonders beliebt war in Deutschland lange Zeit das Spar(kassen)buch. Es zeichnet die Geldbewegungen (Einzahlungen, Auszahlungen, Zinsgutschriften usw.) eines Sparkontos auf. Es ist eine auf den Namen eines bestimmten Gläubigers (des Sparers) ausgestellte Schuldurkunde.

Welche Zinsen es für längerfristige Kapitalanlagen gibt, lässt sich gut aus der Zinsstrukturkurve von Bundesanleihen ablesen, die den risikolosen Zinssatz abbilden. Auch Sparbücher und Termingelder sind relativ risikolose Kapitalanlagen bzw. sollen es sein. Aktuell sieht es da bei längeren Laufzeiten sehr mäßig aus. Erst ab einer Restlaufzeit von gut acht Jahren gibt es überhaupt Rendite, darunter sind die Negativzinsen schon Realität.

Noch Anfang der 1990er Jahre wurden über 8 Prozent bei zehnjährigen Bundesanleihen gezahlt, in den 1970er und frühen 1980er Jahren war das Zinsniveau noch einmal höher. Da lohnte es sich schon, langfristig anzulegen. Meine Tante berichtete gerne, wie sie in den 1970er Jahren teilweise zweistellige Zinssätze erzielen konnte.

Heute sieht es da mau aus. Ein im Internet angestellter Vergleich von Konditionen im Juni 2016 für eine Anlage von 20 000 Euro erbrachte folgendes Ergebnis:[29]

Zinssätze für Termingelder von 6 Monaten (Juni 2016)

Institut	Zinsen	Sicherungssystem	Sicherung
pbb direkt	0,50 %	Deutschland	100 %
Targo Bank	0,15 %	Deutschland	100 %
swkBank	0,10 %	Deutschland	100 %

Zinssätze für Termingelder von 12 Monaten (Juni 2016)

Institut	Zinsen	Sicherungssystem	Sicherung
RenaultBank direkt	0,90 %	Frankreich	100 %
Hanseatic Bank	0,50 %	Deutschland	100 %
pbb direkt	0,50 %	Deutschland	100 %
swkBank	0,40 %	Deutschland	100 %
Targo Bank	0,20 %	Deutschland	100 %
Norisbank	0,20 %	Deutschland	100 %

Zinssätze für Termingelder von 36 Monaten (Juni 2016)

Institut	Zinsen	Sicherungssystem	Sicherung
BancaFarmafactoring	1,74 %	Italien	100 %
Renault Bank direkt	1,10 %	Frankreich	100 %
Pbb direkt	1,10 %	Deutschland	100 %
Hanseatic Bank	0,80 %	Deutschland	100 %
Swk Bank	0,60 %	Deutschland	100 %
Targo Bank	0,60 %	Deutschland	100 %
Norisbank	0,10 %	Deutschland	100 %

Bei diesen Zinssätzen kann Ihr Geld auch gleich auf dem Tagesgeldkonto liegen bleiben. Zudem sollten Sie bedenken, dass bei derlei Vergleichen natürlich vor allem die besten Angebote gelistet sind. Bei vielen Sparkassen, Volks- oder Raiffeisenbanken dürften die Konditionen schlechter sein. Sie sollten dennoch ihrer Sparkasse, Volks- oder Raiffeisenbank die Treue halten. Es waren diese Banken, die zusammen mit den mittelständischen Unternehmen das Rückgrat der deutschen Wirtschaft bildeten.

Wenn neue Banken mit Lockangeboten oder Wechselprämien auf den Markt kommen, sind das vielleicht nicht die solidesten Banken. Es schafft Unruhe in einem eigentlich geregelten und langweiligen Markt, der niemandem nützt. Bleiben Sie Ihrer Volksbank, Ihrer Raiffeisenbank, Ihrer Sparkasse treu. Mit Festgeldanlagen ist aktuell sowieso kein Blumentopf zu gewinnen. Ihr frei verfügbares Kapital müssen Sie anders investieren.

Warum Sie Lebensversicherungen, Rentenversicherungen und Riester-Produkte nicht brauchen

»Die Rente ist sicher«, versprach CDU-Arbeitsminister Norbert Blüm in den 1980er Jahren bei jeder Gelegenheit. Vielleicht. Er vergaß nur dazuzusagen, in welcher Höhe. Derzeit werden nach 45 Berufsjahren durchschnittlich 1198 Euro an Rente gezahlt. Und viele Versicherte haben keine 45 Berufsjahre zusammen.

Zudem klafft bei der Deutschen Rentenversicherung eine eklatante Finanzierungslücke, die sich im Lauf der Zeit sicher erhöhen wird. Zum Jahresende 2005 waren die Finanzreserven der Rentenkassen praktisch aufgezehrt, wie der Vorstandsvorsitzende der Deutschen Rentenversicherung, Alexander Gunkel, vermeldete. Nur noch 0,07 Prozent einer Monatsausgabe waren als Nachhaltigkeitsrücklage vorhanden und nicht die gesetzlich vorgeschriebenen 0,2 Prozent. Der Bund musste sogar eine Liquiditätshilfe in Höhe von 900 Millionen Euro aufnehmen.[30]

Eine deutsche Errungenschaft aus der Zeit Otto von Bismarcks, für die wir international bewundert und beneidet wurden, wankt. Derzeit werden durch die gesetzliche Rentenversicherung 52 Millionen Versicherte und über 20 Millionen Rentner betreut. Während 1955 noch fünf Beschäftigte einen Rentner finanzierten, waren es 1975 nur noch vier, 2010 noch drei. Im Jahr 2030 werden bei der jetzigen Altersstruktur zwei Beschäftigte einen Rentner finanzieren müssen. Im Herbst 2015 schockte der BDI-Vorsitzende Ulrich Grillo mit der Äußerung, dass er sich auch eine Rente mit 85 vorstellen könne. Es sei sinnvoll, das Rentenalter circa fünfzehn Jahre unter der statistischen Lebenserwartung anzusetzen. Wenn diese also in der Zukunft bei 100 liege, sei auch die Rente mit 85 denkbar.[31]

Dies wäre nicht die erste Änderung der staatlichen Rentenversicherung. Die Bismarck'sche Versicherung war kapitalgedeckt. Während der Hyperinflation 1923 wurde der Kapitalstock praktisch wertlos. Bereits 1957 stellte Konrad Adenauer die Rentenversicherung auf das Umlageverfahren um. Die Rentenzahlungen werden aus den Einzahlungen der Beitragspflichtigen gedeckt – Adenauer wollte die Wahl gewinnen und suchte nach passenden Wahlgeschenken.

Der siebenfache Vater Konrad Adenauer zerstreute Bedenken einst angeblich mit dem Satz »Kinder kriegen die Leute immer«. Doch das Geburtenniveau liegt in Deutschland seit über vierzig Jahren um ein Drittel unter jenem Niveau, das benötigt wird, um die Bevölkerungszahl konstant zu halten. Im Jahr 2010 betrug die durchschnittliche Anzahl der Kinder je Frau 1,4. 2,1 Kinder wären nötig. Zeitgleich steigt die Lebenserwartung. Die demographische Entwicklung macht die Finanzierung von Renten mittels Umlageverfahren äußerst problematisch.

Es ist also irgendwie verständlich, dass viele Deutsche regelmäßig private Renten- und Altersversicherungsprodukte wie zum Beispiel Riester-Produkte besparen. Mit einem Anteil von 38 Prozent bilden sie neben Kontoguthaben und Spareinlagen den zweiten Hauptanteil des Geldvermögens der Deutschen – und sind im derzeitigen Umfeld so überflüssig wie ein Kropf. Durchschnittlich rund 11 000 Euro Rückstellungen bei Lebensversicherungen und über 9000 Euro an Ansprüchen gegenüber privaten Alterssicherungssystemen entfallen auf jeden Deutschen. Dies sind Geldforderungen, die genauso wie die Kontoguthaben von der schleichenden Enteignung betroffen sind.

Viele Lebens- und Rentenversicherungen führen beim derzeitigen Zinsspiegel zu realen Wertverlusten, z. B. nichtfondsgebundene Lebensversicherungen. Vor zehn Jahren, im Jahr 2006, war rund ein Drittel des Geldvermögens in Lebensversicherungen und Altersvorsorge investiert. Seitdem ist der Anteil also noch gestiegen. Im Jahr 2015 flossen wieder über 24 Milliarden Euro aus deutschen Vermögensbeständen in Lebens- und Rentenversicherungen. Die Deutschen sparen also trotz Nullzinsen fleißig weiter – und investieren immer noch nicht.

Lebensversicherungen

Insgesamt haben die Deutschen rund 924 700 000 000 Euro, also fast eine Billion Euro, in Lebensversicherungen angelegt. Aber was ist überhaupt eine »Lebensversicherung« und wie funktioniert sie? Viele Menschen unterscheiden dabei nicht zwischen Risikolebensversicherung und Kapitallebensversicherung. Denn die Kapitallebensversicherung ist eigentlich keine Versicherung, sondern überwiegend ein Ansparprodukt.

Risikolebensversicherung: Die Risikolebensversicherung, auch als Hinterbliebenenschutz bezeichnet, schließen Sie ab, damit bei Ihrem Ableben die vereinbarte Versicherungssumme an die Hinterbliebenen oder benannte Begünstigte gezahlt wird. Der Versicherungsnehmer zahlt also einen Beitrag. Dafür erben die Hinterbliebenen die Versicherungssumme, falls dem Versicherungsnehmer während der Laufzeit etwas zustoßen sollte.

Falls Sie das Ende der vereinbarten Vertragslaufzeit erleben, bekommen Sie keine Prämien rückerstattet. Auch bei einer vorzeitigen Kündigung gibt es keinen Anspruch auf Rückzahlung.

Die Risikolebensversicherung ist dann sinnvoll, wenn Familienmitglieder oder Lebensgefährten von Ihrem Einkommen abhängig sind und ohne Sie Not leiden müssten. Die Begriffe »abhängig« und »Not« muss natürlich jeder für sich selbst definieren. Manche Menschen in Deutschland fühlen vielleicht schon ein akutes Notgefühl, wenn sie die laufenden Kosten Ihres Haushalts von 5000 Euro pro Monat nicht mehr abdecken können, eine Mutter von zwei Kindern kommt vielleicht mit 1500 Euro pro Monat noch sehr gut über die Runden und empfindet keine Not.

Auch hier ist es also wichtig, dass Sie sich selbst kennen. Was heißt für Sie »finanziell abgesichert«? Welche Ausgaben benötigen Sie wirklich? Da eine Risikolebensversicherung nur im Notfall greifen soll, wäre es nicht richtig, die Summe zu hoch anzusetzen. Sie hoffen ja, dass der »Fall der Fälle« nie eintritt. Weil der Versicherungsfall nur bei Ihrem Ableben eintritt, sind die Beiträge einer Risikolebensversicherung erheblich geringer als die einer Kapitallebensversicherung mit demselben Betrag. Meistens sind dies nur zwischen 5 und 10 Prozent des Beitrags, den Sie für eine Kapitallebensversicherung mit derselben Versicherungssumme aufbringen müssten.

Kapitallebensversicherung: Bei einer genaueren Untersuchung der kapitalbindenden Lebensversicherung fragt man sich, weshalb überhaupt jemand sein Geld in diesem merkwürdigen Finanzkonstrukt stecken hat. Schon vor vielen Jahren durfte der Bund der Versicherten dieses Produkt als »legalisierten Betrug« bezeichnen, eine Aussage, die auch vor Gericht Bestand hatte. Allerdings ist die Lobby der Lebensversicherer in Deutschland extrem stark, sodass kapitalbildende Lebensversicherungen immer noch das beliebteste Vorsorgeprodukt sind. Im Jahr 2015 gab es in Deutschland 91 Millionen Lebensversicherungsverträge, also mehr als einen pro Kopf.[32] Die Beitragseinnahmen der Versicherer beliefen sich 2015 auf 6,4 Prozent des Bruttoinlandsprodukts, davon 3 Prozent in Lebensversicherungen. Das sind knapp 100 Milliarden Euro pro Jahr. Wenn die Deutschen jedes Jahr diese Summe sinnvoll zu 8,5 Prozent in einem Fondssparplan anlegen würden, kämen

- nach zehn Jahren 226 Milliarden Euro
- und nach 15 Jahren 340 Milliarden Euro

zusammen. Nach fünfzehn Jahren wären das immerhin rund 11 Prozent des 2015er BIP von 3025 Milliarden Euro.

Die Kapitallebensversicherung funktioniert nach folgendem Prinzip: Als Versicherungsnehmer zahlen Sie über einen vorher festgelegten Zeitraum kontinuierlich einen bestimmten Monats- oder Jahresbetrag an die Versicherungsgesellschaft, oder Sie bezahlen die Gesamtsumme der Prämienbeiträge auf einmal. Die Versicherungsdauer erstreckt sich normalerweise über eine Zeit von zwölf bis 40 Jahren. Als Gegenleistung für Ihre eingezahlten Beiträge erhalten entweder:

- Ihre Angehörigen (Hinterbliebenen) eine vorher festgelegte Versicherungssumme, falls Sie während der Versicherungsdauer ums Leben kommen. Dieser Betrag beläuft sich ungefähr auf die erwarteten Einzahlungen bis zum Vertragsende.
- Sie selbst erhalten am Ende der Versicherungsdauer die Versicherungssumme und die garantierten Zinsen (bis 1994 vier Prozent, seit Januar 2015 nur noch 1,25 Prozent) auf den Sparanteil Ihrer eingezahlten Beiträge.
- Dazu kommt ein sogenannter Überschussanteil.
- Alle drei Teile zusammen bilden die »Ablaufleistung«.

Falls sich Ihre Lebensumstände verändert haben, Sie dringend Kapital benötigen und Ihre Auszahlung vorzeitig möchten, verrechnen viele Versicherungsinstitute noch Stornoabzüge, weshalb Sie dann oft wesentlich weniger als die Ablaufleistung bekommen. Dies ist zwar nur gültig, falls es im Vertrag festgehalten wurde. Aber erstens sitzen bei den Versicherungsgesellschaften die juristischen Experten, und zweitens setzen sich die meisten Versicherten nicht mit derartig technischen kleingedruckten Aspekten auseinander (weshalb auch Verbraucherschutz bei Versicherung wenig bringt). Im Extremfall bekommen Sie weniger heraus, als Sie an Prämien eingezahlt haben!

Also noch einmal: Die Versicherungssumme bekommen im Todesfall Ihre Hinterbliebenen. Auf den Sparanteil bekommen Sie eine garantierte Verzinsung von 1,25 Prozent. Zusätzlich wird Ihnen ein Überschussanteil ausgezahlt.

Alles klar? Nein? Wenn das Geldanlegen einfach wäre, könnten Sie es ja selbst machen. Also muss das Geldanlegen schön komplex gestaltet werden, damit Beratungsbedarf entsteht. Schließlich wollen die Versicherungsvertreter auch von etwas leben. Aber eines sollte zumindest klargeworden sein: Für alle Singles ist eine Lebensversicherung ganz und gar unsinnig. Wer sollte im Todesfall schließlich von der Versicherung profitieren? Lachen Sie jetzt nicht! Es gibt in Deutschland mehr Singles mit einer Lebensversicherung, als Sie denken – den cleveren Versicherungsvertretern sei Dank. Sollten Sie als Versicherungsnehmer das Vertragsende erleben, ist die Versicherung nur verpflichtet, Ihnen einen garantierten Zins von 1,25 Prozent auf den Sparanteil Ihrer eingezahlten Beiträge zu zahlen und nicht etwa auf Ihre gesamten eingezahlten Beiträge. Schauen wir uns zur Verdeutlichung einmal ein konkretes Beispiel an:

Wir haben zum Anlass dieses Buches ein aktuelles Lebensversicherungsprodukt vom führenden Lebensversicherer Deutschlands unter die Lupe genommen. Gehen wir davon aus, dass ein 40-jähriger Mann am 1. Juni 2016 einen Vertrag beim Marktführer abschließt, der bis zum 67. Lebensjahr, also 27 Jahre lang, läuft. Treffen wir ferner die Annahme, dass er monatlich 100 Euro in die Lebensversicherung einzahlt. Somit hätte er 32 400 Euro eingezahlt. Das garantierte Kapital läge aber nur bei 31 811 Euro! Hier schlägt sich besonders deutlich nieder, dass der Garantiezinssatz nicht auf den gesamten eingezahlten Beitrag greift. Wenn man die Überschussbeteiligung miteinbezieht, schätzt die Versicherungsgesellschaft einen Gesamtbetrag von 45 983 Euro. Das entspricht einer durchschnittlichen jährlichen Verzinsung (interner Zinsfuß) von 2,5 Prozent – wenig berauschend.

Fondsgebundene Lebensversicherung: Bei der zunehmend beliebteren fondsgebundenen Lebensversicherung handelt es sich gewissermaßen um eine Kombination aus Risikolebensversicherung und Fondssparplan. Hier wird üblicherweise nur im Todesfall ein garantierter Betrag an die Hinterbliebenen ausgezahlt. Achtung: Eine Mindestauszahlung gibt es hier in der Regel für Sie als Versicherungsnehmer hingegen nicht! Bei der fondsgebundenen Lebensversicherung investiert die Versicherungsgesellschaft die eingezahlten Prämien in Investmentfonds, zum Beispiel Aktien-, Renten – oder Immobilienfonds. Allerdings werden nicht die gesamten Prämien, sondern nur die »Sparanteile« Ihres Beitrags in Fonds investiert. Wie schon erwähnt wollen auch Versicherungen etwas verdienen – die Verwaltung der Fondsanteile verursacht Kosten, die von Ihren Beiträgen abgezogen werden. Zudem fallen in der Regel Ausgabeaufschläge für die Fondsanteile an, auch diese werden an Sie weitergereicht. Die Kosten mindern logischerweise die Rendite Ihrer fondsgebundenen Lebensversicherung.

Die Sache hat einige Haken: Der Versicherte ist auf das Investitionsgeschick der Versicherungsanstalt und die Entwicklung an den Kapitalmärkten angewiesen. An Sie wird letztendlich jener Betrag ausgezahlt, den der Fonds mit Hilfe der Einzahlungen abzüglich der Gebühren erwirtschaftet hat. Wie hoch dieser sein wird, bleibt ungewiss. Die Gebühren sind aber im Vergleich zu vielen einfachen Aktienfonds deutlich zu hoch.

Obwohl die fondsgebundene Lebensversicherung wegen des Aktienanteils nachhaltiger ist als die Kapitallebensversicherung, bezahlen Sie letztlich zu viel dafür, dass sich jemand anders um Ihre Anliegen kümmert. Klar ist: Jenen Teil, den Sie in fondsgebundene Lebensversicherungen einzahlen, sollten Sie lange nicht benötigen, es handelt sich um eine Langfristanlage. Ich empfehle einen fokussierten Zugang. Falls Sie Angehörige absichern wollen, schließen Sie statt diesem Produkt separat eine Risikolebensversicherung ab. Statt beispielsweise monatlich 350 Euro in eine fondsgebundene Lebensversicherung zu investieren, geben Sie 100 Euro in eine Risikolebensversicherung und den Rest der langfristig verfügbaren Mittel in Aktienfonds und Indizes (z.B. MSCI World, S&P 500 oder Stoxx Europe 600).

Rentenversicherungen- und Riester-Produkte

Die sogenannte »Riester-Rente« ist eine private, jedoch staatlich geförderte Altersvorsorge. Und wenn ein Deutscher hört, dass es irgendwo staatliche Förderung gibt, dann ist er nicht mehr zu bremsen. Das können Sie bestenfalls noch mit dem

Schlagwort »Steuerersparnis« toppen. Dabei sind beide Begriffe nichts weiter als Faktoren, die in eine nüchterne Gesamtbetrachtung einbezogen werden sollten.

Ab 2001 wurde im Rahmen der Rentenreform auch die Riester-Rente eingeführt. Volkswirtschaftlich gesehen war es sicher richtig, etwas zu machen. Die Riester-Rente wurde sehr gut angenommen. 16 Millionen Deutsche haben per Mai 2016 eine Riester-Rente. In gewisser Weise war die Riester-Rente also ein großer Erfolg – aber vor allem für die Finanzbranche. Ob es für die meisten Riester-Sparer sinnvoll war, darf bezweifelt werden. Am einfachsten wäre es gewesen, wenn Sparer einfach 10 Prozent ihrer Bruttoeinkommens unversteuert in einen Aktiensparplan stecken könnten, wie es in den USA mit den 401k-Plänen gemacht wird. Nach zwanzig Jahren oder zumindest einer langen Laufzeit könnte man dann das Kapital entnehmen und müsste einmal versteuern. In der Zwischenzeit hätte das Kapital unversteuert arbeiten können.

Aber das wäre weder im Sinne der Finanz- und Versicherungsbranche noch im Sinne der staatlichen Bürokratie gewesen. Fast alle Bürger können in den Genuss einer Förderung kommen. Dazu müssen Sie mindestens 4 Prozent des Vorjahres-Bruttoeinkommens sparen, um die staatlichen Zulagen in vollem Umfang zu beziehen. Es werden höchstens 2100 Euro pro Jahr gefördert.

Wir wenden uns in diesem Buch aber dem Privatanleger zu und der Frage, was für ihn die derzeit attraktiven und unattraktiven Anlagealternativen sind. Hier muss man klar sagen, dass mit dem Riester-Gesetz die falschen Kategorien beflügelt wurden. Ein Produkt muss vier Kriterien erfüllen, damit es Riester-förderbar ist.

1. Die Auszahlung muss als eine lebenslange gleich bleibende oder steigende monatliche Leibrente erfolgen.
2. Der Anleger muss sich verpflichten, in der Ansparphase laufend freiwillige Altersvorsorgebeiträge zu zahlen.

3. Es muss für den Anleger möglich sein, das Vorsorgevermögen abzuziehen, um es in ein anderes Vorsorgeprodukt zu investieren.
4. Es muss mindestens die Summe der eingezahlten Altersvorsorgebeiträge als Auszahlungsbetrag garantiert sein. Diese Summe kann den Hinterbliebenen im Todesfall zugesprochen werden.

Schädlich für den langfristigen Vermögensaufbau ist vor allem der vierte Punkt. Weil ein bestimmter Betrag garantiert werden muss, müssen Riester-Sparbeträge fast ausschließlich in Geldwerten (= Nicht-Sachwerte mit Forderungscharakter) angelegt werden. Ein Blick in die lange Liste der zertifizierten Produkte zeigt, dass praktisch nur Lebensversicherungen, Bausparverträge und Rentenversicherungen mit ähnlichem Charakter mit dem Riester-Programm förderbar sind. Das sind Bankguthaben mit Zinsansammlung, förderbare Bausparverträge (»Wohn-Riester«) Sparkassen-Riester-Darlehen, SVorsorgePlus und viele Rentenversicherungen.

Die gute Absicht, nur jene Produkte zu fördern, bei denen die Sparbeträge der Anleger sicher sind, führt in die Katastrophe: Es wird derzeit so ziemlich auf jegliche Rendite verzichtet, denn die Rendite der genannten Produkte hängt von der Höhe der Verzinsung von Staatsanleihen ab. Und die tendiert gegen null. Und bei Rentenantritt sind die Riester-Einkünfte steuerpflichtig!

Nehmen wir zum Beispiel Franz M.: Er ist im Juni 2016 45 Jahre alt, arbeitet im Bauunternehmen seines Vaters und bezieht ein jährliches Bruttoeinkommen von 75 000 Euro. Er entschließt sich dazu, eine Riester-Rente bei der Allianz abzuschließen. Welche Rendite erzielt er? Hierzu nutzen wir den Online-Rechner der Allianz, treffen einige zusätzliche Annahmen und Berechnungen und führen einige Berechnungen durch.

Franz M. zahlt monatlich 175 Euro ein, womit er auf genau 2100 Euro pro Jahr kommt und somit die vollen staatlichen

Zulagen erhält. Die staatliche Zulage beliefe sich damit auf 154 Euro pro Jahr. Zusätzlich sind die Einzahlungen in die Riester-Rente steuerlich abzugsfähig. Per 2016 unterstellen wir für einen unverheirateten Anleger mit Jahresbruttoeinkommen von 75 000 Euro einen Grenzsteuersatz von 42 Prozent. Damit liegt die Steuerersparnis bei ca. 882 Euro jährlich. Die Allianz schätzt eine niedrigere Steuerersparnis, aber gönnen wir Franz M. die 882 Euro.

Falls Franz M. 2039 im Alter von 67 Jahren in Pension geht, bekommt er laut Allianz eine monatlich garantierte Mindestrente von 168 Euro. Inklusive der staatlichen Zulagen und der Überschussbeteiligung errechnet die Versicherungsgesellschaft eine

prognostizierte Gesamtrente von 305 Euro pro Monat.

Dieser Betrag ist jedoch nicht garantiert. Bei der Berechnung des Betrags erscheint der Disclaimer »Die Überschussbeteiligung sowie die zugrunde gelegten Rechnungsgrundlagen können nicht garantiert werden.«

Gehen wir davon aus, dass unser Anleger bei Rentenantritt etwas weniger Einkommen hat als in seinem aktiven Berufsleben, z. B. dank vermieteter Immobilien. Wenn wir die Riester-Rente mit einem entsprechenden Grenzsteuersatz von 33,6 Prozent besteuern, verbleiben nur noch mindestens 111,55 Euro pro Monat Mindestrente und im positiven Szenario 202,52 Euro Gesamtrente nach Steuer.

Lassen Sie uns zwei Szenarien analysieren:
1. die Auszahlung der Mindestrente und
2. alternativ die Auszahlung der in Aussicht gestellten Gesamtrente inklusive Gewinnbeteiligung.

Wir beziehen alle Faktoren mit ein (steuerliche Abzugsfähigkeit während Erwerbstätigkeit, staatliche Zulagen, Höhe der Riester-Rente [ab Pensionsantritt] nach Steuer) und summieren sie für die Laufzeit bis zum Pensionsantritt im Jahr 2040. Franz M. wäre dann 68 Jahre alt. Im Jahr 2016 läge die Einzahlung bei 1218 Euro. Dies ist der »Eigenbetrag«, den man netto bezahlt, wenn man die Zulagen und steuerlichen Vorteile miteinrechnet. 2040 erfolgt nach Steuern eine Auszahlung von 1338,64 Euro, im Mindestrentenszenario und eine optimistischere Auszahlung von 2430,24 Euro einschließlich der Überschussbeteiligung. Das entspricht den oben schon genannten 111,55 Euro beziehungsweise optimistisch 202,52 Euro pro Monat Mindestrente.

Welche Rendite erzielt Franz M. mit seinem Riester-Plan, wenn er achtzig Jahre alt wird, also zwölf Jahre in den Genuss einer Rente kommt (damit läge er im Rahmen der normalen Lebenserwartung)? Im Fall der Mindestrente ergibt sich aktuell auf die eingezahlten Beträge eine
jährliche Rendite von 0,0 Prozent!

Falls die in Aussicht gestellte Gesamtrente inklusive Gewinnbeteiligung ausgezahlt werden kann, ergibt sich eine
jährliche Rendite von 0,4 Prozent.

Auch falls Franz M. 85 Jahre alt wird, kommt er in unserem Beispiel nur auf eine Rendite von 0,0 Prozent im Mindestrentenszenario und 2,0 Prozent bei der optimistischeren Verzinsung inklusive Gewinnbeteiligung. Beide Werte liegen deutlich unter der Inflationserwartung für die nächsten Jahrzehnte. Das kann keine gute Anlage sein. Dabei habe ich noch nicht einmal Gebühren für Verwaltung und Vertrieb berücksichtigt, die oft drei bis fünf Jahresbeiträge auffressen!

Nur falls Sie nach dem Pensionsantritt noch sehr viele Jahre leben, lohnt sich die Riester-Rente auch nur annähernd. Falls nicht, erwirtschaften übrigens auch die Hinterbliebenen mit Ausnahme der Ehepartnerin voraussichtlich eine negative Rendite, wenn Sie keine zusätzliche Hinterbliebenen-Absicherung abgeschlossen haben. Ohne eine Zusatzabsicherung müssen die Erben alle Zulagen und Steuervorteile zurückzahlen. Sie beziehen dann nur noch die eingezahlten Beträge abzüglich Abschluss- und Verwaltungskosten. Selbst die Erben wären viel besser bedient, wenn Sie geschickt in renditebringende Vermögenswerte investieren.

Betrachten wir nun eine Alternative für Franz M.: Er investiert seine Sparbeträge in einen guten Aktienfonds, ein Aktienpaket oder einen Index. Da erhält er weder Steuervorteile noch staatliche Förderung. Der Vergleich ist zulässig, denn der Anlagehorizont eines Riester-Produkts ist so langfristig, wie er nur sein kann. Frühzeitige Kündigung käme Franz M. teuer zu stehen. Er müsste alle Förderungen zurückzahlen und zusätzlich für Verwaltungsgebühren aufkommen. Bei einem derartig langen Horizont sind Aktien historisch betrachtet kaum zu schlagen – wenn Sie die Aktien diszipliniert halten.

Also: Franz M. legt jährlich einen Eigenbetrag von 1218 Euro in einen globalen Aktienfonds an. Er verzichtet auf staatliche Förderung und Steuervorteile und im Gegenzug auf sämtliche Knebelbedingungen und hohe Verwaltungsgebühren.

Gehen wir wieder von der durchschnittlichen langfristigen Aktienmarktrendite von 8,5 Prozent pro Jahr als Verzinsung aus. Wenn Sie monatlich in einen solchen Fondssparplan einzahlen, kaufen Sie Aktien in guten und schlechten Zeiten zu unterschiedlichsten Kursen. Langfristig kommt ein Mittelwert dabei heraus. Man nennt dies auch die Durchschnittspreismethode, was der Übersetzung aus dem Englischen (»Dollar CostAveraging«) entspringt. Bei einer jährlichen Anlage von 1218 Euro vom 45. Lebensjahr an bis zur Pension kommt Franz M. unter diesen Bedingungen bis zum 68. Lebensjahr auf ein

Vermögen von 87 188 Euro.

Bei Pensionsantritt entspricht das bis zum 80. Lebensjahr einer

Rente von rund 600 Euro pro Monat,

wesentlich mehr als die Aussicht auf 112 bis 202 Euro pro Monat bei Riester. Bei Pensionseintritt müssen Sie Ihre Aktiengewinne natürlich versteuern, derzeit mit 25 Prozent. Zwar müssen Sie nicht Ihr gesamtes Depot bei Pensionsantritt veräußern – ein Großteil kann so lange weiterarbeiten, bis Sie es benötigen – aber selbst wenn Sie Ihr gesamtes Depot veräußern, betrüge die Rente immer noch ca. 450 Euro pro Monat. Das ist immer noch mehr als das Doppelte von Riester.

Alles in allem ist Riester also ein schlechtes Geschäft. Riester-Renten bieten nur geringfügige garantierte Mindestrenten, sind bei Pensionsantritt steuerpflichtig, weisen hohe Gebühren auf und lohnen sich nur, wenn Sie denkbar alt werden, in vielen Fällen deutlich über neunzig Jahre.

Merksätze
1. Sie sollten eine Liquiditätsreserve halten. Dies macht Sie weniger abhängig und erpressbar.
2. Mindestens sollte der Bedarf für drei Monate durch Bankguthaben und Bargeld abgedeckt sein. Wenn Sie es sich komfortabel einrichten können, zwölf Monate.
3. Privatpersonen können Geld der Notenbank – ein rechtssicheres öffentliches Gut – nur als Bargeld halten.
4. Politik, Banken, e-Pay- und e-Commerce-Anbieter führen einen Krieg gegen das Bargeld. Die Abschaffung der 500-Euro-Note war nur der Anfang. Wenn das Bargeld weitgehend verdrängt ist, werden wir zu Geiseln der Banken.
5. Es gibt keine Sicherheit mehr. Das Überwachungsnetz für Bürgerinnen und Bürger wird immer engmaschiger.
6. Mit Devisen und (legalen) Auslandskonten können Sie etwas unabhängiger werden. Aber die Überwachung bleibt.
7. Nichtbenötigte Liquidität sollte nicht in Geldforderungen wie Sparguthaben oder Termingeldern angelegt werden. Dort gibt es keine Zinsen mehr.
8. Auch kapitalbildende Lebensversicherungen, Riester- und Rentenprodukte, die aktuell immerhin 38 Prozent des Geldvermögens der Deutschen ausmachen, sind Geldvernichtung.
9. Ein einfacher Aktiensparplan schlägt Riester in den meisten Fällen.

4. Die Grundlagen des Investierens

Sie investieren, wenn Sie Kapital selbstbestimmt und rational anlegen, mit der Absicht, das Kapital zu erhalten und gegebenenfalls zu vermehren. Ihre Kapitalanlage kann in Aktien, Immobilien, Anleihen, Edelmetallen, Land, Kunst oder Oldtimern erfolgen – und auch noch in anderen Währungen. Matthias Weik und Marc Friedrich, deren ökonomische Analysen ich schätze, empfehlen auch alte Whiskys als Investment.[1] Auch sehr gute Weine haben sich in den letzten Jahren stark im Wert entwickelt. Das können Sie beides machen – aber bitte in Maßen! Für bürgerliche Haushalte der Mittelschicht sind diese Anlageobjekte – genauso wie Oldtimer und Kunst – nur begrenzt geeignet. Einen liquiden Markt für Whiskeys gibt es nicht in nennenswertem Umfang, und vielleicht sehen Sie sich irgendwann gezwungen, Ihre Whiskeys auf andere Weise zu »liquidieren«. Das mag dann zwar nett sein, aber eine Rendite im eigentlichen Sinne haben Sie dann nicht erzielt.

Wenn Sie in komplexe Kapitalanlageprodukte, Private Equity, Lebensversicherungen und geschlossene Fonds investieren, ist die Wahrscheinlichkeit hoch, dass Sie dies nicht wirklich selbstbestimmt beschlossen haben, sondern dass Ihnen irgendjemand, der kräftig daran mitverdient, ein solches Produkt schmackhaft gemacht hat. In Sinne dieses Buches wären das auch keine wirklichen Investments, sondern der Kauf von Anlageprodukten. Auch viele Vermögende (»High Net Worth Individuals«) investieren nicht im Sinne des vorliegenden Buches, sondern lassen ihr Kapital verwalten. Glauben Sie mir, ich habe in den »Family Offices« der Reichen und Superreichen wesentlich mehr Kapitalverwalter und Bürokraten des Kapitals als echte Investoren kennengelernt.

Sparen ist die Bildung von Kapital durch Konsumverzicht. (Bei den Superreichen, die ihre Erträge allerdings nach normalen Maßstäben nicht mehr annähernd sinnvoll konsumieren können, hält sich der Konsumverzicht in Grenzen.) Deswegen eignen sich Kunst, Oldtimer und komplizierte Sachwerte vor allem für die Reichen und Superreichen, die es durchaus als Beimischung für ihre Depots sehen. Nur wenn Sie Kapital haben, können Sie investieren.

Benjamin Graham ist der Urvater des Value Investing, des wertorientierten Investierens. Viele bekannte Investoren wie zum Beispiel der beste Investor der Welt, Warren Buffett, und sein Partner Charlie Munger berufen sich auf Benjamin Graham. »Wertorientiertes Investieren« heißt, dass Sie für eine Kapitalanlage weniger bezahlen, als diese wirklich wert ist, sei es nun eine Immobilie, eine Aktie oder eine Anleihe. Oder zumindest nicht zu viel bezahlen. Eine alte Kaufmannsweisheit besagt etwas Ähnliches: »Im Einkauf liegt der Gewinn«. Charlie Munger sprach davon, dass jegliches rationales Investieren wertorientiert sei; dass Sie mehr an Wert bekommen sollten, als Sie bezahlen.

In seinem klassischen Werk »Security Analysis« definierte Graham 1934, was er unter einem Investment im Gegensatz zu einer Spekulation verstand:

Ein Investment ist eine Anlage, die nach einer gründlichen Analyse den Kapitalerhalt und eine angemessene Rendite verspricht. Anlagen, die diese Erfordernisse nicht erfüllen, sind spekulativ.[2]

Die klassische Definition von Graham gilt auch heute noch: 1. Gründliche Analyse, 2. Kapitalerhalt und 3. angemessene Rendite. Dazu kommt noch die Sicherheitsmarge.

1. **Gründliche Analyse:** Oftmals beschäftigen wir uns viel länger mit den Vor- und Nachteilen des geplanten neuen

Autos oder der »Analyse« unseres Urlaubsziels als mit der Analyse von Kapitalanlagen. Die Lebensversicherung oder die Altersvorsorge lassen wir uns aufschwatzen – »weil man da eben auch was machen muss«. Es führt aber kein Weg an der gründlichen Analyse vorbei. Und damit auch nicht am Erwerb von ökonomischem Wissen. Dies führt uns zu einer Nebenbedingung: Investieren Sie nur in Kapitalanlagen, die Sie verstehen! Hierzu später mehr.

2. **Kapitalerhalt:** Es ist wichtig, dass Sie Chancen und Risiken eines Investments kennen und den Kapitalerhalt möglichst sicherstellen können. Allerdings funktioniert das eben beim Festgeld oder Kontoguthaben und bei sogenannten Produkten mit Kapitalgarantie derzeit eben nicht mehr. Sie müssen schon 2 bis 3 Prozent Rendite pro Jahr erwirtschaften, um die Kaufkraft Ihres Kapitals einigermaßen zu erhalten. Kapitalerhalt heißt auch nicht, dass ihre Investments zwischenzeitlich nicht mal »unter Wasser« sein dürfen, also ein Minus aufweisen. Das passiert gerade bei Aktien sehr oft – auch mir. Viele Laien haben große Angst davor oder werden nervös. Das darf bei einem Investment nicht passieren. Sie müssen sich vorher durch eine gründliche Analyse überzeugt haben, dass Ihr Investment »werthaltig« ist, dass es also mit großer Wahrscheinlichkeit langfristig im Wert steigen wird.

3. **Angemessene Rendite:** Wenn der Kapitalerhalt sichergestellt ist, sollte eine angemessene Rendite übrig bleiben. In den ersten beiden Kapiteln haben Sie schon etwas über angemessene Renditen erfahren. Bei Aktien wären das irgendwo zwischen durchschnittlich 7 und 9 Prozent pro Jahr. Aber nicht jedes Jahr. Aktienkurse schwanken. Und die Preise etlicher anderer Investments ebenfalls. Es gibt auch Verlustjahre.

4. **Sicherheitsmarge**: Eine angemessene Rendite erzielen Sie am sichersten, wenn Sie Investments **billig einkaufen.** In diesem Zusammenhang hat Benjamin Graham vom Konzept der »Sicherheitsmarge« gesprochen. Sie sollten Investments

mit einem deutlichen Abschlag zum fairen ökonomischen Wert kaufen – eben dieser **Sicherheitsmarge**. Allerdings ist das nicht so einfach. Der faire ökonomische Wert lässt sich eben nicht am Preis ablesen. Sie benötigen schon ökonomischen Sachverstand.

Damit sind wir beim Wesenskern des rationalen Investierens angelangt. Sie müssen in der Lage sein, zu bestimmen, welchen ökonomischen Wert eine Kapitalanlage hat. Und diesen dann mit dem Preis vergleichen, den Sie zahlen. Hierzu später mehr. Jetzt nur so viel: Auch einfache Plausibilitätschecks können helfen. Der Kauf einer vermieteten Wohnung für 200 000 Euro, wenn vergleichbare Wohnungen 150 000 Euro kosten, ist wohl nicht die beste Idee. Auch wenn die Perspektiven für die Wertentwicklung durch den Makler in leuchtenden Farben dargestellt werden, ist der Erfolg des Investments durchaus zweifelhaft. Die Sicherheitsmarge ist nicht gegeben.

Eine Spekulation erfüllt einige oder alle dieser vier Kriterien nicht. Vielleicht haben Sie das angebliche Investment nicht sorgfältig analysiert. Vielleicht ist auch der (langfristige) Kapitalerhalt nicht sichergestellt. Vielleicht jagen Sie als Spekulant auch unrealistischen Renditen hinterher. Oftmals kaufen Kapitalanleger eine Kapitalanlage, »weil diese in den letzten Jahren gut performt hat«. Dieses Verhalten ist leider häufig ausgeprägt – und leider genauso unsinnig. Bei der Bewertung einer Kapitalanlage kommt es ausschließlich darauf an, wie diese sich in der Zukunft entwickelt. Die Vergangenheit kann Hinweise dazu bereithalten, aber sie ist niemals eine ausreichende Grundlage für die Kaufentscheidung. Wenn das Investment bereits teuer ist, wie derzeit Immobilien in attraktiven Großstädten, ist eher Vorsicht geboten. Und dennoch ist der Run auf Immobilien 2016 im fünften Jahr der Hausse ungebrochen.

Aber anscheinend werden die Menschen von Preis- und Kurssteigerungen angezogen wie die Motten vom Licht. Nachdem der Neue Markt vielen in den Jahren 1998 und 1999 phantastische Gewinne bereitet hatte, sprangen viele im Jahr 2000 auf dem Höhepunkt auf – und erlebten dann den großen Absturz. Im Jahr 2004 wurde der Neue-Markt-Index (NEMAX) von der Deutschen Börse still und heimlich beerdigt. Zu peinlich war wohl die Erinnerung an nie mehr einzuholende Höchststände und zu kümmerlich die Reste der einst so hoch gehypten Unternehmen.

Einige wenige NEMAX-Unternehmen haben sich aber heute phänomenal entwickelt: zum Beispiel United Internet, die seit Börsenstart 1998 um den Faktor 22, seit dem Höchststand aus dem Jahr 2000 immer noch um den Faktor 5 und seit dem Tiefstand von 2003 um den Faktor 50 gestiegen sind. Oder CTS Eventim: seit dem Start im Jahr 2000 verzehnfacht und seit dem Tiefstand im Jahr 2003 um den Faktor 150 gestiegen. Aus 10 000 Euro im Jahr 2003 wären also 1,5 Millionen geworden. DAS sind die Investments, von denen man träumt. Und schon im Jahr 2000 hätte man mit etwas Sachkenntnis vielleicht eher United Internet als die später abgestürzten Börsenstars EM.TV oder Intershop wählen können.

Preis und Wert

»Der Kurs ist der Preis, den Sie für eine Aktie zahlen, dafür bekommen Sie einen Wert«, sagt US-Superinvestor Warren Buffett (»Price is what you pay, value is what you get«). War die Aktie der Deutschen Telekom zum Beispiel die 14,57 Euro wert, die sie zum Börsengang am 18. November 1996 kostete? Oder die 103,50 Euro, die sie kurzzeitig am 6. März 2000 zum Höhepunkt der Internetblase kostete? Oder die 8,16 Euro vom 25. Mai 2012? Von Ausgabekurs bis zum Jahr 2012 wäre das ein Kursverlust von 40 Prozent. Wenn Sie Preis und Wert nicht auseinanderhalten können, dann werden Sie wahrscheinlich Geld verlieren. So ging es vielen Telekom-Aktionären.

Die Telekom-Aktien kosteten bei der Ausgabe der dritten Tranche am 19. Juni 2000 immerhin noch 66,50 Euro. Diejenigen, die glaubten, sie könnten im Vergleich zu den Höchstständen vor einigen Monaten nun zu einem Schnäppchenpreis einsteigen, sahen sich bitter enttäuscht. Bis zum Tiefpunkt im Mai 2012 verloren die Aktien fast 90 Prozent ihres Wertes.

Entscheidend ist nicht, was auf dem Preisschild Telekom-Aktie (oder Allianz-, BMW-Aktie) draufsteht, sondern wie viel Telekom (oder Allianz oder BMW) Sie für Ihren Aktienkauf bekommen. Das ist der ökonomische (»faire«, »intrinsische« oder »innere«) Wert Ihres Investments.

Der ökonomische Wert eines Investments steht nirgends angeschrieben. Diese Hausaufgabe können nur sie selbst oder ein vertrauensvoller Berater erledigen. Die grundlegenden Methoden zur Bewertung eines Investments sind der Substanz- und der Ertragswert. Der **Substanzwert** bei einem Haus ließe sich zum Beispiel über die Bau- und Grundstückskosten ermitteln. Allerdings: Wenn sie ein sehr modernes und aufwendiges Haus in einer entlegenen Gegend oder einem heruntergekommenen Stadtteil bauen, ist dieses Haus vielleicht schon bei Fertigstellung weniger wert, als es gekostet hat. Der Substanzwert kann also nur ein Anhaltspunkt sein.

Einfacher zu ermitteln ist in den meisten Fällen der *Ertragswert*. Was wirft ein Investment laufend ab, und wie stehen diese laufenden Erträge in Relation zum Kaufpreis. Wenn eine Wohnung zum Beispiel 10 000 Euro Miete pro Jahr abwirft und 200 000 Euro kostet, dann wird sie zum 20fachen ihres Ertragswerts gehandelt. Der Mietmultiplikator beträgt 20. Das ist in normalen Zeiten in einem normalen Umfeld durchaus als relativ teuer einzustufen. Historisch kosteten Häuser zum Beispiel zehn bis fünfzehn Jahresmieten.

Im Niedrigzinsumfeld werden Sie in ordentlichen Lagen aktuell (2016) kaum Immobilien unter einem Mietmultiplikator von 25 finden, meistens sogar deutlich darüber. Gute Immobilien sind aktuell zu teuer – auch wenn die Preise vielleicht die nächsten Jahre noch weiter steigen.

Der Preis eines Investments mit laufendem Ertrag lässt sich also wie folgt bestimmen:

P (Preis) = Multiplikator × laufender Ertrag pro Jahr

Bei Aktien entsprechen die laufenden Erträge den Unternehmensgewinnen. Dort sähe die Gleichung wie folgt aus:

K (Kurs der Aktie) = Kurs-Gewinn-Verhältnis × Gewinn je Aktie

Oder auf das ganze Unternehmen bezogen:

Börsenkapitalisierung (Marktwert aller Aktien) = Kurs-Gewinn-Verhältnis × Unternehmensgewinn

Oder allgemein: P (Preis) = M (Multiplikator) × Z (laufende Zahlung).

Als Investor ist es besser, wenn Sie sich auf Investments mit laufenden Erträgen konzentrieren, die halbwegs planbar sind. Damit fallen viele Produkte der Finanzbranche aus, weil die Erträge nicht regelmäßig anfallen, sondern oft gar keine laufenden Erträge gezahlt werden oder diese erst weit in der Zukunft beginnen sollen, wie zum Beispiel bei vielen geschlossenen Fonds (Immobilien, Schiffe, Filmfonds). Vorsicht!

Der Kehrwert zum Mietmultiplikator oder zum Kurs-Gewinn-Verhältnis ist übrigens die Gewinnrendite. Was wirft ein Investment an laufendem Ertrag, bezogen auf den Kaufpreis, ab:
Gewinnrendite (%) = laufender Ertrag p. a./Kaufpreis
Bei vielen Immobilien in sehr guten Lagen sind dies mittlerweile 3 Prozent p. a. oder weniger. Vorsicht!

Von Spekulationsblasen und dem Herdentrieb[3]

Immer wieder hat es in der Geschichte regelrechte Spekulationsblasen gegeben, in denen die gezahlten Preise für angebliche »Investments« ihren jeweiligen Wert deutlich überstiegen haben. Und immer wieder haben die Menschen mitgemacht. Das war zum Beispiel in Holland während des Tulpenwahns von 1634–1637 oder während der Weltwirtschaftskrise von 1929–1938 oder des Technologiebooms von 1995–2000 der Fall oder eben beim Immobilienboom in den USA von 2000 bis 2006, der zur Finanzkrise führte. In diesem Zusammenhang schrieb der bekannte englische Finanzjournalist Walter Bagehot bereits im 19. Jahrhundert:[4]

Viel mehr ist über Wirtschaftskrisen, Euphorie und Panik geschrieben worden, als wir auch mit dem umfassendsten Intellekt zu verfolgen vermögen; aber eine Sache ist sicher, dass nämlich zu bestimmten Zeiten viele dumme Menschen eine sehr große Menge dummen Geldes halten ... Zu gewissen Zeiten ist das Kapital dieser Leute – wir nennen es das »blinde Kapital des Landes« – besonders groß und anlagebedürftig; es sucht jemanden, der es verschlingt und es entstehen »neue Anlagemöglichkeiten«; es findet diese und es blüht die »Spekulation«; es wird verschlungen und es gibt eine »Panik«.

Irrationales Verhalten kann für den Einzelnen eben doch rational sein. Viele smarte Geschäftsleute sind in Zeiten der New Economy zu viel Geld gekommen, weil sie Unternehmen, die eigentlich nicht funktionieren konnten, mit astronomischen

Bewertungen an der Börse platzierten. Wie bei einem Kettenbrief oder Strukturvertrieb werden auch in einer Börsenblase nur die Letzten von den Hunden gebissen. Jeder hofft natürlich, dass er nicht zu diesen gehört. Der US-Ökonom Charles Kindleberger nannte dies dann folgerichtig die »greater fool theory« – es gibt immer noch einen größeren Narren, dem man seine bereits teuren Aktien (oder Häuser oder Tulpenzwiebeln oder was auch immer das gerade aktuelle Spekulationsobjekt ist) noch teurer verkaufen kann.

In der modernen Ökonomie gibt es endlose und mathematisch komplexe Diskussionen über die Frage, ob Märkte, gleich welcher Art, _effizient_ sind. Wenn Märkte – also auch die internationalen Kapitalmärkte – _effizient_ sind, dann müssen wir uns über die weltwirtschaftlichen Ungleichgewichte keine Sorgen machen. Alle beteiligten Wirtschaftssubjekte haben ihre rationalen Entscheidungen getroffen. Diese führen zu einem optimalen Ergebnis.

Tatsächlich ist es aber so, dass immer wieder gesamtwirtschaftliche Ungleichgewichte aufgetreten sind. Diese rechtzeitig zu erkennen, mag nicht immer einfach und oft sogar sehr schwer sein. Im Rückblick lassen sich jedoch viele Übertreibungen der Märkte erkennen. Die Theorie mag sagen, was sie will: Viele Privatanleger haben zwischen 2000 und 2003 die sehr schmerzhafte Lektion erhalten, dass die Börse übertreiben kann.

Das obenstehende Zitat von Walter Bagehot drückt den Ablauf einer typischen Krise prägnant aus: Überschüssiges Kapital wird auf _dumme_ Weise in riskante Investments gesteckt, und zwar im großen Stil. Der Herdentrieb sorgt dafür, dass immer mehr Menschen ihr Geld in diese »neuen Anlagemöglichkeiten« stecken, und dass sich immer weniger Personen der Euphorie entziehen können. Gegen Ende der Spekulationsphase wird von vielen erkannt, wie dumm sie bei ihren Investments vorgegangen sind, und sie versuchen auszusteigen. Die Stimmung schlägt um. Es kommt zur Panik. Wenn diese groß genug ist, leidet die gesamte Volkswirtschaft eines Landes darunter, beim Super-GAU sogar die Weltwirtschaft.

In der sogenannten New Economy fielen die realwirtschaftlichen Konsequenzen glücklicherweise vergleichsweise harmlos aus. Sie beschränkten sich auf eine kurze Rezession in den Jahren 2001/2002. Beim Platzen der nächsten Blase – der Immobilienblase in den USA – sind wir nicht so einfach davongekommen. Zudem haben die meisten Länder kaum noch finanzpolitischen Spielraum, um in einer solchen Situation gegensteuern zu können.

Nur durch den allgemeinen Herdentrieb ist es zu erklären, dass gerade konservative Anleger zum Höhepunkt der Technologieblase in den Jahren 1999/2000 – und sogar nach deren Platzen 2001 – massiv in irrwitzig hoch bewertete Technologiewerte investierten. Nachdem der Boom bereits fünf Jahre andauerte, waren auch die letzten Skeptiker davon überzeugt, dass Sie eine solide Anlagemöglichkeit verpassten. Die alte Börsianerweisheit »Gier frisst Hirn« trifft hier den Nagel auf den Kopf.

Es ist keinesfalls so, dass Regierungen, Banken oder Großinvestoren von gelegentlichen Anfällen kollektiven Wahns verschont bleiben. In der Schuldenkrise der Dritten Welt nach 1982 traf es zum Bespiel diejenigen, die eigentlich von Finanzen am meisten verstehen sollten: die Banken. Die Finanzüberschüsse der OPEC hatten nach dem ersten Ölpreisschock von 1973 stark zugenommen und wurden als Petro- und Eurodollars recycelt, weil sie weder von den OPEC-Ländern verbraucht (obwohl man sich alle Mühe gab) noch in Europa oder den USA investiert werden konnten. Die westlichen Banken überschlugen sich mit billigen syndizierten Krediten (bei dem ein Konsortium einen einheitlichen Kreditvertrag abschließt) an Entwicklungsländer, bis 1982 das böse Erwachen kam. Nur durch das Eingreifen des Internationalen Währungsfonds und der beteiligten Industrienationen konnten größere Bankinsolvenzen und damit eine größere Krise verhindert werden. Die direkten und indirekten Kosten trugen die Steuerzahler.

Der französische Arzt und Begründer der Massenpsychologie, Gustave Le Bon, hat 1895 mit seinem Buch »Psychologie der Massen« eine umfassende Theorie des Herdentriebs vorgelegt. Systematisch zeigt Le Bon auf, wie in vielen Massenphänomenen das Unbewusste die Entscheidungen des Menschen beeinflusst: »Die bewusste Persönlichkeit schwindet, die Gefühle und Gedanken aller Einzelnen sind nach derselben Richtung orientiert.«[5] Das Gehirnleben tritt zurück, das Rückenmarkleben herrscht vor. »In der Gemeinschaftsseele versinkt das Ungleichartige im Gleichartigen, und die unbewussten Eigenschaften überwiegen.«[6]

Der israelisch-amerikanische Psychologe Daniel Kahneman erhielt 2002 den Nobelpreis für Ökonomie – und zwar für seine Forschungen im Bereich »Behavioral Finance« (verhaltenstheoretische Erklärungsansätze bei ökonomischen Entscheidungen), mit denen er das Herdenverhalten bei Investmententscheidungen auf spezielle Gehirnaktivitäten zurückführen konnte. Probanden wurden in einen Kernspintomographen geschoben und mit Fragen zu Geldanlagen konfrontiert, die sie schnell durch Knopfdruck zu beantworten hatten, beispielsweise: »Hätten Sie lieber 100 Dollar jetzt oder 110 Dollar in vier Monaten?« Die Fragen waren zum Teil sehr einfach, zum Teil aber auch recht knifflig. Der Kernspintomograph maß, welche Bereiche des Gehirns bei der Beantwortung bestimmter Fragen besonders aktiv waren.

Die Erkenntnisse waren verblüffend: Immer wenn sich der Proband für die sofortige Geldauszahlung entschied, war in diesen Fällen das Kleinhirn besonders aktiv. Dieser evolutionsgeschichtlich sehr alte Gehirnteil ist auch bei Reptilien vorhanden. Das bewusste Denken, für das das Großhirn verantwortlich ist, wurde nur dann »eingeschaltet«, wenn die Entscheidung fiel, Geld in der Zukunft anzunehmen.

Die Schlussfolgerung: Ein Großteil unseres Investmentverhaltens wird von Mechanismen gesteuert, die aus einer Zeit stammen, als es hieß: Fressen oder gefressen werden. Kampf, Angriff oder Flucht sind damit Verhaltensmuster, die uns bis heute beeinflussen. Bei der Geldanlage sollten jedoch nicht Emotionen den Ausschlag geben, sondern ein kühl kalkulierender Kopf, der zukünftige Renditen und Risiken möglichst sachlich und nüchtern analysiert. Spontane Reaktionen sind absolut kontraproduktiv. Erfahrene Anleger haben jetzt den Beleg für das, was sie schon immer wussten: 90 Prozent des Anlageerfolgs bestehen darin, die eigenen Emotionen unter Kontrolle zu halten. Und das Kahnemann-Experiment hat gezeigt, warum Anleger sich gelegentlich extrem idiotisch verhalten.

Wenn Sie selbst beim Platzen der Technologieblase Geld verloren haben, wird Sie vielleicht das Beispiel von Sir Isaac Newton, neben seinem Zeitgenossen Gottfried Wilhelm Leibniz wohl der klügste Mann seiner Zeit, etwas trösten. 1720 wurden an der Börse Anteilsscheine der South Sea Company zu immer höheren Kursen ausgegeben. Viele Vorgänge aus diesem Jahr könnte man problemlos auf Vorgänge der New Economy übertragen, etwa ein Emissionsprospekt, das »ein Unternehmen von großem Gewinnpotential aber noch unbekannter Natur« ankündigte.[7]

Newton hatte zu einem relativ frühen Zeitpunkt in Aktien der South Sea Company investiert. Am 20. April 1720 verkaufte er seine Anteile (Aktien) an der South Sea Company mit einem Gewinn von 100 Prozent. Damit konnte er sich einen Gewinn von 7000 Pfund in die Tasche stecken – zu seiner Zeit ein äußerst ansehnliches Vermögen. Wenige Wochen später aber überfiel ihn der drängende Impuls, sein Geld wieder in eben dieselben Aktien zu reinvestieren, gerade als die Spekulationsblase ihren Höhepunkt erreichte. Einer der rationalsten Geister des Jahrhunderts, ein großer Physiker und Astronom, verfiel dem Herdentrieb. Das Resultat: Newton verlor über 20 000 Pfund. Entnervt gab er schließlich mit dem Kommentar auf:

»Ich kann die Bewegung der Himmelskörper berechnen, aber nicht den Wahnsinn der Menschen.«

Eine kurze Geschichte der spekulativen Exzesse[8]

Bei Immobilien kommt es zum Beispiel sehr auf die Lage an – und auch auf den Kaufzeitpunkt. Zwischen 1995 und 2010 stagnierten in Deutschland zum Beispiel viele Immobilien. Nach 2012 nahm die Preisentwicklung in guten Lagen, angeregt durch Niedrigzinsen und fehlende Alternativen, Züge einer Spekulationsblase an. So stiegen die Preise der deutschen Immobilien in den fünf Jahren zwischen 2011 und 2016 um ungefähr 30 Prozent.[9]

Viele der im ersten Kapitel erwähnten Pleite-Promis sind mit Ost-Immobilien auf die Nase gefallen. Gelockt durch Steuervorteile haben sie in Objekte investiert, die nicht werthaltig waren. Ihre Finanzberater hatten ihnen diese »Anlagen« verkauft und wahrscheinlich hohe Provisionen kassiert. Aber eigentlich waren die Objekte reine Spekulation: Spekulation darauf, dass die Projekte termingerecht fertig würden. Darauf, dass die Baukosten im Rahmen blieben, die Verpachtung zu den angenommenen Mieten möglich sei und dass der Aufschwung Ost generell seinen Lauf nehmen werde. Bei näherem Hinsehen wären viele dieser Immobilien nicht einmal eine legitime Spekulation gewesen, sondern absehbare Kapitalvernichtung. Aber das ist oftmals die Konsequenz, wenn Sie als Investor nicht ihre eigenen Berechnungen anstellen, sondern Finanzberatern oder Hochglanzprospekten vertrauen.

Wie ein Großkapitalist investieren

Altmeister André Kostolany zufolge gibt es an der Börse vier Arten von Teilnehmern: Spieler, Spekulanten, Investoren und Broker.

Bezeichnung	Zeitraum	Länder	Objekt der Spekulation
Tulpenwahn	1636–1637	Holland	Exotische Tulpenzwiebeln, Immobilien, Kanäle, Aktien der holländischen Ostindiengesellschaft
Mississippi-Plan	1719–1720	Frankreich	Aktien der Compagnie des Indes und der Mississippi-Gesellschaft, Banknoten der Banque Générale und der Banque Royale
Südseeblase	1720	England	Aktien der Englischen Südseegesellschaft, Staatsanleihen
Waterloo-Spekulation	1815–1816	England	Rohstoffe und Handel mit den USA
Eisenbahnboom	1847–1857, 1873	England, Europäischer Kontinent, USA	Aktien von Eisenbahngesellschaften, Immobilien, Weizen, Baumaterialien
Gründerzeitkrise, Wiener Börsenkrach	1873	Deutschland, Österreich	Aktiengesellschaften, Immobilien
Edelmetallmanie	1893	USA, Australien	Silber, Gold, Goldminen, Land
Geldpanik	1907	Frankreich, Italien, USA	Kaffee, Eisenbahnen, Bankkredite
Nachkriegsboom und Krise	1920–1921	England, USA	Aktien, Rohstoffe, Schiffe, Land in Florida
Großer Crash, Weltwirtschaftskrise	1929–1938	USA	Aktien, größtenteils auf Kredit gekauft, Investment Trusts

Bezeichnung	Zeitraum	Länder	Objekt der Spekulation
Schwarzer Montag	1987	USA, Weltwirtschaft	Aktien, Luxusimmobilien, Dollar
Japan Inc.	1990–?	Japan	Aktien des Nikkei, Immobilien
Asienkrise	1997	Thailand, Hongkong, Südkorea, Malaysia, Singapur, Indonesien	Immobilien, Bankkredite, lokale Währungen und Aktien
Technologieblase	1996–2001	USA, Weltwirtschaft	Aktien, insbesondere Technologie-, Internet- und Biotechnologiewerte
Immobilienblase	2002–2007	USA, Weltwirtschaft	Immobilienkäufe privater Haushalte bei zunehmender Schuldenlast
Finanzkrise	2007–2009	Subprime-Kredite, Banken und Ansteckung anderer Bereiche	Platzen der Immobilienblase
Private Equity	2000–?	Weltwirtschaft	Mit oft hoher Verschuldung getätigte Komplettübernahmen von Unternehmen
Anleihen	2009–?	Weltwirtschaft	Kauf von Anleihen durch institutionelle Investoren in massivem Umfang trotz extrem niedriger Renditen
Immobilienblase	2013–?	Deutschland, Österreich, Schweiz, andere Länder	Immobilien in guten Lagen und demographisch attraktiven Regionen

Spieler suchen vor allem den Nervenkitzel, das Geldverdienen ist eher Nebensache. Auf meinen Seminaren höre ich oft: »Ja, aber ich will doch bei meinen Investments auch ein bisschen Spaß haben.« Dann frage ich: »Wollen Sie Spaß haben, oder wollen Sie Geld verdienen?« Horchen Sie mal in sich hinein. Waren Sie vielleicht nicht auch hin und wieder einmal Spieler?

Spekulanten haben eine Idee, die im Moment vom Markt nicht geteilt wird, und setzen darauf. Eigentlich eine interessante Strategie. Aber viele halten sich für Spekulanten, und die wenigsten sind es. Oftmals ist die Analyse nicht sehr tief. Oder man läuft einer heißen Idee hinterher. Oder man folgt einem heißen Trend. Außerdem kommt wie beim Spieler immer wieder die kognitive Dissonanz zum Vorschein: Erfolgserlebnisse werden gespeichert, Misserfolge verdrängt. Viele Hobbyspekulanten kommen in meine Seminare, um stolz ihre Erfolge zu präsentieren. Einige gehen schnell wieder, wenn ich diese »Erfolge« kritisch auseinandernehme, andere bleiben und werden Investoren.

Als Investor kaufen Sie Unternehmensanteile (Aktien) wie ein Großkapitalist. Das können Sie auch als Kleinanleger – vorausgesetzt, Sie behalten die Nerven. Sie interessieren sich für die Marktstellung des Unternehmens, die Produkte, die Konkurrenten und die Finanzzahlen. Schließlich wollen Sie ja, dass sich »Ihr« Unternehmen gut entwickelt. Auch ein Großkapitalist kann seine Position nicht einfach verkaufen – wenn er seine Anteile auf den Markt werfen würde, würde dies sofort den Preis drücken. Sie können auch in andere Wirtschaftsgüter investieren, zum Beispiel Immobilien. Immer sollte jedoch eine sorgfältige ökonomische Analyse vorausgehen.

Schließlich gibt es noch die Broker. Das sind die Banken und die Finanzdienstleister, die daran verdienen, dass Sie kaufen und verkaufen. Broker haben also ein anderes Interesse als Sie. Seien Sie daher skeptisch bei Kauf- und Verkaufsempfehlungen, und folgen Sie Ihrer eigenen Meinung. Warren Buffett riet einmal: »Fragen Sie nicht Ihren Friseur, ob Sie einen Haarschnitt brauchen.«

Ihr erster Schritt zum Investor: langfristige Wertsteigerung!

Das Ziel des Investierens ist die Sicherheit des eingesetzten Kapitals und eine angemessene Rendite. Ihr Geld – sei es nun wenig oder viel – soll für Sie arbeiten, und nicht umgekehrt Sie für Ihr Geld. Zumindest beim Investieren. Renditen sind nichts Gutes und nichts Schlechtes. Sie sind das, was ein Wirtschaftsgut abwerfen sollte. Kritikfähig ist die skrupellose Jagd nach Rendite im Finanzkapitalismus. Kritikfähig ist auch, dass das Vermögen der Welt sich in immer weniger Händen konzentriert und dass immer mehr Menschen kaum eine Chance haben, Vermögen anzusammeln. Aber Vermögensaufbau ist, wie ich im ersten Kapitel gezeigt habe, auch eine Charakterfrage. Er hat nur bedingt mit Ihrem Einkommen zu tun, und mindestens ebenso viel mit Ihrem Charakter.

Was für Sie angemessen ist, entscheiden Sie. Unter 2 bis 3 Prozent wird Ihnen kaum der reale Werterhalt gelingen; Sie werden schleichend enteignet. 8,5 Prozent können Sie erreichen, wenn Sie in einen guten globalen Aktienfonds investieren und diesen über einen sehr langen Zeitraum halten. Damit verdoppeln Sie Ihr Kapital ungefähr alle achteinhalb Jahre. Das klingt einfach, aber nur die wenigstens bringen die notwendige Geduld und Disziplin mit. Stephanie Mucha hatte diese Charaktereigenschaften.

Theoretisch sind höhere Renditen drin. Einige von Ihnen werden es schaffen, auch zehn Prozent und mehr langfristig zu erwirtschaften. Allerdings ist hier ein gutes Maß an Selbstdisziplin und eine gehörige Portion Wissen notwendig.

Value Investoren betonen immer wieder, wie wichtig es ist, im eigenen Kompetenzbereich zu bleiben. Sie können dauerhaft nur dann erfolgreich sein, wenn Sie Ihre Investments verstehen. Ansonsten spekulieren oder spielen Sie. Und dafür sollte Ihnen Ihr Vermögen eigentlich zu schade sein. Leider verlassen viel zu viele Menschen beim Investieren ihren Kompetenzbereich.

→ Das erste größere Investment ist für viele das eigene Haus oder eine eigene Wohnung. Schade eigentlich, denn in vielen Fällen entpuppt sich die eigene Immobilie, oft mit hohen Krediten finanziert, als Geldvernichter. Viele lassen sich dazu verleiten, ein für sie nicht passendes Objekt zu kaufen. Dabei wäre es, wie Gerald Hörhahn schreibt, viel sinnvoller, eine Immobilie als Anlageobjekt zu kaufen.[10] Bei der eigengenutzten Immobilie können Sie die Zinsen nicht, wie in vielen anderen Ländern – z.B. den USA und der Schweiz – von der Steuer absetzen, sondern zahlen die Zinsen voll aus versteuertem Einkommen.

Nehmen wir also an, Sie leben im Norden der Republik und hätten sich 2007 dafür entschieden, eine Eigentumswohnung für 200 000 Euro zu bauen oder zu kaufen.

Gesamtkosten des Erwerbs einer Eigentumswohnung

Kaufpreis 2007	**200 000 Euro**
Makler	6,25 %
Grunderwerbssteuer	4,25 %
Notar/Grundbuch	2,00 %
Zzgl. 12,5 % Anschaffungsnebenkosten	**25 500 Euro**
Kaufpreis inkl. Nebenkosten	**225 500 Euro**
Finanzierung:	100 % Eigenkapital

Hinsichtlich der Lage kommen für Sie im Norden Neumünster oder Hamburg in Betracht.

Immobilien: So stark wirkt sich die Lage aus

Lage	Durchschnittliche Preisentwicklung 2007–2013[11]	Rendite p. a. bei 100% Eigenkapital
Hamburg	+34,3 %	4,9 %
Neumünster	–4,5 %	–0,8 %

Wenn Sie also beide Immobilien zu 100 Prozent mit Eigenkapital gekauft und in diesem Zeitraum darin gewohnt hätten, könnten Sie im einen Fall mit Gewinn verkaufen, im anderen würden Sie einen Verlust machen. Auf die Lage und die Wirtschaftsentwicklung kommt es also an. Was bei Immobilien die Lage ist, ist bei Unternehmen (Aktien) die Marktposition des Unternehmens. Dazu mehr in Kapitel 7.

In der Realität sollten Sie berücksichtigen, dass die Anschaffungsnebenkosten beim Kauf sofort verloren sind (sogenannte »sunkcosts«, versunkene – weil durch Verkauf nicht wieder reinzuholende – Kosten). Denn kein zukünftiger Käufer wird es Ihnen beim Weiterverkauf honorieren, dass Sie vor sechs Jahren Makler, Finanzamt und Notar bezahlen mussten.

Nehmen wir nun an, dass Sie beide Immobilien zu 80 Prozent fremdfinanziert hätten. Dann hätte Ihr anfängliches Investment inklusive Nebenkosten 45 100 Euro betragen. (20 Prozent des Kaufpreises incl. Nebenkosten von 225 500 Euro.) Im Jahr 2007 betrugen die Hypothekenzinsen noch ca. 5 Prozent. Für das aufgenommene Darlehen von rund 180 000 Euro hätten Sie also ca. 9000 Euro Zinsen zzgl. Tilgung von sagen wir 2 Prozent pro Jahr bezahlt. Das wären dann ca. 15 750 Euro im Jahr oder 1310 Euro im Monat gewesen. Hier wäre der erste Vergleich angebracht: Wie viel müssten Sie zahlen, um in vergleichbarer Lage zur Miete zu wohnen? Oftmals ist es billiger, zur Miete zu wohnen, als zu kaufen. Für ca. 1310 Euro im Monat hätten Sie in Neumünster wahrscheinlich eine stattliche Immobilie mieten können. Und Sie hätten den Ärger mit dem Verkauf nicht gehabt.

Wenn Menschen eine Immobilie kaufen, treffen sie oft keine nüchterne Investitionsentscheidung, sondern entscheiden sich für einen bestimmten Lebensstil. Oder sie glauben dies zumindest. Für viele Menschen ist es ein positiver Wert an sich, Eigentümer einer selbstgenutzten Wohnung oder eines Hauses zu sein: Sie haben das Gefühl, in den eigenen vier Wänden ihr eigener Herr zu sein und zum Beispiel die Freiheit, bauliche Veränderungen durchzuführen, ohne ihren Vermieter um Erlaubnis fragen zu müssen. Auch gibt Eigentum vielen Menschen ein Gefühl von Sicherheit. Diese Gedanken sind legitim, auch wenn sie sehr leicht zu einer falschen Entscheidung führen. Die Bauspar- und Immobilienindustrie propagiert das »eigene Heim« für die junge Familie. Oft übernimmt sich die junge Familie und kauft viel zu groß irgendwo in einem Neubaugebiet. Die Eltern pendeln lange, um ihre Arbeitsplätze zu erreichen. Und sie sind für Jahrzehnte von ihrem Immobilienfinanzierer abhängig.

Es muss Ihnen bewusst sein, dass es sich um eine Konsumentscheidung handelt, die Sie sich möglicherweise mit extremen finanziellen Nachteilen erkaufen. Sie konsumieren, anstatt zu investieren.

Gerald Hörhan: Die Finanzirrtümer der Mittelschicht[12]

»Investment-Punk« Gerald Hörhan bietet auf YouTube und in Büchern unterhaltsames Finanz-Grundwissen. Der bewusst einfache und »punkige« Vortragsstil ist unterhaltsam, wenn auch nicht nach jedermanns Geschmack. Hörhan war in seiner Jugend Mathetalent, hat in Harvard studiert, bei renommierten

Unternehmensberatungen gearbeitet und sich unter anderem einen großen Immobilienbestand zusammengekauft. Unter anderem spricht Hörhan über die »sechs Finanzirrtümer der Mittelschicht«:
Finanzirrtum #1 – Eigenheim auf Pump in der Pampa
Finanzirrtum #2 – Konsumschulden
Finanzirrtum #3 – Investieren, ohne eine Ahnung zu haben
Finanzirrtum #4 – Angestelltenjob ist sicher
Finanzirrtum #5 – Scheidung
Finanzirrtum #6 – Digital Illiteracy
Der erste und wichtigste dieser Finanzirrtümer ist der Kauf eines (zu großen) Neubau-Eigenheims auf Pump in der Pampa. Damit richten Sie einen weitaus größeren Finanzschaden an, als Sie denken:
1. Mit dem Einzug ist das Objekt deutlich weniger wert als das, wofür Sie es gekauft haben – vielleicht bis zu 20 Prozent. Vor einigen Jahren, als Häuser noch für 300 000 Euro zu haben waren, wären dies 60 000 Euro gewesen. Sie haben sich also Geld geliehen und »investieren« dieses Geld, das Sie nicht besitzen, um mit einem Schlag viel Geld zu vernichten.
2. Die Fremdkapitalzinsen können Sie (in Deutschland und Österreich) nicht von der Steuer absetzen. Die Kosten entstehen Ihnen also brutto.
3. Alles, was Sie zu viel bezahlen, können Sie nicht in den Vermögensaufbau stecken. Stattdessen mühen Sie sich, die hohen Raten zu bedienen. Sie arbeiten also für Ihr Vermögen, anstatt es für sich arbeiten zu lassen.
Gerald Hörhan empfiehlt daher, selbst zur Miete zu wohnen und das Geld lieber in eine fremdvermietete Immobilie in attraktiver Lage und eben nicht in der Pampa zu stecken.

Lassen Sie uns ein realistisches Beispiel nüchtern durchrechnen. Hierzu schauen wir uns zunächst realistische Renditen an, wenn Sie jeweils in Hamburg oder Neumünster gekauft und vermietet hätten. Sie erhalten nun laufende Erträge in Form von Mieteinnahmen. Wieder kaufen Sie für 200 000 Euro eine Wohnung in Hamburg oder Neumünster. 80 Prozent der Anschaffungskosten finanzieren Sie durch ein Darlehen, sodass Sie die oben genannten 45 100 Euro aus eigener Tasche zahlen.

Für den am Markt gezahlten Preis gilt die einfache Bewertungsformel

$W = M \times E$

Der Marktwert (W) eines Investments bestimmt sich durch die gezahlten Multiplikatoren (M) angewendet auf die laufenden Erträge (E). In unserem Beispiel gehen wir für beide Fälle für 2008 von einem Kaufpreis in Höhe des 16fachen der Miete aus, was 2007 durchaus realistisch war. Dies entspricht bei Kaufpreisen von jeweils 200 000 Euro jährlichen Mieteinnahmen von 12 500 Euro. Gegenüber dem Ausgangsfall, in dem Sie die Wohnung selbst bewohnen, erzielen Sie zusätzlich zur Wertentwicklung Mieteinnahmen von insgesamt 75 000 Euro in den sechs Jahren.

Demgegenüber stehen Fremdkapitalzinsen auf die 80 Prozent der Anschaffungskosten, die Sie durch ein Darlehen finanziert haben. Das sind insgesamt 54 120 € Euro in den sechs Jahren. Ihr Zahlungsüberschuss beträgt also 20 880 Euro oder 3480 Euro pro Jahr. (Vorausgesetzt, es fallen keine größeren Reparaturen an.)

Daraus lässt sich die Gesamtkapitalrendite (nur Mieteinnahmen und laufende Kosten) wie folgt berechnen:

Gesamtkapitalrendite = Nettoertrag/insgesamt eingesetztes Kapital

Ich wiederhole an dieser Stelle noch einmal, dass Sie unbedingt in Renditen denken MÜSSEN, wenn Sie investieren wollen. Das ist so wie Notenlesen beim Musizieren. Ein paar begnadete Musiker ohne Notenkenntnisse gibt es auch, genauso wie ein paar begnadete Investoren ohne Zahlenkenntnis. Aber für die Mehrheit von uns werden Noten oder Zahlen wohl notwendig sein.

Rendite ist also absolut notwendig – es ist die Jagd nach Renditen ohne soziale Verantwortung, die uns in die gegenwärtige Misere des Finanzkapitalismus geführt hat. Aber nur soziale Verantwortung ohne Rendite ist gleichfalls Murks. Wie vielen Gutmenschen wurden angeblich »nachhaltige« oder »soziale« Anlagen angedreht, die weder Rendite brachten noch sozial waren? Dann lieber gleich spenden!

Die Gesamtkapitalrendite auf Ihre Immobilien ist in den sieben Jahren recht bescheiden, wenn Sie nicht verkauft haben:

Gesamtkapitalrendite p.a. = 3480/225 500 = 1,5 % p.a.

Für Sie als Investor ist aber letztlich die Eigenkapitalrendite maßgeblich: Das heißt die Rendite, die Sie auf die von Ihnen tatsächlich selbst eingesetzten 45 100 Euro erzielen. Und hier sieht es schon ganz anders aus:

Eigenkapitalrendite p.a. = 3480/45100 = 7,7 % p.a.

(Laufende Rendite = Nettoertrag/eingesetztes Eigenkapital.)

Dieses Phänomen wird als Leverage-Effekt (dt. für Hebelwirkung) bezeichnet. Das Darlehen, das Sie aufgenommen haben, wirkt als Hebel und steigert so Ihre Eigenkapitalrendite.

Leverage (Hebel) = Gesamtkapital/Eigenkapital

Der Leverage-Effekt wirkt allerdings nur positiv, wenn Sie das Darlehen billiger aufnehmen können, als es die Gesamtkapitalrentabilität Ihrer Investition ist. Dies ist in Neumünster nicht der Fall. Hier wirkt der Hebel negativ.

Zu viel Leverage, also zu viel Fremdkapital, hat uns auch in die Misere der Finanzkrise geführt. Banken wie die Deutsche Bank haben zum Teil deutlich unter 4 Prozent echtes Eigenkapital. Sie sind also 25fach oder stärker gehebelt. Gewinne und Erträge werden aber mit dem Gesamtkapital erzielt. Auch kleine Gewinne können so zu einer hohen Eigenkapitalrendite führen. Die Forderung Josef Ackermanns nach einer Eigenkapitalrendite von 25 Prozent für die Deutsche Bank ließe sich bei 4 Prozent Eigenkapital also schon mit einer Gesamtkapitalrendite von 1 Prozent erzielen. Andererseits wäre das Eigenkapital der Bank nach zwei Verlustjahren in Höhe von jeweils 2 Prozent des Gesamtkapitals aufgezehrt. Zu viel Fremdfinanzierung kann also schnell zum Untergang führen.

Gesamtrendite der vermieteten Immobilien bei 100 Prozent Eigenfinanzierung

Die Gesamtrendite eines Investments pro Jahr ergibt sich aus den laufenden Renditen p. a. durch Einnahmeüberschüsse zuzüglich eventueller Gewinne oder Verluste beim Verkauf, umgerechnet auf die Haltedauer. Das ist immer und überall so:

Gesamtrendite eines Investments p. a.=
laufende Überschüsse/Verluste p. a. + Gewinne/Verluste beim Verkauf*

Wenn Sie die Immobilie zu 100 Prozent selber finanzieren, haben Sie zwar die laufenden Mietüberschüsse, Zinsaufwendungen fallen keine an. Die jährlichen Mieteinnahmen von 12 500 Euro entsprechen bei Anschaffungskosten von 225 000 Euro in beiden Städten einer Rendite von 5,5 Prozent.

In Neumünster gibt es allerdings Gegenwind, weil ein Wertverlust auf die Immobilie eintritt. In Hamburg haben Sie Rückenwind, denn die Preise steigen. In Hamburg sind das 4,9 Prozent Wertsteigerung pro Jahr. In Neumünster verlieren Sie hingegen jährlich 0,8 Prozent.

Aus Mietüberschüssen und Wertsteigerung ergibt sich somit zusammen in Hamburg eine Rendite von 10,4 Prozent. Auch in Neumünster erhalten Sie eine positive Gesamtrendite von 4,7 Prozent pro Jahr, da die Rendite aus Mietüberschüssen den Wertverlust ausgleichen kann.

---

* umgerechnet auf das Jahr

Hamburg und Neumünster: Eigenkapitalrenditen vermieteter Immobilien bei 100 % Eigenfinanzierung

Lage	Preisentwicklung 2007–2013	Rendite aus Mietüberschüssen p.a.	Rendite aus Wertsteigerung p.a.	Gesamtrendite p.a.
Hamburg	+34,3 %	+5,5 %	+4,9 %	+10,4 %
Neumünster	–4,5 %	+5,5 %	–0,8 %	+4,7 %

Der Leverage-Effekt

Wenn Sie sich verschulden, kann dies ein Rendite-Turbo werden – oder Ihre Rendite wird aufgefressen, und Sie landen tief in den roten Zahlen. Gerade bei langfristigen Investments wie einer Immobilie ist es daher extrem wichtig, die Wertsteigerung zu schätzen.

Bei der fremdfinanzierten Immobilie haben Sie wieder Mieteinnahmen in gleicher Höhe wie im Beispiel oben. Sie müssen aber Zinsen auf Ihren Kredit bezahlen. Ihre Rendite aus Mietüberschüssen ist höher als beim komplett eigenfinanzierten Beispiel, da Sie deutlich weniger eigenes Geld investiert haben. Das ist ja genau der Leverage-Effekt. In beiden Fällen kommt eine laufende Rendite aus Mieten abzüglich Zinskosten von 7,7 Prozent pro Jahr heraus.

Bei der Rendite aus Wertsteigerung schlägt aber der Leverage-Effekt mit voller Härte zu: Während die Fremdfinanzierung die Rendite in Hamburg deutlich nach oben hebelt, entstünde Ihnen in Neumünster ein deutlicher Verlust! In

Hamburg erzielen Sie eine Gesamtrendite von 31,2 Prozent pro Jahr. In Neumünster bleibt eine magere Rendite von 5 Prozent pro Jahr.

Der Preisanstieg oder -verfall bezieht sich ja auf das gesamte Objekt. Bei 20 Prozent Eigenkapital kommt er fünffach gehebelt bei Ihnen an.

Hamburg und Neumünster: Eigenkapitalrenditen bei 80 % Fremdfinanzierung

Lage	Preisentwicklung 2007– 2013	Rendite aus Mietüberschüssen p.a.	Rendite aus Wertsteigerung p.a. (= Rendite auf Gesamtkapital aus Wertsteigerung × 5)	Gesamtrendite p.a.
Hamburg	+34,3 % (p.a. 4,9 %)	+7,7 %	+24,5 %	+31,2 %
Neumünster	–4,0 % (p.a. –0,8 %)	+7,7 %	–4,0 %	+3,2 %

Kaufen oder mieten – eine Fallstudie

Nehmen wir an, dass Sie unbedingt in Neumünster wohnen möchten. Sie wollen in einem Einzelhaus mit Garten wohnen, in dem ausreichend Platz für Ihre Familie ist. Wenn Sie wie die meisten Menschen »ticken«, würden Sie kaufen. Lassen Sie uns die Sache aber nüchtern vom Standpunkt eines Investors betrachten und fragen, ob Kauf oder Miete besser ist.

Sie kaufen Ihr etwas zu großes Traumhaus, das Ihnen von der Bausparkasse als Grundlage der eigenen Unabhängigkeit verkauft wurde, 2007 für 400 000 Euro und haben Anschaffungsnebenkosten von 51 000 Euro. Der Gesamtkaufpreis liegt also bei 451 000 Euro, 80 Prozent davon wären 360 800 €. Die Hypothekenzinsen liegen wieder bei 5 Prozent. Ich wiederhole, dass das damals noch realistisch war! Und es werden auch wieder Hochzinsphasen kommen. Wann, weiß keiner. Derzeit setzen die Regierungen der Industrienationen alles daran, die Niedrigzinsphase zu erweitern.

Ihr Haus ist zu 80 Prozent fremdfinanziert. Unterstellen wir aus Vereinfachungsgründen ein endfälliges Darlehen – Sie zahlen nur Zinsen und tilgen beim Verkauf. Bei 360 800 € zahlen Sie pro Jahr 18 040 Euro an Zinsen.

Das Haus bewohnen Sie in unserem Beispiel fünfzehn Jahre. Vielleicht ziehen die Kinder mit achtzehn aus und das Haus ist dann zu groß. Im Gesamtzeitraum haben Sie Zinszahlungen von 270 600 Euro geleistet (= 15 × 18 040). Dem steht ein Veräußerungsgewinn gegenüber.

Der Wertverlust in Neumünster liegt nach fünfzehn Jahren bei insgesamt 20 Prozent. Einerseits steigen die Preise in der Peripherie nicht. Es werden immer weitere Neubaugebiete erschlossen. Ersterwerber der Ihnen folgenden Generation wollen auch gerne in einem eigenen Haus wohnen und ihren Nestbautrieb befriedigen.

Und wenn sich ein Erwerber für Ihr Objekt interessiert, muss und will er das Haus renovieren und neuen Standards anpassen. Sie erhalten 2022 dann nur noch 320 000 Euro, obwohl Sie 2007 451 000 Euro gezahlt hatten.

Mit dem selbstbewohnten Haus befriedigen Sie ein Konsumbedürfnis – Ihr Grundbedürfnis nach Wohnen. So sparen Sie jedes Jahr 25 000 Euro Miete, die Sie ansonsten einem Vermieter hätten zahlen müssen. Dabei haben wir wieder angenommen, dass Sie das Haus 2007 zum 16fachen der ortsüblichen Miete kauften (was realistisch war). In fünfzehn Jahren sind dies immerhin erstaunliche 375 000 Euro an Miete, die Sie sparen können.

Alternativ können Sie auch ein Haus in Neumünster mieten. Ihr Geld hingegen legen Sie in einer Hamburger Immobilie an: Kaufpreis und Finanzierungsbedingungen sind die gleichen wie beim Haus in Neumünster. Jedoch nehmen wir hier an, dass Ihre Mieteinnahmen in Hamburg jedes Jahr um 2 Prozent steigen. Am Ende der fünfzehn Jahre können Sie ihre Immobilie zum 26fachen der dann gezahlten Jahresmiete verkaufen. Solche Mietmultiplikatoren sind bereits heute in beliebten Wohngegenden in Hamburg, München oder Düsseldorf keine Seltenheit.

Sie haben also drei Hebel auf die laufende Rendite:
1. Fremdkapital
2. Wertentwicklung
3. Mietsteigerung

Zunächst einmal betrachten wir wie im Beispiel zuvor beide Immobilien getrennt. Hierbei lassen wir zunächst die Mietsteigerungen unberücksichtigt. Da der Immobilienmarkt in der Peripherie unattraktiver wird, droht Ihnen ein Verlust von 20 Prozent in Neumünster. Wenn die Mieten in Hamburg auf dem Niveau von 2007 verbleiben und Sie Ihr Haus dort für das 26fache der Miete wieder verkaufen können, kommen Sie auf eine Preissteigerung von insgesamt 56 Prozent!

In Neumünster verkaufen Sie also nach fünfzehn Jahren für 320 000 Euro, in Hamburg können Sie aufgrund der Wertsteigerung für 650 000 Euro verkaufen.

Unter Berücksichtigung der Anschaffungsnebenkosten und aufs Jahr berechnet ergibt sich eine Rendite aus der Wertentwicklung von positiven 2,6 Prozent in Hamburg. In Neumünster verlieren Sie jedes Jahr jedoch 1,9 Prozent.

Hamburg und Neumünster: Rendite aus Wertsteigerung

Lage	Preisentwicklung 2007–2022	Rendite aus Wertsteigerung p.a.
Hamburg	+56 %	+2,6 %
Neumünster	−20 %	−1,9 %

Die Rendite aus Mietüberschüssen liegt bei 5,5 Prozent pro Jahr.

Rendite =
Mietüberschüsse/Kaufpreis zuzüglich Anschaffungsnebenkosten =
25 000/451 000

In Hamburg gab es aber Mietsteigerungen. Während die Mieten in Neumünster stagnieren, nehmen wir in Hamburg einen Anstieg um 2 Prozent pro Jahr an. Diese Annahme ist nicht unrealistisch. Daran ändern auch schlechtgemachte staatliche Eingriffe in die Marktwirtschaft wie die Mietpreisbremse nichts. Mit einem an den Verbraucherpreisindex orientierten Indexmietvertrag oder einer Staffelmietvereinbarung können Vermieter Mieterhöhungen auch bei dem mieterfreundlichen deutschen Mietrecht durchsetzen.

Staffelmietvereinbarungen mit Erhöhungen von 2 Prozent pro Jahr sind in gefragten Wohnlagen keine Seltenheit. Die Rendite aus Mietüberschüssen steigt damit in Hamburg von 5,5 Prozent im Jahr 2007 kontinuierlich auf 7,3 Prozent im Jahr 2022 an. Darüber hinaus hat die Mietsteigerung in Hamburg einen positiven Effekt auf den Verkaufswert im Jahr 2022. Der Mietmultiplikator von 26 kann jetzt auf eine deutlich höhere Jahresmiete angewendet werden: Dadurch können Sie eine Preissteigerung von 106 Prozent statt 56 Prozent durchsetzen. Noch mal zur Erinnerung: In Neumünster verkaufen Sie weiterhin mit 20 Prozent Verlust!

Und nun lassen wir alles zusammen wirken und betrachten die Eigenkapitalrenditen bei einer angenommenen Fremdfinanzierung von 80 Prozent.

Eigenkapitalrendite aus Wertsteigerung und Mietüberschüssen in Hamburg und Neumünster

Lage	Preisentwicklung 2007–2013	Rendite aus Mietüberschüssen p.a.	Rendite aus Wertsteigerung p.a.	Gesamtrendite p.a.
Hamburg	+106 %	+12,0 % (Mittelwert)	+15,9 %	+27,9 % (Mittelwert)
Neumünster	–20 %	+7,7 %	–12,7 %	–5,0 %

Die Investition in eine Immobilie in Neumünster ist gegenüber Hamburg deutlich nachteilhaft.

Betrachtung der Zahlungsflüsse

Wir vergleichen die beiden Alternativen

1) Investieren in Neumünster und selbst in dem Haus wohnen

2) Investieren und fremdvermieten in Hamburg und zur Miete wohnen in Neumünster

noch einmal mit einer einfachen Cashflow-Rechnung. Wir stellen einfach gegenüber, wie viel Sie in beiden Fällen einnehmen und ausgeben (Cashflow = Zahlungsfluss).

Vergleich der Zahlungsflüsse von Kauf in Neumünster und Wohnen zur Miete in Neumünster sowie Kauf einer vermieteten Wohnung in Hamburg

Lage	Kauf einer selbstgenutzten Immobilie in Neumünster	Kauf einer fremdvermieteten Immobilie in Hamburg und Wohnen zur Miete in Neumünster
Kaufpreis inkl. Nebenkosten	–451 000 €	–451 000 €
Zinskosten (15 Jahre)	–270 600 €	–270 600 €
Mieteinnahmen	0 €	432 325 €
Mietkosten in Neumünster		–375 000 €
Verkaufserlös nach 15 Jahren	320 000 €	1 082 298 €
Saldo	–401 600 €	418 033 €

Der direkte Vergleich macht deutlich, dass der Kauf des selbstgenutzten Hauses in Neumünster eine unglaubliche Wertvernichtung darstellt. Auch unter Berücksichtigung der eingesparten Miete stehen Sie nach fünfzehn Jahren mit rund 401 600 Euro im Minus. Hätten Sie in Hamburg, wo Mieten und Verkaufspreise steigen, gekauft und stattdessen zur Miete in Neumünster gewohnt, läge Ihr Zahlungssaldo fast eine halbe Million im Plus. Summa summarum ergibt sich eine **Differenz von fast einer Million Euro.**

Dieses Beispiel ist nicht unrealistisch und zeigt, was Sie schon in knapp einem halben Berufsleben bei der wichtigsten Investmententscheidung verkehrt machen können, die Sie vielleicht jemals treffen. Ich gebe Gerald Hörhan absolut recht, wenn er sagt, dass der Kauf eines Eigenheims auf Pump in der Pampa eine der schlechtesten Investmententscheidungen ist, die vielen Menschen dauerhaft den Aufbau von Vermögen verwehrt.

> **Fazit: Wertsteigerung**
>
> Steigt Ihr Investment langfristig im Wert? Oft wird die Wertsteigerung nicht explosiv sein. Und gerade bei Vermögensklassen, die in den letzten Jahren stark gestiegen sind, ist eher Vorsicht geboten. Aber es kommt auf die wenigen Prozent Wertsteigerung im Vergleich zu wenigen Prozent Wertminderung pro Jahr an. Ein Investment, das um 4 Prozent pro Jahr im Wert steigt, ist nach zehn Jahren bereits doppelt so viel wert wie ein Investment, das um 3 Prozent pro Jahr im Wert sinkt. Die Einschätzung bzw. Prognose der langfristigen Wertsteigerung ist die wichtigste Entscheidung, die Sie treffen können. Verwenden Sie sehr viel Zeit und Gedanken auf diese Frage. Dabei ist es besser, wenn diese Wertsteigerung sich zwar im niedrigen Prozentbereich bewegt, aber lange anhält. Schnelle Wertsteigerungen laden zur Spekulation ein. In den fünf Jahren seit 2011 sind deutsche Wohnimmobilien im Durchschnitt um 30 Prozent gestiegen. Und dies schließt gute und schlechte Immobilienmärkte mit ein.
> In vielen Regionen auf dem Land, so auch in meinem Geburtsort Plettenberg oder der Eifel, wo ich einen Landsitz habe, stehen Immobilien leer oder wechseln für Spottpreise den Besitzer, zum Beispiel Einfamilienhäuser teilweise für 50 000 bis 100 000 Euro. Und für diesen Preis eines Oberklassewagens hatten die Eltern oder Großeltern ein Leben lang geschuftet, weil sie ihren Kindern etwas hinterlassen wollten.
> Im Gegenzug dazu sind Immobilien in begehrten Lagen in den letzten Jahren immer teurer geworden. Für ein frisch renoviertes kleines Häuschen mit 130 qm Wohnfläche in Uni-Lage in Köln mit Garten wurden mir im Frühjahr 2016 stolze 800 000 Euro geboten. Und Köln hinkt München und Düsseldorf in der Preisentwicklung deutlich hinterher.
> Es ist überaus wichtig, nicht zu teuer zu kaufen. Denn ein zu

hoher Kaufpreis frisst eventuelle Wertsteigerungen auf. Die laufende Gesamtkapitalrendite (= Ertrag/Gesamtkapital) spielt bei dieser Einschätzung eine wichtige Rolle. Wenn in Ballungszentren derzeit Häuser zum 25fachen der Miete (= 4 Prozent Mietertrag auf das Gesamtkapital) verkauft werden, ist das in der Niedrigzinsphase vielleicht gerade noch akzeptabel. Wenn aktuell attraktive Immobilien zum 30fachen der Miete verkauft werden, ist dies nicht mehr hinnehmbar.

Dennoch kaufen aktuell im Jahr 2016 die Menschen Immobilien, als ob es kein Morgen gäbe. In den Ballungszentren werden Wohnungen hochgezogen, die oft vor Fertigstellung schon verkauft sind. Irgendwann werden die Zinsen aber wieder steigen. Und die Menschen werden auch nicht mehr das 30fache der Mieten bezahlen, sondern vielleicht, wie in der Vergangenheit üblich, das 16- oder 18fache. Und dann kommt der Katzenjammer. Im Einkauf liegt der Gewinn.

Letztlich zählen bei einem Investment sowohl Qualität als auch Preis. Bei Immobilien bestimmt sich die Qualität vor allem durch die Lage und die Region. Bei Aktien (Unternehmensanteilen) bestimmt sich die Qualität durch das Geschäft bzw. das Geschäftsmodell des Unternehmens. Grundsätzlich ist es besser, in Qualität zu investieren, als nach Schnäppchen zu suchen. US-Superinvestor Warren Buffett sagte hierzu, dass es besser sei, ein großartiges Investment zu einem angemessenen Preis zu kaufen als ein durchschnittliches Investment zu einem großartigen Preis. Natürlich können auch Investments sehr hoher Qualität zu teuer werden. Unter normalen Umständen liegt für mich die Grenze bei dem ungefähr 20-fachen der Miete (Immobilie) oder des Jahresgewinns (Aktie). Im Niedrigzinsumfeld kann dies auch schon einmal 25 sein. Aber auch ein Investment sehr hoher Qualität ist nicht jeden Preis wert.

Gute und schlechte Vermögensgegenstände

Besitz macht Sie vermögender. Richtig? Nein, oft falsch! Viele Menschen leisten sich die falschen Vermögensgegenstände, die eher Verbindlichkeiten sind als Vermögen.

Der Investmenttrainer Robert T. Kiyosaki stellt dies in seinen Büchern, allem voran dem Bestseller »Rich Dad Poor Dad« verständlich und klar dar.[13] Dass die Seminare von Kiyosaki teilweise in der Kritik standen und eines seiner Unternehmen Insolvenz anmelden musste, mag gegen einige von Kiyosakis Geschäftsmethoden sprechen. Den Wert seiner grundlegenden Aussagen mindert es nicht. Kiyosaki bezieht sich dabei auf seinen eigenen Vater, einen Lehrer, der zwar ein vernünftiges Gehalt hatte, aber immer »arm« war, weil er für seine Verpflichtungen arbeitete. Seinen Vater kontrastiert er mit einem reichen »Vater«, also einem Mentor, der es geschafft hatte, sein Vermögen für sich arbeiten zu lassen.

Besitz macht Sie vermögender. Richtig? Nein, oft falsch! Viele Menschen leisten sich den falschen Besitz. Angebliche Vermögensgegenstände können Sie sehr oft ärmer machen. Im Dialog mit seinem (fiktiven?) Mentor sagt dieser zu Robert Kiyosaki: »Reiche Menschen erwerben Vermögenswerte. Die Armen und die Angehörigen der Mittelschicht schaffen Verbindlichkeiten an, aber sie denken, dass es sich um Vermögenswerte handelt.« Und weiter: »Regel Nummer 1: Man muss den Unterschied zwischen Vermögenswerten und Verbindlichkeiten kennen und Vermögenswerte kaufen.«[14]

Was meint Kiyosaki damit? Genau das oben Gesagte: Nicht alle Vermögenswerte sind wirklich Vermögenswerte. Viele angebliche Vermögenswerte entpuppen sich als Verbindlichkeiten. Kiyosaki macht es sich dabei sehr einfach: mit Vermögenswerten verdient man Geld, Verbindlichkeiten kosten Geld. Das ist nicht die betriebswirtschaftlich geläufige Definition. Aber das Konzept ist derart hilfreich, dass Sie es sich drucken und eingerahmt an die Wand hängen sollten.

Bilanz eines typischen Bürgers der Mittelschicht

Aktiva (Mittelverwendung) in Tausend Euro		Passiva (Mittelherkunft) in Tausend Euro	
Eigenes Haus	300	Hypothekendarlehen	220
Auto	30	Konsumschulden	30
Hausrat	30		
Münzsammlung	10		
Lebensversicherungen, Vorsorgeprodukte	40		
Kontoguthaben	20	Eigenkapital (Nettovermögen)	180
Summe der Aktiva	**430**	**Summe Passiva**	**430**

In Kapitel 2 haben Sie anhand unseres Finanzsystems den Unterschied zwischen Vermögenswerten und Verbindlichkeiten kennengelernt. Beide werden in der *Bilanz* erfasst. Die Bilanz ist eine Bestandsaufnahme, die an einem Zeitpunkt erfolgt. Sie erfasst Aktiva (Mittelverwendung) und Passiva (Mittelherkunft). Dabei gilt:

Aktiva – Passiva = Nettovermögen (Eigenkapital)

Schauen wir uns also die Bilanz eines normalen deutschen Haushalts an. Der größte Vermögensgegenstand ist normalerweise das Haus, die größte Verbindlichkeit die Hypothekenschuld. Dann kommt das Auto und bei den Verbindlichkeiten gegebenenfalls der Kfz-Kredit. Weiteres Vermögen ist gegebenenfalls beim Hausrat oder in Sammlungen vorhanden. Unser typischer Haushalt hat auch Lebensversicherungen, Vorsorgeprodukte und Kontoguthaben. Wenn er so ist wie fast

90 Prozent der Haushalte in diesem Land, dann sind keine Aktien oder kein Aktienfonds vorhanden.

Unser Haushalt, der im Übrigen nicht ganz untypisch ist, hat ein Vermögen von 180 000 Euro und liegt damit leicht über dem Durchschnitt.

Die Gewinn- und Verlustrechnung ist das zweite wichtige Rechenwerk in der klassischen Buchhaltung. Während die Bilanz zeitpunktbezogen ist, ist die Gewinn- und Verlustrechnung zeitraumbezogen. Mit der Bilanz messe ich, wie viel Wasser im Teich ist. Mit der Gewinn- und Verlustrechnung messe ich, wieviel Wasser pro Jahr rein- und rausfließt.

Einnahmen-Ausgaben-Rechnung eines typischen Haushalts der Mittelschicht

Einnahmen/Einkünfte p.a.	
Gehalt (Brutto)	95 000
Zinsen	800
Summe der Einkünfte	95 800
Ausgaben	
Steuern	38 000
Zinsen & Tilgung	11 000
Auto	8000
Altersvorsorgeprodukte	6000
Sonst. Versicherungen	2000
Lebenshaltung	25 000
Urlaub	5000
Überschuss/Defizit	**+800**

Die größten Ausgaben sind Steuern, Haus, Auto und Lebenshaltung allgemein. Ein typischer Haushalt arbeitet also für den Staat, die Bank und das Auto, vielleicht noch für den Urlaub.

Mit anderen Worten: Arme und Mitglieder der Mittelschicht arbeiten für ihr Vermögen. Bei Reichen arbeitet das Vermögen für sie. Kiyosaki sagt: »Vermögenswerte füllen unsere Taschen mit Geld«[15] – und ziehen uns kein Geld aus den Taschen.

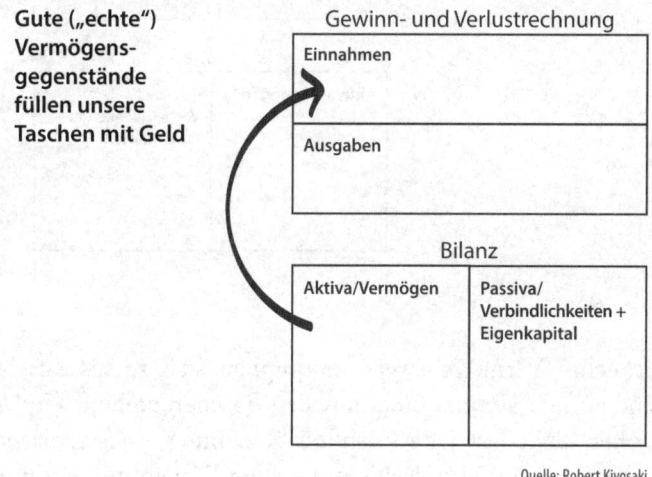

Quelle: Robert Kiyosaki

Nach der Definition von Kiyosaki muss das Vermögen unseres Haushalts allerdings hinterfragt werden. Keiner der »Vermögensgegenstände« aus der Bilanz generiert Einkommen.
- Das Haus frisst Tilgung, Zinsen, Versicherung, Grundsteuern und Kosten für Reparaturen.
- Das Auto kostet Kraftstoff, Versicherung, Reparaturen und Kfz-Steuer.
- Die Lebensversicherungen und die Vorsorgeprodukte kosten Beiträge.
- Und auch die Kontoguthaben bringen im Zeitalter von Nullzinsen nicht mehr wirklich was.

Eigentlich hat dieser Haushalt nach der Definition von Kiyosaki gar keine »echten« Vermögensgegenstände, also Vermögen, die Einkommen schaffen.

Schlechte Vermögensgegenstände („versteckte Verbindlichkeiten") ziehen uns Geld aus den Taschen

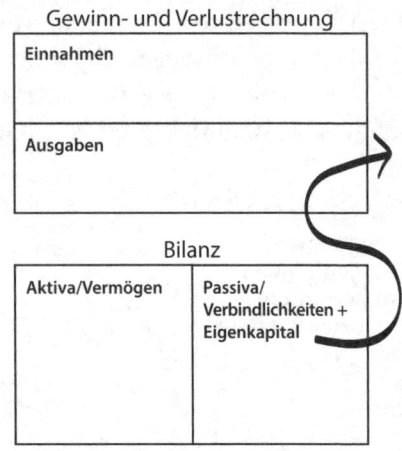

Quelle: Robert Kiyosaki

Viele echte Vermögenswerte entpuppen sich so als falsches Vermögen, da sie uns Geld aus den Taschen ziehen. Und so wie oben sieht fast jede Cashflow-Rechnung eines typischen Angehörigen der Mittelschicht aus. Die Einnahmen kommen fast ausschließlich aus dem Gehalt des (abhängigen) Angestell-

Geldfluss in einem typischen Haushalt der Mittelschicht

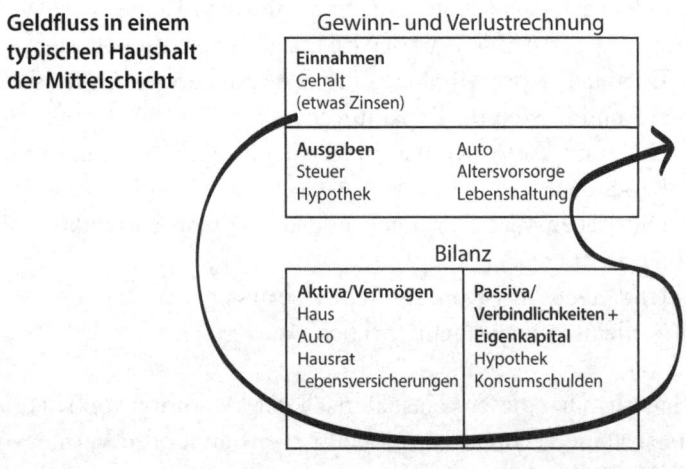

Quelle: Robert Kiyosaki

172

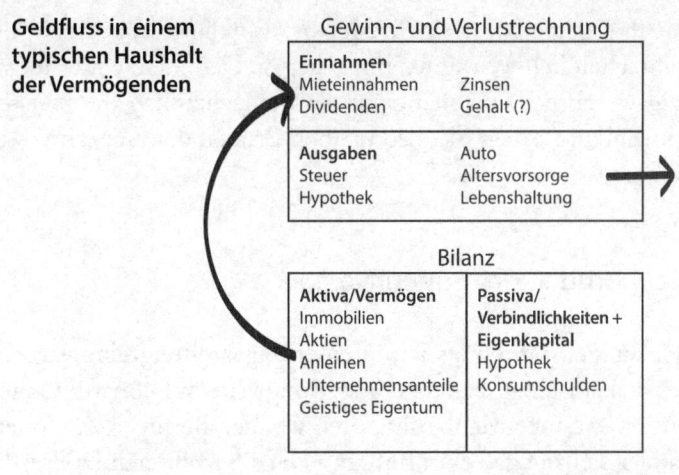

Quelle: Robert Kiyosaki

tenverhältnisses. Vielleicht kommen noch ein paar Zinsen dazu oder ein paar Mieteinnahmen aus einer vermieteten Wohnung. Die typischen Ausgaben habe ich oben schon beschrieben.

So ziemlich alles, was der Haushalt einnimmt, fließt wieder ab. Und das Geld, das in Lebensversicherungen und Riester-Produkte fließt, kann auch nicht wirklich als »Vermögen« angesehen werden.

Denken Sie wie ein Vermögender! Kaufen Sie Vermögensgegenstände, die Ihre Taschen füllen und nicht Vermögensgegenstände, die Ihnen Geld aus der Tasche ziehen. Wie viele Menschen sind im Hamsterrad der Mittelschicht gefangen. Ja, Ihr Gehalt steigt. Und was machen Sie damit? Sie kaufen sich ein größeres eigengenutztes Haus, ein größeres Auto, oder Sie gönnen sich einen teureren Urlaub. Und für den Erwerb echter Vermögensgegenstände ist wieder einmal nichts mehr übrig!

Sie können auch mit wenig Geld wie ein Vermögender denken. Ich stelle Ihnen an dieser Stelle einen Menschen vor, der dies tut: meinen Bruder, den Superinvestor. Leser meines Börsenbriefes Der Privatinvestor haben schon 2005 Bekanntschaft mit ihm gemacht. Mein Bruder hat Einkünfte aus Arbeit, die wahrscheinlich weit unter Ihren liegen. Dennoch lebt er finanziell wesentlich unabhängiger als wahrscheinlich die meisten von Ihnen. Lernen Sie also meinen Bruder, den Superinvestor kennen:

Mein Bruder, der Superinvestor

Vor einigen Jahren las ich in einer Tageszeitung eine Aussage des kanadischen Sängers und Songwriters Leonard Cohen (»First, we take Manhattan, then we take Berlin ...«). Cohen, damals siebzig, gab zum Besten: »Die 4,8 Millionen Dollar, die ich mir für das Alter bereitgelegt hatte, sind aufgrund falscher Investments fast weg. Ich muss weiterarbeiten.«

Etwas später fiel mir dann in einem Klatschblatt in der Auslage einer Tankstelle die folgende Titelzeile auf: »Steht Eddi Arent bald auf der Straße?« Das weckte mein Interesse. Nach Angaben der Illustrierten musste der damals 80-jährige deutsche Schauspieler (Winnetou, Edgar Wallace) für das Hotel, das er mit seiner Frau als Altersversorgung gekauft hatte, Insolvenz anmelden. Für das Objekt, in dem sein ganzes Vermögen steckte, hatte sich bislang kein Käufer gefunden. Noch wohne Arent dort mietfrei, hieß es, und lebe von der Sozialhilfe. Wenn er allerdings noch Miete bezahlen müsse, werde es sehr eng.

Jetzt rätseln Sie vielleicht, was diese Beispiele mit meinem Bruder, 39, zu tun haben. Wie Cohen und Arent ist mein Bruder im weitesten Sinne Künstler – als Discjockey gestaltet er Unternehmensfeiern und private Feste wie zum Beispiel Hochzeiten. Als Freiberufler wird er über eine Agentur vermittelt.

Nach dem Abitur und dem Zivildienst machte er erst einmal eine Krankenpflegerlehre in Köln. Danach arbeitete er Teilzeit als Krankenpfleger und begann ein Studium der Regionalwissenschaften Lateinamerikas an der Universität Köln, bevor er sich entschied, DJ zu werden. Stellen Sie sich den Job nicht zu einfach vor: Nach Kundenwünschen ein Programm gestalten, bis in die entferntesten Winkel der Republik zu reisen und dann bis vier oder fünf Uhr hinter dem DJ-Pult zu stehen, ist Schwerstarbeit. Dennoch hat mein Bruder zwischen seinen Jobs viel freie Zeit, die er auch zur Regeneration benötigt.

Mein Bruder lebt sehr sparsam. Nie würde es ihm einfallen, einen Euro, den er nicht ausgeben muss, auszugeben. Dennoch genießt er das Leben, reist ausgiebig und isst gut. In Lateinamerika war er schon einmal ein ganzes Jahr als Rucksacktourist unterwegs. Künstler sind in Deutschland durch die Künstlersozialkasse versichert. Für sehr günstige Beiträge genießt mein Bruder einen angemessenen Versicherungsschutz. Auf die staatliche Altersversicherung hat er sich – wie ich auch – schon vor über zehn Jahren nicht mehr verlassen.

Er lebt in einer Zweizimmerwohnung, die er nach zehn Jahren als DJ fast vollständig abbezahlt hat. Eine weitere Wohnung hat er zum größten Teil selbst renoviert und vermietet. Sie wird in zehn Jahren getilgt sein. Zudem hat er wieder gewisse Barmittel angesammelt. Diese Leistungen konnte er nur mit äußerster Sparsamkeit erreichen. Dennoch glaube ich nicht, dass die Lebensqualität meines Bruders auch nur ein Jota darunter gelitten hat.

Aller Voraussicht nach hat mein Bruder schon jetzt angemessen für seinen Ruhestand vorgesorgt. Die zweite Wohnung und die Künstlersozialkasse sorgen für die Rente, außerdem wohnt er mietfrei. Zudem ist er gerade 39 Jahre alt, so dass ihm noch zehn bis fünfzehn Jahre bleiben, um weiteres Vermögen aufzubauen. Das DJ-Geschäft kann man nicht ewig betreiben. Ich kann mir gut vorstellen, dass in wenigen Jahren Schluss damit ist. Aber um meinen Bruder müssen Sie sich aller Voraussicht nach keine Sorgen machen. Für mich ist er einer der besten Investoren, die ich kenne.

Was bedeutet das alles für Sie, geehrte Privatinvestoren? Zunächst einmal ist der Vermögensaufbau eine äußerst individuelle Veranstaltung. Sie müssen IHRE Ziele kennen und diese realisieren. Es bringt gar nichts und ist sogar meistens schädlich, sich mit anderen zu vergleichen. Zudem sollten Sie sich Gedanken darüber machen, was Sie wirklich für Ihr Leben benötigen. Geldausgeben ist kein Ersatz für eine richtige Lebensplanung.

> **Nachtrag**
>
> Inzwischen sind elf Jahre vergangen. Im Jahr 2016 ist mein Bruder fünfzig geworden. An seinem Lebensstil hat sich nicht viel geändert. Als DJ ist er immer weniger tätig, dafür handelt er mit alten Schallplatten. Mittlerweile wohnt mein Bruder mit seiner Lebensgefährtin in einem eigenen kleinen Reihenhäuschen mit Garten, das noch nicht ganz abbezahlt ist. Dafür sind die beiden Wohnungen abbezahlt und generieren schöne Einnahmen. Mein Bruder kann fast von seinem Vermögen leben, da er seine Ausgaben weiter eisern im Griff hat. Er ist finanziell unabhängig – und das mit einem eher bescheidenen Einkommen
> Finanziell unabhängig mit fünfzig – das war der Wahlspruch der 50er, eines Internetforums bei www.wallstreet-online.de. Mein Bruder hat es geschafft.

Merksätze
1. »Investieren« heißt, langfristig Kapital anzulegen mit dem Ziel, Werterhalt oder Wertzuwachs zu erzielen. Hierzu müssen Sie Ihr Investment analysieren und verstehen. Meiden Sie also komplexe Produkte, die Sie nicht verstehen, auch wenn die Versprechungen verlockend sind.
2. Kapitalerhalt: Sie müssen sich durch eine gründliche Analyse überzeugt haben, dass Ihr Investment »werthaltig« ist, dass es also mit großer Wahrscheinlichkeit langfristig im Wert steigen wird. Denn bei vielen Sachwerten können zwischenzeitlich Wertschwankungen auftreten.
3. Angemessene Rendite: Wenn der Kapitalerhalt sichergestellt

ist, sollte eine angemessene Rendite übrig bleiben. Renditen sind die Basis des Investierens. Sie sind nicht per se verwerflich. Verwerflich ist nur die bedingungslose Jagd nach der höchsten Rendite ohne Blick auf die Nebenwirkungen.
4. Sachwerte (zum Beispiel Aktien oder Immobilien) haben einen Preis und einen Wert. Der Preis ist das, was aktuell gezahlt wird (bei Aktien zum Beispiel der Kurs). Der Wert ist der tatsächliche ökonomische Wert. Wenn Sie ein Haus für 400 000 Euro gekauft haben, kann dies tatsächlich nur 300 000 Euro oder auch 500 000 Euro wert sein.
5. Menschen lassen sich oft durch die Psychologie beeinflussen und zahlen zu viel für Investments (im Boom) oder auch zu wenig (in der Depression). Wenn Sie investieren, sollten Sie sich so weit wie möglich von der Psychologie frei machen.
6. Beim Investieren kommt es vor allem auf die Abschätzung der langfristigen Wertentwicklung an.
7. Gutes Vermögen produziert laufendes Einkommen (vermietete Wohnungen, Aktien, Beteiligungen). Schlechtes Vermögen frisst laufend Kapital (Auto, eigenes Haus, Lebensversicherung).
8. Viele Menschen geben viel zu viel Geld für ein Eigenheim in der Pampa aus. Nach Robert Kiyosaki und Gerald Hörhan ist das der größte Finanzirrtum der Mittelschicht. Die damit produzierten Vermögensverluste können oftmals auch im Lauf eines langen Arbeitslebens nicht eingeholt werden.
9. Ein guter Maßstab für den Preis eines Investments ist der Multiplikator, den Sie auf das laufende Einkommen bezahlen. Zum Beispiel konnten Sie gute Wohnimmobilien in der Vergangenheit für das 15- bis 17fache der Jahresmiete kaufen. Heute ist dieser Faktor in attraktiven Lagen auf über 30 angewachsen, was auf eine Blase hindeutet. Aktien bekommen Sie hingegen oft für das lediglich 10fache oder sogar weniger.

5. Anleihen: Der Einstieg in die Welt der Wertpapiere

Nachdem ich Ihnen im letzten Kapitel gezeigt habe, wie Sie Immobilien bewerten können, wagen wir uns nun auf den Kapitalmarkt. Zunächst schauen wir uns den Anleihenmarkt an. Zwar werden Sie wahrscheinlich selbst noch keine Anleihe gekauft haben, aber der Anleihenmarkt ist sehr wichtig – und größer als der Aktienmarkt. Während der globale Aktienmarkt 2015 geschätzt 54 Billionen US-Dollar ausmachte, belief sich der Anleihenmarkt zum Jahresende 2015 auf 80 Billionen US-Dollar.[1] Von diesen 80 Billionen Dollar sind gut die Hälfte Staatsanleihen.

Am Beispiel des Anleihenmarktes können Sie Wissen erwerben, das Ihnen beim Immobilien- oder Aktienkauf und bei Ihren Investments sehr hilfreich sein wird. Etwas werden Sie rechnen müssen, aber wirklich nur etwas.

Anleihen sind Schuldscheine, die vom Schuldner (dem sogenannten Emittenten) ausgegeben werden, wenn sich dieser Geld leiht. Anleihen müssen als Wertpapiere besonderen Anforderungen genügen, da sie Fremdkapital verbriefen und einfach gehandelt werden können. Die Anforderungen an die Emission einer Anleihe sind also deutlich höher als bei einer Kreditaufnahme.

Daher sind Anleihen vor allem für große Schuldensummen, sehr solide Schuldner oder standardisierte Kreditaufnahme interessant.

Im April 2015 entschied sich zum Beispiel die Volkswagen Financial Services AG, ein Unternehmen des VW-Konzerns,

750 Millionen Euro nicht als Kredit bei einer Bank, sondern als Anleihe am Markt aufzunehmen.

Anleihe der Volkswagen Financial Services AG vom 10. April 2015

Emittent	Währung	Emissionsvolumen	Emissionsdatum	Fälligkeitsdatum	Kupon (%)	Kupon (%)	Nennwert (EUR)
Volkswagen Financial Services AG	EURO	750 Mio. Euro	10.04.2015	14.10.2021	0,75 %	0,77 %	1000

Quelle: Bloomberg

Vieles ist bei der klassischen Anleihe ähnlich wie bei einem Kredit:

1. Es wird eine Summe vereinbart, die vom Emittenten – hier der Volkswagen Financial Services AG – ausgeliehen wird. Im aktuellen Beispiel sind es 750 Millionen Euro.
2. Das Kapital muss am vereinbarten Fälligkeitsdatum zurückgezahlt werden, wenn es keine ewige Anleihe ist. Hier ist das der 14. Oktober 2021.
3. Die Anleihe hat einen Nennwert, der die Stückelung beschreibt. Hier: 1000 Euro.
4. Die Art und Höhe der Verzinsung wird von den die Emission begleitenden Investmentbanken (Konsortialbanken) vor der Emission festgelegt. Die Banken machen sich dazu ein Bild von der Marktlage, indem sie zum Beispiel bei professionellen Investoren anrufen. Die Verzinsung ist bei Standardanleihen im sogenannten Kupon als Prozentsatz zum Nennwert angegeben. Bei unserer Volkswagen-Anleihe beträgt der Kupon 0,75 Prozent.
5. Weitere Bedingungen der Anleihe werden vertraglich im Prospekt festgehalten, zum Beispiel, ob diese Anleihe im Fall von Zahlungsschwierigkeiten des Emittenten vorrangig bedient wird.

Warum werden Anleihen begeben?

Wenn der Anleihenmarkt so groß ist, muss er attraktiv sein. Und das ist er sowohl für Emittenten als auch für die Banken, die diesen Prozess begleiten. Emittenten können die Bank umgehen und sich direkt an den Kapitalmarkt wenden. Gerade in Zeiten von Niedrigzinsen ist dies eine sehr attraktive Möglichkeit, Schulden aufzunehmen. Wenn Sie allerdings auf die Idee kämen, eine persönliche Anleihe zu begeben, werden Sie wohl nicht sehr viel Erfolg haben. Leider.

Auch für die Banken sind Anleihen durchaus interessant, denn sie verdienen durch das Platzieren dieser Papiere bei Investoren und haben dann die Kredite »aus den Büchern«. Im Fachjargon heißt das »Disintermediation«. Während die Bank früher für die Kreditrisiken Kapital vorhalten musste, strukturiert und verkauft sie nun die Anleihen und kann sich dem nächsten Deal widmen.

Wenn Großunternehmen wie Volkswagen Kapital benötigen, sind Anleihen das beliebteste Instrument. Natürlich könnte Volkswagen auch einen Bankkredit bekommen. Aber Kredite haben im Vergleich zu Anleihen gewisse Nachteile für den Gläubiger. Kreditverträge sind oft mit Vertragsklauseln ausgestattet, die dem Unternehmen viele Freiheiten nehmen. So wird beispielsweise Unternehmen im Kreditvertrag manchmal untersagt, Unternehmenskäufe zu tätigen. Manchmal wird auch die Höhe der Ausschüttung an die Aktionäre im Gegenzug für einen Kredit eingeschränkt. Die kreditgebende Bank greift also oft sehr direkt in die Unternehmenspolitik ein.

Staaten MÜSSEN Anleihen begeben. Bankkredite sind angesichts der schieren Menge an Kapital, die von ihnen benötigt wird, keine Alternative. Keine Bank der Welt und auch kein Bankenkonsortium könnte den Staaten dieser Welt genug Kapital zur Verfügung stellen, um ihren Kredithunger zu bedienen. Außerdem wollen Staaten souverän handeln und nicht von einigen wenigen Gläubigern abhängig sein, wenn es sich vermeiden lässt. Das gilt aber nur für große Staaten: Kleinere Länder wie Griechenland oder lateinamerikanische Staaten werden von ihren Anleihengläubigern ebenfalls unter Druck gesetzt.

Der größte Markt für Staatsanleihen ist – wen wundert es – der amerikanische. Die USA haben Staatsanleihen von fast 37 Billionen US-Dollar im Umlauf. Selbst die zehn größten Banken der Welt von der Industrial & Commercial Bank of China bis zur Deutschen Bank müssten da passen. Sie haben zusammen »nur« eine Bilanzsumme von 26 Billionen US-Dollar.

Auch die hohe Liquidität der Staatsanleihenmärkte ist ein Vorteil für die emittierenden Staaten. Liquidität – also die Möglichkeit, sich von seinen Anlagen kurzfristig trennen zu können – ist für viele Gläubiger sehr wichtig. Nicht nur wäre das Finanzierungsvolumen einerseits kleiner, wenn sich die Gläubiger nur auf den Kreditmarkt beschränken würden. Auch die zu zahlenden Zinsen wären höher, weil illiquidere Anlagen den Investoren eine höhere Rendite bieten müssen. Im Fachjargon heißt das, dass die Liquiditätsprämie höher ist.

Wie werden Anleihen begeben? Wenn Unternehmen und Staaten Anleihen begeben wollen, wenden sie sich in der Regel an mehrere Investmentbanken, um den technischen und aufwendigen Prozess der Emission abzuwickeln.

Im Vorfeld der Emission lotet die Investmentbank bei verschiedenen Investoren aus, zu welchen Kursen bzw. Renditen diese bereit wären, Anleihen zu kaufen. Die Nennwerte sind nur im Ausnahmefall kleiner als die 1000 Euro unserer VW-Anleihe. Oft sind sie sogar deutlich höher. Von BASF gibt es beispielsweise eine am 11. Dezember 2013 begebene Anleihe mit einem Nennwert von 500 000 US-Dollar.

Die Investmentbanken haben eine Vermittlungsrolle zwischen Investoren und Emittent. Üblicherweise übernehmen Investmentbanken dabei das sogenannte Underwriting. Beim Underwriting kauft die Investmentbank die Anleihen zunächst von dem Emittenten und verkauft sie unmittelbar danach an im Vorfeld festgelegte Investoren. Die Banken, die beim Underwriting die Erstinvestoren stellen, sind in der Regel sehr große Finanzinstitute. Sie verkaufen die Anleihen in weiterer Folge an Zweitinvestoren zu einem höheren Preis als jener Preis, den die Investmentbank dem Emittenten gezahlt hat. Den Preisunterschied nennt man den Underwriting-Spread. Neben dem Underwriting-Spread verdienen die Investmentbanken durch Gebühren am Emissionsprozess. Bei der oben erwähnten Volkswagen-Anleihe haben die Banken laut Prospekt Gebühren von 0,25 % in Form von Management- und Übernahmeprovisionen kassiert. Das sind immerhin 1,9 Millionen Euro für ein nicht allzu schweres Geschäft. Zusätzliche Verkaufsprovisionen, Börsenzulassungsprovisionen und sonstige Gebühren sind denkbar. Außerdem unterstützt die Investmentbank den Emittenten bei weiteren Teilaufgaben, etwa die regulatorisch benötigten Dokumente erstellen, Preis und Rendite festlegen und die Anleihen vermarkten und bewerben.

Im Fall der oben besprochenen Anleihe übernimmt die Commerzbank die Rolle des sogenannten Arrangeurs und Hauptberaters (»Arranger«). Der Arrangeur berät den Emittenten bei allgemeinen strategischen Finanzierungsfragen im Vorfeld der Begebung und übernimmt die Führungsrolle bei der Emission. In der Regel übernimmt er auch den größten Underwriting-Anteil.

Das Bankenkonsortium bzw. die Platzeure (»Dealer«) sind bei der besprochenen Volkswagen-Anleihe CréditAgricole, HSBC und Unicredit. Im Rahmen des gesamten Anleiheprogramms arbeitet Volkswagen mit insgesamt 19 Großbanken wie z. B. Barclays, BofA Merrill Lynch, Société Générale, Unicredit, BayernLB oder Mizuho Securities zusammen, welche die Anleihen über ihre Netzwerke am Kapitalmarkt platzieren.

Seltener ist es, dass die Investmentbank das Underwriting-Risiko nicht selbst übernimmt, sondern die Anleihen nur vermarktet. Darüber hinaus gibt es auch Anleihen, die nicht zum Weiterverkauf gedacht sind, sondern von den Erstinvestoren bis zur Endfälligkeit gehalten werden. Die Regulierung und der Dokumentationsaufwand für derartige Anleihen sind deutlich geringer.

Mit Ausnahme der letztgenannten Art können Anleihen nach Emission am Sekundärmarkt gehandelt werden. Neue Käufer können in Erscheinung treten. Der Handel am Anleihenmarkt ist anders als der Aktienmarkt von wenigen großen Transaktionen gekennzeichnet. Privatanleger tummeln sich hier selten, die institutionellen Investoren dominieren.

Anleihen werden aus all diesen Gründen gewöhnlich »Over The Counter« gehandelt, also außerbörslich. Unsere Volkswagen-Anleihe wird zusätzlich aber auch an der Börse in Mailand, der Börse in Luxemburg und unkonventionelleren Handelsplätzen wie NYSE Bondmatch oder EuroTLX gehandelt. Anders als bei Aktien gibt es bei Anleihen keine Garantie, dass der abgebildete Kurs den letzten Handelskurs darstellt, geschweige denn, dass man zu dem Kurs kaufen kann. Je besser der Datenanbieter und je größer das Handelsvolumen, umso besser ist die Kurs-Indikation.

Noch ein Unterschied zeichnet sich beim Kurs von Anleihen gegenüber Aktien ab: Der Kurs zeigt nicht wie bei Aktien den Betrag, den man pro Wertpapier bezahlt, sondern vielmehr den Handelskurs einer Anleihe in Prozent vom Nennwert. Wenn man also bei der Anleihe mit Nennwert von 1000 Euro einen Kurs von 95 % sieht, handelt die Anleihe nun zu 950 Euro.

Auch die Kurse von Anleihen können stark schwanken, wenn die Nachfrage einbricht oder zunimmt. Die nachfolgende Grafik zeigt den Kursverlauf der Volkswagen-Anleihe in Prozent. Die 100 Prozent entsprechen dem Nennwert von 1000 Euro. Anhand des Kursverlaufs sieht man, dass die Anleihe zum Zeitpunkt, an dem ich dieses Manuskript verfasse (Juni 2016), nahe dem Nennwert handelt. Während des Abgasskandals im September 2015 brach der Kurs von 98 % auf 88 % ein. Danach erholte er sich schrittweise.

Kursverlauf der VW-Anleihe von April 2015 bis Juni 2016

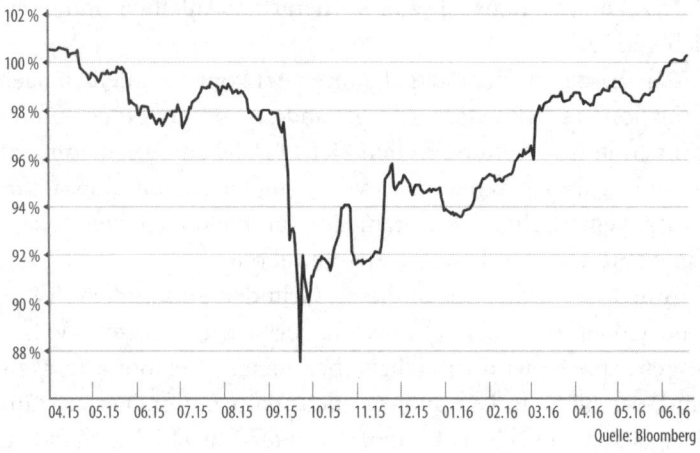

Quelle: Bloomberg

Falls Sie die Panik um den Abgasskandal für überzogen gehalten haben, hätten Sie im besten Fall recht schnell 13,6 Prozent verdienen können. So läuft es natürlich in der Realität nicht. Aber Panik oder schlechte Stimmung an den Börsen können Kaufgelegenheiten sein. Bei www.privatinvestor.de schauen wir in so einem Fall sehr genau hin.

In der Regel schwanken Anleihekurse allerdings wesentlich weniger stark als Aktienkurse. Im Englischen nennt man Anleihen auch »Fixed Income«, weil die Rendite beim Kauf feststeht und nur dann in Frage gestellt werden kann, wenn das Unternehmen seine Schulden nicht mehr bedienen kann.

Bei der Aktie sind Sie hingegen am Erfolg des Unternehmens beteiligt. Dieser ist eben nicht festgeschrieben, sondern kann zwischen null und sehr hoch schwanken – Gewinnsteigerungen von mehreren Tausend Prozent sind im Laufe der Zeit bei hervorragenden Unternehmen durchaus möglich. Aktien sind deshalb volatiler.

In der folgenden Grafik habe ich den Kurs der ältesten noch ausstehenden Volkswagen-Anleihe sowie den Kurs der Volkswagen-Aktie (grau) abgebildet. Beim Anleihekurs passiert seit

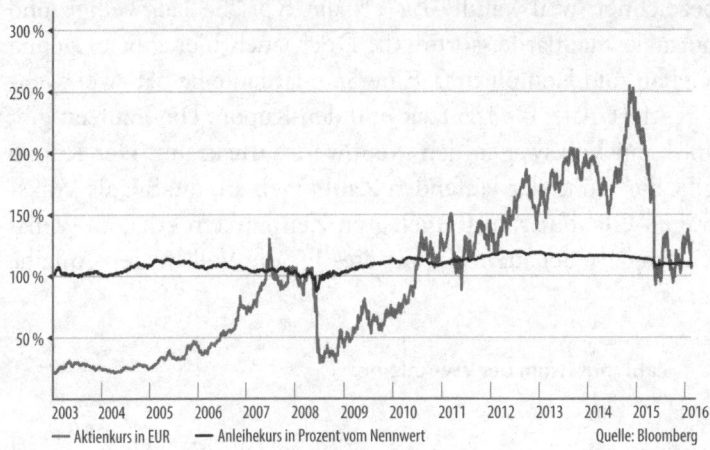

der Emission 2003 recht wenig. Der Aktienkurs hingegen bewegte sich zwischen 25 und beinahe 250 Euro. Letztlich hat die Aktie – Abgasskandal hin oder her – die deutlich bessere Rendite abgeworfen. Wenn Sie die Volkswagen-Anleihe im Mai 2003 mit der Absicht gekauft hätten, sie bis zur Endfälligkeit zu halten, hätten Sie eine Rendite von 5 Prozent pro Jahr erzielt. Wenn Sie hingegen die Volkswagen-Aktie von Mai 2003 bis heute gehalten hätten, so hätten Sie inklusive der ausgezahlten Dividende eine Gesamtrendite von 14 Prozent pro Jahr erzielt.

Standardanleihen und Sonderformen

Mittlerweile gibt es sehr viele unterschiedliche Arten von Anleihen wie zum Beispiel Nullkuponanleihen, Wandelanleihen oder inflationsindexierte Anleihen.

Wir beginnen zunächst mit den Standardanleihen, die man

im angelsächsischen Sprachraum auch als Plain-Vanilla-Bonds bezeichnet, weil Vanille-Eis als die typische langweilige und normale Standardeissorte gilt. Doch auch hier gibt es genug Vielfalt und Komplexität. Eine Standardanleihe hat zwei wichtige Merkmale: die Laufzeit und den Kupon. Die Laufzeit gibt an, wann Volkswagen den Nennwert zurückzahlt. Der Kupon gibt die Höhe der laufenden Zahlungen an, die Sie als Volkswagen-Gläubiger zu festgelegten Zeitpunkten erhalten (Zinszahlungen). Schauen wir uns dies für die Volkswagen-Anleihe an:

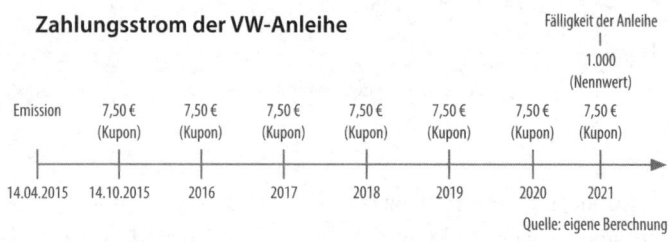

Falls der Nennwert wie im obigen Beispiel 1000 Euro beträgt und der Kupon auf 0,75 Prozent festgelegt ist, bekommen Sie beim Kauf der Anleihe jährlich 7,50 Euro an Zinsen vergütet. Auch als der Kurs der Volkswagen-Anleihe, wie im oben gezeigten Kurs-Chart zu sehen ist, im Jahr 2008 auf rund 870 Euro fiel, wurden weiterhin 7,50 Euro ausgezahlt. Diese absolute Kuponzahlung ist fix. Der Kupon von 0,75 Prozent bezieht sich also auf den Nennwert. Fällt der Anleihekurs, und Sie konnten die Anleihe zu 870 Euro kaufen, so stieg die Kuponrendite auf 0,86 %. (Natürlich sind auch 0,86 % Kupon schwach.)

Bei Standardanleihen wird die Gesamtrendite durch vier Faktoren bestimmt (vorausgesetzt, der Zahlungsausfall tritt nicht ein): Kupon, Kurs, Laufzeit und Nennwert. Je höher der Kupon ist, desto größer ist die Rendite – logisch. Wenn ich zu einem niedrigeren Kurs kaufen kann (bei gleichem Kupon), dann steigt die Rendite, wie oben gesehen.

Nun gilt es aber zusätzlich neben der Höhe der erwarteten Zahlungen folgende beiden Umstände zu berücksichtigen:
Die Zahlungsströme liegen in der Zukunft
Stellen Sie sich einmal rein hypothetisch vor, Sie können zwei Anleihen desselben Unternehmens kaufen, bei der Sie nur zwei Zahlungen bekommen: einen Kupon von 10 Euro und zusätzlich den Nennwert von 100 Euro – beides in jenem Jahr, in dem die jeweilige Anleihe fällig wird.

Eine der Anleihen wird 2017 fällig, und Sie erhalten im Jahr 2017 entsprechend 10 Euro plus 100 Euro. Die andere Anleihe wird 2050 fällig und Sie erhalten ebenso 10 Euro plus 100 Euro – ausbezahlt aber erst im Jahr 2050. Für welche würden Sie mehr bezahlen? Richtig, natürlich für jene, die 2017 ausläuft. 2050 ist weit weg. Bis dahin könnte die Inflation das Geld vollkommen entwertet haben, oder der Schuldner könnte insolvent sein.

Wenn Sie rational handeln, würden Sie also für eine Anleihe mit längerer Laufzeit eine höhere Rendite verlangen bzw. einen niedrigeren Preis bezahlen. Die sogenannte Zinsstrukturkurve, die Sie schon in Kapitel 3 kennengelernt haben, bildet diesen Zusammenhang ab. Sie zeigt auf der X-Achse das Fälligkeitsdatum und auf der Y-Achse die Rendite.

Die Grafik auf der nächsten Seite zeigt die Zinsstrukturkurve von US-amerikanischen Staatsanleihen zum Stand 30. Juni 2016. Die Zinsstruktur wird auf Basis der tatsächlichen Marktrenditen von Treasury Bills, Treasury Notes und Treasury Bonds abgebildet. Sie zeigt, dass Investoren für eine längere Laufzeit von Anleihen unter ansonsten gleichen Bedingungen eine höhere Rendite verlangen. Die ersten drei Datenpunkte bestehen aus Treasury Bills (»T-Bills«), die eine Laufzeit von weniger als zwölf Monaten haben und als sogenannte Nullkuponanleihen gestaltet sind. Staatsanleihen mit Laufzeit über einem Jahr bezeichnet man als Treasury Notes und Treasury Bonds. Solche Anleihen zahlen Kupons.

Ab einer sehr langen Laufzeit flacht die Kurve übrigens ab.

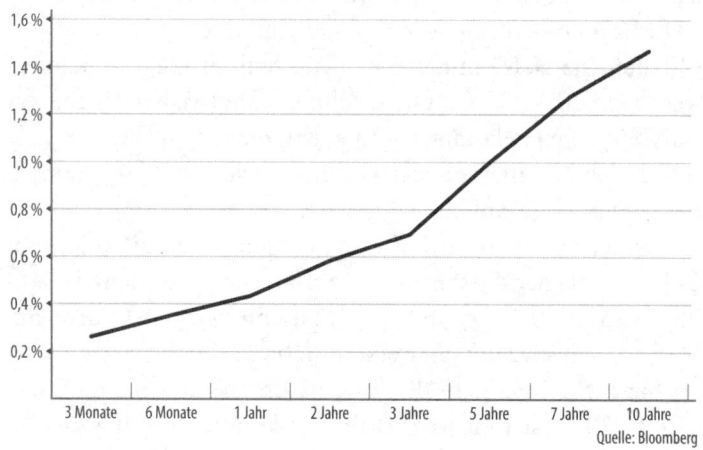

Zinsstrukturkurve bei amerikanischen Staatsanleihen am 30. Juni 2016
Quelle: Bloomberg

Ob man in sechzig oder in hundert Jahren sein Geld zurückbekommt, macht vermutlich kaum einen Unterschied.

Ob die Zahlungsströme in der erwarteten Höhe eintreten, ist niemals ganz gewiss. Jedes zukünftig erwartete Einkommen ist mit einem Risiko behaftet.

Schauen wir uns das einmal anhand konkreter Beispiele an: Das britisch-südafrikanische Minenunternehmen Anglo American und der französische Luxusgüterkonzern LVMH haben beide Anleihen mit einer Laufzeit bis zum 20. November 2020 begeben. Trotz gleicher Laufzeit ist der Kupon jedoch nicht gleich. Während der Kupon bei Anglo American bei 2,875 Prozent liegt, beträgt er bei der LVMH-Anleihe nur 1,75 Prozent.

Grund dafür ist das höhere Risiko, wenn man dem Minenunternehmen Geld leiht. Anglo American ist hoch verschuldet. Das Unternehmen müsste das Achtfache seines für 2016 erwarteten operativen Gewinns aufwenden, um seine Schulden zu begleichen. Auch sind die Gewinne alles andere als stabil. Sie schwanken wegen der starken Abhängigkeit von den Rohstoffpreisen auf dem Weltmarkt enorm. In einigen Jahren werden auch große Verluste geschrieben.

LVMH hingegen hat als Konsumgüterhersteller ein stabileres Geschäftsmodell, die Verschuldung ist gering und das Unternehmen erwirtschaftete seit 1988 in jedem Jahr Gewinne. Das ist ein komplett anderes Risikoprofil.

Anleihekäufer preisen diesen Umstand ein und erwarten von Anglo American eine höhere Verzinsung, um sie für das größere Risiko zu entschädigen. Das wird übrigens nicht nur im ursprünglichen Kupon deutlich, sondern auch im Kursverlauf. Die Anglo-American-Anleihe notiert deutlich unter ihrem Nennwert, die von LVMH darüber. Somit besteht zum gegenwärtigen Zeitpunkt (Juli 2016) ein deutlicher Renditeunterschied von rund 3,6 Prozent zwischen beiden Anleihen.

Laufzeit der Anleihe und Risiko im Zusammenhang mit der finanziellen Situation des Schuldners bestimmen also die Renditeerwartung der Anleger. Die erwartete Rendite bestimmt sich normalerweise durch einen Aufschlag zum risikolosen Zinssatz. Als »risikolos« gelten in der Regel Schuldner mit extrem guter Bonität, beispielsweise Staaten wie die USA. Zur Ermittlung des risikolosen Zinssatzes werden daher oft die Zinssätze der kurzlaufenden amerikanischen Staatsanleihen («Treasury Bills«) herangezogen. Derzeit verzinsen sich die Treasury Bills mit 3-monatiger Laufzeit mit 0,2 Prozent pro Jahr. Dies war nicht immer so niedrig. Anfang der 80er Jahre waren es auch schon einmal 15 Prozent. Dies galt als relativ risikolos erzielbarer Zinssatz!

Neben der Standardanleihe gibt es noch weitere, etwas unkonventionellere Formen der Anleihe:

Wandelanleihen (»Convertible Bonds«) sind Anleihen, die dem Gläubiger das Recht geben, die Anleihe zu festgelegten Zeitpunkten in eine festgelegte Anzahl von Aktien umzutauschen. Es handelt sich also um Anleihen mit der Option, statt Gläubiger Aktionär zu werden. Falls es Aktienkurssteigerungen

Die Zinsentwicklung bei 10-jährigen US-Staatsanleihen (T-Bills) und 3-monatigen Schatzanweisungen (T-Bonds)

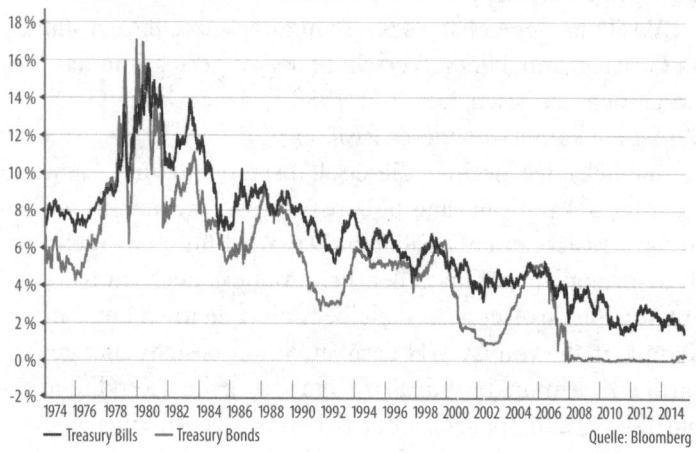

Quelle: Bloomberg

gab, kann die Umwandlung zu Kursgewinnen führen. Weil die Option bleibt, die Anleihe zu halten, ist die Verzinsung bei Wandelanleihen üblicherweise niedriger als bei Standardanleihen. Vorsicht ist allerdings geboten, wenn eine Umwandlung zwingend erforderlich ist.

Nullkuponanleihen bezahlen keinen Kupon. Hier wird die Rendite der Anleihe ausschließlich über die Kursdifferenz zwischen Kauf- und Verkaufsdatum erzielt. Der Rückzahlungskurs zum Fälligkeitsdatum ist entsprechend höher als der Ausgabekurs, den Investoren bei der Emission bezahlen. Den mit Abstand größten Markt für Nullkuponanleihen machen die zuvor erwähnten Treasury Bills mit kurzer Laufzeit aus.

Inflationsindexierte Anleihen haben statt einem konstanten Kupon einen variablen Kupon, der an einen im Prospekt definierten Verbraucherpreisindex in festgelegtem Rhythmus angepasst wird. Sie sollen Investoren vor einem der größten Risiken bei Anleihen schützen, nämlich dem realen Wertverlust durch Inflation.

Nachranganleihen sind eine Kombination aus Anleihen und

Aktien. Im Fall einer Insolvenz wird Nachrangkapital gegenüber den sonstigen Schulden nachranging behandelt. Wie bei Eigenkapital werden zunächst die anderen »normalen« Gläubiger bedient, bevor Sie zum Zuge kommen. Bei Nachranganleihen haben Sie anders als bei Eigenkapital keinen Anspruch auf Gewinn und Vermögenswerte in vollem Umfang, sondern meist nur auf vorher festgelegte Kuponzahlungen. Die Laufzeiten von nachrangigen Wertpapieren sind in der Regel extrem lang oder sogar unbegrenzt. Dafür ist die Kuponverzinsung deutlich höher als bei Anleihen.

Ob eine Investition hier in Frage kommt, hängt von den individuellen Bedingungen ab. Oftmals hat z. B. der Emittent die Möglichkeit, Kuponzahlungen auszulassen, ohne sie später nachzuzahlen, derartige Bedingungen sind aus meiner Sicht ein Ausschlusskriterium. Der Emittent sollte hier prinzipiell die Bedingungen für eine Investition in Eigenkapital erfüllen (hohe Königspunktzahl), und das Wertpapier sollte zugleich eine Rendite von zumindest 8 Prozent – ohne irgendwelche vertraglichen Haken – aufweisen.

Achtung vor falschen Anleihen: Aktienanleihen & Co.

»Aktienanleihe« klingt zwar ähnlich wie Wandelanleihe, aber hinter diesem Wort verbirgt sich etwas anderes, nämlich meist eine für Privatanleger sehr ungünstige Wette in Form eines strukturierten Finanzprodukts.

Finger weg von Aktienanleihen! Der Emittent ist nicht das Unternehmen, mit dem vermutlich viele Anleger das Wertpapier identifizieren, sondern eine Bank. Diese legt fest, ob sie am Ende der Laufzeit oder beim Erreichen bestimmter Kursmarken das Geld zurückzahlt oder Ihnen stattdessen eine festgelegte Zahl von Aktien aushändigt. In aller Regel bekommen Sie genau dann Aktien, wenn der Aktienkurs zum Ende der Laufzeit unter einem festgelegten Basispreis liegt. Das birgt gewaltige Kurs- und Kreditrisiken. Aktienanleihen sind somit viel riskanter als Anleihen, sogar riskanter als Aktien. Bei diesen können Sie wenigstens den Kauf- und Verkaufszeitpunkt selbst bestimmen.

Goldman Sachs hat zum Beispiel eine ganze Reihe von Aktienanleihen auf den Basiswert Adidas herausgebracht. Bei einem Blick auf die Stammdaten sieht es zunächst nach einer Anleihe aus: Der Nominalbetrag ist 1000 Euro, die jährliche Verzinsung beträgt 14 Prozent, und die Aktienanleihe ist am 23. August 2017 fällig. In Wirklichkeit wettet die Bank aber zu eigenen Gunsten gegen Sie, dass der Aktienkurs bis zum finalen Bewertungstag am 18. August 2017 nicht von derzeit 130,7 Euro auf den Basispreis von 140 Euro steigen wird.

Für klassische Wandelanleihen und Optionsanleihen gilt genau das Gegenteil: Hier können SIE die Anleihe in Aktienkapital umtauschen, wenn SIE wollen. Sie müssen aber nicht. Alternativ können Sie die verzinste Anleihe weiter halten. US-Superinvestor Warren Buffett hat oft Wandelanleihen und Optionsanleihen gekauft, aber ich versichere Ihnen: Aktienanleihen würde er niemals kaufen.

Etwas Finanzmathematik: der Barwert

Sie können diesen Abschnitt überlesen. Sie sollten es aber nicht! Wenn Sie einmal das Konzept des Barwerts verstanden haben, haben Sie im Prinzip das Investieren verstanden. Vermögenswerte, die Zahlungsströme produzieren, lassen sich mit dem Barwertverfahren bewerten. Sie erinnern sich an Kapitel vier: gutes Vermögen ist Vermögen, das Einkommen produziert. Schlechtes Vermögen frisst Einkommen.

So klingt es logisch, dass der Wert eines Unternehmens von der Höhe der zukünftigen Erträge bestimmt wird. Je höher Ihre Aussicht auf langfristiges Einkommen, desto mehr würden Sie wohl für ein Unternehmen oder eine Aktie zahlen. Bei einer

Immobilie ist es genauso. Dort richtet sich der Wert des Objekts nach der Höhe der zukünftigen Mieteinnahmen abzüglich der Investitionskosten. Bei Anleihen sind es folgerichtig die Höhe der zukünftigen Zinserträge und der Rückzahlungsbetrag.

Den heutigen Wert einer zukünftigen Zahlung (= Barwert) B berechnen Sie durch Abzinsen (Diskontieren) der Zahlung. Bei einer Zahlung, die in einem Jahr ansteht, entspricht der Barwert:

Fairer Wert = Barwert der versprochenen Zahlungsflüsse = B = $\dfrac{c}{(1+r)}$

Dabei ist c die Höhe der Zahlung und r der Diskontierungssatz. Die Logik ist folgende: Hätte ich die Zahlung c schon heute, könnte ich sie zum Zinssatz r anlegen und hätte in einem Jahr $c1 = c\,(1+r)$ zur Verfügung. Durch das Dividieren mit $(1+r)$ (= Diskontieren) berücksichtigt man, dass der *heutige Wert* einer zukünftigen Zahlungsversprechung umso niedriger wird, desto ferner die Zahlung in der Zukunft liegt und desto riskanter sie ist.

Für eine Zahlung, die in zwei Jahren anfällt, lautet der faire Wert entsprechend:

Fairer Wert = $\dfrac{c}{(1+r)^2}$

und bei einer beliebigen Anzahl Jahren n:

Fairer Wert = $\dfrac{c}{(1+r)^n}$

Der faire Wert eines Kupons von 75 Euro, der in genau drei Jahren ausgezahlt wird, entspricht beispielsweise bei einem allgemein erwarteten Zinssatz von 4 Prozent:

$\dfrac{75\ \text{Euro}}{(1+4\%)^3} = 66{,}7\ \text{Euro}$

Wenn es mehrere Zahlungen gibt, berechnen Sie den Barwert jeder Zahlung und fügen diese zu einer Summe zusammen.

Bei einer Anleihe mit jährlichen Kuponzahlungen sähe dies bei einer Restlaufzeit von drei Jahren folgendermaßen aus:

$$\text{Barwert} = \frac{Kupon}{(1+r)^1} + \frac{Kupon}{(1+r)^2} + \frac{Kupon + Nennwert}{(1+r)^3}$$

Die folgende Grafik veranschaulicht das Prinzip des Diskontierens bei einer Anleihe, die bis zum 2. Halbjahr 2020 alle sechs Monate einen Kupon auszahlt.

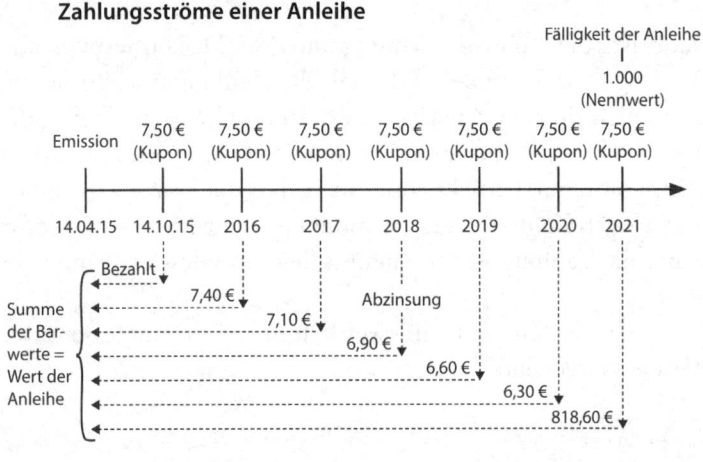

Quelle: eigene Berechnung

Wenn man eine Verzinsung von 4,0 Prozent pro Jahr zu Grunde legt, dann ist der nächste Kupon von 7,50 Euro per Stichtag 30. Juni 2016 7,40 Euro wert. Der Kupon im darauffolgenden Jahr nur noch 6,90 Euro. Insgesamt kommt man mit dieser Methode auf einen fairen Wert von 853 Euro.

Vielleicht haben Sie es gemerkt: Die ganze Rechnerei hängt an einer zentralen Annahme: Welchen Zinssatz setze ich für das Diskontieren an? Diese Frage hat es in sich!

Oft legt man bei Anleihen die aktuelle Rendite von ähnlichen

Anleihen zu Grunde. Das ist allerdings kein objektiver, sondern ein relativer Maßstab. Besser ist es, sich zu überlegen, welche Verzinsung angemessen wäre und ob die Anleihe vielleicht eine höhere Rendite als die angemessene Verzinsung abwirft. Bei dieser Vorgehensweise – die wir empfehlen – würden Sie also prüfen, ob das Risiko begrenzt ist und die Rendite zugleich attraktiv. Dann kann sich eine Kaufgelegenheit bieten. Was für diesen Zugang spricht: Die Rendite ist leicht zugänglich. Bei guten Datendienstleistern und Brokern sehen Sie die aktuelle Rendite, die Sie erhalten, wenn Sie die Anleihe bis zum Fälligkeitsdatum halten.

Wie hoch sollte die Rendite sein? Die durchschnittliche Rendite der Aktienmärkte von 8 bis 8,5 Prozent ist sicher die Obergrenze. Anleihen sind sicherer als Aktien und müssen keine ganz so hohe Rendite abwerfen wie Aktien, deren Zahlungsströme stark schwanken können. Zusätzlich orientieren wir uns an der aktuellen Dividendenrendite des DAX von 3 Prozent. Das ist die Rendite, die Sie jährlich alleine aus Dividendenzahlungen erhalten, wenn Sie die Aktien des DAX halten. Anleihen zum langfristigen Vermögensaufbau sollten eigentlich eine höhere Rendite als die Dividendenrendite bieten. Zu guter Letzt betrachten wir die durchschnittliche Rendite deutscher Staatsanleihen seit März 1989. Diese liegt bei 4,5 Prozent.

In Kenntnis dieser Zahlen setzen wir die angemessene Rendite von Anleihen mit sehr niedrigem Risiko, zum Beispiel Staatsanleihen von politisch und wirtschaftlich stabilen Ländern, sowie Anleihen von wirtschaftlich soliden Unternehmen bei 4 bis 6 Prozent an. Beispiele wären Schweizer Staatsanleihen oder Unternehmensanleihen von Moët Hennessy, Louis Vuitton, Microsoft, Nike, Coca-Cola, SAP oder BASF.

Aufgrund der Eingriffe der Notenbanken und der staatlichen Manipulation der Finanzmärkte ist eine angemessene Verzinsung von 4 bis 6 Prozent am aktuellen Markt in Europa und den USA bei Emittenten hoher Qualität nicht zu finden. Die erwähnten Emittenten zahlen Zinsen von unter 1 Prozent.

Renditen von Anleihen mit hoher Bonität im Juli 2016

Emittent	Kupon (%)	Emissionsdatum	Fälligkeitsdatum	Währung	Rendite (%)[2]	Nennwert
Microsoft	4,200	18. 05. 2009	01. 06. 2019	USD	1,0	1000
SAP	2,125	13. 11. 2012	13. 11. 2019	EUR	–0,2	1000
LVMH	3,500	02. 12. 2014	02. 12. 2019	AUD	2,6	2000
Schweizerische Eidg.	2,000	25. 05. 2011	25. 05. 2022	CHF	–1,0	1000
BASF	1,875	04. 02. 2013	04. 02. 2021	EUR	–0,1	1000
Nike	3,875	29. 10. 2015	01. 11. 2045	USD	3,1	1000

Alle diese Renditen sind relativ niedrig. Auf den ungeschulten ersten Blick fallen die Anleihen von Nike und LVMH auf, die sich besser verzinsen. Beide Anleihen haben aber einen Haken. Besonders die Anleihe von Nike, die die erste Emission seit 2003 war, bekam viel Presse und Aufmerksamkeit von institutionellen Investoren. Eine Anleihe zur Finanzierung eines dauerprofitablen, marktführenden Unternehmens mit anhaltendem Wachstum, Nettoliquidität, hohen Gewinnmargen und einem Rating von AA-/A1 für eine damalige Rendite von 3,85 Prozent zum Emissionsdatum? Klingt gut, aber die Laufzeit bis zum Fälligkeitsdatum beträgt beinahe dreißig Jahre. Bis dahin werden die Zinsen garantiert steigen. Zwischenzeitlich ist der Kurs der Anleihe auch gestiegen: Zum Zeitpunkt dieser Ausgabe von »Investieren statt sparen« beträgt die Rendite nur noch 3,1 Prozent.

Die Anleihe von LVMH hat ein anderes Manko: Sie ist in Australischen Dollar begeben. Wenn Sie einen Blick auf den historischen Kursverlauf zwischen Euro und Australischem Dollar in den letzten zehn Jahren werfen, erkennen Sie eine große Volatilität.

Wir würden daher von diesen beiden Anleihen ebenfalls abraten, da sie unsere Mindestverzinsung nicht erreichen und zudem gewisse Risiken beinhalten. Es lohnt sich, im Anleihenmarkt auf bessere Investitionsgelegenheiten zu warten.

Aufgrund der niedrigen Zinsen ist der größte Teil des Anleihenmarktes für Anleger, deren Ziel Vermögenssicherung und Wertsteigerung ist, derzeit höchst unattraktiv. Zwar gibt es noch einen Markt für Hochzinsanleihen, doch verlangt dieser Bereich große Fachkenntnisse. Privatinvestoren sollten sich davon eher fernhalten. Für Langfristanleger ist der Aktienmarkt zweifelsohne interessanter. Anleihen mit höherem, aber akzeptablem Risiko (z. B. mindestens 50 Königspunkte) sollten auch aktuell mindestens 6 Prozent Rendite bieten. Wenn Sie sich auf den Anleihenmarkt in Euro und anderen wenig riskanten Währungen[3] beschränken, gibt es eine solche Verzinsung in der Regel nicht. Sie finden sie nur – wenn überhaupt – bei Anleihen von Emittenten, die ihren Sitz in Schwellenländern haben, oder – noch seltener – in schwierigen Branchen und Sektoren. Häufiger bekommt man eine hohe Verzinsung derzeit bei jenen »echten« Schwellenländeranleihen, die in volatileren Währungen begeben sind, wie russischem Rubel oder brasilianischem Real. Die Rendite von brasilianischen Staatsanleihen belief sich im Juni 2016 zum Beispiel auf fast 13 Prozent. Dafür besteht aber auch ein erhebliches Risiko! Brasilien hatte 2015 ein Haushaltsdefizit von minus 10 Prozent. Falls die Inflation hoch bleibt, kann auch der Real weiter abwerten.

Qualität und Risiko: ein Beispiel

Wir sprachen von dem Risiko, dass Zahlungen nicht wie erwartet eintreffen. Je niedriger dieses Risiko, desto höher die Qualität der Anleihe. Für hohe Sicherheit ist man bereit, auf etwas Rendite zu verzichten. Aber wie bemisst man die Qualität und das Risiko eines Emittenten und der Anleihe? Lassen Sie uns dieses spannende Thema näher ansehen und das Risiko, oder positiver formuliert, die Qualität eines Emittenten näher analysieren.

Als Beispiel stellen wir zwei Anleihen gegenüber, die unterschiedlicher nicht sein könnten: eine Unternehmensanleihe der argentinischen Tochtergesellschaft des staatlichen brasilianischen Ölkonzerns Petrobras und eine deutsche Staatsanleihe.

Bundesanleihe: Für die Rückzahlung der Bundesanleihe steht die Bundesrepublik Deutschland. Deutschland ist eine der stabilsten Volkswirtschaften der Welt. Gleichzeitig ist es aber auch eine reife Volkswirtschaft, die wenig wächst. Vom jeweils ersten Quartal 2010 bis 2016 wuchs das Bruttoinlandsprodukt in Deutschland jährlich um 3,5 Prozent. Zieht man die offizielle Inflation ab, sind es nur noch 1,8 Prozent.[4] Zum Jahresende 2015 war die Bundesrepublik mit 71,2 Prozent des Bruttoinlandsprodukts, der jährlichen Wirtschaftsleistung, verschuldet.[5] Man spricht immer von Deutschland als einem besonders soliden Staat, aber 71,2 Prozent sind eigentlich eine hohe Verschuldung. Sie liegt jedenfalls deutlich über der Grenze von 60 Prozent, auf die man sich 1992 im Vertrag von Maastricht geeinigt hatte. Seit 2005 erzielte der Staat nur zweimal einen Überschuss, nämlich 2014 und 2015. Im Vergleich zu den meisten Ländern der EU ist das relativ gut, aber ist es das wirklich? Insgesamt gilt die Bundesrepublik jedenfalls trotzdem noch als einer der besten Schuldner der Welt.

Die deutsche Staatsanleihe ist als Standardanleihe ohne besonders ungewöhnliche Eigenschaften ausgestattet. Der Kupon wird jährlich bezahlt, und Covenants (Nebenbedingungen), Zahlungsrang, Besicherungen und Bürgschaften sind bei Staatsanleihen ohnehin nicht üblich. Weil die Anleihe in Euro begeben ist, hat sie kein direktes Währungsrisiko für einen

Basisdaten Unternehmensanleihe von Petrobras Argentina und Bundesanleihe

	Petrobras Argentina	Bundesanleihe
Währung	US-Dollar	Euro
Sitz des Emittenten	Argentinien	Deutschland
Branche	Öl & Gas	Staatsanleihe
Durchschnittliches Rating	BB	AAA
Fälligkeitsdatum	15. Mai 2017	9. April 2021
Bürgschaften bzw. Garantien	Petrobras Argentina, zusätzliche Bürgschaft durch Hauptaktionär Petrobras	Bundesrepublik Deutschland
Verpflichtende Einhaltung von Kennzahlen	Nein	Nein
Preis	97 %	114 %
Rendite p.a.	7,5 %	–0,47 %
Kupon	5,875 %	2,25 %
Rang der Anleihe	Unbesichert vorrangig	n.a./gleichrangig
Emissionsvolumen	300 Mio. US-Dollar	16 Mrd. Euro
Stückelung	1000 US-Dollar (Mindestumsatz 2000 US-Dollar)	1 Eurocent

Euro-Anleger. Die Stückelung beträgt einen Eurocent. Mit einer Marktkapitalisierung von rund 16 Milliarden Euro ist die Anleihe hochliquide. Die Ratingagenturen geben ihr die Bestnote AAA. In der Tat ist das Kreditrisiko bis 2021 begrenzt.

Sicherheit ist aber nicht alles: Der sicherste Vermögenswert ist ab einem bestimmten Punkt zu teuer, und auch unattraktivere Vermögenswerte werden ab einem bestimmten (niedrigen) Preis wieder attraktiv. Es ist also durchaus wichtig, welchen Preis Sie für die Sicherheit bezahlen. Unsere Bundesanleihe wäre als Beimischung und als Form der Liquidität dann empfehlenswert, wenn sie eine akzeptable Rendite ungefähr 4,5 Prozent für 10-jährige Anleihen bieten würde. Das ist das langfristige Niveau. Da wären wir aber auch schon beim Problem: Der Kurs dieser Anleihe steht bei 114,38 Prozent vom Nennwert. Am 4. September 2021 bekommt man aber nur 100 Prozent zurück. Die Anleihe hat eine negative Verzinsung!

Selbst wenn Sie die Kuponzahlungen einbeziehen, ist die Rendite der Anleihe immer noch negativ und beläuft sich auf minus 0,47 Prozent pro Jahr![6] Und diverse Marktteilnehmer sind aufgrund ihrer Angst vor Risiken sogar bereit, so hohe Preise für die Anleihe zu bezahlen, dass eine negative Rendite übrig bleibt. Sie müssen also bezahlen, um deutsche Bundesanleihen bis 2021 halten zu dürfen. Kein gutes Investment!

Petrobras Argentina:[7] Wir haben die Anleihe von Petrobras einem institutionellen Investor empfohlen, sie also im Gegensatz zur Bundesanleihe als lohnendes Investment angesehen. Nachfolgend zeige ich Ihnen, welche Überlegungen wir angestellt haben und wie wir zu dem positiven Ergebnis kamen:

Länder- und Währungsrisiko: 1998 bis 2001 stürzte Argentinien in eine Wirtschaftskrise und erklärte sich zahlungsunfähig. Auch danach war die argentinische Wirtschaft von makroökonomischer Instabilität geprägt. Argentinien hat seit vielen Jahren seinen Staatshaushalt nicht im Griff und produziert hohe Defizite. Die Währungsreserven schwinden, die Inflation ist hoch, zuletzt lag sie bei über 20 Prozent. Wirtschaftliche Daten des Finanzministeriums, der Zentralbank und des Statistikamtes waren oftmals von zweifelhafter Zuverlässigkeit.

Situation der Öl- und Gasbranche: Die Situation des Landes ist aber nicht unbedingt mit der Situation einzelner Unternehmen gleichzusetzen. Die beiden größten heimischen Öl- und Gasunternehmen YPF und Petrobras Argentina waren in den letzten zehn Jahren stets profitabel, standen also wesentlich besser da als das Land. Allerdings wurden von den Öl- und Gasunternehmen in Argentinien wenige Investitionen getätigt. Lange Zeit war der in Argentinien erzielbare Ölpreis aufgrund gesetzlicher Bestimmungen niedriger als am Weltmarkt. Zusätzlich gab es Exportbeschränkungen durch die Regierung. 2012 drängte die Regierung unter Cristina Fernández de Kirchner den französischen Ölmulti Total, seine Anteile am größten Erdölförderer Argentiniens, YPF, an den argentinischen Staat zu verkaufen.

Vom im Dezember 2015 neugewählten wirtschaftsliberalen Präsidenten Mauricio Macri ist eine deutlich investorenfreundlichere Politik zu erwarten – das ist gut für unsere Anleihe. Am 17. Dezember 2015 gab die Zentralbank den gesicherten Wechselkurs zum US-Dollar auf und erlaubte damit die Abwertung des Peso. An einem einzigen Tag verlor der Argentinische Peso daraufhin mehr als 30 Prozent gegenüber dem US-Dollar. Investments in Argentinien handeln aufgrund der turbulenten Vergangenheit mit einem hohen Risikoaufschlag. Die politische Situation hat sich seit der Neuwahl im Dezember 2015 für Investoren aber verbessert.

Für Anleihen ist Konstanz und Berechenbarkeit wichtiger als bei Aktien, bei denen die Wachstumsperspektiven im Vordergrund stehen. Petrobras Argentina ist im Öl- und Gassektor tätig. Dieser Sektor hängt sehr stark vom Ölpreis ab und ist daher stark schwankungsanfällig. Gemindert wird die Volatilität dadurch, dass der Energiepreis in Argentinien staatlich reguliert ist und nur schrittweise an den internationalen Preis angepasst wird.

Petrobras Argentina hat Wettbewerber, aber auch eine stabile Basis: Das Öl Argentiniens liegt im Landesinneren, es handelt sich um einen der wenigen Standorte, die noch konventionelle Ölfelder mit entsprechend niedrigen Förderkosten aufweisen. Bei Petrobras Argentina sind die vorhandenen Förderlizenzen noch zwischen zehn und 25 Jahre gültig. Der

Marktanteil von Petrobras Argentina beträgt 5,9 Prozent, womit das Unternehmen der viertgrößte Anbieter in Argentinien ist. Im Nordwesten Argentiniens beträgt der Anteil des Unternehmens 26,5 Prozent bei Flugzeugtreibstoffen und 17,5 Prozent beim Treibstoff für Autos.

Der wichtigste Konkurrent von Petrobras Argentina in Argentinien ist YPF mit einem Marktanteil von 58 Prozent beim Endverkauf (Downsteam). Weitere Schlüsselunternehmen sind Shell (15 Prozent Marktanteil), Axion Energy Argentina (14 Prozent) und Oil Combustibles (4 Prozent). Im Segment Petrochemie ist Petrobras Argentina in Argentinien der einzige Produzent von Kunststoffen auf Erdölbasis wie Styrol, Polystyrol und Elastomere, der von der Ölförderung bis zur Endverarbeitung alles im Unternehmen macht, also vertikal integriert ist. Gleichzeitig ist das Unternehmen in der Petrochemie aber dem internationalen Wettbewerb ausgesetzt, besonders aus Brasilien.

Auch Management und Eigentümer: Petrobras Argentina wird vom Mehrheitseigentümer Petróleo Brasileiro S.A. (»Petrobras«) kontrolliert, tritt unter demselben Markennamen auf und ist vollkonsolidierter Teil des Petrobras-Konzerns. Petrobras hält seit dem Kauf im Jahr 2000 67 Prozent der Aktien an Petrobras Argentina. 2005 ging Petrobras Argentina an die Börse.

Petrobras ist mit einem Jahresumsatz von 143,7 Milliarden US-Dollar einer der größten Öl- und Gaskonzerne der Welt. Das Unternehmen legt gegenwärtig seinen Fokus auf Schuldenabbau. 2019 werden viele Schulden fällig, weshalb das Unternehmen die Bilanzen verbessern möchte. Das wirkt sich auch auf Petrobras Argentina aus. Petrobras will die Beteiligung an Petrobras Argentina verkaufen. Nach dem Verkauf einiger Vermögensbestandteile wäre Petrobras Argentina nahezu schuldenfrei. Wenn die Muttergesellschaft ihre Anteile verkauft, werden auch die Anleihen fällig: Dann müssen 101 Prozent vom Nennwert oder der Barwert der zukünftigen

Zahlungen (was immer höher ist) an die Gläubiger bezahlt werden. Petrobras ist aufgrund seiner Ertragskraft und des Zeitplans fähig, die Petrobras-Argentina-Anleihe zurückzuzahlen: Der Großteil der Schulden der Muttergesellschaft Petrobras wird erst nach der Petrobras-Argentina-Anleihe fällig. Sie sehen, auch bei relativ normalen Anleihen müssen Sie sich recht tief in die Materie eingraben.

Verschuldung: Die Verschuldung von Petrobras Argentina ist akzeptabel: Die Nettofinanzverbindlichkeiten entsprechen ungefähr dem Betriebsgewinn der letzten zwölf Monate. Das Unternehmen wäre zum jetzigen Stand fähig, diese Schulden zu begleichen, ohne frisches Geld aufnehmen zu müssen. Die Bilanz ist mit einer Eigenkapitalquote von 50 Prozent komfortabel ausgestattet (Sie erinnern sich: Viele Banken haben 3 Prozent oder weniger). Das Eigenkapital ist mehr als dreimal so hoch wie die Gesamtverschuldung. Sonstige Verbindlichkeiten wie jene gegenüber Mitarbeitern halten sich im Rahmen. Die hier besprochenen Dollar-Anleihen machen praktisch die gesamte Verschuldung des Unternehmens aus.

Noch einmal Währungsrisiko: Weil die Verschuldung von Petrobras Argentina überwiegend in US-Dollar in den Büchern steht, besteht ein Währungsrisiko: Kann das Unternehmen die Schulden und Zinsen noch bedienen, wenn der Dollar im Verhältnis zum Peso deutlich ansteigt? Wir denken: ja. Das Unternehmen hält eine 25-prozentige Beteiligung an der börsennotierten Transportadora de Gas del Sur, die zur Not veräußert werden könnte. Letztlich stand bei der Anleihe aber schon vor längerem die potentielle Übernahme von Petrobras Argentina im Vordergrund. In diesem Szenario würden die Besitzer der Wertpapiere nämlich von Petrobras 101 Prozent des Nennwerts für ihre Wertpapiere bekommen.

Das Rating von S&P und Fitch ist BB bis BB+ und somit am besseren Ende für spekulative Anleihen angesiedelt. Wir glauben, dass das Rating der Agenturen zu vorsichtig ist, und fanden, dass die Anleihe ein attraktives Investment war. Das spekulative Rating vergaben die Agenturen wohl auch, weil sie nach ihren Versäumnissen bei der Argentinienpleite auf Nummer sicher gehen wollten und daher übervorsichtig waren.

Die Analyse von Unternehmensanleihen ist sicher vor allem etwas für Profis, denn neben dem Unternehmen müssen Sie zusätzlich die konkreten Bedingungen der Anleihe genau studieren:

- Die Bilanzstärke ist bei Anleihen sehr wichtig. Im Insolvenzfall haben Anleihegläubiger schließlich einen unmittelbaren Zugriff auf die Vermögenswerte des Unternehmens.
- Nicht betriebsnotwendiges Vermögen ist ein großes Plus.
- Wachstum ist wünschenswert, aber nicht zentral. Stabile Erträge sind für Anleihen ausreichend. Die Prognostizierbarkeit des Geschäftsmodells ist wichtiger als die Attraktivität. Die Anforderungen an die Unternehmensqualität sind bei Anleihen geringfügig niedriger als für Aktieninvestition.
- Die kreditspezifischen Kennzahlen müssen gut sein (hohe Zinsdeckung, niedriges Verhältnis von Nettoverschuldung zu Betriebsergebnis).
- Inflation, Währung und Zinsumfeld müssen analysiert werden.
- Auf die Laufzeit ist gerade im Niedrigzinsumfeld unbedingt zu achten. Lange Laufzeiten sind in der Eurozone zu vermeiden.

Sie sehen: Die Renditen für Unternehmensanleihen von Emittenten mit relativ gutem Rating sind im Moment sehr niedrig! Erfahren Sie im nächsten Abschnitt, was ein Rating genau ist und wer es vergibt.

Eckdaten einiger Unternehmensanleihen im derzeitigen Niedrigzinsumfeld (Sommer 2016)

Emittent	Kupon	Fälligkeit	Rating	Währung	Briefkurs	Rendite
Deutsche Bahn Finance	2,657 %	7.2.2028	AA	EUR	121,9	0,7 %
Autoroutes du Sud de la France	3,128 %	11.3.2025	A–	EUR	117,9	1,0 %
BASF	0,187 %	14.5.2020	A	EUR	100,4	0,1 %
BMW Finance	0,118 %	28.7.2017	A	EUR	100,2	–0,1 %
Carrefour	4,678 %	29.6.2017	BBB+	EUR	104,8	–0,02 %
Caterpillar International Finance	0,152 %	8.7.2019	A	EUR	100,2	0,1 %
Gazprom/Gaz Capital	5,440 %	2.11.2017	BB+	EUR	105,5	1,4 %
Grazer Bau- und Grünlandsicherungsgesellschaft	0,349 %	1.6.2024	NA	EUR	100,0	0,34 %
Heineken	2,562 %	19.4.2033	BBB+	EUR	118,0	1,4 %

Quelle: Bloomberg

Die Rolle der Ratingagenturen

In Banken werden Kredite unter Verwendung eines internen Ratingsystems einer bestimmten Risikoklasse zugeordnet. Je höher das Risiko und die Ausfallwahrscheinlichkeit, desto höher die Zinsen. Bei Anleihen übernehmen Ratingagenturen diese standardisierte Risikobewertung. Warum im Kapitalismus zentrale Bürokratien wie Ratingagenturen eine Risikobewertung für Anleihen vornehmen (die dann auch oft verpflichtend ist) und warum das nicht den großen Investoren – wie zum Beispiel der Allianz – überlassen wird, sei hier nicht weiter kommentiert. Ich habe mich oft kritisch über die Ratingagenturen geäußert und empfehle das Buch von Ulrich Horstmann »Die geheime Macht der Ratingagenturen« zum Thema.[8]

Das erste Rating findet schon vor der Erstemission statt. Anschließend wird das Rating regelmäßig aktualisiert. In den Nachrichten liest man oft die Namen S&P, Fitch und Moody's. Diese drei mehrheitlich amerikanischen Institute teilen sich den Ratingmarkt fast ausschließlich untereinander auf. In der Europäischen Union beispielsweise beträgt der Marktanteil der drei Institute gemeinsam über 90 Prozent[9]. Ihre Marktmacht ist damit extrem – und eher von amerikanischen als europäischen Interessen geprägt.

Wenn Emittenten größere Anleihen begeben möchten, ist es praktisch unverzichtbar, ein Rating ausstellen zu lassen. Das Misstrauen der potentiellen Investoren gegenüber der Anleihe wäre sonst zu groß. Abgesehen davon sind die Ratings bereits tief in den Prozessen der institutionellen Anlage verankert und oftmals – leider – gesetzlich vorgeschrieben. Viele Versicherungen und Pensionskassen beispielsweise müssen nach internen Anlagerichtlinien Anleihen verkaufen, sobald diese ein bestimmtes Rating unterschreiten. Wie könnte man also eine Anleihe ins Portfolio aufnehmen, die kein Rating hat? Dabei ist es eine berechtigte Frage, ob so viel Vertrauen in die Rating-Agenturen gerechtfertigt ist.

Die Ratingkategorien der erwähnten Institute teilen sich in acht verschiedene Hauptkategorien ein, die sich bei S&P und Fitch frei übersetzt folgendermaßen gliedern lassen:[10]

S&P Rating	Moody's Rating	Fitch Rating	Bedeutung
AAA	Aaa	AAA	Höchste Bonität
AA	Aa	AA	Hohe Anlagesicherheit
A	A	A	Durchschnittlich-hohe Anlagesicherheit
BBB	Baa	BBB	Durchschnittlich-niedrige Anlagesicherheit
BB	Ba	BB	Spekulative Anlage
B	B	B	Hochspekulative Anlage
CCC	Caa	CCC	Substantielle Risiken
CC	Ca	CC	Extrem spekulativ
C	C	C	Bevorstehender Zahlungsausfall
RD/SD/D		DDD/DD/D	Zahlungsausfall

Bei Moody's lauten die Bezeichnungen für die acht Kategorien etwas anders, sind von der Definition her aber weitestgehend gleich.

Wie aussagekräftig sind die Ratings der Ratingagenturen hinsichtlich der Bonität der gerateten Unternehmen? Insgesamt waren die Prognosen der Ratingagenturen bei Unternehmensanleihen historisch betrachtet gut, wie die Tabelle von S&P zeigt.[11] Je besser das Rating von S&P war, umso niedriger war die Ausfallwahrscheinlichkeit.

Ursprüng-liches Rating	Ausfallwahr-scheinlichkeit 2010–2014	Ausfallwahr-scheinlichkeit innerhalb von sieben Jahren seit 1981	Falls Insolvenz eintrat: Durch-schnittliche Anzahl von Jahren bis zur Insolvenz
AAA	0,0 %	0,53 %	18,0
AA	0,0 %	0,56 %	14,9
A	0,0 %	0,95 %	12,7
BBB	0,2 %	2,84 %	8,2
BB	2,1 %	10,59 %	6,5
B	8 %	22,37 %	4,7
C	60,5 %	48,27 %	2,3

In Erinnerung bleiben dennoch große Insolvenzen, vor denen man nicht gefeit war, wenn man sich zuvor auf die Ratingagenturen verlassen hatte. Als Erstes kommt hier die Subprime-Krise vom Sommer 2007 als gravierender Fehltritt der Agenturen in den Sinn. Die Ratingagenturen gaben den hypothekenbesicherten verbrieften Krediten viel zu gute Ratings. Zwischen 2000 und 2007 vergab Moody's an beinahe 45 000 Wertpapiere dieser Art ein AAA-Rating. Was folgte, ist bekannt. Es gibt genügend andere Beispiele: Russland hatte beispielsweise im Juni 1998 noch ein BB-Rating von S&P und ein äquivalentes Ba2 von Moody's, erklärte sich jedoch zwei Monate später zahlungsunfähig. Auch Enron hatte kurz vor der Insolvenz noch ein Rating, das das Unternehmen als nichtspekulative Anlage klassifizierte. Meiner Meinung nach kann ein Rating niemals die eigene Fundamentalanalyse ersetzen.

Noch fragwürdiger ist es, ob man Investmententscheidungen alleine anhand eines Ratings machen sollte. Investmentlegende Howard Marks erkannte in den achtziger Jahren den Denkfehler der Ratingagenturen in Bezug auf Investments. Moody's definierte Anleihen mit B-Rating wie folgt: »Besitzt nicht die erwünschten Eigenschaften für eine Investition.«[12] Howard Marks erkannte aber, dass jede Investition ab einem bestimmten (niedrigen) Preis attraktiv wird. Bei geringerer Qualität musste eben der Rabatt bzw. Preisnachlass besonders hoch sein. Daher gab es auch im Bereich der Anleihen mit B-Rating durchaus immer wieder Investmentchancen. In den folgenden Jahrzehnten sollte er zu einem der erfolgreichsten Investoren in Hochzinsanleihen werden.

Finger weg von Mittelstandsanleihen[13]

»Mittelstand« suggeriert Solidität, »Anleihe« auch. Mittelstandsanleihen waren in den Jahren 2010 bis 2015 daher so begehrt, wie es um das Jahr 2000 die Aktien junger Technologieunternehmen waren. (Dumme) Privatanleger kaufen alles, was auf den Markt kommt. So war zum Beispiel die Anleihe der kleinen saarländischen Brauerei Karlsberg sofort überzeichnet. Viele ahnungslose Privatanleger hatten die kleine Karlsberg mit dem großen internationalen dänischen Brauereikonzern Carlsberg verwechselt.

Mittelstandsanleihen werden oft von Unternehmen mit einer Traditionsmarke begeben, die durch eine Restrukturierung gegangen sind oder sich in größeren wirtschaftlichen Schwierigkeiten befinden. So kann man billig für 5 oder 6 Prozent Geld einsammeln und die Bankschulden ablösen, Managementgehälter bezahlen oder sonst etwas tun.

Ein Beispiel ist der Spirituosenhersteller Berentzen, der mit 50 Millionen Euro immerhin so viel einsammelte, wie das gesamte Eigenkapital in seiner Bilanz beträgt. Auch in der Gewinn- und Verlustrechnung findet sich nur eine schwarze Null. Ein weiteres Beispiel ist Katjes International, die eine Anleihe begeben und weniger als 3 Prozent Eigenkapitalquote aufgewiesen haben.

Mit 6 Prozent Rendite bei vielen dieser Anleihen zum Emissionszeitpunkt bekommen Sie nur die normale Rendite einer Anleihe in normalen Zeiten, aber das Risiko eines Junkbonds. Denn Mittelstandsanleihen sind meistens Schrott- oder Ramschanleihen – und zwar besonders schlechte. Dann lieber italienische Staatsanleihen. Da lag damals das Zinsniveau ähnlich, und das Risiko war viel, viel geringer.

Die Ratings der Anleihen durch größtenteils deutsche Agenturen, wie zum Beispiel Creditreform, waren, sagen wir mal, sehr optimistisch. Bisher (Juni 2016) waren fast vierzig der seit 2010 emittierten Anleihen von Insolvenz oder Zahlungsausfällen bedroht.[14] Die bekanntesten Totalausfälle sind der Windanlagenbetreiber Prokon, das Agrarunternehmen KTG Agrar, das Modeunternehmen Steilmann oder der Erotik-Versand Beate Uhse. Das Ende ist noch nicht absehbar.

»Jeden Tag steht irgendwo ein Dummer auf«, sagte mal ein Freund zu mir. Am Kapitalmarkt stehen an jedem Tag die Dummen scharenweise auf. Gehören Sie nicht dazu!

Im Einkauf liegt der Gewinn. Bei Mittelstandsanleihen werden Sie meistens über den Tisch gezogen, weil die Rendite in keinem Verhältnis zum Risiko steht.

Merksätze
1. Anleihen sind Forderungspapiere, Schuldscheine, verbriefte Kredite. Anders als Kredite sind sie standardisiert, gestückelt und können an der Börse gehandelt werden.
2. Der Anleihenmarkt ist um 50 Prozent größer als der globale Aktienmarkt. Die Hälfte aller ausstehenden Anleihen sind Staatsanleihen.
3. Unternehmen oder öffentliche Körperschaften (Emittenten) begeben Anleihen, weil sie sich auf diesem liquiden Markt bei entsprechender Bonität auch sehr große Summen beschaffen können.
4. Der Anleihenmarkt wird von institutionellen und professionellen Investoren dominiert.

5. Standardanleihen haben einen Nennwert (oft 1000 Euro oder 1000 Dollar, gelegentlich aber auch wesentlich größer), eine Laufzeit, an deren Ende der Nennwert vom Emittenten zurückgezahlt wird, und eine laufende, feststehende Zinszahlung (Kupon).
6. Sinkt der Kurs der Anleihe, steigt die Rendite bis zum Laufzeitende (Yield to Maturity), weil die Kupons sich nicht verändern, der Kaufpreis (Kurs) aber gefallen ist. Umgekehrt gilt das Gleiche.
7. Kurse können hauptsächlich aus zwei Gründen fallen: 1. die Fähigkeit zur Rückzahlung wird angezweifelt (die Bonität sinkt), 2. das Zinsniveau in der Wirtschaft steigt (alternative Anlagen werden attraktiver). Umgekehrt gilt das Gleiche.
8. Neben den Standardanleihen gibt es eine verwirrende Anzahl von Sonderformen, die Sie besser den Profis überlassen.
9. Vorsicht bei sogenannten »Aktienanleihen«. Das sind keine Anleihen, sondern Produkte der Finanzbranche mit Derivatcharakter. Sie wetten gegen die Bank.
10. Vorsicht bei »Mittelstandsanleihen«. Das Wort Mittelstand suggeriert Seriosität. Meistens sind Mittelstandsanleihen aber Junk Bonds (Ramschanleihen), bei denen Sie keine ausreichende Verzinsung für das eingegangene Risiko erhalten.

6. Gold, Silber und andere Sachwerte

Gold ist seit mehr als 5000 Jahren das Wertaufbewahrungsmittel Nummer eins und gehört spätestens seit Beginn der Finanz- und Schuldenkrise im Herbst 2008 in jedes Portfolio. Im Folgenden werde ich Ihnen den wahren Wert des Goldes zeigen und erklären, warum das Edelmetall in unserer Zukunft noch an Bedeutung gewinnen wird.

Was schon Goethe, Wagner und Tolkien über den Wert des Goldes wussten ...

Faust. Wer kennt sie nicht, die legendäre Gestalt aus Johann Wolfgang von Goethes meisterhaftem wie epochalem Füllhorn deutscher Kultur? In keinem anderen deutschsprachigen Werk ist ein solches Inventar aus Symbolen, Metaphern, Inszenierungen, Verwandlungen und Gestalten – moderner wie antiker, christlicher wie heidnischer, künstlerischer wie technischer Herkunft – zu bewundern wie in der zweiteiligen Tragödie des Meisterdichters. Und – wer hätte es gedacht! – auch in ökonomischer Hinsicht hat das Epos viel Lehrreiches zu bieten.

Faust, einen legendären Magier aus dem 16. Jahrhundert, bringt Goethe seinen Lesern als Repräsentant moderner Maßlosigkeit näher. Wissenschaft und Technik versprechen in Fausts Augen die Grenzen der Zukunft zu sprengen. Alles scheint ihm möglich im Pakt mit dem Teufel. Besonders der zweite Teil der Tragödie birgt eine Fülle solcher »faustischer«

Utopien – und spielte seinerzeit dem später fleischgewordenen Sozialismus einige Steilvorlagen in den Lauf.

Seine Kenntnisse des Papiergeldsystems und von dessen Verwerfungen gibt Johann Wolfgang von Goethe im furiosen ersten Akt des zweiten Tragödienteils preis, in dem er Mephisto die Geldschöpfungsmaschinerie anwerfen lässt. Als Gaukler verkleidet rät dieser dem geldnotleidenden Kaiser: »Wo fehlt's nicht irgendwo auf dieser Welt? Dem dies, dem das, hier aber fehlt das Geld.« Der Kaiser zeigt sich rasch überzeugt und spricht in Keynesianischer Manie: »Ich habe satt das ewige Wie und Wenn; Es fehlt an Geld, nun gut, so schaff' es denn.« Mephisto verspricht: »Ich schaffe, was ihr wollt, und schaffe mehr.«

Mit frischer Kraft wird das erste Papiergeld unters Volk gebracht: eine vom Kaiser unterschriebene und von Mephisto kurzerhand vervielfältigte Urkunde. Der anfängliche Erfolg gibt den Gottspielern recht. Der Kanzler feiert: »So hört und schaut das schicksalsschwere Blatt, das alles Weh in Wohl verwandelt hat.« Und liest auf der Note: »Zu wissen sei es jedem, der's begehrt: Der Zettel hier ist tausend Kronen wert.« Mephisto schließlich facht die Freude weiter an und singt: »Ein solch Papier, an Gold und Perlen statt, Ist so bequem, man weiß doch, was man hat; Man braucht nicht erst zu markten, noch zu tauschen, Kann sich nach Lust in Lieb' und Wein berauschen.«

Denn Mephisto hat vollkommen recht. Dank eines auf blankem Vertrauen beruhenden Geldes wird ein vernünftiges, das heißt vor allem ein den Kunden, Käufern und Konsumenten dienendes Wirtschaften vollkommen obsolet. Zunächst scheinen dann auch alle ökonomischen Probleme hinweggefegt zu sein, doch bald schon kehrt Ernüchterung ein. Die kollektive Glückseligkeit über die vermeintliche Machbarkeit faustischer Utopien weicht der Inflation, der Geldentwertung und dem damit einhergehenden Wohlstandsverlust. Ist es nicht äußerst bemerkenswert, mit welcher Präzision Johann Wolfgang von Goethe an diesem Punkt den zerstörerischen Kern des Papiergeldsystems freilegt?

Ähnliches darf auch von einem anderen großen deutschen Kulturerschaffer behauptet werden. Mit seinem »Ring des Nibelungen« hilft uns der gleichfalls gescholtene wie bewunderte Richard Wagner die Staatsschuldenkrise des beginnenden 21. Jahrhunderts ein wenig besser zu verstehen. In diesem vierteiligen Musikdrama reißt sich ein Zwerg namens Alberich das Geldmonopol unter die Zwergennägel, indem er das Rheingold stiehlt und daraus einen Ring schmiedet, der ihm grenzenlose Macht über die Goldproduktion verleiht. In der Folge entbrennt ein eifriges Schachern und Schlachten um diesen Ring, um das Monopol auf die Produktion des Zahlungsmittels und damit auf die grenzenlose politische Macht. Raub, Betrug und Mord gehen dabei Hand in Hand, bis in der vierten und letzten Oper der Drache Loge das Treiben beendet und Walhall, die ewige Burg und das Symbol politischer Hybris, vernichtet. Die Töchter des Rheins erhalten das Gold zurück, und der über seine Ufer tretende Rhein verschlingt den Rest der Gaunerbande.

Ein Drache? Ein goldener Ring? Weltenmacht und menschliche Selbstüberschätzung? Da war doch was ... Richtig, auch J.R.R. Tolkien nahm sich in seinen Romanen »Der kleine Hobbit« und »Der Herr der Ringe« dieses Themenspektrums an und spann das Fantasy-Epos aller Fantasy-Epen um die Frage, ob finanzpolitische Allmacht in sterblicher Hand nicht eines Tages auch etwas Gutes bewirken könnte.

Tolkiens Figur Sméagol hilft uns die Antwort auf diese Frage zu erahnen ...

Warum der Goldpreis weiter steigen wird

Seitdem US-Präsident Richard Nixon im August 1971 die Bindung des Dollars an Gold aufhob und damit den Anker des Währungssystems von Bretton Woods wegnahm, hat sich der Goldpreis vervierzigfacht. Noch 1971 konnte man 35 Dollar gegen eine Feinunze (31,1 Gramm) eintauschen. Nixon begründete seinen Schritt damals mit Spekulationen gegen den Dollar. Tatsächlich hatten sich die USA mit dem Vietnamkrieg übernommen und waren in einer angespannten Wirtschaftslage.

Seitdem steigt der Goldpreis, wenn auch mit extrem langen Zyklen. Von 1970 bis 1980 explodierte er geradezu von 35 auf 700 Dollar – eine Verzwanzigfachung. Die Inflation der 70er Jahre und die lange Deckelung des Goldpreises führten zu einer Spekulationsblase.

Entwicklung des Goldpreises seit 1970

Quelle: Bloomberg

Als die drastischen Maßnahmen des US-Notenbankpräsidenten Paul Volcker gegen die Inflation zu greifen begannen, sackte die Blase in sich zusammen. Gold sollte bis auf 260 Dollar fallen und erst 2007 – 27 Jahre später – die alten Höchststände erreichen.

Dann ging es schnell: Von 2001 bis 2011 stieg der Goldpreis um den Faktor sieben, um im Jahr 2011 bei 1800 Dollar zu liegen. Die Weltwirtschaftskrise und die Angst vor einem Scheitern unseres Wirtschaftssystems ließen Gold wieder glänzen. Ab 2011 begann eine Korrekturphase, die Ende 2015 abgeschlossen schien. Ich habe in der ganzen Zeit seit 2005 empfohlen, Gold zu halten. Es kommt nicht darauf an, solche Korrekturphasen punktgenau zu erwischen, sondern strategisch und langfristig vorzugehen.

Gelegentlich höre ich den Einwand, dass zurzeit »Gold so hoch stehe wie schon seit fünfunddreißig Jahren nicht mehr«. Aber der Schein trügt: 850 Dollar im Jahr 1980 wären heute 2486 US-Dollar – unter Berücksichtigung der Inflation. Gold kann sich also noch nahezu verdoppeln, bevor es die alten Höchststände tatsächlich erreicht. Ähnlich sieht es bei Silber aus. Allein während der Amtszeiten von Alan Greenspan und Ben Bernanke hat der Dollar 48 Prozent an Wert verloren.

2015 konnten Sie zwar kurzfristig mehr als 40 Barrel Öl für eine Unze Gold kaufen; langfristig scheint die Relation aber recht stabil bei etwas mehr als 10 zu liegen und nur selten über die 20 auszubrechen. Im Januar 1985 lag dieser Wert bei 11,2, 1950 bei 13, Anfang 2006 lag er bei 10. Wenn Sie sich also von einem Denken in weitgehend wertlosen Papierwährungen lösen, ist der Wert des Goldes extrem stabil. Die Sondersituation um die Jahreswende 2015 auf 2016 lag an einer Panik am Ölmarkt, die den Ölpreis kurzzeitig auf unter 30 Dollar je Barrel einbrechen ließ. Auf jeden Fall sehen wir gemessen in Öleinheiten keinen langfristigen, »säkularen« Anstieg des Goldpreises. Im Jahr 1920 kostete das legendäre Automobil »Model T« 395 Dollar – das waren knapp 20 Unzen Gold. Im August 2016 stand die Unze Gold bei 1180 Euro – 20 Unzen wären demzufolge 23 600 Euro. Dafür können Sie ein Standardauto kaufen. Wenn wir davon ausgehen, dass Gold eher am unteren Rand seiner Bewertung ist, werden Sie schon bald ein etwas größeres Auto für 20 Unzen kaufen können.

Wenn man sich das Verhältnis von Dow Jones zu Gold anschaut, sieht man die Aufblähung der Papiervermögen deutlich. 1980 kostete die Unze Gold 589 Dollar, der Dow Jones stand bei 963 Punkten. Sie konnten also mit einer Unze Gold fast 60 Prozent des Dow-Jones-Index erwerben. Nun waren 1980

Gold-Öl-Quote seit 1970

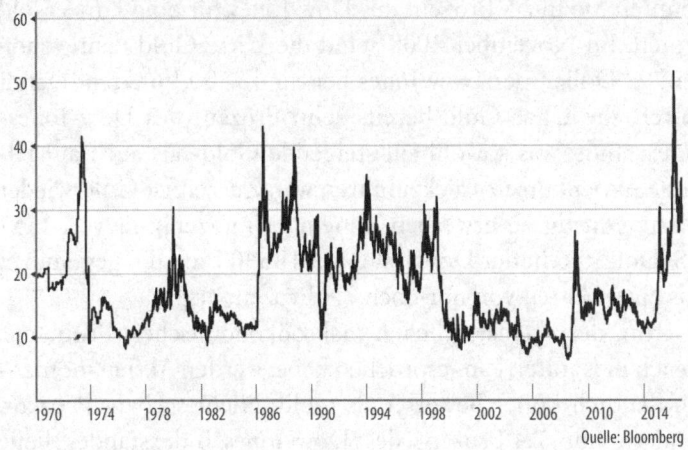

Quelle: Bloomberg

und 1981 Ausnahmen: So teuer war Gold in Relation zu Aktien sonst nie. Die Edelmetallspekulation der siebziger Jahre hatte zu einer massiven Preisblase geführt. Nach 1981 sank der Goldpreis und sollte erst dreißig Jahre später seine alten Höchststände wieder erreichen.

Dow-Gold-Quote seit 1920

— langfristiger Mittelwert   — langfristiger Median   Quelle: Bloomberg

Im Jahr 2005, als Gold noch nach seinem Tief verharrte, konnten Sie nur 5 Prozent des Dow Jones für eine Unze Gold kaufen. Im November 2008 stand die Unze Gold dann schon bei 792 Dollar, der Dow Jones bei rund 7500 Punkten. Damit kostete die Unze Gold bereits zehn Prozent des Dow-Jones-Indexstands, was sowohl auf steigende Gold- als auch auf fallende Aktienkurse zurückzuführen war. Zurzeit ist Gold wieder relativ günstig zu erwerben. Einem Feinunzenpreis von 1357 US-Dollar steht der Dow Jones mit 18 340 Punkten gegenüber, was einen Anteil von nur noch 7,4 Prozent ergibt.

Trotz der offensichtlichen makroökonomischen Probleme, die ich in Kapitel 4 angesprochen habe, werden Aktien momentan deutlich höher bewertet als Gold. Nicht sechzig Prozent, sondern nur 7,4 Prozent des Dow-Jones-Indexstandes ließe sich mit einer Unze Gold kaufen. Auch dies ist ein Hinweis dafür, dass das Edelmetall zurzeit noch sehr günstig zu haben ist.

Aber auch abseits der großen Finanzmärkte haben wir uns längst an den Wertverfall unseres Geldes gewöhnt. Es ist normal geworden, dass Preise für Waren und Dienstleistungen stetig ansteigen. Ein einfaches Beispiel: Der Sommer 2016 gehörte, zumindest in Europa, wieder voll und ganz und gar »König Fußball«. Die Europameisterschaft fesselte Millionen an die Fernsehapparate, und mit ihr begann auch die Hauptsaison für den italienischen Sticker-Giganten Panini. Zur EM 1992 kostete das Päckchen mit fünf Aufklebern noch 50 Pfennige, zur EM 2000 waren es 60 Pfennige. Und heute sind es 60 Eurocent – eine Preissteigerung um 140 Prozent innerhalb von 24 Jahren. Ein Zeichen der Zeit.

Aber die begehrten Aufkleber von Panini sind beileibe nicht das einzige Produkt des alltäglichen Lebens, das, gemessen an der realen Kaufkraft der Konsumenten, immer teurer wird. Wirklich brisant werden solche historischen Betrachtungen, zieht man die Preisentwicklung der Feinunze Gold hinzu.

Denn im Gegensatz zum Euro aus Papier ist die Münze aus Gold heute noch genauso viel wert wie noch vor fünfzehn

Jahren. Und wie vor hundert Jahren. Und wie vor tausend Jahren. Gold konserviert seine Kaufkraft seit Jahrtausenden. Seit Tausenden von Jahren bleibt die Kaufkraft einer Unze Gold in materiellen Gütern gemessen relativ konstant, zumindest wenn Sie kurzfristige Wertschwankungen herausrechnen.

Gegenüber dem US-Dollar und Papiergeld allgemein jedoch befindet sich Gold in einem langfristigen Aufwärtstrend, wenn auch mit sehr langen Zyklen. 1971 beendete die US-Regierung den Goldstandard endgültig. Dollars konnten also nicht mehr in Gold umgewandelt werden. Seitdem basiert der Wert des Dollars nur noch auf Vertrauen.

Eine Reihe von Beispielen zeigt auf, wie sehr dieses Vertrauen leidet. Dank der gestiegenen Produktivität reichte ein Gramm Feingold im Jahr 2013 aus, um circa neun Kilogramm Brot zu kaufen. Im Gegensatz zum US-Dollar blieb die Kaufkraft des Goldes zumindest seit 1900 vergleichsweise konstant.

Und selbst der Big Mac lässt erkennen, wie stark die Kaufkraft des Papiergeldes fällt. Der Wert des US-Dollars fiel zwi-

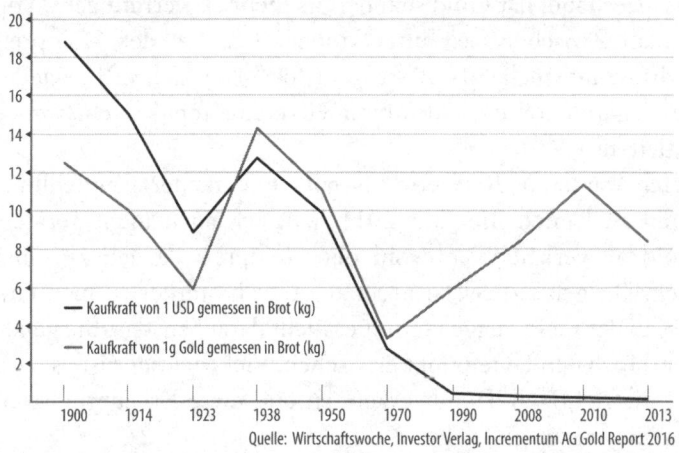

Kaufkraft von Papiergeld und Gold gemessen in Broteinheiten

Quelle: Wirtschaftswoche, Investor Verlag, Incrementum AG Gold Report 2016

schen 1985 und 2015, gemessen in Big Macs, um 67 Prozent, während der Big-Mac-Wert des Goldes um 15 Prozent stieg.

Kaufkraft von Dollar und Gold in Big Macs

Preis eines Big Macs	1985	2015	Kaufkraft USD und Gramm Gold 1985 vs. 2015
In US-Dollar	1,6	4,79	–67 %
In Gramm Gold	0,15	0,13	+15 %

Quelle: The Economist, GoldMoney Research

Mensch und Maschine werden produktiver, arbeiten effizienter. Die Preise würden somit in einem gesunden, weil wertgedeckten Geldsystem stetig fallen. Doch genau das Gegenteil ist der Fall. Was sich stets ändert, ist der Wert des Papiergeldes. Er sinkt von Jahr zu Jahr, während Sie, als hart arbeitende Menschen des Mittelstandes, mit stagnierenden oder gar fallenden Reallöhnen zu kämpfen haben.

Seit dem Jahr 2005 empfehle ich, Gold (sowie Platin, Silber etc.) zu kaufen. Der Goldpreis ist seitdem schon deutlich gestiegen. Seit Anfang 2001, als der Goldpreis bei gut 250 Dollar je Unze stand, hat Gold sich bereits mehr als verfünffacht. Von seinem Zwischenhoch im Oktober 2012 fiel der Goldpreis in Euro um mehr als 30 Prozent, bevor er sich 2014 wieder stabilisieren konnte und Anfang 2016 eine rapide Kehrtwende einleitete.

Ich war zwar 2005 etwas »spät« mit meiner Empfehlung, Gold zu kaufen. Im Jahr 2011 habe ich auch nicht geraten, Gold zu verkaufen, obwohl der Goldpreis danach zu einer mehrjährigen Korrektur ansetzte. Aber hinterher ist man klüger. In der Geldanlage kommt es nicht darauf an, dass Sie genau den Hoch- und Tiefpunkt erwischen. Viel wichtiger ist es, dass Sie die richtigen Trends erkennen und diese Erkenntnis konsequent umsetzen.

Eigentlich bin ich wie Warren Buffett ein Aktienfan. Aktien sind die absolut beste Geld- und Kapitalanlage. Allerdings: Die Aktienkurse können langfristig nur in demselben Umfang steigen wie die Unternehmensgewinne. Und in den letzten beiden Jahrzehnten sind die Gewinne vieler Firmen zuerst in den USA, später auch in Europa explodiert. Diese Situation wird sich auch wieder einmal ändern. Nur müssen dann viele Aktien eine Durststrecke überstehen (Aktien außergewöhnlich guter Unternehmen werden aber weiter ihren Weg gehen).

Nach zwei Jahrzehnten Aktienboom (inklusive einem entsprechenden Goldpreisverfall) und bei einer insgesamt krisengefährdeten Weltwirtschaft gehört aber meiner Meinung nach Gold in jedes Depot. Ich sehe in den nächsten Jahren einen Goldpreis von mindestens 2300 Dollar je Unze.

Wenn Sie also beim derzeitigen Kursniveau einsteigen, könnten Ihre Goldbestände massiv im Wert zulegen. Und selbst der Preis von 2300 Dollar muss nicht das letzte Wort sein.

Bedenken Sie bitte zudem, dass die gemeinhin bekannte Darstellung des Goldpreises nicht das ganze Ausmaß der Wert-

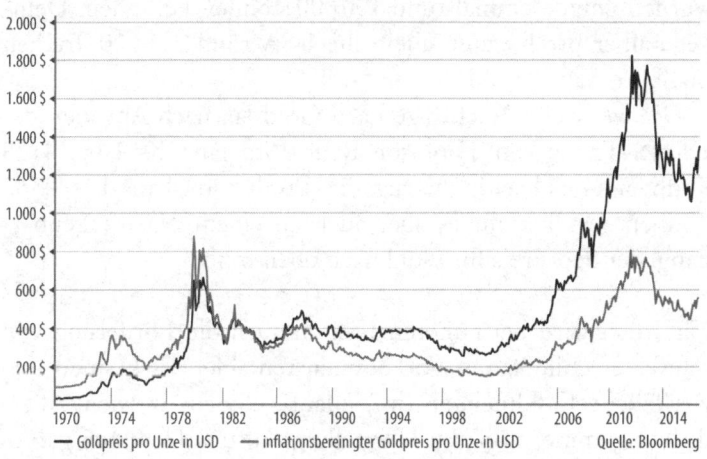

entwicklung zeigt. Dazu ist es notwendig, sich die inflationsbereinigten Daten anzuschauen. Der amtliche Consumer Price Index (CPI) der USA wird monatlich vom Bureau of Labour Statistics veröffentlicht. Im Chart auf Seite 221 sehen Sie eine Gegenüberstellung der nominellen Preisentwicklung und der um den CPI bereinigten Preisentwicklung des Goldes.

Sie erkennen, dass beide aktuellen Kurse, der inflationsbereinigte sowie der nominelle Goldpreis, noch deutlich unter dem inflationsbereinigten Höchststand aus dem Jahr 1980 notieren. Das damalige Hoch entspricht einem inflationsbereinigten Preis von 1791 US-Dollar. Wir sind also heute, mit einem Goldkurs von 1240 US-Dollar im August 2016, noch deutlich davon entfernt.

Aber kann man Gold und andere Anlagegüter wirklich objektiv und präzise einschätzen, wenn man sie nur in Geldeinheiten bewertet? Ich denke, nicht.

Angebot und Nachfrage

Es ist erstaunlich, wie wenig Gold es auf der Welt gibt. Bislang wurden gerade einmal rund 170 000 Tonnen gefunden. Demgegenüber produzieren allein die USA rund 221 000 Tonnen Stahl pro Tag.

Die weltweite Nachfrage nach Gold lag nach Angaben des GFMS-Teams von Thomson Reuter im Jahr 2014 bei 4158 Tonnen. Gleichzeitig betrug die Produktionskapazität 4362 Tonnen. Oft kommt es aber auch zu einem Nachfrageüberhang, der den Preis für Gold nach oben treibt.

Natürlich wird bei höheren Preisen auch die Förderung von schwer erschließbaren Vorkommen rentabler. Es können also zusätzliche Goldmengen in Umlauf gebracht werden. Allerdings zu immer höheren Herstellungskosten. Dennoch gab es

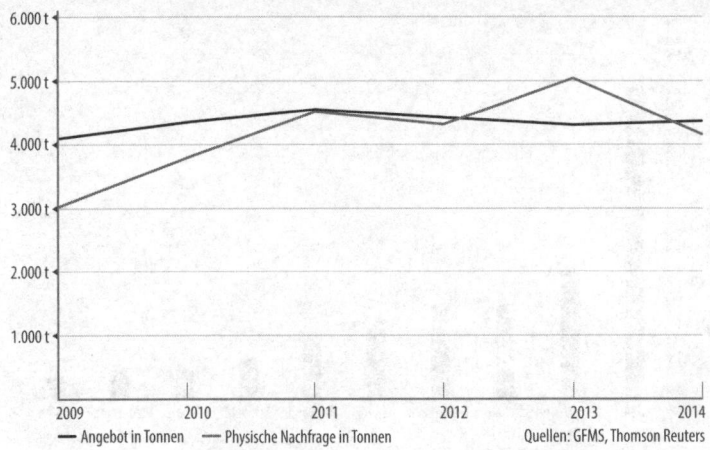

seit 1492 kein Jahr mehr, in dem die weltweiten Goldvorräte um mehr als 5 Prozent gestiegen sind.

Die industrielle Nachfrage nach Gold beträgt etwa 50 Tonnen pro Jahr, die Schmuckindustrie verarbeitet dagegen 3000 Tonnen. Weitere 100 Tonnen werden als Goldmünzen geprägt.

Auch die Zentralbanken fragen eifrig Gold nach. Vor allem die chinesische Notenbank hat ihre Reserven in den vergangenen Monaten und Jahren deutlich aufgestockt. Mit 1823 Tonnen rangiert sie mittlerweile auf Rang 5. Bemerkenswert ist allerdings, dass diese Menge lediglich zwei Prozent der chinesischen Gesamtreserven ausmacht.

Zum größten Teil bunkert die Bank of China immer noch US-Dollar in Form von amerikanischen Staatsanleihen und Schatzanweisungen – insgesamt 3,2 Billionen. Wie die anderen Staaten strebt aber auch China danach, sich zunehmend vom US-Dollar zu lösen und die eigenen Goldreserven zu erhöhen. Es erscheint möglich, wie beispielsweise James Rickards in seinem Buch »Währungskrieg« schreibt, dass Gold in einigen Jahren durch die Zentralbanken in USA und China sowie die EZB deutlich aufgewertet wird, um so einige monetäre Proble-

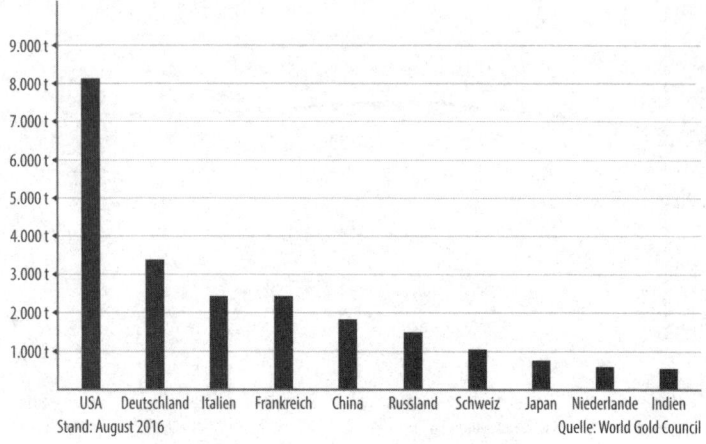

Goldreserven der Zentralbanken

Stand: August 2016
Quelle: World Gold Council

me quasi über Nacht zu lösen. Gold bei 4000 oder 8000 Dollar wäre dann für die Mehrheit der Öffentlichkeit nicht mehr erschwinglich und könnte so als Anker für ein neues Finanzsystem dienen. Aber dies ist zurzeit nicht viel mehr als Spekulation.

Fakt ist aber: Gold ist nicht nur (zu einem geringen Teil) ein industrieller Rohstoff, sondern vor allem ein seit Jahrtausenden von Bürgern, Unternehmen und Regierungen geschätztes Wertaufbewahrungsmittel. Und: Es ist echtes Geld.

Damit hängt der Goldpreis nicht nur an den Förderkosten und der Nachfrage zu Industriezwecken oder als Schmuck, sondern auch am Vertrauen. Der Wert des Goldes wird letztlich durch seine Rolle als einzig sicheres Geld bestimmt. In Krisenzeiten steigt er sprunghaft an, da viele Haushalte etwas von diesem Edelmetall besitzen wollen. Von 1971 bis 1974 verfünffachte sich sein Wert, obwohl einige Ökonomen vorausgesagt hatten, dass Gold sich eher weiter entwerten würde, wenn die amerikanische Zentralnotenbank die Goldbindung des Dollars auflösen würde. Von 1977 bis 1980 folgte dann eine weitere Verfünffachung.

Aktuell könnten China und Indien Vorreiter für ein Wiedererstarken des Goldes in der Weltwirtschaft sein. Hier kauft eine aufstrebende Mittelschicht lieber Edelmetall als die Staatsanleihen der westlichen Industrienationen – wer will es ihr verdenken? In China wurde das aus kommunistischer Zeit stammende Verbot des Privatbesitzes von Gold 2002 aufgehoben. 20 Prozent aller Chinesen können sich vorstellen, 10 bis 30 Prozent ihrer Ersparnisse in Gold anzulegen. Das führte zu einer Nachfrage von 528 Tonnen in der ersten Jahreshälfte 2016. Kein Wunder, dass der Goldpreis steigt.

Ich habe im ersten Teil des Buches ausführlich beschrieben, warum die Weltwirtschaft extrem krisengefährdet ist. Die Welt schwimmt auf einer Welle leichten Geldes der Zentralbanken. Dieses leichte Geld, von Obergelddrucker Alan Greenspan geschaffen, war mitverantwortlich für verschiedene Blasen, unter anderem die Technologieblase und die jetzige Immobilienblase in den USA.

Wenn diese letzte und größte Blase platzt, bleibt eigentlich nur noch das Gold.

Unsicherheitsfaktor Notenbanken

Gold ist der natürliche Feind der Notenbanken und der »modernen« Ökonomen. Sie können die Menge nicht wesentlich verändern und manipulieren. Dieses Edelmetall ist wertbeständig, was bedeutet, dass andere Vermögensgegenstände an ihm gemessen werden können. Alan Greenspan lag in den sechziger Jahren richtig, als er sagte, nur Gold schütze vor einer schleichenden Enteignung durch die Geldentwertung. Gold verhindert die Manipulation von Geld und Kredit. Zentralbanken und Politiker haben also ein natürliches Interesse daran, die Rolle des Goldes in der Welt zu verringern, denn eine starke Position würde ihre Handlungsfreiheit einschränken. Dabei werden sie von Heerscharen von Ökonomen unterstützt, die der Ansicht sind, man könnte mit Hilfe der Geldmenge die Wirtschaft wie eine Maschine steuern. Alle vergessen, dass Geld nur so lange manipuliert werden kann, wie das Grundvertrauen gegenüber diesem Zahlungsmittel vorhanden ist.

Nach eigenen Angaben hatten die Notenbanken Mitte der 2000er Jahre rund 32 000 Tonnen Gold in ihren Tresoren – also etwas mehr als ein Viertel der gesamten Goldmenge. Die amerikanischen Finanzexperten James Turk und John Rubino schätzen, dass dort aber tatsächlich nur 18 000 Tonnen lagern. Die Notenbanken haben nämlich etwa 14 000 Tonnen an Banken verliehen und erhalten dafür Zinsen. (Nach den sehr flexiblen – man könnte auch sagen betrügerischen – Bilanzregeln der Notenbanken dürfen sie das verliehene Gold aber weiter in ihrer Bilanz führen.) Die Banken wiederum haben das Gold am freien Markt verkauft. Wenn nun der Goldpreis dauerhaft ansteigt, werden sie sich eindecken müssen, um größere Verluste zu vermeiden. Dadurch steigt der Goldpreis noch weiter. In der Börsensprache nennt man so etwas einen »Short Squeeze«.

Turk und Rubino haben in detektivischer Kleinarbeit viele Hinweise gefunden, dass die Notenbanken den Goldmarkt aktiv manipulieren, um den Goldpreis zu drücken. So scheinen über den Exchange Stabilization Fund der US-Regierung Goldverkäufe in erheblichem Umfang gelaufen zu sein, obwohl sie sich alle Mühe gab, ihre Spuren zu verwischen, und sogar die Akten nachträglich umschreiben ließ. Auch die Bank of England kündigte 1999 an, die Hälfte ihrer Goldreserven abzubauen. Der volkswirtschaftliche Sinn dieser Aktion war äußerst fraglich. Betriebswirtschaftlich schadete sich die Bank sogar mit dieser Ankündigung: Sie drückte den Preis, um dann billig verkaufen zu können. Das alles machte keinen Sinn, es sei denn, man erkannte das wahre Motiv dahinter: Ein Weltwährungssystem ohne Gold ist das Paradies für Notenbanken und Regierungen. Sie können dann die Papierwährungen nach Belieben manipulieren. In Deutschland hat sich Dimitri Speck große Verdienste um die Analyse der Goldpolitik der Notenbanken erworben. Auch Speck hat vielfache Indizien dafür gefunden, dass der Goldpreis manipuliert ist.

Natürlich kann als letzte Maßnahme der Besitz von Gold verboten werden. Die Strafen, die die Regierung Roosevelt 1933 für den Privatbesitz von Gold verhängte, haben jedoch wenig genützt: Nachdem die Konfiszierung bekanntgegeben wurde, wurden nur Goldmünzen im Gewicht von 3,9 Millionen Unzen abgeliefert. Das waren nur 21,9 Prozent aller Goldmünzen, die im Umlauf waren. Bereits vor der offiziellen Bekanntgabe der Enteignung war die Menge der umlaufenden Goldmünzen um 35,3 Prozent gesunken. Die Bürger leisteten zu Recht passiven Widerstand gegen diesen Enteignungsversuch des Staates. Nach Ablauf der Abgabefrist wurde der Dollar gegenüber Gold um 69,3 Prozent abgewertet. Generell gilt: Misstrauen Sie allem, was Regierungen und Notenbanken zum Thema Gold sagen. Legen Sie eine angemessene Menge davon »auf die Seite«. Sie werden sich später darüber freuen.

Silber – Industriemetall und Gold des kleinen Mannes

Sommer 2011. Atlantik. Südwestlich von Irland wird das Wrack der SS Gairsoppa entdeckt. Siebzig Jahre zuvor war das britische Schiff von einem deutschen U-Boot versenkt worden, kurz bevor es seinen Zielhafen erreichen konnte. Aus Indien sollte es Tee und vor allem 198 Tonnen Silber in Form von Barren nach Großbritannien bringen. Nach dem Fund wurde sofort mit der Bergung begonnen. Aus gutem Grund: Das Silber an Bord der SS Gairsoppa hatte einen Gegenwert von heute 150 Millionen Euro. Was meinen Sie? Was wäre geschehen, wenn das Schiff nicht 198 Tonnen Silber, sondern Banknoten mit dem gleichen damaligen Wert, wasserdicht eingepackt und zur Fundzeit unbeschädigt, geladen hätte? Ich bin überzeugt davon, dass die SS Gairsoppa nur noch als Ausflugsziel für Hobbytaucher von Interesse gewesen wäre.

Denn genauso wie Gold ist auch Silber ein gutes Wertaufbewahrungsmittel. Es ist reales, gesundes Geld. Schon in der Antike wurde Silber aus dem Boden befördert und verarbeitet. Von den Assyrern bis zu den Germanen war das Edelmetall als Zeichen des Wohlstands und Konservierungsmittel der Kaufkraft bekannt und beliebt. Nicht überraschen sollte es Sie, dass auch der US-amerikanische Kongress 1792 Silber zur Basis des US-Dollars machte. Der Silberdollar existierte noch bis 1965 als offizielles Zahlungsmittel in den Vereinigten Staaten.

Heute wird Silber vor allem in der Industrie benötigt. Dies belegen die Zahlen des Silver Institute, einer internationalen Organisation silberfördernder und -verarbeitender Branchen. Die hohe Nachfrage kommt zumeist aus der optischen Industrie, der Lebensmitteltechnik, der Medizin und der Schmuckbranche, da es über 99,5 Prozent des sichtbaren Lichtes reflektiert und das am besten leitfähige Metall ist. Gefördert wird Silber zu großen Teilen in Peru, Mexiko, den USA und in Bolivien und Kanada, wobei es oft auch als Nebenprodukt der Blei- und Kupferherstellung anfällt. Allerdings geht das Angebot seit Jahren zurück. Es wird mehr Silber verbraucht, als gefördert oder recycelt werden kann. Aufgrund der niedrigen Einstiegspreise gilt Silber auch als das »Gold des kleinen Mannes«.

Silber ist daher besonders abhängig von der konjunkturellen Entwicklung. Probleme der Weltwirtschaft, wie zum Beispiel die Finanzkrise nach dem Platzen der US-Hypothekenblase im Herbst 2008, drücken den Silberkurs stets besonders intensiv. Hinzu kommt, dass der Silbermarkt deutlich weniger Volumen und Liquidität aufweist als der Goldmarkt. Der Silberkurs zeigt sich deshalb sehr viel volatiler als der Goldkurs.

Auf Grundlage des durchschnittlichen Silberpreises von 15,68 US-Dollar pro Feinunze entsprachen die 1,17 Milliarden weltweit nachgefragten Unzen im Jahr 2015 gerade einmal einem Gegenwert von 18,3 Milliarden US-Dollar. Diese Zahl entspricht, vergleicht man sie mit den Volumen der großen Kapitalmärkte, nicht viel mehr als einem Rundungsfehler.

Zum Vergleich: Allein die Marktkapitalisierung des US-Computergiganten Microsoft beträgt aktuell 441 Milliarden US-Dollar, die des Lebensmittelkonzerns Nestlé 240 Milliarden Schweizer Franken (rund 246,5 Milliarden US-Dollar) und die von Coca-Cola 188 Milliarden US-Dollar (Stand: 3. August 2016).

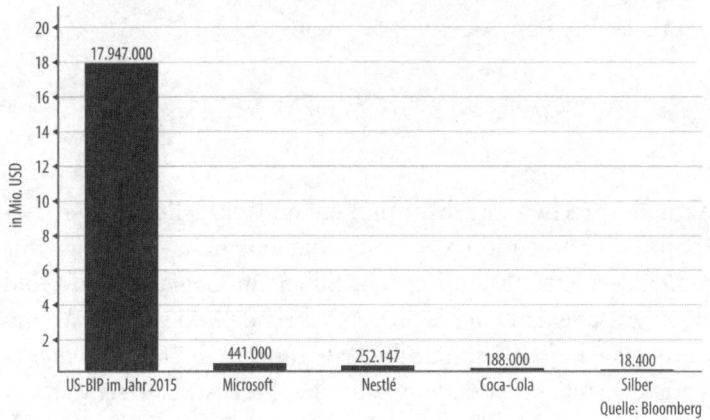

Marktwert allen Silbers im Vergleich zum US-Bruttoinlandsprodukt und dem Börsenwert ausgewählter Unternehmen

Quelle: Bloomberg

Die Gold-Silber-Quote schwankt etwas stärker, weil Silber stärker auf die Konjunktur reagiert. Das Preisverhältnis zwischen Gold (hauptsächlich monetär getriebene Nachfrage) und Silber (vor allem industriell geprägte Nachfrage) gibt damit Aufschluss über die Entwicklung von Inflation und Konjunktur: Wenn Silber steigt, zieht meistens auch die Konjunktur an.

1950 bekamen Sie für eine Unze Gold 40 Unzen Silber, 2005 waren es knapp 60. Im November 2008 bekamen Sie allerdings 83 Unzen Silber pro Unze Gold. Damals war Gold relativ teuer. Aktuell beträgt die Relation 66 zu 1 (Stand: 3. August 2016). Das entspricht dem langfristigen Durchschnitt seit Mitte der achtziger Jahre.

Gold-Silber-Quote seit 1971

Quelle: Bloomberg

Aktuell sprechen die historischen und aktuellen Daten bezüglich der Situation von Silberangebot und -nachfrage für steigende Kurse. Allerdings hat Silber im Gegensatz zu Gold einen entscheidenden Nachteil: Während Gold von der Mehrwertsteuer befreit ist, ist Silber als Industriemetall voll mehrwertsteuerpflichtig. Zudem kann der Preis stärker schwanken als der von Gold. Silber ist also immer nur als Ergänzung zu sehen – das Basisinvestment ist Gold.

Das Silberangebot

Im Mittelalter gehörten Minen in Deutschland, Österreich und der Schweiz zu den bedeutendsten Silberproduzenten der Welt. Große Vorkommen wurden unter anderem in Tirol, im Harz und im Erzgebirge ausgebeutet. Mit der Entdeckung Amerikas schwang sich Jahrzehnte später Spanien zum wichtigsten Importeur und Nutznießer des Edelmetalls auf. Bis heute gehören die Silberminen in Peru mit 4200 Tonnen im Jahr 2015 zu den größten Silberproduzenten der Welt.

Zum größten Teil wird Silber aus in Minen geförderten Erzen gewonnen – meistens als Beiprodukt beim Abbau unedler Metalle und Gold. Wie das Silver Institute ermittelte, wurden im Jahr 2015 nur 30 Prozent des weltweit geförderten Silbers aus Minen gewonnen, die sich primär diesem Edelmetall verschrieben haben.

Standen im Jahr 2005 noch Befürchtungen im Raum, die Silberproduktion werde bis 2020 zum Erliegen kommen, konnte diese durch umfangreiche Explorationen bis heute sogar signifikant gesteigert werden. Dennoch ist die Branche immer wieder von neuen Erzfunden abhängig, was die Förderung zunehmend kostspielig und ineffizient werden lässt. Mehr Silber als in Peru wird nur in Mexiko (5800 Tonnen im Jahr 2015) gefördert. Auch China (3400 Tonnen im Jahr 2015) kann hier noch mithalten. Auf dem europäischen Kontinent sind die Minenbetreiber Russlands (1500 Tonnen im Jahr 2015), Polens (ca. 1200 Tonnen jährlich) und Schwedens (ca. 270 Tonnen jährlich) die wichtigsten Silberproduzenten. Weltweit hat sich bislang aber kein eindeutiges Monopol herausbilden können. Kein einzelner Staat kommt aktuell auf einen Anteil an der gesamten Silberproduktion von 25 Prozent oder mehr.

Die Minenbetreiber werden, genauso wie bei der Goldproduktion, aufgrund der teils miserablen Arbeitsumstände in ihren Anlagen regelmäßig kritisiert. Die Bergarbeiter leiden zum großen Teil an Staublungen und anderen Erkrankungen der Atemwege. Die durchschnittliche Lebenserwartung der Arbeiter im bolivianischen Potosí liegt beispielsweise bei gerade einmal 38 Jahren.

In Sachen Aktien predige ich seit vielen Jahren schon, sich von »Schweinkram« wie zum Beispiel den Waffenproduzenten fernzuhalten. Schließlich hat jedes Investment immer auch eine moralische Implikation. Gleiches muss natürlich auch für die Geldanlage in Edelmetalle gelten. Der Grat ist, wie so oft, sehr schmal, weshalb ich Ihnen die endgültige Entscheidung natürlich selbst überlasse. Doch bedenken Sie bitte, dass die Alternativen zu Gold und Silber zur wirklich effektiven Vermögensabsicherung sehr rar gesät sind. Ich setze große Hoffnung in die Zukunft, in der die Minenbetreiber ihre Gewinne auch zur Verbesserung der Arbeitsbedingungen vor Ort einsetzen werden.

Doch glücklicherweise müssen wir als Anleger uns nicht nur auf die aktuelle Minenproduktion und die dabei herrschenden schlechten Arbeitsbedingungen verlassen. Denn auch das Recycling spielt bei der Silberproduktion eine bedeutsame Rolle. Allein in den USA werden jedes Jahr mehrere Hundert Tonnen Silber eingeschmolzen und wiederverwertet. Selbst das bei der Filmentwicklung anfallende Abwasser wird dabei genutzt. Rund ein Drittel der weltweiten Silberproduktion wird aktuell mittels Recyclingverfahren gedeckt. Mit Blick auf die Zukunft ist aber eines besonders bedenkenswert: Ökonomisch macht die Wiederverwertung immer weniger Sinn, da immer geringere Silbermengen in den einzelnen Produkten verwendet werden. Dementsprechend geht das Silbervolumen aus Recyclingprozessen von Jahr zu Jahr zurück.

Wir halten also fest: Das Silbervolumen wächst immer langsamer. Zwar konnte die Minenförderung dank neuer Vorkommen, vor allem in China, in den letzten Jahren etwas zulegen, doch die Branche hat ihren Zenit erreicht. In den nächsten Jahren wird die Förderung neuen Silbers deutlich sinken. Auch die Wiederverwertung des Industriemetalls Silber wird immer schwieriger und kostspieliger. Insgesamt werden die Silberbestände langfristig nicht mehr anwachsen. Das Volumen hat seine Grenzen erreicht. Das Angebot ist nahezu ausgeschöpft.

Die Silbernachfrage

Im Gegensatz zu Gold ist Silber auch ein wichtiges Industriemetall.

Nach Angaben des bereits erwähnten Silver Institute hatten industrielle Anwendungen im Jahr 2015 einen Anteil von 50 Prozent an der Gesamtnachfrage. Auf dem zweiten und dritten Platz der stärksten Nachfrager folgten die Produzenten von Münzen und Barren mit 25 Prozent und schließlich die Hersteller von Schmuck mit 19 Prozent.

Weltweite Silbernachfrage 2015 nach Branchen

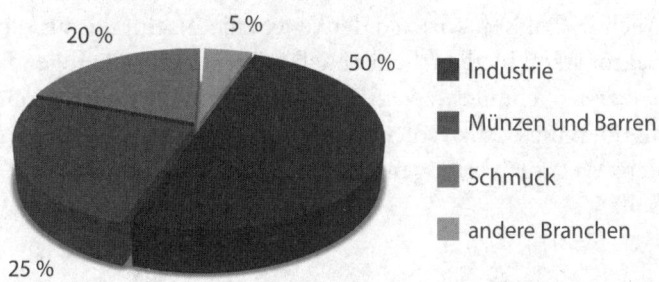

Quelle: GFMS Thomson Reuters, Silver Institute und eigene Berechnungen

In der Elektrotechnik wird Silber aufgrund seiner herausragenden Strom- und Wärmeleitfähigkeit zur Herstellung von Schaltungen, Kondensatoren und Computerchips benötigt. Diese Teile wiederum stecken mittlerweile in vielen verschiedenen Geräten und Werkzeugen des alltäglichen Lebens. Immer wichtiger werden Funkchips, die selbst in Kleidung und kleinste Haushaltsprodukte implementiert werden. »Industrie 4.0« und »Das Internet der Dinge« sind zwei Begriffe, die Sie sicherlich kennen. Viele Maschinen, Werkzeuge, Fahrzeuge und Produkte kommunizieren heute schon miteinander, ohne dass Menschen eingreifen müssen. Diese Vernetzung wird zukünftig noch zunehmen, weshalb die Nachfrage nach Silber aus diesem Sektor weiter steigen wird – aufgrund der geringen Silbermengen pro Produkteinheit auch relativ unabhängig vom jeweils aktuellen Kurs.

Auch in der Medizin besitzt Silber eine herausragende Bedeutung. Aufgrund seiner antibakteriellen Wirkung wird es als

Desinfektionsmittel verwendet. Die Nachfrage aus diesem Bereich kann man aber den Silberkurs betreffend eher unter den Tisch fallen lassen, da die benötigten Mengen hier vergleichsweise marginal sind.

Der klassische Wirtschaftsbereich mit großer Affinität zu Silber ist natürlich die Schmuckindustrie. Die Hersteller arbeiten hier bekanntermaßen seit Jahrtausenden mit dem Edelmetall. Auch in Zukunft wird, so denke ich, die Nachfrage aus diesem Sektor stabil bleiben. Schließlich mögen auch viele Jugendliche Silber als Schmuck – weniger in Form von Ohrringen, sondern als Piercings. Aber solche Geschmacksfragen können uns auf dem Weg zur Vermögenssicherung glücklicherweise nicht aufhalten.

Historische Entwicklung und Ausblick

Die Volatilität des Silberpreises ist stark. Auf Deutsch: Der Silberpreis kann sehr stark schwanken. Selbst wenn Sie ein Investor mit langem Atem sind, sollten Sie sich dessen bewusst sein. Deshalb möchte ich Sie auf eine besondere historische Episode aufmerksam machen. Im Jahr 1979 hatte sich der Silberkurs innerhalb nur weniger Monate verfünffacht. Im Januar 1980 erreichte er gar die Bestmarke von 48 US-Dollar pro Feinunze, bevor er im März jäh abstürzte. Was war geschehen?

Die Brüder Herbert und Nelson Bunker Hunt nutzten ihre Ölmilliarden, um den Silbermarkt leerzukaufen. Als der Preis abgehoben hatte und die physischen Bestände sogar knapp wurden, kauften sie per Kredit und über Strohmänner. Im Januar 1980 gehörte ihnen ein Drittel des weltweiten Silbers, was die Börsenaufsicht auf den Plan rief. Diese verlangte neue Sicherheiten für die Future-Optionen der Brüder, ein sogenannter »Margin Call«. Die Hunts konnten nicht nachschießen und genug Sicherheiten aufbringen. Sie hatten sich übernommen und mussten die Segel streichen. Der Silberpreis fiel wieder in den Keller.

Die Moral von der Geschichte: Ein Investment in Silber ist nicht ungefährlich. Der Markt ist klein. Große Investoren wie beispielsweise Warren Buffett, der nach eigenen Angaben bereits große Silberpositionen aufgebaut hat, können den Markt sehr leicht beeinflussen.

Nichtsdestotrotz besitzt Silber in unserer Zeit der Währungsturbulenzen, der Rettungsprogramme, der Bargeldeinschränkungen und finanziellen Repressionen ein großes Potential. Seit vielen Jahren schon wird vor allem aus der Industrie mehr Silber nachgefragt, als gefördert werden kann. Das Recycling ist außerordentlich kostenintensiv. Das stagnierende Angebot wird mit Sicherheit für steigende Notierungen sorgen. Ich sehe ganz deutlich einen Bullenmarkt für Silber. Zudem ist Silber seit Jahrtausenden ein »sicherer Hafen« und gehört allein schon zur Vermögenssicherung in jedes Portfolio.

So investieren Sie in Edelmetalle

Häufig bekomme ich die Frage gestellt, ob man denn nun Gold oder Aktien von Goldminenbetreibern kaufen solle. Generell gilt: Die beste Krisenwährung ist das Metall selbst. Man kann es mitnehmen, in die Hosentasche stopfen, verstecken, tauschen usw. Wenn Sie nur an der Preisentwicklung teilhaben wollen, können Sie auch Goldminenaktien kaufen. Allerdings können solche Papiere in einer Wirtschaftskrise schnell eingefroren werden (wie es zum Beispiel mit den malaysischen Bankguthaben nach der Asienkrise 1997 der Fall war). Sie wären dann nicht liquide.

Zudem enthalten Goldminen einen Hebel, da eben die gesamten Reserven und die gesamte Produktion von der Börse bewertet werden. Der Gewinn hängt bei Goldminen ja nicht am Goldpreis, sondern an der Differenz zwischen Goldpreis und Förderkosten. Liegt zum Beispiel der Goldpreis bei 1200 Dollar je Unze und fördert das Unternehmen für 1000 Dollar, so würde ein Anstieg des Goldpreises um 100 Dollar, also 8,3 Prozent, den Gewinn des Unternehmens um 50 Prozent steigen lassen.

Steigt Gold, können Goldminen unter Umständen überproportional steigen, fällt Gold, dann stürzen Minentitel umso schneller ab. Letztlich gilt: Goldminentitel sind wie Rohstofftitel zu bewerten (sehr volatil) und haben nicht dieselben Eigenschaften wie das Metall selbst.

Als Alternative sind noch mit Gold hinterlegte Edelmetallkonten möglich, die von einigen Schweizer Banken, zum Beispiel der Züricher Kantonalbank, angeboten werden. Sie zahlen hier zwar Verwaltungsgebühr, haben aber die Gewähr, dass den Guthaben auf den Konten auch echtes Edelmetall gegenübersteht. Solange wir also »nur« eine Krise wie in den siebziger Jahren bekommen, sind Aktien von Goldminenbetreibern eine Alternative. Bei einer wirklichen Krise ist »physisches« Gold vorzuziehen. Dann kann es sehr schnell sein, dass die Guthaben eingefroren werden.

Gold und Goldaktien im Vergleich

Goldmünzen oder Barren	Aktien von Goldminenbetreibern
Können versteckt werden +	Guthaben können enteignet oder eingefroren werden –
Sind absolut sichere Krisenwährung +	Laufende Rendite in Form von Dividenden +
Können schlecht enteignet werden +	Auswahl und Bewertung sehr schwierig –
	Etliche schwarze Schafe unter den Förderunternehmen –
Lagerung etwas aufwendiger –	Lagerung einfach +
	Hebel auf den Gold-/Edelmetallpreis

Barren und Münzen

Zum Glück ist der Goldkauf in Österreich, Deutschland oder der Schweiz sehr einfach. Sie können zu jeder größeren Bank gehen und Goldbarren oder Goldmünzen bestellen. Mittlerweile habe ich von etlichen Privatanlegern gehört, dass sich die Banken sträuben, entsprechende Order auszuführen. Kein Wunder, denn an Metall verdient die Bank nur einmal, und das auch nur relativ bescheiden.

Wenn man Ihnen hingegen ein Goldzertifikat unterjubelt, ist das eine unerschöpfliche Geldquelle für die Bank. Bleiben Sie hartnäckig! Reden Sie mit dem Leiter der Geschäftsstelle. Und wenn alles nichts nützt – wechseln Sie die Bank. Es gibt genug Banken, die sich nur darum reißen, Sie als Kunden zu bekommen. Goldmünzen, bei denen der Wert des Metalls dem Wert der Münze entspricht, sind zum Beispiel:

- südafrikanischer Krügerrand
- amerikanischer Gold Eagle (auch Silber)
- kanadischer MapleLeaf (auch Platin)
- australischer Nugget
- Wiener Philharmoniker
- englische Britannia
- chinesischer Panda

Diese Münzen gibt es zumeist in Stückelungen von einer Unze, ½ Unze, ¼ Unze und ¹/₁₀ Unze. Die gängigen Größenordnungen für Goldbarren sind 1 g, 5 g, 10 g, 20 g, 31,1 g, 50 g, 100 g, 250 g, 500 g und 1kg. Wenn die Bank Goldmünzen oder -barren nicht vorrätig haben sollte, können sie in wenigen Tagen beschafft werden. Jede Bank wird Ihnen die An- und Verkaufspreise nennen.

Münzen und Barren im Vergleich

Münzen	Barren
Hohe Handelsspanne bzw. Kosten beim Kauf und Verkauf –	Niedrige Handelsspanne, geringe Kosten +
Können besser getauscht werden +	Verkauf etwas schwieriger –
Können oft ohne Prüfung entgegengenommen werden +	

Ich rate, den Notbedarf für sechs Monate in Form von 1-Unzen-Goldmünzen zu halten. Hier ist die Handelsspanne noch am verträglichsten – und diese Münzen sind allgemein akzeptiert. Für das »Wechselgeld« ist auch die Schweizer Vreneli (die wohl bekannteste Schweizer Goldmünze) sehr beliebt, die einen Goldgehalt von 6,45900/1000 Feingold – also etwa 6 g Gold – enthält. Goldbarren lohnen sich eigentlich erst ab 250 g, besser 500 g. Hier bezahlen Sie wesentlich geringere Handelsspannen, sodass Barren besser zur Aufbewahrung größerer Vermögen geeignet sind als Münzen.

Papiergold

Ist Ihnen die Beschaffung und Lagerung von physischem Gold zu umständlich, können Sie auch in Zertifikate und Fonds investieren. Mit diesen Wertpapieren erhalten Sie das Recht auf eine bestimmte Menge Gold.

Eine bedeutsame und immer beliebtere Variante des Papiergoldes sind die ETFs und ETCs. Die Exchange Traded Funds investieren das Geld ihrer Kunden in einen abgebildeten Basiswert (einen Aktienindex oder aber auch in Gold oder Silber). Exchange TradedCommodities wiederum legen ihr Geld in Waren (= »commodities«) an. Der feine Unterschied zwischen beiden Papieren ist der, dass ETFs ein vom Emittenten unabhängiges Sondervermögen darstellen, ETCs als Schuldverschreibung aber das Emittentenrisiko im Fall des Konkurses in sich tragen.

Ein solcher ETC ist beispielsweise auch Xetra-Gold von Deutsche Bank Commodities, das sich aktuell immer größerer Beliebtheit erfreut. Es gibt nicht wenige Stimmen, die bezweifeln, ob in jedem Einzelfall wirklich Edelmetall hinterlegt ist oder nicht. Ich persönlich rate von ETCs ab, wie auch von Zertifikaten jeglicher Art, denn ETCs und Zertifikate sind Forderungen gegen die Bank. Fonds und ETFs hingegen sind »Sondervermögen«, das Ihnen auch zusteht, falls die Bank in die Insolvenz rutschen sollte.

Ich rate Ihnen trotz aller Lagerungs- und Flexibilitätsvorteile der Edelmetall-Wertpapiere eindeutig zu einem physischen Investment. Die Münzen und Barren, die Sie selbst Ihr Eigen nennen, auf die Sie jederzeit Zugriff haben, sind ein Sicherheitsanker, der auch bei einem Börsensturz, einer politischen Krise, einem Finanzcrash, einer Währungsumstellung und anderen Repressionen hilft, Sie und Ihre Familie über die Runden zu bringen. Ihr Edelmetall-Schatz ist ein klassischer Hedge, eine ideale Absicherung gegen Börsenturbulenzen aller Art. Denn eines hat die Menschheitsgeschichte immer wieder gezeigt: Wenn das Papiergeld fällt, stehen Gold und Silber auf der Sonnenseite.

Minenaktien als Hebel

Von der Jahrtausendwende bis zum Jahr 2011 stieg der Goldpreis kontinuierlich, bis er sich nahezu verachtfacht hatte. Das hat viele Finanzjongleure dazu verleitet, Aktien von Minenbetreibern an die Börse zu bringen. Wenn man dann hinter die Kulissen schaut, sind es oft Pennystocks (hochspekulative Aktien mit ausgesprochen niedriger Kursbewertung von meist weniger als einem Dollar oder Euro) oder Unternehmen, die noch gar kein eigenes Geschäft haben. Das ist fast schon so wie mit den Technologieklitschen zur Zeit der New Economy.

Natürlich gibt es Explorationsgesellschaften, die irgendwann auf eine Goldader treffen und ihren Aktionären traumhafte Renditen erwirtschaften. Aber bei einer kleinen Explorationsgesellschaft investieren Sie in der Hoffnung auf zukünftige Gewinne. Im Prinzip kaufen Sie eine hochriskante Option, keine Aktie. Ihre Goldinvestments sollten keine Spekulation sein, sondern Ihrem Vermögen die notwendige Sicherheit geben. Lassen Sie sich nicht durch das Gold blenden, sondern machen Sie es wie immer beim Investieren in Aktien: Überprüfen Sie, ob das Unternehmen Gewinne abwirft und eine beständige Geschichte hat.

Kaufen Sie daher nur Aktien von soliden Unternehmen. Drei solcher vertrauenswürdigen Minenbetreiber möchte ich Ihnen im Folgenden kurz näherbringen. Selbst hier ist Vorsicht geboten: Auch viele große Explorationsunternehmen investierten zu viel in zu teure Minen und mussten nach 2011, als der Goldpreis zurückging, radikale Schrumpfkuren machen. Aber immerhin überlebten die großen Unternehmen.

Marktführer ist Barrick Gold. Allein sein 1862 eröffnetes Bergwerk Cortez in Nevada fördert Jahr für Jahr rund eine Million Unzen Gold. Hinzu kommt der Ausstoß von zehn weiteren Goldminen in den USA, Peru, Kanada, Australien und Mittelamerika und der Ertrag aus drei Kupferminen. Mit Barrick Energy ist das Unternehmen zudem im Öl- und Gasgeschäft aktiv.

Newmont Mining gehört zu den größten Goldproduzenten der Welt und betreibt Minen in Kanada, Bolivien, Australien, Ghana, Indonesien, Neuseeland, der Türkei, Peru und Usbekistan. Newmont Mining will 2016 zwischen 4,7 und 5 Millionen Unzen Gold fördern und besitzt gegenwertig Reserven von über 73 Millionen Unzen Gold. Die Förderung soll Newmont Mining zwischen 870 und 930 US-Dollar je Feinunze (All-In Sustaining Costs) in diesem Jahr kosten, was bedeutet, dass Newmont beim aktuellen Goldpreis profitabel arbeiten kann.

Kursentwicklung der drei größten Goldförderer seit 2006

— Barrick Gold — Newmont Mining — Agnico Eagle   Quelle: Bloomberg

Zusätzlich fördert das Unternehmen noch Kupfer, was jedoch in der Regel unter 15 Prozent zum Umsatzerlös beiträgt. Wie alle großen Goldproduzenten hat auch Newmont Mining in den vergangenen Jahren radikal die Kostenstruktur verbessert, Schulden abgebaut und sich auf das Kerngeschäft – die Förderung von Gold – mit hoher Kostendisziplin fokussiert.

Im südafrikanischen Johannesburg ist der Minenbetreiber AngloGold Ashanti ansässig. Er entstand durch die Fusion des ghanaischen Unternehmens Ashanti Goldfields mit dem südafrikanischen Konzern AngloGold. Im Jahr 2009 stellte AngloGoldAshanti in der Goldmine Mponeng mit 3770 Metern den Tiefenweltrekord auf. Heute betreibt das Unternehmen Goldminen in Südamerika, den USA, Mali, Tansania, Südafrika und Ghana. Mit einer jährlichen Produktion von mehr als 400 000 Unzen ist die brasilianische Mine Aga Mineracao das Schwergewicht im Firmenportfolio.

Dass Minenaktien effektive Hebel für den Goldkurs sein können, zeigt der NYSE ARCA Gold Bugs Index, genannt HUI. Er ist der aktuell wichtigste Index für Goldminenaktien und damit auch der Benchmark der Goldminenfonds. Während der Goldkurs beispielsweise von Januar bis Mitte Februar 2016 um 13,5 Prozent stieg, gewann der HUI sogar 34 Prozent an Wert.

Kursentwicklung des Goldaktienindex NYSE Arca Gold Bugs seit 2006

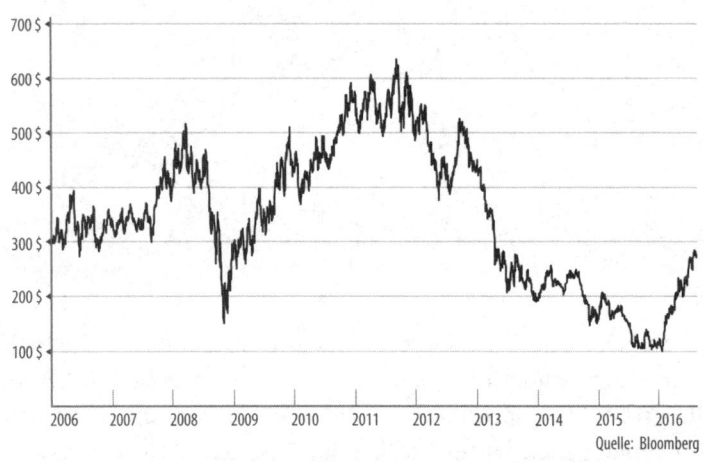

Quelle: Bloomberg

Mit einem Blick auf den Chart des HUI erkennen wir, dass die aktuelle Aufwärtsbewegung noch jung ist und womöglich nur den Beginn einer umfassenden Trendwende darstellt.

Im Vergleich zum Gold stehen die Aktien im HUI auf dem gleichen Stand wie 2013. Der Gold-Bugs-Index hat somit in jedem Falle noch Luft nach oben.

Wir sehen aber auch, dass Goldminenaktien in den vergangenen zehn Jahren eher schwach performten. Dies hat vier entscheidende Gründe:

1. Einige Big Player haben teure und riskante Übernahmen getätigt, die vor allem mittels Neuschulden finanziert wurden.

2. Die Kosten der Goldförderung sind in den vergangenen Jahren stark angestiegen. Vor allem Fachkräfte sind weltweit rar und dementsprechend teuer.

Goldaktien gemessen in Gold seit 1995

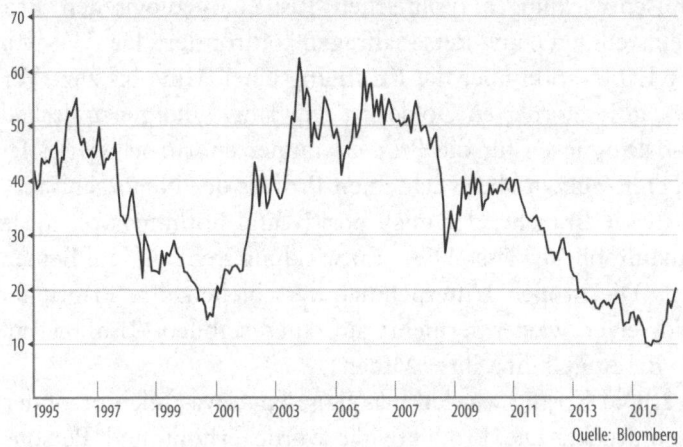

Quelle: Bloomberg

3. Im Zuge des steigenden Goldpreises gingen die Minenbetreiber von immer höheren Margen aus. Deshalb bewirtschafteten sie auch tendenziell unrentable Bergwerke, die schließlich nicht den gewünschten Ertrag einbrachten.

4. Das politische Risiko für Minenbetreiber ist enorm hoch. Wird eine Exploration von Erfolg gekrönt, treten allzu oft, vor allem in Afrika und Südamerika, lokale und regionale Politiker auf den Plan, die nahezu nach Belieben Steuern und Abgaben einfordern. Im Zweifelsfall schrecken sie auch nicht vor der Beschlagnahmung von Produktionsgütern der Minenbetreiber zurück.

Daraus ergaben sich in den vergangenen zehn Jahren seit 2006 Geschäftsergebnisse, die angesichts eines sich in diesem Zeitraum verdoppelnden Goldpreises sehr enttäuschten. Sie führten dazu, dass Goldminenaktien nicht in dem gewünschten Maße den Hebel auf Gold bieten konnten.

Vergessen Sie bitte nicht, dass Rohstoffe insgesamt, und Minenaktien im Besonderen, immer ein höchst komplexes und anspruchsvolles Investment darstellen. Auf betriebswirtschaftlicher Ebene sind die Minenbetreiber mit allerlei

Wechselwirkungen zwischen technischen Herausforderungen, Preisentwicklungen, politischen Risiken, geologischen Problemstellungen und Personalfragen konfrontiert. Der Weg von der Exploration über die Eröffnung einer Mine bis zum Verkauf des geförderten Goldes ist sehr lang. Und genau deshalb sind Prognosen für die Branche immer enorm schwierig. Ich erkenne zurzeit aber auch einen Prozess der Neuorganisation in dieser Branche, der mich positiv und hoffnungsvoll in die Zukunft blicken lässt. Diese Entwicklung steht auf fünf Beinen:

1. Die großen Unternehmen verschieben ihre Prioritäten und setzen wieder vermehrt auf einen stabilen Cashflow und auf die Rentabilität ihrer Minen.

2. Die Kosten wurden massiv gesenkt, was mich besonders beeindruckt. Die Produktivität wurde erhöht und Personal abgebaut. Bestehende Verträge mit Lieferanten und Dienstleistern wurden nachverhandelt.

3. Ein Zeichen des Wandels: Die CEOs aller großen Minenbetreiber wurden ausgetauscht.

4. Einige riskante Explorationsprojekte wurden gestoppt oder pausieren.

5. Übernahmen werden mittlerweile nicht mehr mit neuen Schulden bezahlt, sondern mit eigenen Aktien.

Minenbetreiber, die diesen Prozess konsequent durchziehen, können mit Fug und Recht auf ein solides Fundament für die Zukunft hoffen. Sie werden sich schlanker präsentieren und effizienter arbeiten können. Ich denke, dass einige Minenaktien aktuell stark unterbewertet sind und zukünftig wieder einen besseren Hebel bieten können.

Haben Sie bereits Aktien der großen Minenbetreiber im Portfolio? Dann stehen die Chancen nicht schlecht, dass Sie bald schon die langersehnte Ernte werden einfahren können.

Neben den Minenaktien besteht eine weitere Möglichkeit für Sie darin, in Goldminenfonds zu investieren.

Mit dem Gold Bugs Index (HUI) vergleichbare Zuwächse verzeichneten zu Anfang 2016 die großen Goldminen-

ETFs von RBS (ISIN LU0259322260) und ComStage (ISIN LU0488317701). Beide replizieren den HUI. Angesichts des neuerlichen Aufschwungs des Goldkurses ist das alte Hoch aus dem Jahr 2011 mittelfristig auch hier wieder möglich.

Neben den beiden genannten ETFs existieren aber auch aktiv gemanagte Goldminenfonds, die durchaus eine Überlegung wert sind. Der weltgrößte Goldminenfonds BGF World Gold Fund (ISIN: LU0055631609) von BlackRock legte zuletzt eine nahezu genauso starke Performance hin wie der HUI. Neben Randgold Resources (9,9 Prozent) sind Franco Nevada Mining (7,7 Prozent) und Newcrest Mining (7,2 Prozent) die stärksten Positionen im Portfolio dieses Fonds.

Aber auch der Falcon Gold Equity Fund (ISIN CH0002783535) kann sich sehen lassen. Er wird von keinem Geringeren als John Hathaway gemanagt, der seiner Anlagestrategie seit mehr als sechzehn Jahren treu ist und Falcon Gold nun schon seit 2012 betreut.

Was ist mit anderen Edelmetallen?

Neben Gold und Silber sollten Sie zur Vermögenssicherung auch einige andere Edelmetalle berücksichtigen.

Platin ist das seltenste Edelmetall. Nachdem es bereits doppelt so teuer wie Gold war, kostete die Unze Platin im Herbst 2008 nur unwesentlich mehr und notierte bei 826 Dollar. Das hängt damit zusammen, dass Platin auch industriell benötigt wird und die Nachfrage der Autoindustrie eingebrochen ist. Hier zeigt sich, was passiert, wenn es für ein Edelmetall auch industrielle Nachfrage gibt: In einer Rezession bricht die Nachfrage ein, was den Preis stark in Mitleidenschaft zieht. Das haben Sie beim »Geldersatz« Gold nicht. Gold folgt anderen Regeln, und sein Wert steigt in einer größeren Krise normalerweise an. Die geförderte Platinmenge entspricht nur 6 Prozent der Gold und einem Prozent der Silbermenge. Neben der wachsenden Nachfrage nach Platinschmuck (insgesamt 40 Prozent) ist Platin auch ein wichtiges Metall für die Herstellung von Autokatalysatoren (35 Prozent). Zudem gibt es viele weitere Anwendungen in Elektro- und Medizintechnik.

Platin dürfte gerade jetzt ein hervorragendes Investment darstellen.

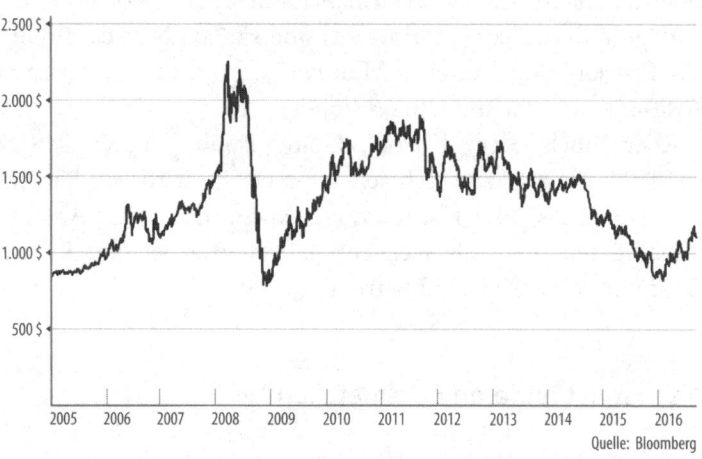

Entwicklung des Platinpreises seit 2005

Quelle: Bloomberg

Im Zuge der allgemeinen Rohstoffhausse stieg Platin 2005 über die Marke von 1000 US-Dollar und erreichte mit 2273 US-Dollar sein Allzeithoch am 4. März 2008. Nach dem Platzen der US-Hypothekenblase im Herbst 2008 aber sank der Platinpreis. In der einsetzenden Rezession ging die industrielle Nachfrage deutlich zurück. Schließlich markierte sein Kurs mit 763 US-Dollar am 27. Oktober 2008 einen Negativrekord.

Seit 2011 fiel der Platinpreis kontinuierlich, scheint aber Ende 2015 seinen vorläufigen Boden gefunden zu haben. Auch für die Zukunft gehe ich von einer stabilen Nachfrage aus der Industrie, gleichwohl aber auch von einem sehr schwankungsanfälligen Kurs aus. Droht erneut eine globale Rezession, wird der Platinpreis erneut sinken. Dann sollten Sie zuschlagen und entsprechende Münzen und Barren in Ihr Depot aufnehmen.

Hier können sich Münzen wie der australische Platin-Koala oder der kanadische MapleLeaf lohnen – die 1-Unzen-Münze liegt allerdings jenseits der 1000 Euro. Sie können Platin auch in Barren erstehen. Der einzige Nachteil: Der Verkauf dürfte etwas aufwendiger als bei Gold und Silber sein, da die Münzen erst geprüft werden müssen.

Etablierte Unternehmen, die Platinförderung betreiben, sind: AngloPlatinum (WKN: 856547), Impala Platinum (WKN: 865389) und Lonmin (WKN: 856046) aus Südafrika, Stillwater Mining (WKN: 893759) aus den USA und Norilsk Nickel (WKN: 676683) aus Russland.

Seit 1966 gibt es auch Palladiummünzen. Wie Platin ist Palladium ein begehrter Rohstoff und damit ein Investment wert. North American Palladium (WKN: 858071) hat sich auf die Förderung von Palladium spezialisiert.

Letztendlich eignen sich Platin und Palladium für den Privatanleger aber nur als Beimischung. Echte Alternativen zum Gold sind sie nicht.

Oldtimer, Kunst und edle Tropfen

Die von mir sehr geschätzten Autoren Matthias Weik und Marc Friedrich sprechen sich weitgehend gegen Aktien zur Vermögenssicherung, dafür aber für Streuobstwiesen und alte Whiskys aus. Damit mögen sie die Gefühlslage vieler Deutscher treffen. Vermögen lässt sich so allerdings meiner Ansicht nach nicht sichern.

In Kapitel 4 habe ich über gute und schlechte Vermögensgegenstände gesprochen. Gute Aktiva bringen laufendes Einkommen, schlechte Aktiva fressen Geld. Die Aufbewahrung von Sammlerobjekten kostet jedoch Geld, im einen Fall weniger, im anderen mehr.

Sammlermärkte sind zudem oft sehr speziell und sehr illiquide. Wenn Sie also an Ihr Vermögen müssen, ist nicht gesagt, dass Sie auch herankommen. Für Reiche und Superreiche sieht es anders aus: Da sind Kunst- und Sammelobjekte durchaus eine Beimischung. So gibt es in England ein altes Bergwerk, das zum Weinlager umgebaut wurde. Hier lagert Wein im Wert von mehreren Milliarden (!) Euro. Noch dazu hat das Lager den Status eines Zollfreilagers, so dass die Reichen ohne Zölle kaufen und verkaufen können, ohne dass der Wein das Lager verlässt. Gut für sie. Für Menschen aus der Mittelschicht eher unerreichbar.

Das Sammeln ist ein Hobby, eine schöne Leidenschaft. Doch eine Vermögenssicherung für krisenhafte Zeiten ist es für Normalverdiener nicht. Ist die Wirtschaft am Boden, werden oft nicht die einstmals noch so hohen Liebhaberpreise gezahlt. Es ist viel Fachwissen gefragt und auch Glück im Spiel.

Ich möchte Ihnen Ihre Leidenschaft nicht nehmen. Sie sollen Ihr Hobby hegen und pflegen, doch Sie sollten sich nicht der Illusion hingeben, Ihre Kaufkraft mit Oldtimern, Gemälden und guten Weinen konservieren zu können.

Als »Passion Investment« und Beimischung zur Vermögensbildung kann Ihr Hobby jedoch durchaus taugen. Und wie Sie sich dabei klug verhalten, werde ich Ihnen auf den folgenden Seiten zeigen.

Oldtimer

Der Markt für alte Autos ist heiß. Zum einen werden die Sammler immer jünger, zum anderen werden aufgrund der Hochtechnisierung moderner Schlitten auch immer jüngere Modelle interessant. Bei vielen Sammlern spielt natürlich auch der Blick in die eigene Vergangenheit eine große Rolle, wenn sie sich für einen bestimmten Oldtimer interessieren.

Grob betrachtet, interessieren sich zwei Gruppen für alte Autos: diejenigen, die fertig restaurierte Schätzchen präsentieren wollen und diejenigen, die sich von alten Autos handwerklich herausgefordert fühlen und noch selbst schrauben wollen. Es sind fast ausschließlich Männer, die hoffen mit feiner Kennernase ein gutes Investment machen zu können. Viele von ihnen liegen damit durchaus richtig. So verdoppelte sich der Deutsche Oldtimer Index (DOX) zwischen 2005 und 2015 nahezu.

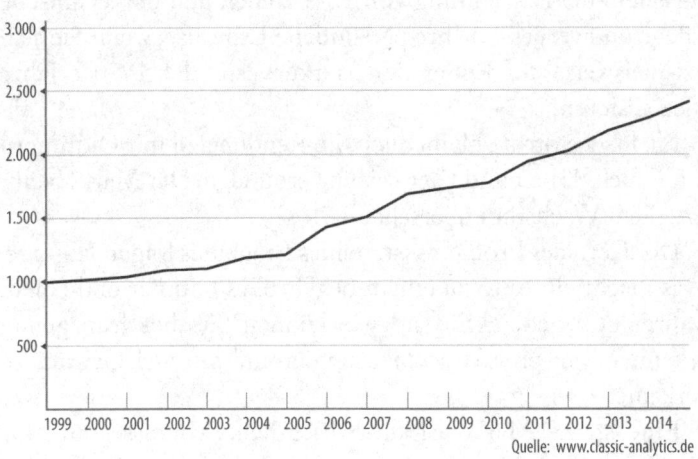

Entwicklung des deutschen Oldtimer-Index seit 1999

Quelle: www.classic-analytics.de

Allerdings sind Kauf- und Verkaufspreis noch lange nicht das Ende der Fahnenstange. Auch die laufenden Kosten, wie beispielsweise Versicherungen, Inspektionen und Reparaturen, Ersatzteile und auch gesonderte Stellplätze sollten Sie bedenken, wenn Sie sich für diese Form der Geldanlage interessieren. Allein für die Wartung sollten Sie pro Jahr zehn Prozent des Anschaffungspreises veranschlagen. Auch muss ein jedes Automobil bewegt werden, um Standschäden zu vermeiden. Dies alles kann die Rendite des Oldtimer-Investments signifikant verringern.

Ein großer Vorteil der Oldtimer liegt in der Besteuerung. Während beim Verkauf von Wertpapieren die Abgeltungssteuer zu Buche schlägt, können anerkannte Oldtimer nach zwölf Monaten steuerfrei veräußert werden.

Und in ihrem Laufe wandeln sich mitunter manche bekannte und geliebte Schätzchen auch aus Ihrer Vergangenheit zu Anlageobjekten. Heute werden zum Beispiel bereits die ersten Modelle des VW Golf gehandelt.

Bedenken Sie auch, dass Sie sich für eine Autosammlung auf einen bestimmten Zeitraum festlegen sollten. Es erleichtert vor allem die Beschaffung von Ersatzteilen und die technische Pflege und verbessert Ihre persönliche Expertise, wenn Sie sich beispielsweise auf Roller der Marke Vespa der 1950er Jahre spezialisieren.

Nichtsdestotrotz bleibt auch die Renditejagd mit Oldtimern mit Glück, Arbeit und Fachwissen verbunden. Der Markt bleibt bei allem Wachstum überschaubar.

Der Kern des Problems ist meines Erachtens folgende Frage: Was macht ein Auto zu einem begehrten Oldtimer und einem wahren Anlageobjekt? Und wie können Sie dies früh genug erkennen, um preswert einzusteigen und mit viel Gewinn zu verkaufen?

Eine starke Marke ist die wesentliche Voraussetzung für die Wertsteigerung eines Automobils. Fahrzeuge wie der VW Käfer, der »Bulli« oder auch der Golf GTI sind vielen Menschen bekannt und wecken Erinnerungen. Der Käfer und der Volkswagenbus stehen symbolisch für die Wirtschaftswunderjahre nach dem Zweiten Weltkrieg. Sie verkörpern, wie auch der Golf oder der Porsche 911, ein ganz eigenes Lebensgefühl. Ihr Wiedererkennungswert ist sehr hoch. Sie heben sich von der Masse ab und stehen für einen Zeitabschnitt, eine Kultur, eine gesellschaftliche Entwicklung. Dies ist wichtig, denn je mehr die Menschen mit einem Automobil verbinden, je eher sie mit diesem womöglich auch ganz persönliche Emotionen, Geschichten und Erfahrungen verknüpfen, desto stabiler und ausgeprägter wird sich der Wert des Oldtimers entwickeln.

Zudem sind dies alles Automarken, die in Ruhe vom Markt

verschwinden durften. Sie wurden nicht neu aufgelegt und hinterließen auch damit tiefen Eindruck. Nur der Oldtimer selbst, das Originalmodell, wird dieses Gefühl wiederherstellen können. Auch das ist ein wichtiges Kaufargument.

Ich rate Ihnen: Schauen Sie, wenn Sie Oldtimer zur Geldanlage nutzen wollen, vor allem auf die emotionalen Aspekte. Mit den wertvollen Autos sind immer auch ganz besondere Gefühle verbunden. Und genau diese sind der bedeutendste Grund für Wertsteigerungen. Und wenn Sie dann noch die laufenden Kosten Ihres motorisierten Investments im Blick behalten, haben Sie gute Chancen auf eine überdurchschnittlich hohe Rendite.

Ich selbst habe auch einen Oldtimer: 2013 erwarb ich für 3500 Euro einen alten Deutz-Traktor mit sechs Gängen und einer Spitzengeschwindigkeit von gut 25 km/h. Ich bin mir ziemlich sicher, dass dieses Investment seinen Wert behält. Und zwischendurch habe ich schöne Stunden gehabt, wenn ich mit meinen Kindern mit dem Traktor durch die Eifel gebraust bin.

Kunst

Gemälde und Kunstgegenstände sind als Geldanlageobjekte relativ weit verbreitet. Meist hört man von finanzkräftigen Mäzenen, die große Sammlungen bestimmter Stile, Moden oder Künstler aufbauen. Hier geht es um Millionensummen. Als Normalanleger müssen Sie zu allererst wissen, dass beim Kauf eines Gemäldes sehr hohe Transaktionskosten anfallen. Bis zu 30 Prozent Gebühren veranschlagen beispielsweise Auktionshäuser beim An- und Verkauf von Bildern.

Und Sie müssen bedenken, dass Sie natürlich kaum einen Picasso oder einen Rembrandt werden bezahlen können. Sie müssen also in heute lebende, noch relativ unbekannte Künstler investieren. Dies ist mit einem hohen finanziellen Risiko verbunden. Der Wert eines Bildes wird oft, wenn überhaupt, erst nach dem Tod seines Malers steigen.

Die Gemälde des momentan bekanntesten Künstlers der Moderne, Pablo Picasso, erzielten beispielsweise im Jahr 2015 einen Umsatz von insgesamt 556 Millionen US-Dollar. Claude Monets Werke wurden im gleichen Zeitraum für rund 335 Millionen US-Dollar versteigert und Henri Matisses Gemälde für immerhin 74 Millionen US-Dollar. Das teuerste Gemälde im Jahr 2015 war »Les Femmes d'Alger« von Pablo Picasso, verkauft im Mai 2015 für 179 Millionen US-Dollar. Solche Preise können sich selbstverständlich nur die Superreichen leisten, die auf diesem Weg vor allem ihr Vermögen zur Schau stellen.

Diese Zahlen sollen Sie aber nicht abschrecken. Investments in Kunst bergen auch mit schmalem Geldbeutel Chancen. Falls Sie sie nutzen wollen, müssen Sie allerdings auf fachlicher Ebene viele Einzelheiten bedenken: Welchen Stil pflegt der Maler? Wie werden seine Bilder bewertet und welches Potential haben sie? Hat der Maler bereits eine Fangemeinde? Hat der Maler eine kunstakademische Ausbildung genossen?

Wie für Oldtimer gilt auch für die Kunst, dass Sie sich als Sammler und Investor spezialisieren sollten: auf ein Thema, einen Stil oder eine Epoche. Grenzen Sie Ihre Sammlung stark ein, gehen Sie mit einem spitzen Fokus in den Markt. Dadurch verbessern Sie Ihre eigene Expertise und machen Ihr Investment, sobald Sie die Bilder gewinnbringend veräußern wollen, für Auktionshäuser interessant, die vor allem auf die klare Struktur einer Sammlung achten.

Auf Kunstmessen und in Museen finden Sie immer gute Beispiele für gelungene Ordnungssysteme. Auch hier geht es darum, Sammlungen sehr fein nach Künstlern, ihren Schaffensperioden und nach Themen zu ordnen. Ich rate Ihnen dringend, sich mit diesen Ordnungssystemen zu beschäftigen, um eine Nische zu finden, die Ihnen heute persönlich zusagt und morgen eine gute Rendite bescheren wird.

Als von nicht unbeachtlichem Wert kann sich dabei Ihr Interesse und Gespür für politische und gesellschaftliche Entwicklungen erweisen. Gunter Sachs beispielsweise konzentrierte sich auf Themen und Künstler, die in den 60er Jahren des 20. Jahrhunderts noch weitgehend unbekannt waren, auf junge Wilde, wie die Künstlergruppe »Nouveau Realisme«, deren Mitglieder damals noch als Zerstörer von Kunst und Kultur verschrien wurden. Die Werke der anfangs noch als unverkäuflich geltenden Andy Warhol, Yves Klein und Allen Jones erzielten später Rekordpreise. Sachs hatte in den 60er Jahren die Zeichen der Zeit erkannt. Er investierte klug, weil er vorhersah, welche gesellschaftspolitische Bedeutung diesem Zeitabschnitt später noch zugeschrieben werden sollte. Achten auch Sie also auf die politischen Entwicklungen in Afrika, China oder in Osteuropa. Denn gesellschaftliche Prozesse werden immer auch in der Kunst dokumentiert, begleitet und interpretiert.

Beobachten Sie auch die alljährlichen Auktionen der großen Häuser in London und New York. Hier werden Sie die großen Trends und Moden bereits in ihrem Entstehen erkennen können. Im Gegensatz zu den eher zurückhaltend agierenden deutschen Museen können die Museen in den Schwellenländern durchaus als Talentscouts betrachtet werden. Hier werden immer wieder junge Künstler aufgebaut und eingekauft, die später bei den Auktionen von Sotheby's und Christie's hohe Erlöse erzielen. Mein Tip: Orientieren Sie sich an diesen ausländischen Museen. Denn genau wie Sie als Anleger sind auch diese Einrichtungen auf hohe Renditen ihrer Kunstinvestments bedacht. Denn oft werden sie nicht von staatlichen Einrichtungen subventioniert, sondern müssen sich selbst finanzieren.

Stets aber gilt: Rechnen Sie bitte niemals mit dem schnellen Geld, wenn Sie in Gemälde investieren. Der Markt ist äußerst volatil, und Gewinne sind, wenn überhaupt, nur sehr langfristig möglich. Aktuell zeigt sich der Kunstmarkt zudem wieder von seiner bearishen Seite. Es scheint, als platzte nun eine Spekulationsblase, die sich in den vergangenen Jahren um die Werke der Künstler der Nachkriegszeit gebildet hatte. Dies legt der aktualisierte Kunstindex 2015 nahe, den das »Manager Magazin« im Jahresrhythmus publiziert.

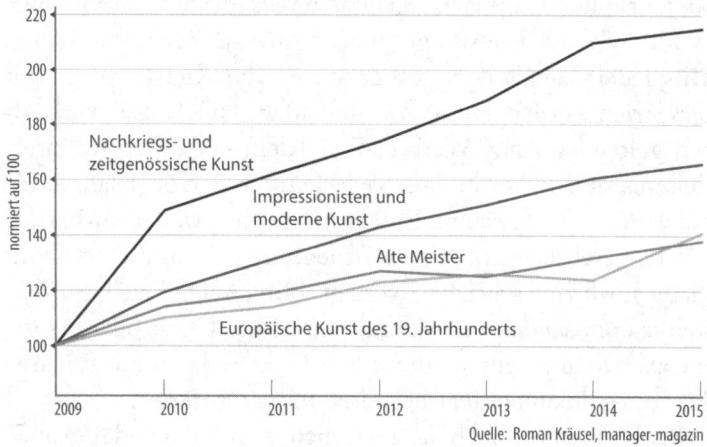

Nach einigen Jahren der spekulativen Übertreibungen sank der Umsatz mit Nachkriegs- und Gegenwartswerken seit Sommer 2015 um 24 Prozent. Die Nachfrage geht spürbar zurück. Der Hype ebbt ab.

Ein Beispiel: Anfang 2016 schätzte das Auktionshaus Sotheby's das Gemälde »Abstraktes Bild« von Gerhard Richter aus dem Jahr 1990, das 2015 noch für stolze 30,4 Millionen Britische Pfund verkauft worden war, auf gerade einmal 14 bis 20 Millionen Pfund.[1] Selbst die Hälfte des Kaufpreises war den Eigentümern, den Eheleuten Maleki, jedoch noch zu optimistisch gerechnet. Sie zogen das Bild von der Auktion zurück, um einer Blamage zu entgehen. Die Aktienmärkte reagierten dennoch gnadenlos. Der Aktienkurs von Sotheby's verlor 17,5 Punkte.

Auch wenn Trends und Moden regelmäßig Blasen entstehen lassen, ist der Kunstmarkt grundsätzlich sehr illiquide. Sollten Sie eines Tages mit viel Arbeit und Engagement sowie einigem Glück eine wertvolle Gemäldesammlung aufgebaut haben, werden Sie sich noch lange nicht sicher sein können, diese Sammlung auch wieder gewinnbringend veräußern zu können.

Angesichts der hohen Transaktionskosten bei Kauf und Verkauf sollten Sie nicht mit einer Rendite von mehr als drei Prozent rechnen.

Edle Tropfen

Kennen Sie Alex Ferguson? Der ehemalige langjährige Teammanager des englischen Fußballklubs Manchester United erwarb sich dank seiner Akribie und Fachkenntnis einen weltweit guten Ruf. Aber nicht nur, wenn es um das runde Leder geht, weiß Ferguson zu brillieren. Während eines Frankreichbesuches 1991 kam er in Montpellier auf die Idee, eine Sammlung guter Weine aufzubauen. Er begann, französischen Bordeaux und italienische Klassiker zu erwerben. Und nachdem er Manchester United verlassen hatte, widmete er sich auch den Weinen aus Burgund, aus dem Piemont und aus der Toskana. Im Jahr 2014 wurden Teile seiner Sammlung bei Christie's für 2,3 Millionen Britische Pfund versteigert.

Sie wissen es: Wein ist mehr als ein Genussmittel. Wein kann auch eine renditeträchtige Wertanlage sein – vorausgesetzt, sie wird mit Fachwissen und Hingabe angegangen.

Der Branchenindex Liv-ex 1000 veranschaulicht die Preisentwicklung von tausend gefragten Weinen der Welt. Seit den 90er Jahren sind die Preise förmlich explodiert, auch die Finanzkrise schien den scheinbar unaufhaltsamen Preisanstieg nicht zu stoppen. Ab 2011 trat dann eine Beruhigung ein. Mittlerweile scheint aber die Bahn frei zu sein für weitere Preissteigerungen.

Verständlich ist es also, dass die besten Weine wie Blue-Chip-Aktien gehandelt werden. Die Region rund um Bordeaux gilt dabei als wertvollste Quelle. Nicht zuletzt auch die Analysten des Liv-ex-1000-Index setzen zum größten Teil auf Bordeaux-Tropfen.

Aber nicht nur gegorener Traubensaft ist einen genaueren Investorenblick wert. Auch Whisky weiß seit zwanzig Jahren

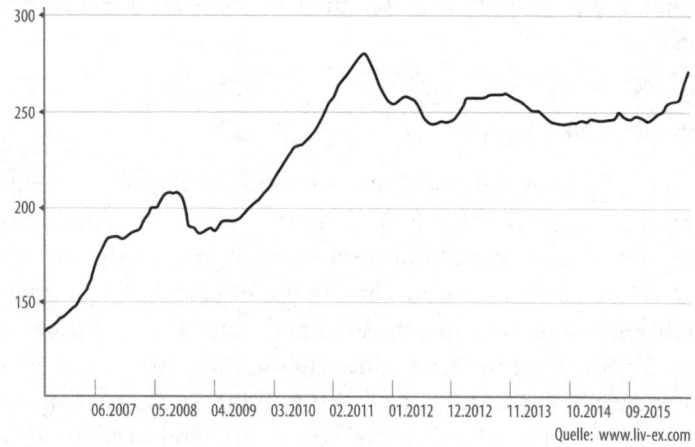

immer mehr Sammler zu begeistern. Jedes »aquavitae« (»Wasser des Lebens«) erhält seinen ganz eigenen Charakter vom Wasser und Klima der Region, in der es destilliert wurde. Von wirklichem Wert für Investoren sind natürlich nur die brennereispezifischen Single Malts der Originalabfüller. Blended Whisky wird hingegen aus mehreren Sorten gemischt. Schottische und irische Marken liefern sich einen harten und keinesfalls schon entschiedenen Konkurrenzkampf um die Gunst der Kenner.

Traditionsmarken wie Lagavulin, Ardbeg und Bowmore konnten in den vergangenen Jahren durchaus bemerkenswerte Wertsteigerungen verzeichnen. In jedem Fall sollten Sie als Anleger auf den Jahrgang achten, der leider immer seltener auf den Flaschen vermerkt wird. Interessant sind vor allem limitierte Auflagen, Sondereditionen und seltene Serien.

Das Feld der edlen Tropfen ist weit. Wenn Sie wollen, bieten sich hier einige interessante Optionen zur Diversifikation Ihres Portfolios. Mehr aber auch nicht. Wein und Whisky sind hochspekulative Anlagevarianten, die Sie nur als Beimischung nutzen sollten.

Mayschoß Mönchberg Pinot Noir
Ahrwein Selektion Prof. Dr. Max Otte
www.max-otte-wein.de

Das Kulturgut Wein hat mich seit meiner Kindheit begleitet. Und das im westfälischen Sauerland, wo eigentlich herbes Pils der Marken Warsteiner, Krombacher oder Veltins gereicht wurde. Aber meine Mutter kam aus Rheinland-Pfalz, aus der Weinregion Nahe. Und so war Wein eben auch Teil unserer Familie.
Unser entfernter Onkel Gerhard war Winzer in Oppenheim am Rhein. Und das mit Leib und Seele. Jedes Jahr kam er einige Male, um unsere Weinregale im Keller randvoll aufzufüllen. Nicht etwa, weil unsere Familie dem übermäßigen Weinkonsum zuneigte, sondern weil wir als regionaler Distributor seiner Kunden – die oft unsere Bekannten waren – fungierten. Mein Vater entwickelte dabei durchaus Qualitäten von Social Marketing. In Oppenheim baute Onkel Gerhard das an, was man in den siebziger Jahren so anbaute: Niersteiner Paterberg, Oppenheimer Herrenberg und natürlich auch Oppenheimer Krötenbrunnen. Viel Müller-Thurgau, Silvaner, Scheurebe und Huxelrebe, gelegentlich auch Riesling. Sogar Morio Muskat.
Gelegentlich gab es Weinproben. Da konnte ich dann hören, dass Weine auch einen »Charakter« hatten. Wirklich gespürt habe ich diesen »Charakter« als Junge noch nicht. Natürlich bemaß sich die Qualität des Weins damals vor allem in der Süße, nach den Qualitätsweinen kamen die Kabinettsweine, dann die Spätlesen, die Auslesen und – Krönung aller Weine – die Trockenbeerenauslesen. Auch unser Klassenlehrer schleppte uns 1974 in der vierten Grundschulklasse einmal in die Dorfkneipe »Zum kleinen Onkel«, wo er eine Weinprobe für uns inszenierte. Es waren eben andere Zeiten.
Als 13- und 14Jähriger arbeitete ich bei Onkel Gerhard in der Weinlese mit. Eine durchaus harte Arbeit. Acht bis zehn Stunden pro Tag Reben abknipsen, in die Eimer und dann in die Kiepen. Diese musste ich allerdings nicht schleppen – dazu war ich bei meiner damaligen Statur nicht geeignet.

Es war faszinierend, die Gerüche aufzunehmen, wenn die Maische im Keller zu gären begann und die ersten Fermentationsgase ausstiegen. Die Wagenladungen voller Weintrauben zu sehen, bevor sie in die Kelter kamen. Und Weintrauben zu naschen bis zum Umfallen. Mit Einsetzen der Pubertät stand eher das Bier im Vordergrund, das bei Schützen- und Feuerwehrfesten oder bei Klassenfeten konsumiert wurde, in der Studentenzeit in Köln das Kölsch. Aber die Wertschätzung für Wein war nicht erloschen. Spätestens mit Beginn meines Doktorandenstudiums in den USA begann ich mich wieder stärker für Wein zu interessieren. Recht gute französische Bordeaux-Weine, auch einige Grand Cru Classés, gab es damals recht kostengünstig bei Weinversandhäusern. Zeitweilig subskribierte ich auch große Bordeaux. Und in dieser Zeit stieß ich auch auf die ersten guten Pinot-Noir-Weine.

Während meiner Zeit in Princeton besuchte ich mindestens einmal im Jahr die San Francisco Bay Area mit den bekannten Weingegenden Napa und Sonoma Valley. Im Sonoma Valley begann meine Faszination für die Rebe, von der mein Wein »Selektion Prof. Otte« fünfzehn Jahre später gemacht werden sollte: Pinot Noir, in Deutschland Spätburgunder genannt. Als ich dann um 2010 herum bei einem meiner Vorträge ein paar Flaschen eines ganz hervorragenden Rheingau-Burgunders geschenkt bekam, war es um mich geschehen. Spätestens seit diesem Zeitpunkt gehörten die mineralischen und geschmeidigen Weine zu meinen Favoriten. Ein großer Bordeaux ist immer etwas Großartiges. Aber ein guter Burgunder, das ist etwas ganz Besonderes.

Pinot Noir gehört zu den edelsten Rebsorten auf der Welt. Er stellt hohe Ansprüche an Lage und Winzer. An den Steilhängen der Ahr gedeiht er besonders gut, weshalb sich die Ahr einen Ruf als Burgundergebiet erworben hat.

Im Keller sollten die Trauben des Burgunders schonend verarbeitet werden, damit er seine Eigenschaften bewahrt. Hier bedarf es vor allem viel Fingerspitzengefühls und Zeit.

Das alles gleicht der Quadratur des Kreises – und das macht die Arbeit mit Pinot Noir für den Winzer so spannend. Für Weinliebhaber ist der Pinot Noir ein besonderer Genuss – wenn er richtig gemacht wird und von der richtigen Lage kommt.

Mit den Winzern Torsten Klein, Diplom-Önologe, Jahrgang 1978, und Marc Josten, Weinbautechniker, Jahrgang 1981, habe ich Partner gefunden, mit denen ich meine Ideen umsetzen kann. Zum einen stammen sie von der Ahr und bauen meine Lieblingsrebe beim Rotwein an. Zum anderen haben wir eine ähnliche Philosophie.

Zusammen bringen sie 25 Jahre Erfahrung im Weinbau mit. Bodenständig und doch modern, produzierten beide schon seit einigen Jahren hervorragende Weine. Gelernt hatten sie in der Winzergenossenschaft Mayschoß, und von Kindheit an waren sie von Weinreben umgeben. Nach Lehrstationen im Ausland und außerhalb der Ahr brach das Unternehmen durch: Sie machten sich 2011 selbständig. Klassisch: Die Weine werden von Hand gelesen und arbeitsaufwendig verarbeitet. Modern: Die Weine werden in einer modernen Halle gefüllt und gelagert.

Torsten Klein beschreibt seine Sicht auf das Weinmachen mir gegenüber wie folgt: »Zu der Weinbereitung gibt es nichts weiter Spektakuläres zu berichten. Aber gerade das ist die Kunst: Den Wein letztendlich bei seiner Entwicklung zu begleiten und eben nicht in die Versuchung zu kommen, manipulierend in die Struktur (zum Beispiel durch irgendwelche Behandlungsmittel) einzugreifen.«

Die Qualitäten eines Burgunders offenbaren sich oft erst bei der zweiten oder dritten Geschmacksprobe. Ein Pinot protzt nicht! Es sind eher subtile Attribute, die ihn auszeichnen. Eleganz und Finesse machen einen perfekten Pinot Noir aus.

Dafür stehen die Winzer Torsten Klein und Marc Josten. Und dafür stehe ich.

Merksätze:

1. Gold ist das stabilste Wertaufbewahrungsmittel der Welt.
2. In ein Privatanleger-Depot gehört Gold zu Absicherungszwecken, nicht zu Rendite- oder Spekulationszwecken. Man hat es wie eine Versicherung. Insbesondere bei Krisen oder bei einem Zusammenbruch des Papiergeldsystems wird Gold im wahrsten Sinne des Wortes glänzen.
3. Silber ist das Gold des kleinen Mannes. Allerdings ist es aufgrund der größeren Industrienachfrage auch konjunkturabhängiger und schwankungsanfälliger. Platin ist das teuerste Edelmetall, hängt aber ebenfalls stark von der Industrienachfrage ab.
4. Gold ist die Basisabsicherung; andere Edelmetalle sind bestenfalls eine Ergänzung.
5. Den Großteil Ihrer Edelmetallinvestments sollten Sie in physischer Form halten.
6. Goldminenaktien stellen einen Hebel auf den Goldpreis dar. Sie sind ebenfalls nur als Ergänzung zu sehen.
7. Oldtimer, Kunst, Sammlerobjekte und Weine sind sehr spezielle Märkte, bei denen Sie viele Fachkenntnisse benötigen.
8. Es spricht nichts dagegen, dass Sie sich für einen solchen Markt interessieren. Der Großteil Ihres Vermögens sollte jedoch in Aktien, Immobilien und Edelmetallen angelegt sein.
9. Wenn Sie sich für einen Sammlermarkt interessieren, ist es sehr ratsam, dass Sie sich auf eine Nische spezialisieren.

7. Warum Aktien langfristig eine gute Kapitalanlage sind

Wie Sie den vorigen Kapiteln vielleicht schon entnommen haben, ist unser bevorzugtes Investitionsobjekt die Aktie. Warum? Die Aktie ist pflegeleicht, man braucht sie nicht instand zu halten (wie eine Immobilie) oder aufwendig zu lagern, und sie wirft gute Renditen ab. Aber auch wenn Aktieninvestments jedermann offenstehen, so machen es doch die meisten Privatanleger falsch. Etwas Grundwissen sollten Sie auf jeden Fall mitbringen.

Mit dem Börsengang der Deutschen Telekom 1996 entdeckten die Deutschen die Aktie. Während der Zeit der »New Economy« von 1998 bis 2000 waren Aktien »in«. Auf Partys sprachen Angestellte, Verkäuferinnen und sogar Beamte über ihre Investments. Dann platzte die Blase. Es folgte ein Aktienblues, der bis heute nicht überstanden ist. Von Aktien haben viele Deutsche die Nase ziemlich voll.

Das US-Unternehmen BlackRock hält im Sommer 2016 DAX-Beteiligungen im Wert von ungefähr fünfzig Milliarden Euro. An adidas, Allianz, BASF, E.ON, Deutscher Bank und der Münchener Rückversicherung hält man jeweils mehr als 6 Prozent. Bei Bayer sind es sogar mehr als 7 Prozent, beim Wohnbaukonzern Vonovia mehr als 8 Prozent. BlackRock ist ein unheimlicher Gigant. Das Unternehmen ist noch relativ jung: Es wurde 1988 gegründet und ging 1999 an die Börse. Mit Investments von 4,6 Billionen US-Dollar ist das Unternehmen der mit Abstand größte Vermögensverwalter der Welt. 4,6 Billionen – das sind 1,1 Billionen oder rund 30 Prozent mehr als die jährliche Wirtschaftsleistung der Bundesrepublik Deutschland!

Im Juli 2016 fragte ich in meiner Kolumne bei BILD Online provokativ: »Was weiß BlackRock, was die Deutschen nicht wissen?« Die Antwort ist einfach: Zum einen weiß BlackRock, dass deutsche Aktien ein gutes Investment sind. Gute Aktien sind ziemlich krisensicher, auch wenn die Kurse schwanken. Zum anderen weiß BlackRock, dass deutsche Unternehmen viele Stärken haben. Wir fahren BMW, Mercedes und VW. Das sind hervorragende Produkte. Warum sollten wir uns nicht für die Aktien interessieren? Auch bei einem DAX-Stand von um die 10 000 Punkte sind DAX-Titel offensichtlich interessant.

Während wir Deutschen uns also zurückgezogen haben, greifen ausländische Investoren kräftig zu. Ihr Anteil an DAX-Konzernen stieg seit Anfang 2009 auf ein Rekordhoch von 55,8 Prozent.[1] Zum Vergleich: Noch vor zwölf Jahren waren zwei Drittel der Aktien deutscher Konzerne in deutscher Anlegerhand.

Wir kaufen weiter Lebensversicherungen und lassen das Geld auf dem Konto liegen. Die Mutigen unter uns schenken auf Dauer mit Zertifikaten und strukturierten Produkten ihr Geld der Bank. Schön dumm. Unsere Regierung hat nichts dafür getan, Privatanleger über Kapitalanlage aufzuklären. Also müssen Sie das Heft selbst in die Hand nehmen. Angesichts von Nullzinsen – vielleicht sogar Negativzinsen – ist es höchste Zeit, dass Sie sich (wieder) mit der Aktienanlage beschäftigen.

Der DAX-Index bildet den Kursverlauf zuzüglich Dividende der dreißig größten deutschen Unternehmen ab. Er ist damit ein sogenannter Performance-Index, im Gegensatz zu einem sogenannten Kurs-Index, der die Dividenden ausklammert. Der DAX wurde im Jahr 2015 fünfzig Jahre alt. Was glauben Sie, welche Rendite er jährlich im Durchschnitt gebracht hat? 7,8 Prozent![2] Auf den ersten Blick keine umwerfende Zahl. Wer jedoch Ende 1965 Aktien im Wert von 1000 Euro kaufte und sie bis Ende 2015 hielt, machte aus 1000 Euro rund 42 750

Euro. Ein Plus von 4175 Prozent. Also: Eine langfristige Kapitalanlage mit Aktien kann sich lohnen.

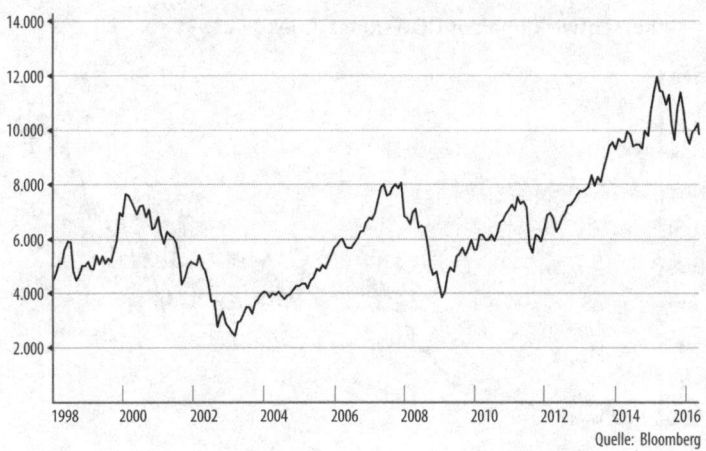

Kursentwicklung des DAX seit 1998
Quelle: Bloomberg

Während dieser fünfzig Jahre war allerdings auch etwas Bewegung im DAX. Einige Unternehmen, so zum Beispiel die gute alte AEG, sind ganz verschwunden, andere sind aus dem DAX herausgerutscht, wieder andere (wie zum Beispiel das gegenwärtig wertvollste Unternehmen SAP) sind hineingekommen.

Schauen Sie sich einmal die Richtung des DAX seit 1998 an. Er geht nach oben! Und der DAX ist da keine Ausnahme. Alle Aktienindizes gehen langfristig in die gleiche Richtung. Der Grund ist, Sie partizipieren mit Aktien am Produktivvermögen der Wirtschaft – und dieses wächst, seit es die Menschheit gibt.

Der älteste Index ist der Dow Jones Industrial Average (unter der Kurzform als »Dow Jones« bekannt), der Mitte der 1880er Jahre zum ersten Mal berechnet wurde. Im Gegensatz zum DAX ist der Dow Jones ein reiner Kurs-Index, der nur die Kursentwicklung abbildet.

In den letzten einunddreißig Jahren ist der Dow Jones von 1280 Punkten im Februar 1985 bis auf 18 060 Punkte im Juli

2016 gestiegen. Das ist eine Rendite von 9,2 Prozent pro Jahr! Auch hier mussten Sie starke Schwankungen aushalten, wenn auch nicht ganz so extrem wie im DAX.

Kursentwicklung des DOW-Jones Index seit 1985

Quelle: Bloomberg

Als der Dow Jones Mitte der 1880er Jahre zum ersten Mal berechnet wurde, stand er bei 62 Punkten. Von einem Hoch von 78 (!) Punkten fiel er während der Panik von 1896 auf 28. Durch Kriege, Inflation und Unruhen hindurch ist er immer weiter bis auf heute 18 060 Punkte gestiegen, auch wenn die Schwankungen oft stark waren.

Jeremy Siegel von der University of Pennsylvania hat die langfristigen Renditen verschiedener Anlageklassen untersucht. In seinem Buch »Stocks for the Long Run«[3] analysierte er die absolute Rendite abzüglich der Inflationsrate für die Anlageklassen Aktien, langfristige Staatsanleihen, Geldmarktpapiere, Gold und US-Dollar. Bei den Aktien und Anleihen beschränkte sich Siegel auf Titel aus den USA. Über einen Betrachtungszeitraum von zwei Jahrhunderten stellte sich heraus, dass US-Aktien mit einer durchschnittlichen jährlichen Rendite von 6,6 Prozent deutlich besser rentierten als langfristige US-Staatsanleihen mit 3,6 Prozent.

Langfristige inflationsbereinigte Renditen verschiedener Anlageklassen nach Jeremy Siegel[4]

Anlageklasse	Einsatz im Jahr 1802 (USD)	Kapital im Jahr 2012 (USD)	jährliche Rendite in über 210 Jahren abzüglich Inflation
US-Aktien	100	70 499 700	6,6 %
langfristige US-Staatsanleihen	100	177 800	3,6 %
US-Geldmarktpapiere	100	28 100	2,7 %
Gold	100	452	0,7 %
US-Dollar	100	5	−1,4 %

Diese Zahlen verdeutlichen, dass langfristiges Investieren in Aktien sehr rentabel ist. Auch für den Investor Benjamin Graham (sowie für uns) ist der Langfristhorizont bei der Aktienanlage entscheidend: »Jemand, der seine Aktien nicht länger als nur ein paar Monte halten kann, wird mit Sicherheit nicht als Sieger, sondern als Opfer enden.«[5] Denn eines ist sicher: Je öfter Sie traden, umso weniger bleibt Ihnen nach Abzug der Transaktionskosten und Gebühren übrig. Ungeduldige Marktteilnehmer machen ihren Broker reich, jedoch nicht sich selbst.

Schauen wir uns noch mal den Chart des DAX seit 1998 aus Kapitel 1 an: Sie sehen vor allem eines: heftige Kursschwankungen.

Gier und Furcht bestimmen kurzfristig die Aktienkurse. Langfristig ist die Wirtschaftsentwicklung maßgeblich. Aber langfristig zeigt sie – zumindest bei den großen Aktienindizes –

nach oben. Seit vielen Jahren veröffentlicht das Deutsche Aktieninstitut e.V. das sogenannte Renditedreieck für den DAX und auch für den EuroStoxx 50.[6] In diesem Dreieck können Sie ablesen, welche Rendite Sie erzielt hätten, wenn Sie zu einem bestimmten Jahr ge- und einem anderen Jahr verkauft hätten. Fast immer schwanken diese Renditen zwischen

sieben und zehn Prozent pro Jahr.

Wenn Sie drei Jahre warten konnten, waren Sie fast immer im Plus. Nur wenn Sie in den Jahren 1968 und 1969 oder 1999 und 2000 gekauft hätten, hätten Sie vielleicht drei oder vier Jahre warten müssen.

Vorsicht: Die Entwicklung der Aktienindizes ist keinesfalls eine gerade Linie. Wenn Sie im Jahr 2000 1000 Euro in die DAX-Werte investiert hätten, hätten Sie 2003 (die große Angst nach der Internetblase) nur noch 317 Euro gehabt. Erst Anfang 2007 wären Sie wieder knapp bei Ihrem ursprünglichen Investitionsvolumen angelangt. Was sagt uns das? Wenn wir antizyklisch investieren, können wir am erfolgreichsten sein.

Schauen Sie sich einmal den amerikanischen Aktienmarkt an. Er gilt als reifster und größter Aktienmarkt der Welt. Von seinem Tiefstand im Jahr 1932 von gut 30 Punkten ist der Dow Jones auf mittlerweile über 17 500 Punkte angestiegen. Das entspricht einem Anstieg um den Faktor 580 in 83 Jahren. Grob überschlagen ist es eine jährliche Rendite von durchschnittlich rund 8 Prozent.

Trotz der insgesamt sehr guten Gesamtrendite gab es mittendrin jedoch eine längere Durststrecke. Wenn Sie zum Beispiel im Jahr 1929 in den Dow Jones investiert hätten, dann hätten Sie erst Mitte der 50er Jahre, also nach fünfundzwanzig Jahren, Ihr Kapital wieder vollständig herausbekommen. Schuld daran war die Weltwirtschaftskrise. In dieser Zeit hat der Urvater des Value Investings, Benjamin Graham, dennoch zufriedenstellende Renditen mit Investments in werthaltige Aktien erzielt.

In einer Wirtschaftskrise, wie ich sie in meinem Buch »Der Crash kommt« beschrieben habe, sollten Sie auf Sachwerte höchster Qualität sowie kurzfristig verfügbares Bargeld setzen. Empfehlenswert sind Gold und Aktien von sehr guten Unternehmen, die in den Wirtschaftskrisen weit unter ihrem inneren Wert gehandelt werden, sodass sie problemlos auf Schnäppchenjagd gehen können. An der Börse ist Geduld gefragt. Sie sollten möglichst bis zu zehn Jahre mitbringen. Ein nennenswertes Beispiel sind die USA. Der Dow Jones hatte vom Ende der 60er bis zum Anfang der 80er Jahre, also für zehn Jahre, eine Pause eingelegt. Die Aktienmärkte eilen mal der wirtschaftlichen Entwicklung voraus, ein andermal bleiben sie wieder zurück.

Setzen Sie nicht auf kurzfristige Trends, und setzen Sie sich nicht unter Druck. Am Aktienmarkt empfinden Marktteilnehmer oft Urgefühle – Gier und Angst. 75 Prozent einer erfolgreichen Investmentkarriere bestehen darin, die eigene Gier und Angst unter Kontrolle zu halten. Ich war erst mit 32 Jahren so weit, und das, obwohl ich mich laufend mit der Wirtschaft beschäftige.

Also haben Sie Geduld. Sie werden fürstlich belohnt für Ihre Geduld, und auch die Wartezeit wird beim bloßen Halten der Aktien durch Dividenden mit einer ordentlichen Rendite, die deutlich über der von Sparbuch und Co. liegt, versüßt!

Die neue deutsche Aktienkultur – und ihr jäher Tod

Lange wollten die Deutschen nichts vom Aktienmarkt wissen. Im Jahr 1957 begann mit der Einführung der dynamischen Alterssicherung durch Konrad Adenauer die Illusion von sicheren und steigenden Renten.

Dieses Mantra wurde in den nachfolgenden Regierungen, einschließlich der Regierung Kohl, wiederholt und verstärkt. Es wurde alles Erdenkliche getan, dass der einzelne Bürger nicht auf die Idee kam, private Altersvorsorge zu betreiben. Das Interesse an Aktien wurde von den Verantwortlichen in Politik und Wirtschaft systematisch unterdrückt. Die starke Lobby der Lebensversicherer hatte zum Beispiel kein Interesse daran, Aktiensparpläne als langfristigen Weg zum Vermögensaufbau attraktiv zu machen.

Dann ging 1996 die Deutsche Telekom an die Börse. 1997 wurde der Neue Markt gegründet. Von nun an schien alles anders zu sein. Die Deutschen entdeckten die Aktie. Die Zahl der Aktionäre stieg rapide von 3,9 Millionen im Jahr 1997 auf über fünf Millionen im Jahr 1999.[7] Bezieht man die Aktienfonds in die Auswertung mit ein, besaßen sogar 8,2 Millionen Anleger direkt oder indirekt Aktien – rund 12,9 Prozent der Bevölkerung. Doch trotz des stark gestiegenen Interesses an der Anlageform Aktie hat Deutschland noch einen weiten Weg vor sich.

Am sogenannten Neuen Markt konnten sehr junge und kleine Unternehmen an die Börse gehen. Das war früher in Deutschland nicht möglich gewesen. In Deutschland mussten Unternehmen lange etabliert und groß sein, bevor sie für einen Börsengang in Frage kamen. Der Neue Markt war für rasch wachsende Mittelständler – besonders aus den Branchen Umwelttechnik, Telekommunikation, Biotechnologie und Multimedia – gedacht.

Den Anfang machte Mobilcom am 10. März 1997. Daraufhin folgten weitere Unternehmen mit dem Ziel, sich am Markt mit Kapital zu versorgen. In den Jahren 1997 bis 1999 stieg die Zahl der am Neuen Markt notierten Unternehmen rasant: 1997 gab es gut sechzig Börsengänge, 1998 waren es schon über achtzig und 1999 beinahe zweihundert. Prinzipiell war es eine gute Idee, den jungen Unternehmen Zugang zum Kapitalmarkt zu verschaffen. Doch der absolute Wahnsinn begann mit der gleichzeitig entstehenden Technologie- und Internetblase.

Groteske Formen nahm es schon in Amerika an, jedoch war es bei Börsenneulingen, also den Deutschen, noch eine Spur stärker ausgeprägt. Unternehmer wie Gerhard Schmid (Mobilcom), Florian und Sebastian Haffa (Medienkonzern EM.TV) und Stephan Schambach (Intershop) wurden zu Kultfiguren. Sie sollten die Personen sein, die scheinbar die Wirtschaft in neue Bahnen manövrieren. Aktien von Unternehmen, deren Geschäftsmodell eigentlich nie funktionieren konnte, wurden den Emissionsbanken förmlich aus den Händen gerissen. Diese unglaubliche Nachfrage führte dazu, dass Emissionen mehrfach überzeichnet wurden.

Unglaubliche Emissionsgewinne am ersten Handelstag – also die Differenz zwischen dem offiziellen Ausgabekurs der Bank und der ersten Notiz im Börsenhandel – von über 100 Prozent und mehr gehörten zum Börsenalltag.

Intershop und United Internet dienen als gute Beispiele für die Kursgewinne im Jahr 1999 und 2000. Vor allem Intershop hat von Januar 1999 bis zum März 2000 gigantische 1460 Prozent zugelegt.

Verschiedene Kursmarken von United Internet und Intershop

Unternehmen	Kurs im Januar 1999 (EUR)	Kurs zum Höhepunkt der Blase Februar/März 2000 (EUR)	Rendite bis Höhepunkt der Blase	Rendite vom Höhepunkt bis heute
United Internet	2,74	12,48	355 %	207 %
Intershop	101,82	1588,81	1460 %	−99,9 %

Schauen wir uns die Bewertung kurz vor dem Höhepunkt der Blase (Stichtag 31.12.1999) an. Beide Unternehmen schreiben keine Gewinne im Jahr 1999, deshalb müssen wir uns auf die Bewertungsmetriken wie Kurs-Umsatz-Verhältnis und Kurs-Buchwert-Verhältnis konzentrieren.

Bewertungsmetriken von United Internet und Intershop

Bewertungen	United Internet	Intershop
Stichtag 31.12.1999		
Kurs-Umsatz-Verhältnis	6,0	97,9
Kurs-Buchwert-Verhältnis	8,5	206,0
Stichtag 11.07.2016		
Kurs-Umsatz-Verhältnis	2,1	1,2
Kurs-Buchwert-Verhältnis	6,6	2,8

Für Intershop wurde 1999 fast das Hundertfache der damaligen Umsatzerlöse und das Zweihundertfache des Buchwerts (also des Eigenkapitals) bezahlt. Mittlerweile sind Anleger nur noch bereit, das 1,2fache der Umsatzerlöse und das 2,8fache des Eigenkapitals zu bezahlen. Wir sehen also deutlich die starke Überbewertung im Jahre 1999. Auch im Vergleich zu United Internet zeigt sich die Überbewertung. Im Jahr 1999 waren die Anleger extrem begeistert von Intershop. Aber wie das »Gesetz des Gegenteils« von Benjamin Graham sagt: Je begeisterter Anleger vom Unternehmen oder Aktienmarkt sind, desto wahrscheinlicher ist es, dass die Begeisterung bald ins Gegenteil umschlägt.[8]

Die Begeisterung und Euphorie durch die unglaublichen Kursgewinne war besonders für die Banken und Unternehmensberater ein lukratives Geschäft. Sie beteiligten sich an diesem Zuhälterspiel, indem sie immer neue Storys aus den Bereichen Mobilfunk, Internet und neue Technologien und junge Gründer suchten, deren Unternehmen man irgendwie aufgepeppt an die Börse bringen konnte. In den Börsenemissionsprospekten wurde alles in den schönsten, vielversprechendsten Zahlen dargestellt. Was viele nicht wissen: Ein Emissionsprospekt ist oftmals nicht mehr als ein reiner Verkaufsprospekt. Der Emittent ist für seine Prognosen nicht haftbar, solange er in den Fußnoten auf die Risiken hinweist und keine offensichtlich falschen Tatsachen angibt. Und die erstellten Zukunftsplanungen beruhen immer auf Annahmen, die man nicht per se beweisen oder widerlegen kann. Die Börsenblase war auf heiße Luft gebaut.

So kam es, dass zum Höhepunkt der Technologieblase 1999 bis 2000 Unternehmen wie Yahoo! oder amazon.com mit wenigen Tausend Mitarbeitern am amerikanischen Markt genauso viel wert waren wie mehrere Industriekonzerne in der Größenordnung von General Motors mit 400 000 Mitarbeitern zusammengerechnet.

Der spekulative Wahnsinn war wieder einmal auf einem Höhepunkt. Der Preis (die Börsenkurse) und der tatsächliche ökonomische Wert der Unternehmen drifteten massiv auseinander. Das hat auch Benjamin Graham treffend zum Ausdruck gebracht: »Der Investor von heute ist so sehr damit befasst, die Zukunft zu antizipieren, dass er schon im Voraus viel zu viel dafür bezahlt hat. Sollte das Wachstum, das er nach vielen

Studien prognostiziert hat, eintreten, wird es ihm keinerlei Gewinn bringen. Sollte es sich nicht in dem Maß ereignen, in dem er es erwartet hat, stünde er tatsächlich vor einem ernsthaften vorübergehenden und vielleicht sogar dauerhaften Verlust.«[9] Obwohl Graham diese Aussage viele Jahrzehnte vor der Dotcom-Blase machte, trifft sie den Kern des Problems dieser Phase genau.

Aber in den Jahren von 1999 bis 2001 kauften die Deutschen Aktien, als ob es kein Morgen gäbe. Viele glaubten, dass sie von den Banken objektiv und zu ihrem Wohle beraten würden. Viele zeichneten jede Neuemission, ohne nachzufragen. Im Prinzip galt es schon als peinlich, wenn man nicht mit starken Renditen glänzen konnte.

Wer sich als Brancheninsider skeptisch äußerte, war schnell außen vor. Die ganze Finanzbranche wurde zur Schieberbande. Exemplarisch war der damalige Staranalyst Henry Blodget. Seine Bank Merrill Lynch empfahl eine Aktie zum Kauf, die er in einer internen E-Mail als »piece of shit« bezeichnete. Fondsmanager wie Kurt Ochner und andere erfreuten sich astronomischer Renditen und ließen sich bei Neuemissionen oftmals gut bedienen.

Wenige Jahre später sind die Sterne des Neuen Marktes abgestürzt, oftmals in Verbindung mit kriminellen Finanzmanipulationen, häufig aber auch nur aufgrund des eigenen Größenwahns. Das allererste Unternehmen des Neuen Marktes, Mobilcom, verlor von der Spitze der Kursentwicklung bis zum Tiefstand am 13.09.2002 rund 99,5 Prozent seines Wertes. Im Jahr 2007 fusionierte Mobilcom mit seiner Tochtergesellschaft freenet.de zur heutigen freenet.de AG. Diese hat sich nach einem wackeligen Start nun etabliert.

Viele überlebten nicht. Gleich reihenweise ging den jungen Unternehmen das Geld aus, das sie zuvor mit beiden Händen aus dem Fenster geworfen hatten. Mit Gigabell musste im September 2000 das erste Unternehmen des Neuen Marktes Insolvenz anmelden.

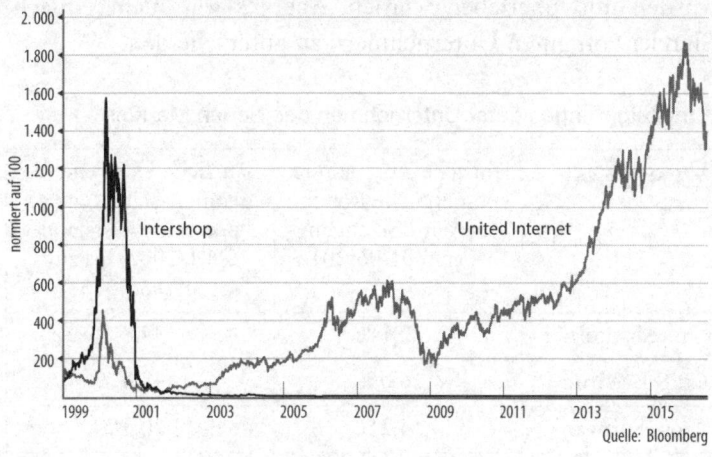

Quelle: Bloomberg

Es folgten etliche Insolvenzen, darunter Heyde, Ceyoniq, Ejay, Kabel New Media, Lipro, Management Data, MB Software, Mediantis, Phenomedia, Popnet, Refugium sowie SER Systems. Heute sind die gescheiterten Unternehmen in Vergessenheit geraten, aber zu Zeiten der Dotcom-Blase wurden sie von den Emissionsbanken und der Finanzpresse hochgelobt.

Jetzt zeigte sich, welche Unternehmen tragfähige Geschäftsmodelle hatten, wie beispielsweise United Internet aus Montabaur. Auch der Unternehmensgründer Ralph Dommermuth hat während der Technologieblase Fehler begangen und sich an unprofitablen Firmen beteiligt. Aber er hat seine Fehler korrigiert. Heute ist das Unternehmen ein europäischer Weltkonzern, spezialisiert als Telekommunikationsanbieter und Internet-Provider mit den bekannten Produkten und Marken GMX, Web.de, mail.com, fasthosts oder 1&1. Auch CTS Eventim oder Atoss Software wurden wie United Internet von fähigen Eigentümer-Unternehmern geführt und überlebten.

Mit allen dreien hätten Sie seit Börsengang phantastische Renditen einfahren können – wenn Sie vorher gewusst hätten, dass diese Unternehmen von fähigen Unternehmern geleitet wurden und überleben würden. Aber es war nicht einfach, Blender von guten Unternehmern zu unterscheiden.

Kurssteigerungen guter Unternehmen des Neuen Marktes

Unternehmen	jährliche Kursrendite, geometrische Rendite p.a. seit Börsengang bis zum 01.06.2016	jährliche Kursrendite, geometrische Rendite p.a. seit Tiefststand (2001/2002) bis zum 01.06.2016
United Internet	20,1 %	34,8 %
CTS Eventim	16,0 %	47,4 %
Atoss Software	4,2 %	20,3 %

Andere Unternehmen wie freenet AG, Aixtron und Qiagen haben zwar überlebt, aber ihren ehemaligen Starstatus verloren. Auch OnVista hat die Krise überstanden, wurde aber übernommen und gehört jetzt zur Boursorama S.A aus Frankreich. Das Portalgeschäft des einstigen NEMAX-Stars web.de wurde wiederum von United Internet gekauft.

Im NEMAX 50 wurden die 50 »besten« Unternehmen des Neuen Marktes abgebildet. Von seinem Höhepunkt verlor der NEMAX 50 über 96 Prozent seines Wertes. Kurz zuvor hatten die Banken noch NEMAX-50-Zertifikate mit dem Argument verkauft, dies sei sicherer als der Kauf von Einzelaktien von Unternehmen und dass damit eigentlich »nichts passieren« könne. Nun saßen die Anleger auf Investmentschrott.

Das war natürlich sehr peinlich – und störte bei zukünftigen Geschäften. Also beschloss die Deutsche Börse AG, im Juni 2003 den NEMAX 50 still und heimlich zu beerdigen. Aktuell gibt es nur noch den »Prime Standard« mit den Indizes DAX, MDAX, TecDAX und SDAX, den »General Standard« sowie den »Entry Standard«. Geschichtsbewältigung durch Verdrängung. Das Geschäft muss ja weitergehen.

Kursentwicklung der mobilcom AG 1998

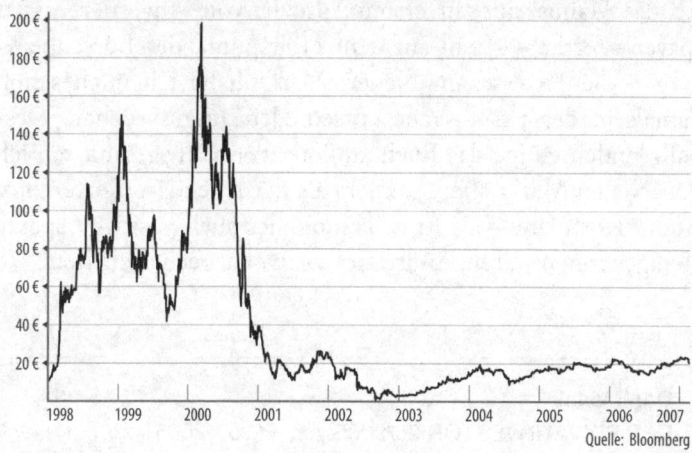

Quelle: Bloomberg

Die Aktionäre von NEMAX-Unternehmen traf es hart. Nach einem Wertverlust von 96 Prozent muss ein Investment um 2400 Prozent steigen, damit die alten Kurse wieder erreicht werden. Bei einer erwarteten Rendite von jährlich 8,5 Prozent würde das rund 41 Jahre dauern.

Kursentwicklung des NEMAX-All-Share-Index seit 1997

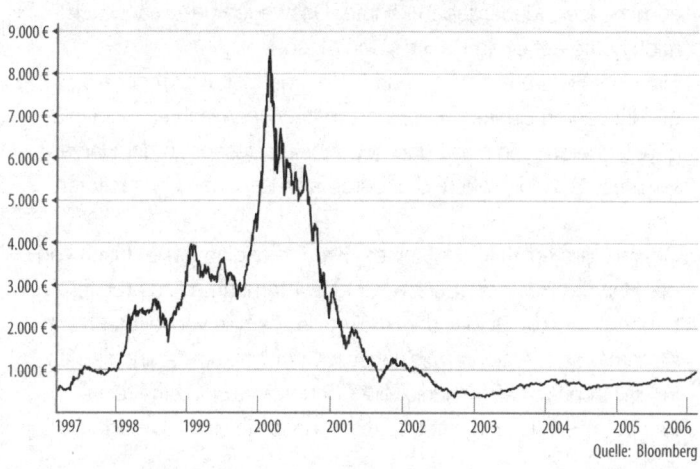

Quelle: Bloomberg

275

Ein Wort in eigener Sache: Im März des Jahres 2000 stellte ich das Manuskript zur ersten Ausgabe von »Investieren statt sparen« fertig – genau auf dem Höhepunkt der Börsenblase. Gegen die Exzesse am Neuen Markt habe ich mich schon damals in der Erstausgabe entschieden ausgesprochen. Deshalb fanden einige das Buch zu konservativ. Insgesamt sah ich den Neuen Markt aber – anders als der legendäre Börsenguru André Kostolany – als Entwicklung, der auch positive Aspekte abzugewinnen waren. André Kostolany hat recht behalten.

Don't lose!
DER PRIVATINVESTOR 30/2005 vom 29.07.2005

Am 26. und 27. Juli 2005 führte die Bayerische Landesbank ihr erstes Value-Intelligence-Seminar durch. An zwei Tagen referierten führende amerikanische und deutsche Experten über Geldanlage, Fundamental- und Value-Analyse sowie über die Entwicklung einzelner Branchen. Der Fokus lag darauf, die wirtschaftliche Entwicklung einzelner Branchen und Werte zu analysieren, um damit die inneren Werte von Aktien zu bestimmen. Die Menge der Informationen ist viel zu groß, als dass ich sie hier angemessen wiedergeben könnte. Deswegen beschränke ich mich heute auf einen Punkt: »Don't lose!«
Einer der Referenten war Charles Ellis, der seit weit mehr als dreißig Jahren Banken und Finanzinstitutionen in ihren Geldanlageentscheidungen berät und nebenbei Professor an der Harvard Business School, Yale und anderen angesehenen Universitäten war.
Charles Ellis erzählte von seinem Karrierebeginn, als er frisch von der Harvard Business School für ein Unternehmen zu arbeiten begann, das die Gelder der Rockefeller-Familie verwaltete. Nach seinem ersten Aktienreport rief sein Chef ihn zu sich und sandte ihn mit den Worten »Charlie, die Rockefellers sind eine reiche Familie, aber sie sind nicht so reich, dass sie sich dich leisten

könnten« auf ein weiteres Fortbildungsprogramm an der Wall Street.
Dort sprachen Referenten aus der Praxis. An einem Tag referierte auch der Eigentümer eines Unternehmens, ein stattlicher, eleganter und sehr reicher Mann. Am Ende stellte Ellis` Klassenkamerad eine Frage: »Ich möchte so reich sein wie Sie! Sagen Sie mir doch, wie ich das anstellen soll.«
Der Firmenchef stand lange da. Ellis dachte zuerst, dass er sich vielleicht über die respektlose Art der Fragestellung ärgern würde. Dann merkte er, dass der Referent einfach nur gründlich nachdachte. Schließlich fixierte er den Fragesteller und sagte zwei Worte mit Nachdruck: »Don't lose!«
»Wenn man eine dumme Frage stellt, bekommt man eine dumme Antwort«, war die erste Reaktion der Trainees. Im Laufe eines mehr als 40-jährigen Berufslebens erschloss sich die Tiefe dieser einfachen Wahrheit für Ellis immer mehr. Auch ich habe in den letzten Jahren die Weisheit dieses kurzen Statements immer mehr zu schätzen gelernt.
Don't lose! Sie müssen immer zuerst darauf bedacht sein, Verluste zu vermeiden! Denken Sie an die Zeit des Neuen Marktes zurück und versuchen Sie, sich an Ihr eigenes Portfolio zu erinnern. Waren es letztlich die Gewinne, die Sie gemacht haben, oder die Verluste, die die Performance Ihres Portfolios bestimmt haben?
Vielleicht geht es Ihnen ebenso wie einem Nachbarn von mir, der Porsche-Aktien hatte (+100 Prozent seit dem Kauf Jahr 2000 bis 2005) und diese im Jahr 2000 in Aktien des NEMAX tauschte, weil alle anderen ihm von ihren sagenhaften Gewinnen bei NEMAX-Aktien erzählten. Wie diese Investmentstory ausging, brauche ich nicht weiter zu erzählen. Derzeit kommen wieder einige Anleger an den Aktienmarkt zurück, die von den Jahren 2000 bis 2003 verunsichert waren. Selbst Anleger, die in Aktien engagiert geblieben sind, fragen sich, ob sie nicht angesichts der rapiden Kursentwicklung der letzten Monate noch mehr investieren sollten.

Wenn es Sie selbst in den Fingern juckt, denken Sie an den Vortrag von Charles Ellis: Don't lose! Sie haben Gewinne gemacht. Schön! Seien Sie zufrieden. Aber lassen Sie sich nicht von den Gewinnen, die andere angeblich gemacht haben, verleiten, übergroße Risiken einzugehen.
Der Kurswert Ihrer Aktien kann schon einmal um die Hälfte fallen, besonders wenn der Urinstinkt Gier die Oberhand gewinnt. Wenn Sie aber bestimmte Grundsätze berücksichtigen und probieren, rationale Entscheidungen zu treffen, ist die Wahrscheinlichkeit, dass Sie an der Börse Totalverlust erleiden, sehr gering. Mit etablierten Unternehmen zum guten Preis liegen Sie langfristig größtenteils richtig!

Der lange Leidensweg der Privatanleger

Mit dem Erfolg des Börsengangs der Deutschen Telekom AG begann der Hunger auf Aktien. Ab dem Jahr 1998 stieg die Zahl der Privatanleger rasch an. Im Jahr 2000, nachdem der DAX mehrere Jahre in Folge phantastische Renditen gebracht hatte, waren auch die pessimistischen Anleger davon überzeugt, dass Aktien eine sichere Sache seien. Der kräftigste Anstieg im Aktienbesitz erfolgte im Jahr 1999. Auch im Jahr 2000, als die Kurse um 40 Prozent nachgaben, stieg die Zahl der Aktienbesitzer um 10 Prozent. Viele Anleger kauften die scheinbar so »billig« gewordenen Aktien noch einmal nach. Tragisch, dass gerade die konservativen Anleger, die lange nichts von Aktien wissen wollten, oft erst ziemlich spät auf dem Gipfel der Blase einstiegen.

Nachdem sich die Anzahl der Aktienbesitzer von 1997 bis 2001 mehr als verdoppelt hatte, setzte Ende 2001 erste Ernüchterung ein. Seitdem ist der Trend negativ. Mit jeder Verunsicherung verkauften die Deutschen ihre Aktien.

So groß die Euphorie vorher war, so schlimm war der darauffolgende Kater. Gleich drei Jahre hintereinander – 2001 bis

2003 – wies der DAX negative Renditen auf. Drei Minusjahre in Folge sind an der Börse die absolute Ausnahme. Sie kommen in hundert Jahren nur zwei, drei Mal vor.

Im März 2003 hatte die Baisse ihren Tiefpunkt erreicht, und auch die Laune der unerfahrenen Privatanleger war am Tiefpunkt. Von rund 8065 Punkten war der DAX auf 2200 gefallen, ein Minus von 73 Prozent. Viele – gerade die, die auf dem Höhepunkt gekauft hatten – hatten die Nase voll von Aktien und verkauften zum schlechtesten Zeitpunkt. Die Zahl der Aktienbesitzer sank noch einmal um 10 Prozent.

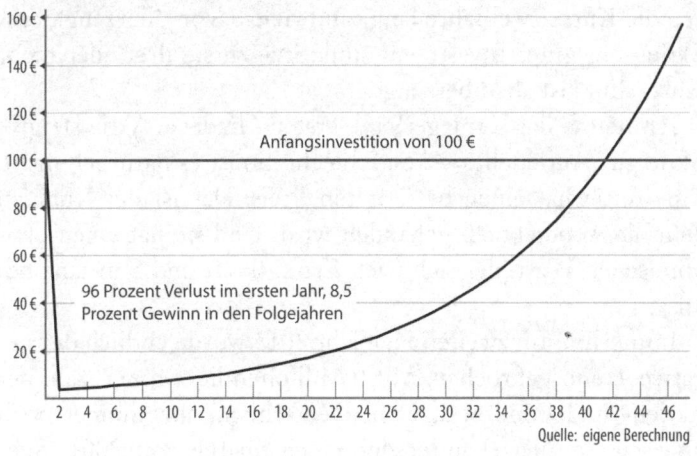

Die Kurse stiegen aber bereits wieder. 2003 stellte sich im Nachhinein als der absolute Tiefpunkt des Aktienmarktes heraus. Nachdem der DAX am 12. März 2003 bis auf 2200 Punkte gefallen war, stieg er bis zum Jahresende 2013 wieder um 80 Prozent auf 3965 Punkte.

Als die Hausse bereits mehr als zwei Jahre alt war, kehrten Mitte 2005 auch die ersten Privatanleger wieder vorsichtig an den Aktienmarkt zurück.

Dieses Verhalten ist natürlich genau falsch, man kaufte teuer und verkaufte billig. Letztlich sieht man aber, dass sich die Masse der Anleger von Emotionen treiben lässt und erst dann auf Trends aufspringt, wenn diese sich schon wieder dem Ende zuneigen.

Warum machen Privatanleger so einen Blödsinn und schaden sich selbst so immens? Weil sie nicht »investieren« und rational rechnen, sondern dem Trend folgen. Zum Investieren benötigen Sie einen kühlen Kopf und eben doch etwas Sachverstand. Den kann man sich zwar aneignen, aber die meisten Menschen verbringen mehr Zeit mit dem Kauf ihres neuen Autos als mit der Auswahl von Investments. Und dann laufen diejenigen, die an der Börse sind, den Trends hinterher. Steigen die Kurse zwei Jahre lang, sind viele davon überzeugt, dass Aktien ein gutes Investment sind. Steigen sie drei oder mehr Jahre, sind fast alle überzeugt.

Ich nenne das »Anlegerlogik ersten Grades«: Aktie steigt = Aktie gut. Aktie fällt = Aktie schlecht. So ist es natürlich nicht. Eine Aktie hat einen bestimmten Preis. Das ist der Kurs, zu dem die Aktie aktuell gehandelt wird. Und sie hat einen ökonomischen Wert, der sich nach Ertragskraft und Substanz bemisst.

Immerhin: Im zweiten Halbjahr 2015 wurde endlich der negative Trend gebrochen. Mit 9 Millionen liegt die Anzahl der Aktien- und Fondsbesitzer in Deutschland aber immer noch über einem Viertel unter der Höchstmarke von 2001. Sehr positiv ist, dass die Zahl der jüngeren Aktienanleger im Alter von 14 bis 39 um gute 10 Prozent im Vergleich zum Vorjahr zunahm. Auch die Deutschen scheinen eineinhalb Jahrzehnte nach dem Platzen der Technologieblase langsam zu kapieren, dass Aktien ein sinnvolles Investment sind.

Kämpfen Sie nicht den letzten Kampf!
DER PRIVATINVESTOR 06/2009 vom 6.2.2009

Privatanleger neigen oft dazu, den Kampf von gestern auszufechten, wie Warren Buffett gerne sagt. Nach dem Crash der Technologieblase flüchtete alles in Sicherheit. Heute hat sich das bei vielen Garantie-, Bonus- oder Discountzertifikaten und anderen Produkten mit Garantien oder Sicherheitspuffern als Verlustfalle herausgestellt.

Nach dem jetzigen Crash flohen viele ins Festgeld und in die Staatsanleihen. In den letzten beiden Jahren war dies die absolut richtige Strategie. Aber ist sie es auch für die Zukunft? Die Notenbanken haben mittlerweile global mehr als 5 Billionen Dollar an Liquidität in das System gepumpt. Noch ist die Inflation niedrig, weil die Geschäftsbanken das Geld nicht weiterleiten. Aber wenn der Geldkreislauf wieder in Bewegung geraten wird, dann würde die Inflation massiv ansteigen.

In diesem Fall wären Aktien und Gold die richtige Alternative. Wenn Sie länger im Fest- oder Termingeld bleiben, kämpfen Sie den Kampf von gestern.

Kürzlich sah ich bei einem Kollegen die Empfehlung »jetzt ALLES in Festgeld und Gold halten, und wenn die Situation kippt, ALLES in Sachvermögen (Aktien & Gold) investieren.« Das klingt theoretisch gut. Als Fondsmanager weiß ich aber, dass es praktisch unmöglich ist. Denn Sie können den Zeitpunkt nicht genau treffen. Manchmal erwischen die Entwicklungen an den Kapitalmärkten Sie viel schneller, als Sie es sich ausgedacht haben, und manchmal dauert es viel länger.

Eine gesunde Mischung aus Termingeldern, Aktien und Gold ist auch jetzt die richtige Strategie. Und bei den jetzigen Kursen können Sie den Aktienanteil ruhig ausbauen. Wenn Sie ganz auf Nummer sicher gehen und auf Rendite verzichten wollen, dann kaufen Sie noch mehr Gold.

8. Investieren in Aktien: die Grundlagen

Jetzt reden wir schon länger über Aktien und Aktienfonds, ohne uns den Kopf zerbrochen zu haben, was eine Aktie überhaupt ist. Ein Spekulationsobjekt? Ein sicherer Weg, um schnell Geld zu verdienen? Die Pflicht, bei Konkurs einer Aktiengesellschaft einen anteiligen Betrag zu zahlen?

Die Aktie macht Sie zum (Mit-)Besitzer eines Unternehmens. Sie stellt eine Beteiligung an einem Realvermögen dar, wie auch eine Immobilie. Stellen Sie sich zum Beispiel BMW vor. Am 8. Juni 2016 gab es genau 655,566 Millionen Aktien von BMW, davon 601,995 Millionen Stammaktien und rund 54,809 Millionen Vorzugsaktien. Stamm- und Vorzugsaktien unterscheiden sich im Fall BMW nicht beim Nennwert von 1 Euro, also im Anteil am Eigenkapital, sondern nur im Stimmrecht und in der Mehrdividende. Vorzugsaktien haben kein Stimmrecht auf der Hauptversammlung, dafür werden Sie mit einer Mehrdividende von 0,02 Euro gegenüber der Stammaktie entlohnt.

Der Börsenwert von BMW (Marktwert) bestimmt sich aus der Anzahl der Aktien multipliziert mit dem Kurs.

Marktwert = Anzahl der Aktien × Kurswert der einzelnen Aktie

Am 8. Juni 2016 kosteten die Stammaktie 72 Euro und die Vorzugsaktie 63 Euro. Für schlappe 46,8 Milliarden Euro hätten Sie also BMW kaufen können. Ist dies viel oder wenig? Und steigt der Preis von BMW (= der Wert der Aktien) in der Zu-

Börsenwert der BMW AG am 8. Juni 2016

	Zahl der Aktien	Kurs in Euro	Marktwert in Mrd. Euro
Stammaktie	601 995 196	72	43,34
Vorzugsaktie	54 809 404	63	3,45
Summe		46,8	

Quelle: Bloomberg

kunft? Das sind natürlich entscheidende Fragen für Sie als Aktionär. Derzeit müssen wir sie noch unbeantwortet lassen.

Der Kurs der Aktie ist das, was Sie bezahlen. Der Unternehmensanteil ist das, was Sie bekommen.

Mit einer BMW-Aktie gehören Ihnen rund 0,0000000015 Prozent des Unternehmens. Somit besitzen Sie gewissermaßen im gleichen Verhältnis einen Anteil an den Vermögensgegenständen wie Grundstücke, Immobilien, Maschinen, Fuhrpark, aber auch immateriellen Faktoren wie das Know-how, motivierte Mitarbeiter, grandiose Ingenieurleistungen, Patente, den Ruf, das nachhaltige Marken-Image sowie lange Geschäftsbeziehungen und Kundentreue. All dies hat zweifelsohne einen Wert.

Welchen Vorteil bietet die Aktie gegenüber dem direkten Kauf von ähnlichen Vermögensgegenständen? Erstens werden die meisten von uns sich nur über Anteilsscheine an einem Unternehmen in der Größe von BMW beteiligen können. Zweitens können Sie zwar auch direkt Maschinen und Grundstücke als Anlage kaufen, bei Marken-Image und Mitarbeiter-Know-how wird es aber schon schwierig. Außerdem entfalten die einzelnen Vermögensgegenstände nur im Zusammenspiel im Gesamtunternehmen ihren vollen Wert. Das Unternehmen ist mehr wert als die Summe seiner Teile, und als Aktionär profitieren Sie davon. Als Aktionär sind Sie so am zukünftigen Geschäftserfolg über Wertsteigerungen und Dividenden beteiligt, auch ohne dass Sie Ihre eigene Arbeitskraft einbringen müssen.

Sie haben etliche Rechte: Sie können an der Hauptversammlung teilnehmen. Sie dürfen dem Management Fragen stellen, und der Vorstand muss Ihnen Rede und Antwort stehen. Des Weiteren dürfen Sie entsprechend Ihrem Eigentumsanteil über die Tagesordnungspunkte der Hauptversammlung abstimmen, beispielsweise über die Verwendung des Gewinns der Aktiengesellschaft. Welche Dividende ist sinnvoll? Welcher Anteil des Gewinns soll in das Unternehmen reinvestiert werden? Theoretisch können Sie auch ein inkompetentes Management absetzen, wenn Sie ausreichend Stimmen zusammenbekommen. Schließlich sind Sie – zusammen mit allen anderen Aktionären – ja Eigentümer des Unternehmens.

Was ist die Kehrseite der Medaille? Bei Misserfolg im Geschäft des Unternehmens verlieren Sie als Aktionär Ihren Einsatz – das Geld, das Sie für die Aktien bezahlt haben. Sie verlieren aber nur den Einsatz! Bei einigen skurrilen Investmentmodellen wie geschlossenen Fonds, wie beispielsweise Schiff- und Immobilienfonds, die als Kommanditgesellschaft ausgestaltet sind, haben Sie eine Nachschusspflicht. Die gibt es bei der Aktie nicht. Als Mittelständler würden Sie wohl auch einen großen Teil Ihres Privatvermögens einsetzen, damit Ihr Unternehmen überlebt. Als Aktionäre können Sie sich einen Schritt zurücklehnen und Ihr Vermögen auf mehrere Unternehmen streuen. Sie haben auch bei Unternehmensanteilen in Form von Aktien keine Pflicht zu Instandsetzungs- und Reparaturmaßnahmen, wie zum Beispiel bei Immobilien. Alles in allem also eine recht pflegeleichte Kapitalanlage – wenn da nicht die massiven Schwankungen des Aktienmarktes wären.

Gemessen an anderen globalen Konzernen ist BMW nicht besonders teuer. Nestlé bringt zum Beispiel mehr als den vierfachen Börsenwert auf die Waage. Die teuersten Unternehmen der Welt – Apple und Alphabet (Google) – mit 477 und 444 Milliarden Euro (Stand: 9. Juni 2016) sind jeweils zehnmal so viel wert wie BMW. Das teuerste deutsche Unternehmen ist derzeit SAP mit einer Marktkapitalisierung von 87 Milliarden Euro. Für 81 Milliarden Euro können Sie das zweitgrößte deutsche Unternehmen, die Siemens AG, kaufen.

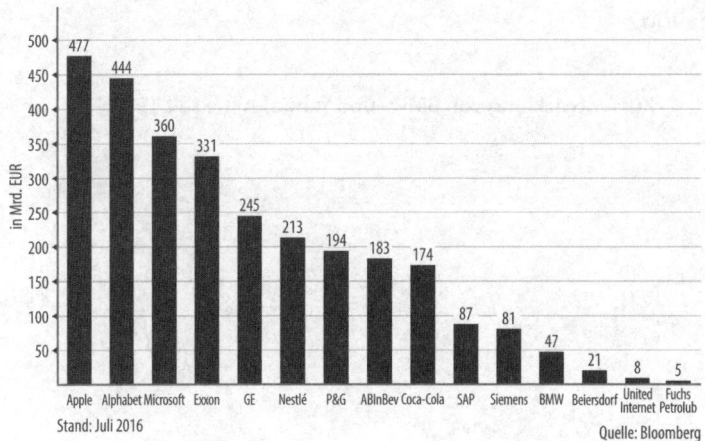

Dabei sind die Börsenbewertungen immer in Bewegung, teilweise irrational, weil die Börse von Gier oder Panik der Anleger getrieben sein kann, und teilweise rational, weil die Wirtschaft sich verändert. Cisco, Microsoft und ExxonMobil waren alle schon einmal die teuersten Unternehmen der Welt.

Manchmal gibt es groteske Fehlentwicklungen der Börsenwerte. Die US-Suchmaschine Yahoo! war Ende 1999 an der Börse rund sechsmal so viel wert wie der Premiumautobauer BMW, obwohl BMW den 62fachen Umsatz erwirtschaftete. Allein der Nettogewinn von BMW im Geschäftsjahr 2000 betrug damals so viel wie der Umsatz von Yahoo.

Die Börse ist also keinesfalls immer »rational«, wie es die moderne Finanztheorie behauptet. Sie ist kurz- und mittelfristig von irrationalen Faktoren getrieben. Langfristig setzt sich dann aber wirtschaftliche Vernunft durch. Benjamin Graham sagte mal, die Börse sei kurzfristig ein Abstimmungsmechanismus, langfristig ein Wägemechanismus.

Das lässt sich gut am Kursverlauf von BMW und Yahoo! ablesen. Mittlerweile haben sich die irrational hohen Bewertungen bei Yahoo! und die niedrigen Bewertungen bei BMW normalisiert. BMW ist zu Recht wieder deutlich mehr wert als Yahoo!

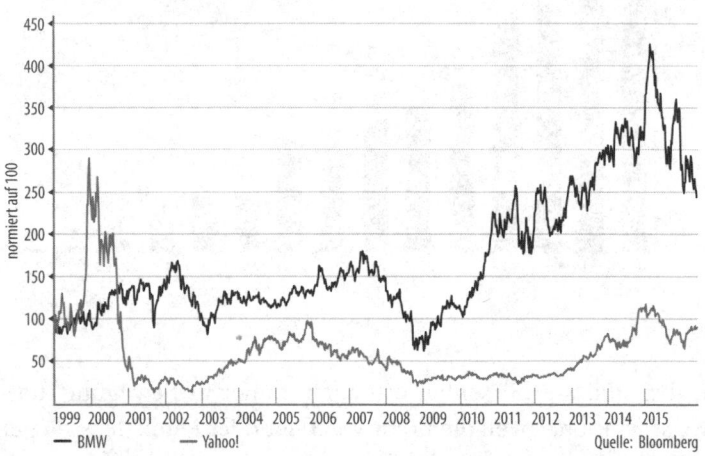

Wie Sie unserer Grafik der Marktwerte ausgewählter Unternehmen auf Seite 285 entnehmen können, sind im Jahr 2016 die stabileren und hochprofitablen IT-Konzerne wie Apple, Alphabet, Microsoft und SAP die absoluten Schwergewichte. Wenn Ihnen jetzt ein »Experte« voraussagen will, wie viel eines dieser Unternehmen im nächsten oder übernächsten Jahr wert sein wird, steht wahrscheinlich ein ganz schöner Hochstapler vor Ihnen. Keiner kann die Börse voraussagen und schon gar nicht, was ein Unternehmen in einem Jahr oder zwei Jahren wert sein wird. Die Börse ist launisch. Es herrschen immer wieder Angst und Gier. Hier werden Erwartungen und Zukunftsprognosen gehandelt.

Eines allerdings kann ich Ihnen sagen: Während Top-Immobilien im Sommer 2016 zum 30fachen oder 35fachen des Mietertrags gehandelt werden, handeln die oben genannten IT-Schwergewichte zum 12- bis 20fachen des Jahresgewinns. Sie sind also deutlich billiger als Immobilien zu haben. Als Aktionäre sind Sie an globalen Konzernen mit dominanten Marktpositionen beteiligt, die oftmals auch eine Dividende ausschütten. Im Sommer 2016 sind also langfristig gesehen die Aktien von globalen IT-Konzernen sicher ein besseres Investment als Top-Immobilien.

Wie finde ich nun die passenden Unternehmen für mein Depot?

Rufen Sie einfach unsere Hotline 0190-35X89X6 an!

Das Ganze kostet nur 3,95 Euro pro Minute. Wie Sie zu Reichtum, Vermögen und Glück kommen, erfahren Sie hier.

Halt!

So einfach ist es nicht, und es wird auch nie so einfach sein. Sonst könnte jeder wie der Value-Investor Warren Buffett investieren und phantastische Renditen erzielen. Es gehören Geduld und Disziplin dazu. Wenn Ihnen jedoch ein Berater oder selbsternannter »Experte« schnelle und phantastische Renditen verspricht, hat er vor allem eines im Kopf: sein eigenes Vermögen!

Denken Sie daran: Ihr Geld ist Chefsache. Sie müssen an der Börse Ihre eigenen Entscheidungen treffen, denn nur damit werden Sie langfristig gut leben.

Die Rendite von Aktieninvestments: eine Annäherung

Dass der Aktienmarkt langfristig zwischen 7 und 10 Prozent bringt, habe ich oben dargelegt. Schauen wir uns also an, wie wir uns der Renditeerwartung bei einzelnen Aktien nähern können. Wie oben beschrieben, profitieren Sie von Ihrem Aktienbesitz in zweierlei Weise. Zum einen kann Ihnen ein Teil des Gewinns in Form einer Dividende ausgezahlt werden. Zum anderen kann der Kurswert Ihrer Aktie steigen. Die Summe aus Dividende und Kurssteigerungen ist die Rendite Ihrer Aktieninvestition.

Rendite der Aktienanlage = Dividende + Kurssteigerung

Weder auf eine Dividende noch auf eine Kurssteigerung haben Sie ein Anrecht. Sie sind Miteigentümer eines Unternehmens. Damit tragen Sie einen Teil des unternehmerischen Risikos und können Ihren Einsatz verlieren. Im Erfolgsfall partizipieren Sie entsprechend Ihrem Anteil.

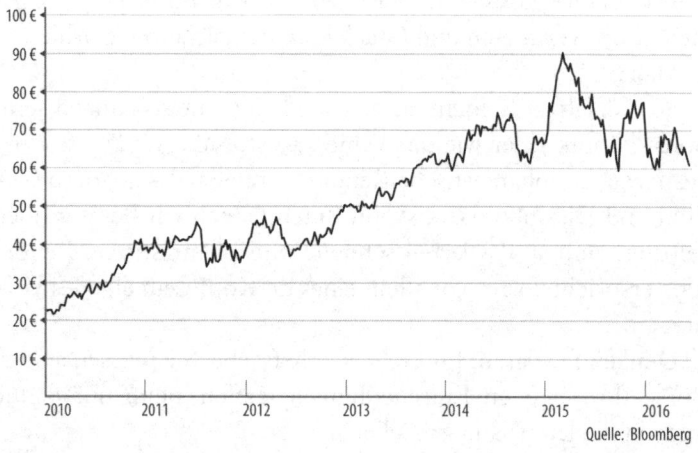

Schauen wir uns das am Beispiel BMW an: Im März 2015 stand die Vorzugsaktie bei 90,37 Euro. Im Oktober 2015 stand sie bei 59,51 Euro. Die Aktie büßte 30,86 Euro Ihres Wertes ein. Rechnen wir das mal in Prozent aus:

30,86 ÷ 90,37 = 0,34

Das entspricht einem Wertverlust der Aktie von 34 Prozent in einem Jahr! Was ist denn hier passiert? Hatte BMW ein besonders schlechtes Jahr? Kauft keiner mehr Autos von BMW? Drohte dem Unternehmen der Bankrott? Nichts von alledem! Im Jahr 2015 erreichte BMW ein Rekordergebnis! Der Konzernjahresüberschuss betrug 6,4 Milliarden Euro. Das war ein Plus von 10 Prozent zum Vorjahr.

Pro Vorzugsaktie erzielte der Konzern ein Ergebnis von 9,72 Euro. Auch das war eine deutliche Steigerung gegenüber den 8,85 Euro pro Vorzugsaktie im Jahr 2014. Das Unternehmen konzentrierte sich auf seine Kernkompetenzen und produzierte und vertrieb Autos und Motorräder im Premiumsegment. Die wichtigen Marken von BMW sind weltbekannt – BMW, Mini und Rolls-Royce.

BMW zahlte eine Dividende von 3,22 Euro je Vorzugsaktie, bei einem Kurswert von 59,51 Euro je Vorzugsaktie also eine Dividendenrendite von 5,4 Prozent (3,22 ÷ 59,51 = 0,054).

Dividendenrendite = Dividende pro Aktie ÷ Kurswert der Aktie

Das war recht ordentlich und wesentlich besser als beim Sparbuch. Aber wenn man den Kursverlust von 34,1 Prozent hinzurechnet, hatten Aktionäre von BMW vom Frühjahr 2015 bis zum Herbst 2016 insgesamt 28,7 Prozent, also über ein Viertel, Verlust gemacht. Autsch! Sollten Sie jetzt Ihre BMW-Aktien verkaufen? Nein, nicht verkaufen. Denn hier bildet sich eine große Lücke zwischen dem Wert und dem Preis von BMW. Sie können BMW aktuell zum Buchwert kaufen! Das heißt, sie bekommen Tradition, Marke, exzellente Technik und Kundenbeziehung kostenlos dazu und auch das Kurs-Gewinn-Verhältnis von rund 6 bezogen auf die Vorzugsaktie ist sehr attraktiv. Am Ende des Kapitels zeigen wir Ihnen, wie der innere Wert von BMW berechnet wird.

Wir möchten Sie erinnern: Investieren Sie nur Geld in Aktien, das Sie in den nächsten acht bis zehn Jahren nicht brauchen, und nehmen Sie keinen Kredit dafür auf.

Kostolanys Beispiel vom Herrchen und vom Hund

Das Beispiel vom Herrchen und vom Hund aus André Kostolanys Feder ist immer noch sinnbildlich für das aktuelle Geschehen, also lassen Sie es auf sich wirken:
Ein Herrchen geht mit seinem Hund spazieren. Das Herrchen möchte sich an frischer Luft erholen und geht gemütlich seine Runden. Der Hund tobt sich aus und läuft nach vorn, dann nach hinten. An einem Baum bleibt er stehen und schnüffelt aufgeregt an den Markierungen seiner Vorgänger. Dann will er spielen und jagt ein paar Vögeln hinterher. In der Zwischenzeit hat das Herrchen schon ein gutes Stück Weg zurückgelegt. Jetzt bemerkt es der Hund und hechelt hinter dem Herrchen her. Schon bald sieht er vor sich ein paar andere Hunde und hetzt ihnen nach, obwohl ihn sein Herrchen zurückhalten möchte. Er ist und bleibt eben ein ungezogener Hund! Am Ende des Spaziergangs kommen beide wieder zu Hause an. Nur mit dem Unterschied, dass der Hund ein Vielfaches der Strecke des Herrchens zurückgelegt hat. Der Hund steht für Börse und das Herrchen ist die Wirtschaft oder das Unternehmen.
Unter Ausnahme der echten Krisen läuft die Entwicklung der Wirtschaft recht beständig und kontinuierlich – ähnlich wie das Herrchen, das seine Runden läuft. Parallel dazu rennt die Börse einmal davon und dann bleibt sie wieder zurück – ähnlich wie der Hund, der seinen Spieltrieb auslebt und nicht auf das Herrchen hört. Keiner weiß, wo die Börse morgen stehen wird, glauben Sie mir: keiner!
Aber unterm Strich wird sich die Börse wie ihr Fundament, die Wirtschaft und die dazugehörigen Unternehmen, entwickeln. Wir können davon ausgehen, dass etablierte Weltunternehmen wie BMW (oder Coca-Cola, Alphabet, AB InBev, Henkel, Beiersdorf, Nestlé, Reckitt Benckiser, Johnson & Johnson, Procter & Gamble, Unilever, LVMH, Microsoft, Medtronic) ihren Weg gehen werden und nicht zusammenbrechen. Eine Insolvenz kommt unter den Großunternehmen sehr selten vor – normalerweise

finden sich immer andere Unternehmen, die einsteigen, oder das Unternehmen verwendet seine Marke oder sein profitables Geschäft, um sich mit den Erlösen in neuen Segmenten mit Zukunft zu etablieren.

Sie können schon darauf vertrauen, dass es langfristig für solche Unternehmen in der Regel nur einen Weg gibt: nach oben! Trotzdem sollte man berücksichtigen, dass Großunternehmen nicht so dynamisch sind wie junge Unternehmen, jedoch gehen sie so gut wie kein Risiko ein.

Wie wir aber gesehen haben, ist die Börse launisch und wechselhaft. Dennoch folgt sie langfristig einfachen Gesetzen:

1. Der Unternehmenswert ist davon abhängig, wie viel Gewinne es heute und wahrscheinlich in der Zukunft erwirtschaften wird.
2. Der Kurswert einer Aktie bestimmt sich aus den Gewinnen pro Aktie und den erwarteten zukünftigen Gewinnen.

Der Kurswert kann hinter der wirtschaftlichen Entwicklung des Unternehmens oder der Wirtschaft zurückbleiben oder ihr vorauseilen – *denken Sie an die Geschichte vom Hund und vom Herrchen.*

Meister, Fürsten, Könige, Revolutionäre und Gaukler: eine neue Sicht auf die Welt der Aktien

Viele Privatanleger schauen vor allem auf den Kurs der Aktie. Hier gilt: Nachher ist man immer schlauer. Der Kurs bildet langfristig die Veränderungen der Vergangenheit ab, er ist aber kein Indikator für zukünftige Entwicklungen. Leider orientieren sich viele Anleger – auch professionelle – bei ihren Entscheidungen vor allem am Kurs. In der finanzwissenschaftlichen Forschung nennt man das »Availability Bias«.

Die Kursdaten sind rasch verfügbar. Man nimmt diese für Entscheidungen zur Hand, anstatt sich auf das wertvolle Fundament, den Unternehmenswert, zu konzentrieren.

Schauen Sie sich exemplarisch die Kursverläufe der folgenden Unternehmen an:

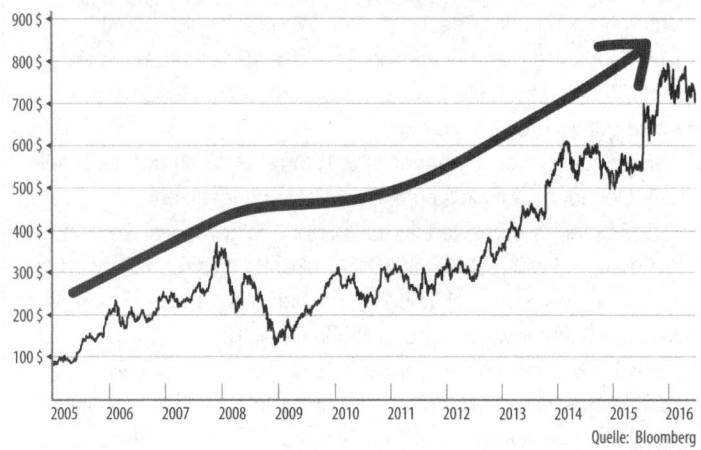

**Manche Aktien entwickeln sich wie Raketen:
Kursentwicklung von Alphabet (Google) seit 2005**

Quelle: Bloomberg

Der Mutterkonzern der Suchmaschine Google, das US-Unternehmen Alphabet, ist weiterhin auf Wachstumskurs. Schon in dem im Chart betrachteten Zeitraum konnte Alphabet den Gewinn je Aktie, in der Regel das rationale Fundament für den Kursverlauf, um insgesamt rund 1750 Prozent, also rund 30 Prozent pro Jahr, steigern. Man kann also sagen, dass sich nicht nur der Kurs wie eine Rakete entwickelte, sondern auch der Gewinn je Aktie.

Das Unternehmen generiert einen Großteil der Erträge durch Werbeeinnahmen auf den eigenen Seiten wie Google oder YouTube sowie auf Partnerseiten. Bei diesen Einnahmen profitiert Alphabet von einem selbstverstärkenden Wettbewerbsvorteil: Jeder Nutzer hinterlässt Daten (Interessen, Besuchszeit einer Website usw.), und Alphabet verwendet diese, um den Suchalgorithmus stetig zu verbessern und zu individualisieren. Das heißt, die Nutzer wechseln selten zu anderen

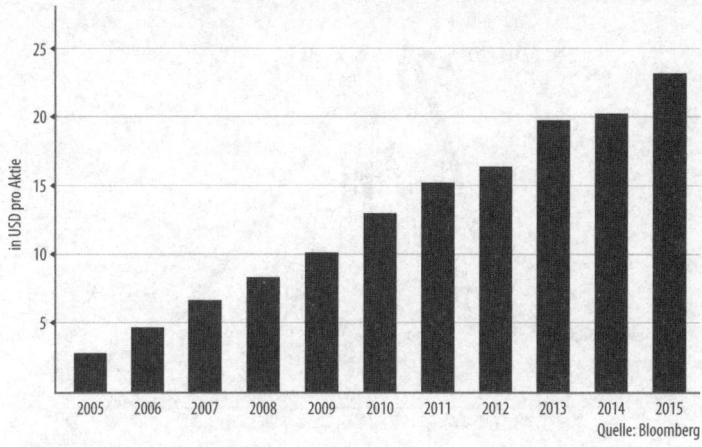

Suchmaschinen und die solide, steigende Nutzerbasis lockt Anzeigenkunden an, die für ihre Produkte oder Dienstleistungen werben wollen. Die Anzeigenkunden können durch effiziente Anzeigen, angepasst an die Bedürfnisse und Interessen der Google-Nutzer, profitieren. Value-Investor Charlie Munger von Berkshire Hathaway sagte, dass er höchstwahrscheinlich noch nie einen so großen Burggraben unternehmensspezifischen Wettbewerbsvorteils wie diesen gesehen habe.

Des Weiteren gibt es noch zahlreiche Projekte wie unter anderem das Hausautomatisierungsunternehmen Nest oder das Kabel-Unternehmen Google Fiber, die sich mit neuen bahnbrechenden Technologien beschäftigen und großes Potential beinhalten. Diese Projekte sollen neue Standards setzen und die Abhängigkeit von den Werbeeinnahmen reduzieren. Mit der starken Marke und der Marktführung im hochprofitablen und Einnahmen generierenden Werbegeschäft ist Alphabet ein sehr interessantes Investment. Im Kapitel »Königsweg« werden wir Ihnen noch weitere Informationen zu diesem Unternehmen vorstellen.

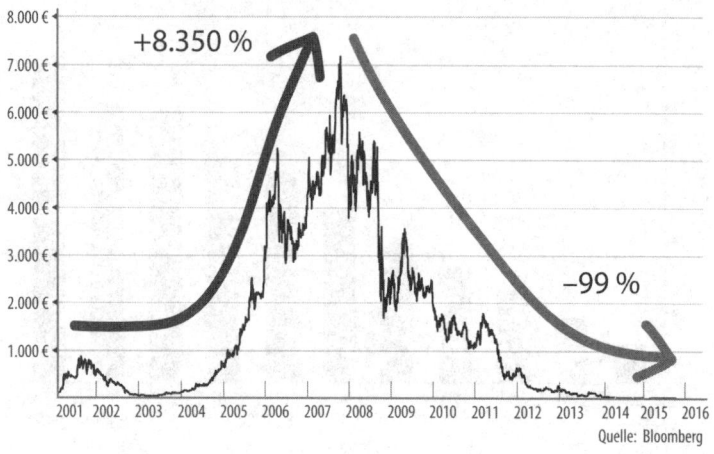

Manchmal sind Aktien wie Sternschnuppen: Kursentwicklung von Solarworld seit 2001

Quelle: Bloomberg

Solarworld war einst der deutsche Branchenprimus unter den Solarmodulherstellern, bis sich das Geschäftsumfeld bedingt durch die Kürzung von Subventionen durch den deutschen Staat sowie Konkurrenzprodukte, die zu Dumping-Preisen aus Asien kamen, komplett wandelte. Ein großes Problem der Branche war und ist, dass chinesische Wettbewerber vom chinesischen Staat sehr stark subventioniert werden und so ihre Produkte zu Dumpingpreisen in Europa und den USA in den Markt drücken können. Solarworld mit Produktionsstätten in Deutschland und in den USA konnte diese Preise nicht mitgehen und fuhr enorme Verluste ein. Unterm Strich ist die Summe der Gewinne seit 2001 negativ. Es ist kaum zu glauben, dass Solarworld in zehn Jahren von 2001 bis 2010 einen Gesamtgewinn von rund 817 Euro je Aktie erwirtschaftet und in den nächsten fünf Jahren rund das Doppelte, also rund 1500 Euro je Aktie, Verlust machte. An den Charts erkennt man deutlich, dass sich die Kurse wie auch die Unternehmensgewinne wie Sternschnuppen verhalten haben.

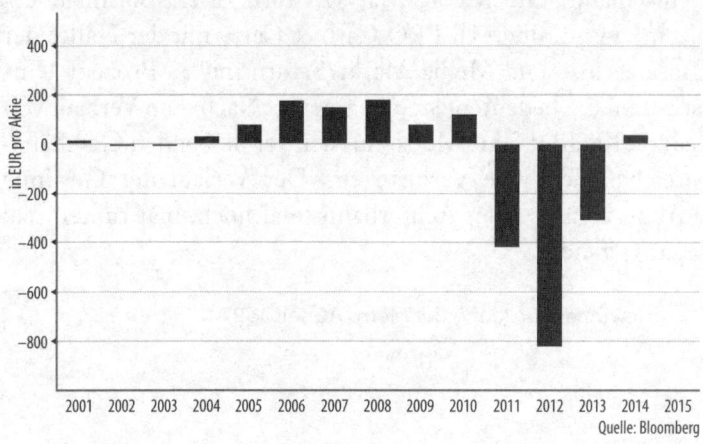

Gewinnentwicklung von Solarworld seit 2001

Quelle: Bloomberg

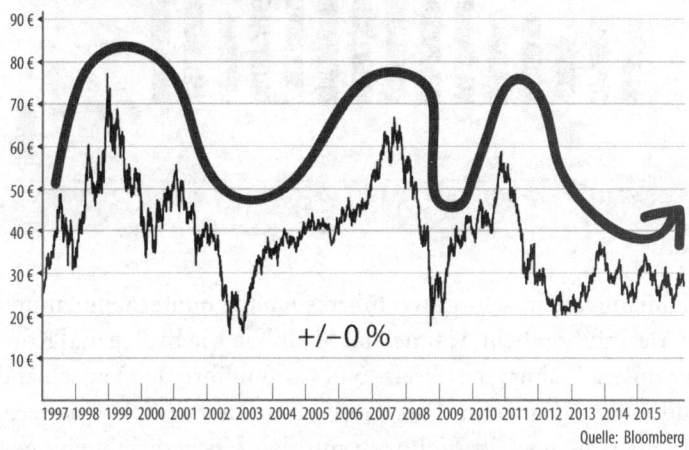

Andere Aktien sind wie Achterbahnen: Kursentwicklung der Metro AG seit 1997

Quelle: Bloomberg

Die Metro Group ist ein internationales Handelsunternehmen. Der Konzern ist in dreißig Ländern mit rund 2060 Standorten aktiv. Seine Aktivitäten konzentriert das Unternehmen auf die drei Kerngeschäftsfelder METRO Cash & Carry (Selbstbedienungsgroßhandel), Real (Selbstbedienungswarenhaus in Deutschland) und Media Markt/Saturn (Elektrofachhandel). Nach Umsatz sind METRO Cash & Carry mit der Hälfte der Umsatzerlöse und Media Markt/Saturn mit 37 Prozent Umsatzanteil die bedeutendsten Segmente. Nach dem Verkauf von Galeria Kaufhof fährt Metro mit den verbleibenden Geschäftsbereichen deutliche Verluste ein. Der Verlauf der Gewinne je Aktie kommt einer Achterbahn (mal hoch, mal runter, mal negativ) gleich.

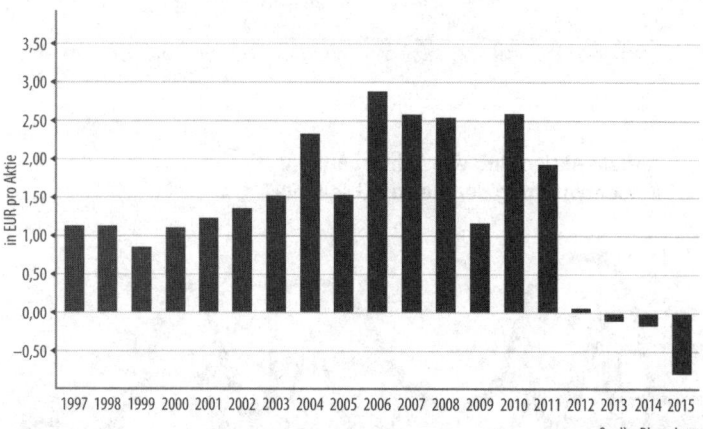

Gewinnentwicklung der Metro AG seit 1997

Quelle: Bloomberg

Fielmann ist ein sehr gut geführtes Familienunternehmen und ist Marktführer beim Handel mit Sehhilfen wie Brillen und Kontaktlinsen. Fielmann ist Preis- und Kostenführer in Deutschland und einer der größten Augenoptiker in den DACH-Ländern. Darüber hinaus tritt Fielmann mit den Hörgeräteabteilungen in den Filialen in einen Wachstumsmarkt, der von der zunehmenden Überalterung der Gesellschaft bestimmt wird, ein. Das Unternehmen zeichnet sich durch eine solide Umsatzentwicklung mit starker Kundennähe und -bindung, einem stetigen Wachstum des Gewinns je Aktie (jährliche Gewinnwachstums-

**Und dann gibt es noch die Rolltreppen:
Kursentwicklung der Fielmann AG seit 1997**

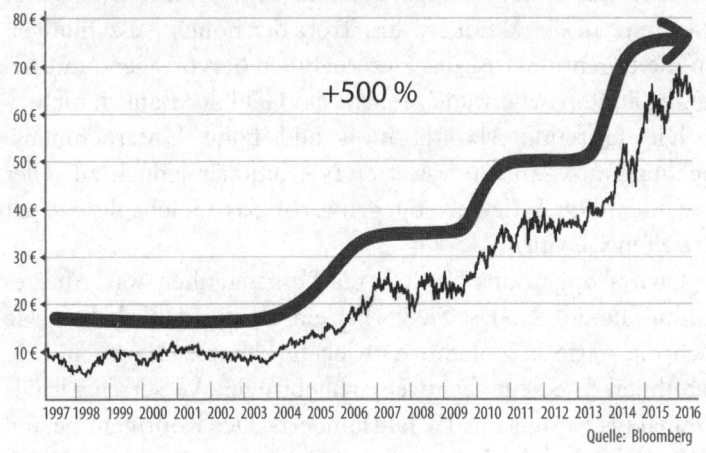

Quelle: Bloomberg

rate über die letzten 19 Jahre von 17 Prozent und über die letzten 10 Jahre immerhin noch von 10 Prozent) und einer starken Bilanz mit einer Nettoliquidität (Bargeldbestand abzüglich Finanzverbindlichkeiten) von rund 330 Millionen Euro aus.

Gewinnentwicklung der Fielmann AG seit 1997

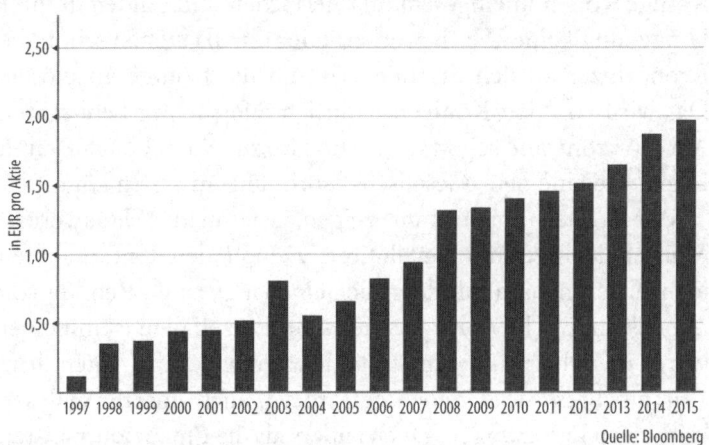

Quelle: Bloomberg

Besonders hervorzuheben ist ebenso die aktionärsfreundliche Dividendenpolitik: Fielmann zahlte 2015 89 Prozent seiner Gewinne an die Aktionäre aus. Trotz der hohen Auszahlungen an die Eigentümer ist das Unternehmen hervorragend mit Eigenkapital finanziert und braucht das Geld der Banken nicht.

Die führende Marktposition und hohe Unternehmensqualität muss ein interessierter Neuaktionär jedoch zu teuer bezahlen: Die Aktie kostet gegenwärtig das 35fache des zuletzt erzielten Gewinns.

Charts zeigen uns nur, wie die Vergangenheit war. Aber es kommt darauf an, dass Sie vorher ein Gespür dafür haben, wie sich die Aktie in Zukunft entwickeln könnte. Hierzu möchte ich Ihnen eine neue Sichtweise nahebringen. Versetzen wir uns einmal ins Europa des 19. Jahrhunderts. Der Kontinent befand sich im Umbruch. Bauern, Arbeiter, Handwerksmeister, Kaufleute, Könige, Grafen und Fürsten – alle waren daran beteiligt, den Nationalstaat erblühen zu lassen. Dazwischen tummelten sich die Revolutionäre, die einen Umsturz der bestehenden Gesellschaftsordnung planten.

Auch unter den börsennotierten Unternehmen gibt es die soliden Handwerksmeister. Die seit Jahrzehnten schon tagaus, tagein ihrem Handwerk nachgehen und solide Arbeit leisten. Könige wollen uneingeschränkt herrschen und dulden in ihrer Umgebung keine Wettbewerber. Hier und da stehen schon die Kronprinzen in den Startlöchern, um die Könige abzulösen. Das wird von den Königen natürlich eifersüchtig beobachtet. Am Horizont sind schon Revolutionäre zu sehen. Überall gären Ideen, wie eine neue Gesellschaftsordnung aussehen könnte.

Wir wollen Ihnen nun zeigen, wie man (Handwerks-) Meister, Könige und Revolutionäre unter den Unternehmen identifizieren kann mit dem Ziel, eine langfristige Rendite von mindestens 8,5 Prozent zu erzielen. In Einzelfällen ist mit einer klaren und überprüfbaren Strategie sogar wesentlich mehr drin. Wir möchten Sie dennoch auffordern, auch unsere Analysen kritisch zu hinterfragen. Doch anders als die Finanzjournalisten haben wir unser eigenes Geld investiert – wir sind Privatinvestoren.

Die Welt der Aktien ist zu schwierig und komplex, meinen Sie? Unsinn, sage ich! Der Einstieg in die Welt der Aktien ist sogar verblüffend einfach: Erwerben Sie einfach Unternehmensanteile von einer Firma, von der auch Tante Emma weiß, dass sie offensichtlich gut und solide ist. Wir nennen diese Unternehmen »Meister«. Der Begriff soll nicht den »Meister aller Klassen« darstellen, sondern ist dem soliden »Handwerksmeister« gewidmet. Was versteht man unter einem Handwerksmeister? Ein Handwerksmeister betreibt ein Handwerk, das normalerweise jeder kennt und schon seit vielen Jahren und Jahrzehnten etabliert ist. Nach diesen Kriterien fallen Ihnen bestimmt gleich ein paar Meister-Aktien ein: BMW, Daimler, Toyota, Allianz, Coca-Cola, Pepsi, L'Oréal, Procter & Gamble, Unilever, Johnson & Johnson, Starbucks, 3M, Henkel, Beiersdorf, Reckitt Benckiser, LVMH, Cie Financière Richemont, Medtronic, The Kraft Heinz Company, Colgate-Palmolive, Fresenius und viele andere. Selbst wenn Sie nichts von Aktien verstehen oder keine Zeit für Aktien verschwenden wollen, können Sie sich getrost diese Werte ins Portfolio legen und ruhig schlafen. Ist Ihnen das zu einfach?

Wollen Sie lieber mit Ihrem hartverdienten Geld zum Spekulanten werden? Ja, wenn Sie das »gewisse Kribbeln« verspüren wollen, dann kaufen Sie doch Futures auf kenianischen Hochlandkaffee. Sie kommen wahrscheinlich aus dem Kribbeln gar nicht mehr heraus.

Wahre Größe ist wirklich einfach. Die Experten aus Frankfurt oder New York sagen Ihnen das aber nicht. Denn dann könnten Sie ja Ihre Geldanlagen selbst in die Hand nehmen und auf Dauer durch selbstsicheres Investieren gute Renditen erzielen.

Denn das Geniale an Meister-Aktien ist, Sie können sie erkennen, wenn Sie auch überhaupt nichts von Bilanzen und Geschäftsberichten verstehen.

In Deutschland gibt es einige offensichtliche Meister: Zum Beispiel Aldi. Aldi ist aber leider nicht zu haben, da die Familie Albrecht weiß, wie gut ihr Investment ist, und das Unternehmen nicht an einer Börse gelistet ist. Aber BMW, Daimler, Beiersdorf, Henkel, Fresenius, Fuchs Petrolub und viele andere können Sie kaufen.

Noch einmal BMW: Ein deutscher Meister im Premiumsegment des Automobilbaus

Schauen wir uns noch einmal das Münchener Unternehmen BMW an. Das Unternehmen mit seinen Marken BMW, Mini und Rolls-Royce ist Marktführer im Premiumsegment und kann sicher als ein solider Handwerksmeister gelten. Das Unternehmen kann im Jahr 2016 auf genau hundert Jahre Firmengeschichte zurückblicken. Den Grundstein für den heutigen Erfolg legte aber erst Herbert Quandt im Jahr 1960 mit der Sanierung des Automobilkonzerns aus München. Noch heute befinden sich rund 47 Prozent der Aktien im Besitz der Industriellenfamilie Quandt.

Das strategische Ziel des Unternehmens, seine Position als weltweit führender Anbieter von Premium-Produkten und Premium-Dienstleistungen für individuelle Mobilität auszubauen, kommt bei den Kunden gut an. BMW konnte die Auslieferung von Fahrzeugen innerhalb der letzten fünf Jahre um 35 Prozent auf 2,25 Millionen Autos und um 31,3 Prozent auf 137 000 Motorräder steigern. Abgerundet wird das Produkt- und Dienstleistungsportfolio durch die Serviceleistungen, Finanzierungs- und Leasingangebote sowie Versicherungen. Jetzt sagen Sie: »Finanzierungs- und Leasingangebote? – Mit Finanzgeschäften will ich nichts zu tun haben!« Ich kann Sie beruhigen: Das Finanzgeschäft von BMW ist durch den Kundenstamm (meist überwiegend sehr solide Schuldner) und der Sicherheit (in Form eines guten BMWs) als sehr solide einzustufen.

Schauen wir mal, was die Aktie des Handwerksmeisters BMW in der Vergangenheit geleistet hat.

Rendite der BWM-Aktie seit 1995

Kurs 1995 (umgerechnet in EUR)	Kurs 2015 (in EUR)	Kursentwicklung 1995–2015	Kursentwicklung pro Jahr	Gesamtrendite (inkl. Dividende) pro Jahr
11,64	97,63	739 %	11,8 %	13–14 %

Quelle: Bloomberg

Die Stammaktie von BMW stand Ende des Jahres 1995 bei 11,64 Euro und wurde zwanzig Jahre später bei 97,63 Euro gehandelt. Der Aktienkurs hat sich in zwanzig Jahren mehr als versiebenfacht. Dies entspricht einer jährlichen Zuwachsrate von 11,8 Prozent. Nicht schlecht – die Magie der Zinseszinsen ist am Werk.

Angenommen, Sie hätten im Jahr 1995 rund 1000 Euro in BMW angelegt, hätten Sie Ende 2015 rund 8390 Euro, ohne die laufenden Dividendenzahlungen zu berücksichtigen. Diese lagen meistens zwischen ein und drei Prozent, sodass Sie mit BMW auf eine Rendite von 13 bis 14 Prozent gekommen wären.

Bedenken Sie auch, dass in diese Phase mehrere Krisen wie die Finanzkrise, Russlandkrise und Internetblase fielen. Zum Beispiel in der Finanzkrise brach der Gewinn von 3,1 Milliarden Euro auf rund 0,3 Milliarden Euro ein. Es war Geduld von Mitte 2007 bis Ende 2010 gefragt, bis die Höchststände wieder erreicht waren.

Bei BMW handelt es sich um eines der solidesten Unternehmen der Welt mit einem hervorragenden Management und einer guten Position im Premiumsegment. Das Auto bestimmt immer noch maßgeblich unseren Alltag mit und ist noch eines der bedeutendsten Güter in unseren Volkswirtschaften.

Der Wunsch nach individueller Mobilität scheint auch in

den Entwicklungsländern ungebrochen. Mit zunehmendem Wohlstand sollten also auch weitere Käufer von Autos hinzukommen – eine Entwicklung, die in China, Indien, Afrika und Lateinamerika in vollem Gang ist.

Wird BMW von diesem Trend profitieren? Aus meiner Sicht: ganz bestimmt. BMW ist eine der bevorzugten Marken des chinesischen Mittelstands, und das Unternehmen expandiert in China sehr nachhaltig. Es eröffnet Niederlassungen in regionalen Städten und ist somit für einige Chinesen der erste Kontakt zu einem Premiumfahrzeug, was Generationen nachhaltig prägen und fesseln könnte.

Die Elektromobilität soll in naher Zukunft zu einem wichtigen Standbein von BMW werden. Wie das Unternehmen aber schon seit längerer Zeit betont, ist die Elektromobilität kein Sprint, sondern ein Marathon. Und deshalb ist es auch nicht besorgniserregend, dass Tesla, als Pionier, eventuell heute einen Technologievorsprung innehat. Entscheidend ist, wie es aussieht, wenn der Markt für Elektrofahrzeuge eine ordentliche Größe hat. Und dann spielen bei der Kaufentscheidung für das Fahrzeug auch weitere wesentliche Faktoren wie Marke, Zuverlässigkeit, Design, Vertrieb sowie Service eine Rolle. Für diesen Zeitpunkt sehen wir BMW gut vorbereitet.

Wo stehen die BMW-Aktien in den nächsten Monaten und Jahren? Das kann ich Ihnen nicht sagen – genauso wenig wie irgendjemand anders. Ich bin aber davon überzeugt, dass Sie mit der Aktie von BMW langfristig sowohl die Renditen Ihrer Lebensversicherung als auch die Ihrer Immobilie und erst recht die Ihres Sparbuchs schlagen.

Exkurs: Wie »teuer« ist eine Aktie?

Ein guter Indikator für die Bewertung einer Aktie ist das Kurs-Gewinn-Verhältnis (KGV) oder auf Englisch Price Earnings Ratio (P/E). Zur Veranschaulichung nehmen wir an, Ihr Unternehmen erwirtschaftet eine Million Euro Gewinn im Jahr. Von diesem Unternehmen sind 200 000 Aktien im Umlauf. 5 Euro beträgt demnach der Gewinn pro Aktie. Der Kurs der Aktie des Unternehmens liegt gegenwärtig bei 200 Euro. Das heißt: Bei fünf Euro Gewinn je eingesetzten 200 Euro liegt die Gewinnrendite bei zweieinhalb Prozent pro Aktie (5 ÷ 200 = 0,025 = 2,5 Prozent). Oder andersherum: Kurs (200) durch Gewinn (5) = 40. Das Kurs-Gewinn-Verhältnis beträgt also 40.

Liegt das Kurs-Gewinn-Verhältnis über 20, ist die Verzinsung des eingesetzten Kapitals geringer als fünf Prozent, mehr als 40 eben weniger als zweieinhalb Prozent. In der Regel sind Aktien mit einem niedrigen Kurs-Gewinn-Verhältnis »billig«, Aktien mit einem hohen Kurs-Gewinn-Verhältnis sind »teuer«. 40 ist teuer.

In der Wirtschaft sind extreme Unterschiede im Kurs-Gewinn-Verhältnis vorzufinden. Das liegt an Zukunftshoffnungen, die an der Börse gehandelt werden. Wenn alle Marktteilnehmer erwarten, dass die Unternehmensgewinne je Aktie in der Zukunft stark ansteigen, ist das Unternehmen normalerweise teuer, das heißt, es hat ein hohes Kurs-Gewinn-Verhältnis.

Andersherum verhält es sich, wenn die Marktteilnehmer erwarten, dass das Unternehmen nicht besonders stark wächst und die gegenwärtige Rendite besondere Bedeutung hat, denn das heißt, dass das Kurs-Gewinn-Verhältnis niedrig ist. Nach den Abstufungen des Investors Benjamin Graham ist ein Kurs-Gewinn-Verhältnis von weniger als zehn »billig«, mittelmäßig bewertet sind Unternehmen mit einem KGV zwischen zehn und 20, und ist das KGV höher als 20, dann gilt die Aktie als »teuer«.[1]

Im Geschäftsjahr 2015 hat BMW einen Jahresüberschuss von 6,37 Milliarden Euro (Gewinn je Vorzugsaktie von 9,72 Euro) erzielt, und das Management erwartet für 2016 einen leichten Anstieg. Bei einem Börsenwert von etwa 46,8 Milliarden Euro (Kurs der Vorzugsaktie von 63 Euro) entspricht das einem KGV von circa 6,5 (Börsenwert durch Unternehmensgewinn = Aktienkurs durch Gewinn je Aktie). Das Kurs-Gewinn-Verhältnis ist niedrig, beziehungsweise die Gewinnrendite (der Kehrwert des KGV) ist hoch. Damit ist die Vorzugsaktie von BMW rechnerisch sehr billig. Und noch etwas: Der absolute Preis einer Aktie ist völlig egal. Zum Beispiel wurde eine Aktie von Warren Buffetts Beteiligungsgesellschaft Berkshire Hathaway im Juni 2016 zu 186000 Euro gehandelt und die oben erwähnte Vorzugsaktie von BMW zu 63 Euro.

Vor allem das Kurs-Gewinn-Verhältnis ist ein Maß dafür, wie »teuer« eine Aktie ist und in keiner Weise der absolute Preis. Der Kurswert eines Unternehmens ergibt sich aus der Anzahl der Aktien multipliziert mit dem Kurs der einzelnen Aktie. Entscheidend ist doch, »wie viel Unternehmen« Sie für Ihre Aktie im Gegenwert von 186000 Euro bekommen. Für eine Aktie des riesigen Konzerns Berkshire Hathaway bekommen Sie wahrscheinlich viel mehr an Gegenwert in der Bilanz als für eine Aktie eines kleineren Unternehmens.

Rein »optisch billige« Aktien kaufen zu wollen, stellt sich auf Dauer als psychologische Falle heraus. »Optisch billige« Aktien sind oft sogenannte Pennystocks: kleinere Unternehmen, deren Kurse von Abzockern manipuliert werden können. Also prägen Sie sich folgenden Merksatz ein: Kaufe nie eine Aktie, deren Kurswert weniger als fünf Euro beträgt. Dadurch wird die Wahrscheinlichkeit, dass Sie in Ruhe Ihr Vermögen aufbauen, höher.

Wie entdecke ich Meister?

Es ist nicht so schwer, Meister zu entdecken, deshalb möchten wir die Kriterien in fünf Eigenschaften zusammenfassen. Meister sollten offensichtlich sein – auch Tante Emma sollte

Meister-Unternehmen identifizieren können. Um auf Nummer sicher zu gehen, können Sie sich folgende Fragen stellen:

1. Hat das Unternehmen eine Marke, die seit langem etabliert und möglichst weltweit bekannt ist?
Eine der bekanntesten Marken der Welt ist BMW. Laut statista.de ist BMW mit 26,8 Milliarden US-Dollar im Mai 2016 die zweitwertvollste Automarke der Welt, gefolgt von Mercedes-Benz mit 22,7 Milliarden US-Dollar und Ford sowie Honda mit je 13 Milliarden US-Dollar. Wertvoller ist nur noch Toyota mit rund 29,5 Milliarden US-Dollar. Interessant ist, Tesla bringt mit 4,4 Milliarden US-Dollar nicht mal 20 Prozent des Markenwerts von BMW auf die Waage.[2] Diesen Eindruck von einer starken Marke bestätigt auch Interbrand und ernennt BMW zur elftwertvollsten Marke der Welt, vor Mitbewerbern wie Mercedes-Benz (12.) und Honda (19.).[3]
2. Ist es ein gutes oder sogar das beste Unternehmen in seiner Branche?
Wer ist nur besser? BMW, Toyota, Daimler oder doch der Volkswagen-Konzern mit Audi? Schwierig zu beantworten. Aber die Spitzengruppe ist normalerweise leicht zu identifizieren. Wir sollten uns darauf einigen können, dass Mercedes, BMW sowie Toyota zu den Top-Autounternehmen gehören. Wenn Ihnen eines dieser Unternehmen besonders gut gefällt, dann können Sie dessen Aktie kaufen.
3. Kaufen die Leute die Produkte des Unternehmens regelmäßig und sind es möglichst geringwertige Wirtschaftsgüter des alltäglichen Bedarfs?
Je geringwertiger (einfach: »billiger«) die Wirtschaftsgüter eines Unternehmens sind (sogenannte Consumer Brands), desto besser. Personen, die Produkte von Coca-Cola, Nivea, Wrigley oder Mars mögen, kaufen sich fast täglich die Produkte im Vorbeigehen. Wenn der Preis eines Wirtschaftsgutes gering ist, überlegt und verhandelt man als Käufer nicht

lange, sondern kauft. Bei hochwertigen Konsumgütern ist es ganz anders – bei einem BMW lohnt es sich schon einmal zu verhandeln oder lange über den Bedarf/Sinn von bestimmten Extras nachzudenken. Und wenn es einem wirtschaftlich mal nicht so gut geht, wird meist der Neukauf des nächsten BMWs vielleicht sogar um ein Jahr zurückgestellt. Deutsche Unternehmen sind leider selten die Meister bei geringwertigen Konsumgütern – dieser Platz gebührt den Amerikanern. Hier hebt sich aus deutscher Sicht nur Beiersdorf mit Nivea-Produkten und Henkel mit Marken wie Persil oder Schwarzkopf etwas ab. Autos werden zwar regelmäßig gekauft, aber nicht so regelmäßig wie eine Coca-Cola. Das sollte uns aber nicht davon abhalten, in die Autofirmen zu investieren.

Deutsche Unternehmen basteln nun einmal lieber in der Industrie herum. Weltmarken haben wir vor allem im Automobilbau, in der Chemie, in der Pharmazie und im Maschinenbau, wie Fuchs Petrolub (Schmierstoffe), Fresenius (Medizintechnik), Rational (professionelle Küchengeräte) und Berthold Hermle (Maschinenbau). Erwähnen möchte ich auch den Verpackungsmeister der Konsumgüterindustrie für unsere Nachbarn aus Österreich, die Mayr-Melnhof Karton AG. Mittlerweile sind auch einige deutsche Unternehmen im Dienstleistungsbereich sehr gut aufgestellt, wie die Grenke AG (Leasing und Factoring), CTS Eventim (Ticketing), Fielmann (Optiker), United Internet (Internet-Dienstleister), Atoss Software (Softwarelösungen für Workforce Management), SIXT (Autovermietung und -leasing) und Bechtle AG (IT-Dienstleister). All diese Unternehmen sind Meister ihres Fachs und kommen für die Langfristanlage durchaus in Frage.

4. Die Kür: Verdienen diese Unternehmen gutes Geld und arbeiten profitabel?

Um diesen Fragen auf den Grund zu gehen, können Sie sich mit spannender Detektivarbeit beschäftigen. Hatten wir Ihnen versprochen, dass Sie Meister entdecken und kaufen können, auch ohne etwas von Finanzdaten zu verstehen? Ja, das hatten wir. Wenn Sie also die Punkte 1 bis 3 »abgehakt« und für gut befunden haben, können Sie durchaus in ein Unternehmen Ihrer Wahl investieren.

Auf Dauer sollten Sie sich mit Ihren Unternehmen vertraut machen und durch kleine Detektivtätigkeiten einige Zusammenhänge im Unternehmen verstehen und Licht in manche dunkle Ecke bringen. Gerade hierfür ist der Geschäftsbericht eine wichtige Quelle.

Es lohnt sich zum Beispiel, die Entwicklung der Gewinne zu betrachten. Steigen diese, ist das ein gutes Zeichen – das Unternehmen befindet sich auf Kurs. Interessant ist auch die Gewinnmarge. Sie müssen dazu nur die Jahresgewinne durch den Umsatz dividieren. Je höher die Marge ist, desto besser und effizienter arbeitet das Unternehmen im Vergleich zu anderen Unternehmen der Branche. Bei den Gewinnmargen schneiden Nicht-Zykliker (siehe Kasten auf Seite 308) oder Unternehmen mit großen Wettbewerbsvorteilen in der Tat oft besser ab.

Für die BMW-Anleger heißt es: Verfolgen Sie die Entwicklung der Gewinnmargen über die Jahre. Wird das Unternehmen es schaffen, seine Margen zu verbessern? Wenn ja, kann die Aktie getrost gehalten werden; wenn die Margen sich einige Zeit lang nach unten entwickeln, sollten Sie einen Verkauf in Erwägung ziehen. Bei BMW gibt es gute Anzeichen dafür, dass die Margen weiter steigen werden. Die Gewinnmarge tangiert mittlerweile die 7-Prozent-Marke. Betrachtet man das letzte Jahrzehnt, kommt BMW im Durchschnitt auf 5,3 Prozent, was verdeutlicht, dass die BMW-Strategie in den letzten Jahren greift und zu höheren Margen führt.

5. Sind die Unternehmen bis jetzt erfolgreich gewesen?

Wir glauben daran, dass nichts so erfolgreich wie der Erfolg ist. Sanierungskandidaten kaufen wir nicht, auch wenn sie gerade »billig« aussehen. BMW war auch trotz der zwischenzeitlichen Sanierung durch Herbert Quandt insgesamt sehr erfolgreich. Wir mögen konstante Unternehmen, die kontinuierlich Gewinne erwirtschaften und im besten Fall über Dividenden ihre Aktionäre am Erfolg teilhaben lassen. Etwa arbeitet BMW seit über fünfzehn Jahren profitabel und schüttet auch im gleichen Zeitraum Dividenden aus.

»Zykliker« und »Nicht-Zykliker«

Wenn Aktienanalysten von »Zyklikern« oder »Nicht-Zyklikern« sprechen, hat das nichts mit Richard Wagners Nibelungen-Zyklus, sondern mit dem Kaufzyklus zu tun. Die Erklärung ist einfach: Gewisse Produkte werden regelmäßig und ohne zu überlegen, gekauft. Diese nichtzyklischen Produkte sind geringwertige Wirtschaftsgüter und haben häufig einen bekannten Markennamen. Ein Paradebeispiel ist Coca-Cola, aber auch Nestlé mit Marken wie NESCAFÉ, KitKat, Maggie u.v.a.m. Normalerweise eignen sich Nicht-Zykliker besser für den Langfristinvestor. Zyklische Unternehmen stellen Produkte her, die im Wirtschaftsaufschwung verstärkt gekauft werden und mit deren Kauf man sich im Wirtschaftsabschwung zurückhält. Das spiegelt sich dann auch in den Erlösen und den Gewinnen. Der Maschinenbau ist ein typisches Beispiel: Springt die Konjunktur an, werden neue Ausrüstungsgegenstände so schnell wie möglich benötigt. Ebenso in der Bauindustrie.

Selbst unsere Automobilfirmen sind zyklisch. Einige Leute überlegen bei einem nachlassenden Wirtschaftswachstum, ob Sie sofort ein neues Auto kaufen oder lieber noch warten.

Zykliker stellen komplexe Produkte her. Die Herstellung der Produkte ist meistens ebenso komplex und benötigt oft Kapital für Modernisierungen. Die Produkte von Nicht-Zyklikern sind (meistens) leichter herstellbar. Solange die Leute das Produkt mögen, ist der Kapitalbedarf relativ gering. Es gibt auch unter modernen Unternehmen Nicht-Zykliker, etwa Alphabet. Alle werden weiterhin im Internet surfen und googeln, selbst wenn die Konjunktur einmal abfallen sollte.

Schauen wir uns anhand der Beispiele SAP und Bilfinger mal einige nicht so tolle Eigenschaften von zyklischen Unternehmen an:

1. Das Unternehmen hat keinen Massen-Markennamen.
   SAP ist zwar gegenwärtig das wertvollste Unternehmen in Deutschland, hat jedoch keinen Massen-Markennamen. SAP ist der größte europäische Softwarehersteller und gilt als Weltmarktführer für betriebswirtschaftliche Software. Die Kunden des Unternehmens sind aber vor allem andere Unternehmen, deshalb ist SAP im Alltag vieler Menschen nicht präsent.
2. Das Unternehmen ist nicht eines der besten seiner Branche.
   Während SAP mit einem Marktanteil von 26 Prozent gewiss als das beste Unternehmen seiner Branche gelten kann, gilt dies für Bilfinger sicherlich nicht: Bilfinger bestand noch im Jahr 2012 aus vier Geschäftsbereichen und war sehr breit aufgestellt. Dazu gehörten der Anlagenbau, die Immobiliendienstleistungen, Kraftwerksdienstleistungen und der klassische Tiefbau. Innerhalb der einzelnen Bereiche sah es durchwachsen bis kritisch aus. Daraufhin stieg eine Investmentgesellschaft ein und leitete einen Bereinigungsprozess der unrentablen Bereiche ein. Es folgten die Veräußerungen der Bereiche Tiefbau und Immobiliendienstleistung. Wenn alle Transaktionen abgeschlossen sind, soll Bilfinger nur noch aus dem rentabelsten Anlagenbau bestehen.
3. Die Leute kaufen das Produkt nicht regelmäßig.
   Privatpersonen kaufen SAP gar nicht. Die Kunden von SAP sind Unternehmen. Unternehmen sind aber bei ihren Kaufentscheidungen wesentlich kritischer und wollen verstärkt verhandeln. SAP hängt damit auch etwas am Investitionszyklus der Unternehmen. Ähnlich sieht es bei Bilfinger aus. Im Segment Anlagenbau bietet Bilfinger Dienstleistungen zur Planung, Instandhaltung und Modernisierung von Anlagen für Branchen wie Öl, Gas, Energie, Pharma, Chemie

und Nahrungsmittel. Auch diese Dienstleistungen unterliegen den Investitionszyklen, werden also nicht regelmäßig gekauft.
4. Das Unternehmen verdient wenig Geld.
Während SAP schon über 25 Jahre profitabel ist und durchweg recht hohe Nettomargen auswies, lieferte Bilfinger in den letzten zehn Jahren eine unstete Gewinnentwicklung ab. Darüber hinaus sind auch die Gewinnmargen deutlich niedriger als bei SAP. Die vergangenen Jahre waren bei Bilfinger von Wertberichtigungen und Restrukturierungen geprägt und führten zu kräftigen Verlusten in den Jahren 2014 und 2015.
5. Das Unternehmen hat eine wechselhafte Erfolgsbilanz.
Bilfinger weist eine sehr wechselhafte Entwicklung auf. Das Unternehmen bewegt sich schon immer in sehr zyklischen Branchen und kann nur sehr geringe Margen erwirtschaften. Charlie Munger urteilte im Jahr 2012 wie folgt: »Um ein Unternehmen zu ruinieren, das mit geringen Margen arbeitet, reicht schon ein einziger Konkurrent.«[4]
Also muss Bilfinger in neuen Formationen beweisen, dass sich der Anlagenbau gegenüber den gut aufgestellten mittelständischen Unternehmen sowie internationaler Konkurrenz, wie unter anderem Voith Industrial Services, auf Dauer bewähren kann. Angesichts der wechselhaften Entwicklung einschließlich Verkäufen von Segmenten und Restrukturierungen ist es für Sie als Investor schwierig, bei Bilfinger den Überblick zu behalten. Der Fokus von Bilfinger soll in Zukunft auf dem Anlagenbau liegen. Es ist uns dennoch lieber, Bilfinger erst dann zu kaufen, wenn wir mit einer großen Wahrscheinlichkeit sagen können, dass sich der Konzern zum Positiven verändert hat. Das kann bedeuten, dass wir beim Umbruch etwas zu spät kommen. In der Zwischenzeit konzentrieren wir uns auf einfachere, nichtzyklische Investments.
Raten wir Ihnen jetzt, SAP und Bilfinger nicht zu kaufen?

Nicht unbedingt! Wenn Sie zu einem der Unternehmen eine sehr fundierte Meinung haben, können Sie ruhig investieren. Insbesondere SAP ist ein solider »Meister« und absolut einen Blick wert. Wir sind jedoch davon überzeugt, dass es für Einsteiger wesentlich bessere und stressfreiere Investitionsmöglichkeiten gibt, wenn Sie die fünf Kriterien in Ruhe durchgehen.

Wie Aktien bewerten? Der faire oder innere Wert (fair/intrisic value)

Konnten wir Ihr Interesse an Meister-Aktien wecken? Allein mit dieser Methode können Sie vernünftige Renditen erzielen.

Doch beachten Sie: »Ganz egal, wie wunderbar ein Unternehmen ist, einen unendlich hohen Preis ist es nicht wert. Wir brauchen einen Preis, der Sinn macht und angesichts der normalen Wirren des Lebens eine Sicherheitsmarge enthält.«[5] Das sagt US-Investmentlegende Charlie Munger, der Partner von Warren Buffett. Mit diesem Zitat möchte er auch an seinen eigenen Fehler erinnern, das Investment Coca-Cola trotz kräftiger Überbewertung weiter gehalten zu haben, anstatt es zu verkaufen.

Denn Coca-Cola brauchte von seinem Hoch im Juli 1998 über 15 Jahre bis zum Oktober 2014, um sein neues Allzeithoch aufzustellen. Die Überbewertung im Juli 1998 mit einem Kurs-Gewinn-Verhältnis von über 48 und einem Kurs-Buchwert-Verhältnis von rund 20 signalisierte schon extreme Euphorie, und es folgte natürlich Frustration. Wir, als Value-Investoren, wollen im Prinzip günstig kaufen und teuer verkaufen. Wir sind bestrebt, einen berechenbaren Firmenwert zu einem günstigen Preis zu kaufen. Der Unternehmenswert wird durch die Entwicklung des Gewinns je Aktie sowie den freien Cashflow pro Aktie bestimmt. Die Kursentwicklung wird an

Kursentwicklung der Coca-Cola-Aktie seit 1980

Quelle: Bloomberg

der Börse aufgestellt und unterliegt immer großen Schwankungen. Wir probieren, die Schwankungen für uns zu nutzen, und kaufen ein Unternehmen mit einer Sicherheitsmarge zum inneren Wert.

Auch wenn Sie alleine mit den fünf Meister-Kriterien lang-

Value-Investing: Kaufen mit Sicherheitsmarge

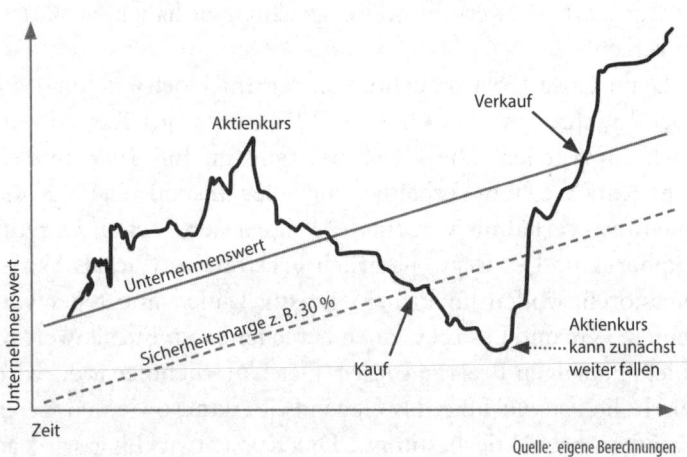

Quelle: eigene Berechnungen

fristig ansprechende Renditen erzielen können, sollten Sie die Mühe nicht scheuen und zumindest grob den inneren Wert eines Unternehmens bestimmen. Wenn Sie Meisteraktien mit einem Abschlag zum inneren Wert kaufen, können Sie das Risiko reduzieren und die Rendite steigern.

Aber wie den inneren Wert ermitteln? Nehmen wir wieder das Beispiel BMW. Am 30. Juni 2016 haben wir im **Max Otte Vermögensbildungsfonds** in die BMW-Aktie investiert, weil wir nach einer Analyse eine Unterbewertung sahen. Die BMW-Aktie verfolge ich seit fast zwanzig Jahren. Hier möchte ich Ihnen meine Berechnung in Kurzform erklären.

Wir berechnen den inneren Wert (V), indem wir den normalisierten Gewinn (G) mit einem Faktor (M) multiplizieren. Die Formel ist $V = G \times M$. Im Prinzip ist es ähnlich wie bei den Immobilien in Kapitel 4. Auch dort kann ich einen Multiplikator ermitteln, in dem ich den Preis der Immobilie (V) in Relation zur Miete setze. Was bei Immobilien die Miete ist, ist bei Unternehmen der Jahresgewinn. Und da die Gewinne schwanken, nehmen wir den Durchschnitt der Gewinne der letzten fünf bis sieben Jahre.

Wir wissen, dass ein einzelner Jahresüberschuss für die Leistung eines Unternehmens aufgrund von Sondereffekten und buchhalterischen Spielräumen oft nicht aussagekräftig ist. Deshalb wollen wir eine »robuste« Zahl. Durch die Durchschnittsbildung über einen längeren Zeitraum »glätten« wir Sondereffekte in einzelnen Jahren. Je länger die Periode, umso robuster und aussagefähiger der normalisierte Gewinn je Aktie. Nur zur besseren Übersichtlichkeit beschränken wir uns hier in unserem Beispiel auf fünf Jahre.

Gewinnentwicklung des BMW-Konzerns

BMW						
Geschäftsjahr	2011	2012	2013	2014	2015	Ø
Gewinn je Aktie (EUR)	7,45	7,75	8,08	8,83	9,70	8,36

Quelle: Bloomberg

Im Schnitt konnte BMW von 2011 bis 2015 rund 8,36 Euro Gewinn je Aktie erwirtschaften. Noch etwas sehen Sie: Es ist eine steigende Tendenz zu bemerken. BMW befindet sich auf Wachstumskurs.

Jetzt fehlt uns in der Gleichung V= G × M noch der Faktor M. Um M zu ermitteln, muss man sich folgende Frage stellen: Das Wievielfache des normalisierten Jahresergebnisses sind wir bereit für BMW zu zahlen? BMW ist ein solider Meister. Nehmen wir einen Multiplikator von 11 an.[6] (Das ist deutlich weniger, als für gute Immobilien früher gezahlt wurde [15–17], und sehr viel weniger, als heute für gute Immobilien gezahlt werden muss [25–30]. Multipliziert man den Multiplikator mit dem durchschnittlichen Gewinn je Aktie, erhält man einen inneren Wert von rund 92 Euro pro Aktie.

Fairer Wert und Potential der BMW-Vorzugsaktie am 30. Juni 2016

Ø Gewinn je Aktie (EUR)	8,36
Multiplikator	11
Innerer Wert je Aktie (EUR)	91,98
Tatsächlicher Kurs der Vorzugsaktie am 30. Juni 2016	58,03
Differenz	33,95
Potential der Aktie	58 %

Revolutionäre

Nach dem Wirtschaftsprofessor Joseph Schumpeter sind Gewinne die zentrale Triebkraft der Wirtschaft. Logisch, oder? Aber die Ökonomen sehen es eben oft anders. Ein Unternehmer ist eben kein bloßer »Händler«, sondern viel mehr. Er denkt radikal. Ein Unternehmer ist ein Visionär nach Schumpeter. Der visionäre Unternehmer entwickelt Güter und Dienstleistungen, für die es noch gar keine Nachfrage gibt. Ein Revolutionär! Ihre Unternehmen haben das Potential, ganze Wirtschaftsprozesse radikal zu verändern. Zum Beispiel hat Dell Computer durch sein System der Fertigung und Auslieferung nach Kundenauftrag die Kosten und die Reaktionszeiten bei PCs radikal gesenkt. Am PC selbst hat Dell wenig geändert. In Deutschland hat Aldi ein revolutionäres Laden- und Verkaufskonzept entwickelt. Die Funktion des Einzelhandels hat sich dadurch aber nicht verändert.

Die wirklich erfolgreichen Revolutionäre sind die Unternehmen, die Visionen von völlig neuen und verbesserten Wirtschaftsabläufen haben und diese durchsetzen. Revolutionäre sind ehrgeizige Unternehmer. Insgeheim wollen sie Könige werden. Während Meister das tun, was sie immer getan haben, und damit zufrieden sind, wollen die Revolutionäre die Welt verändern. Nur die wenigsten werden es schaffen. VORSICHT! Viele werden untergehen. Deswegen ist es wesentlich riskanter, in Revolutionäre zu investieren. Diese Aktien sind oft auch extremen Schwankungen ausgesetzt. Sie müssen bereit sein, einen Kursverfall von 50 oder 80 Prozent hinzunehmen, ohne in Panik zu geraten. Sie können also nur Geld einsetzen, auf das Sie wirklich nicht angewiesen sind.

Um auf Revolutionäre zu setzen, sollten Sie die Branche kennen. Zukunftsphantasien sind schnell geweckt, zum Beispiel beim Thema Elektromobilität. Aber wird der US-Hersteller von Elektroautos Tesla überleben und ein funktionierendes Geschäftsmodell entwickeln? Sie sollten die Zukunftsvisionen des Unternehmens zumindest teilweise nachvollziehen können und die wichtigen Technologien, Trends und Finanzdaten verstehen.

Revolutionäre – insbesondere wenn sie vielversprechende Ideen und attraktive Geschäftsmodelle vorweisen können – sind meistens teurer als andere Unternehmen, da sie ein rasches Gewinnwachstum versprechen. 2005 hatte Alphabet (vormals Google) ein KGV von rund 70. Das war sehr teuer. Aber Googles Gewinn wuchs von 2005 bis 2007 von 1,46 Milliarden US-Dollar auf 4,2 Milliarden US-Dollar – ein Anstieg von 188 Prozent. Wenn Sie 2005 Google gekauft hatten, betrug 2007 der Gewinnmultiplikator auf Ihren Einstandskurs nur noch 24. Mit mittlerweile 400 Milliarden Euro Marktkapitalisierung wurde Google in kürzester Zeit zu einem Schwergewicht an den Börsen. Heute ist das Unternehmen mit einem bereinigten Kurs-Gewinn-Verhältnis von rund 25 zwar nicht billig, wächst aber immer noch mit 20 Prozent pro Jahr. Wir halten deswegen das Unternehmen immer noch für attraktiv.

Auch Aktien aus der Solarbranche sind in den Jahren um 2006 für KGVs von 30 bis 50 gehandelt worden – auch das war extrem teuer. Diese Unternehmen wurden auch von euphorischen Anlegern als Revolutionäre gefeiert, jedoch konnten Sie die hohen Bewertungen nicht rechtfertigen.

So ist die oben bereits erwähnte Solarworld im Jahr 2007 mit einem KGV von 42 bewertet gewesen und danach abgestürzt. So erging es in der Vergangenheit einigen Revolutionären, und so wird es einigen in Zukunft immer wieder mal ergehen. Manche werden ganz verschwinden, andere wesentlich langsamer wachsen als erwartet. Das Investment in Revolutionäre erfordert daher Sachkenntnis und starke Nerven. Schon Benjamin Graham meinte: »Offensichtliche gute Aussichten auf materielles Wachstum eines Unternehmens sind nicht immer offensichtliche Gewinne für Investoren.«[7] Bei einem guten Investment kommt es eben immer auch auf den Preis an.

Branchen und Produkte haben einen Lebenszyklus. Am Anfang steht die Idee. Dann beginnt eine Branche zu wachsen. Und später konsolidiert sie sich. Schauen wir uns einmal die Entwicklung der Automobilbranche an.

1. Phase – Idee: Ende des 19. Jahrhunderts arbeiteten einige Tüftler an kleinen Gefährten mit Verbrennungsmotor und wurden noch belächelt.

2. Phase – Durchbruch: Henry Ford senkte die Herstellungskosten des Autos und machte es für mehr Menschen erreichbar.

3. Phase – Kommerzialisierung und Hyperwachstum: Mit dem Ford Modell T wurde das Auto zum Massengut, und die Nachfrage stieg extrem.

4. Phase – Konsolidierung: Das Produkt war bekannt und wurde durch effizientere Produktion billiger. Unrentable Fahrzeughersteller wurden insolvent. So zog es vor allem in den USA in fast jeden Haushalt ein.

5. Phase – Marktreife: In den Industrieländern ist der Markt gesättigt, und in den Schwellenländern steigt die Nachfrage weiter. Die besten Unternehmen werden sich in dieser Phase durchsetzen.

6. Phase – Niedergang oder Wandel: Verzichten wir irgendwann auf das Auto? Wird es bessere Fortbewegungsmittel geben? Denkbar ist, dass die Automobilindustrie einen ähnlichen Niedergang erlebt wie die Eisenbahnen. Anzeichen dafür sehe ich bisher nicht. Oder wollen Sie Ihr Auto verschrotten und sich wieder mit Fahrrad und Eisenbahn bewegen? Lobenswerterweise gibt es einige Zeitgenossen, die auf das Auto verzichten wollen, aber die Veränderungen der Konsumgewohnheiten in der Breite ist nicht zu erkennen. Wahrscheinlicher ist, dass das Fahrzeug einen neuen Technologiesprung macht – hinsichtlich Elektromobilität und hin zum autonomen Fahren. Es werden neue Spieler auf den Markt treten, oder neue Partnerschaften besonders mit IT-Konzernen wie Alphabet werden erfolgreich sein.

Viele Revolutionäre überleben die ersten Jahre nicht. Sie gehen in den Konkurs oder werden von anderen Unternehmen übernommen. Gründe dafür können sein: eine nicht tragbare technologische Vision, kein funktionierendes Geschäftsmodell, kein benötigtes Kapital oder der Verlust von wichtigen Mitarbeitern. Kann sich das Unternehmen am Markt etablieren, ist eine Verzehnfachung oder sogar eine Verhundertfachung des Kapitals möglich. Der Fondsmanager Peter Lynch sprach oft davon, dass man in seiner Investmentkarriere nur einige Unternehmen finden müsse, die sich verzehnfachen oder verzwanzigfachen. Er nannte sie »Ten-Bagger« oder »Twenty-Bagger«. »Bagger« kommt von »Bag«, Tasche. Bei Ten-Baggern haben Sie eben irgendwann den zehnfachen Einsatz in der Tasche.

Ein Investment in Revolutionäre ist nichts für Leute mit schwachen Nerven oder geringer Kenntnis der Branche. Bevor Sie in Revolutionäre investieren, sollten Sie ein Unternehmen und dessen Umfeld gut beurteilen können. Eine revolutionäre Idee alleine macht noch keinen Revolutionär. Sie müssen aufgrund sorgfältiger Recherchen davon überzeugt sein, dass sich die Idee durchsetzen wird.

Vom Revolutionär zum König

Königsunternehmen dominieren Ihre Branchen. Sie haben eine hervorragende stabile Marktposition und hervorragende Zahlen. Bei den Königsunternehmen sollten Sie etwas mehr Analyseaufwand betreiben. Das lohnt sich – auch für Sie als Privatanleger.

Um Ihnen hierbei zu helfen, habe ich schon vor vielen Jahren die Königsanalyse® entwickelt und beim deutschen Marken- und Patentamt anmelden lassen. Weil Königsunternehmen ein zentraler Punkt in meiner Investmentstrategie sind, habe ich ihnen das ganze nächste Kapitel gewidmet. Und wenn Sie Geduld sowie ein bisschen Glück haben, schaffen Sie mit dieser sehr einfachen Methode eine Verzehnfachung, ohne die Risiken des Investments in Revolutionäre eingehen zu müssen.

Die wenigsten Revolutionäre schaffen es bis zum König. Microsoft hat es geschafft – der Gründer Bill Gates schmiedete einen Konzern, der von einer kleinen Softwareschmiede bis nach ganz oben aufstieg.

Viele Jahre war Microsoft das teuerste Unternehmen der Welt. Die Herrschaft von Microsoft ist jedoch unsicherer geworden. Im stagnierenden, aber immer noch Gewinne generierenden Kernbereich (Windows und Office für PCs) ist Microsoft unangefochten und kann aufgrund der Netzwerkeffekte und Quasi-Monopol-Situation weiterhin für das Unternehmen sehr hohe Margen erzielen. Die Positionierung in diesem Bereich ist derzeit nicht gefährdet, auch wenn Tablet-PCs eine gewisse Konkurrenz darstellen und dies den klassischen Desktop-PC-Markt langsam schrumpfen lässt.

Die Schnelllebigkeit der IT-Branche ist allerdings prinzipiell problematisch. Es ist denkbar, dass andere Firmen den Platzhirschen wie Alphabet und Microsoft irgendwann Paroli bieten. Aber schreiben Sie die bisherigen Könige noch nicht ab! Könige sind die Herrscher, und Sie regieren ihre Segmente uneingeschränkt. Den Wettbewerb »machen sie platt«. Demzufolge gibt es auf der ganzen Welt nur ein gutes Dutzend Könige. Manche Branchen haben überhaupt keine Könige. Beispielsweise die Automobilbranche – hier teilen sich mehrere führende Unternehmen, also Meister, den Markt.

Echte Könige sind (noch) Microsoft, Alphabet, AB Inbev und Coca-Cola. Bei der Suchmaschine Google (Mutterkonzern Alphabet) gibt es eine klare Nummer zwei – Bing. Zu Coca-Cola gibt es PepsiCo. Im Kapitel »Der Königsweg« erfahren Sie, wie Sie Ihre Könige identifizieren können. Behalten Sie auch in Erinnerung, dass Sie bei all Ihren Investitionsentscheidungen keinen heißen Tips nachlaufen, sondern Ihre eigenen Analysen anstellen sollten.

Merksätze

1. Ausländische Investoren kaufen kräftig DAX-Aktien, und die Deutschen ziehen sich zurück. Rund 56 Prozent der DAX-Konzerne sind in ausländischer Hand – Rekordhoch!
2. Alle Aktienindizes gehen langfristig nach oben. Sie als Anleger partizipieren mit Aktien am Produktivvermögen der Wirtschaft.
3. US-Aktien rentieren sich deutlich besser als andere Vermögensklassen wie langfristige US-Staatsanleihen. Mit einem Aktienportfolio (ähnlich wie ein Index) konnte das Vermögen nach der Studie von Jeremy Siegel über einen sehr langfristigen Zeitraum (zwei Jahrhunderte) im Vergleich zu anderen Vermögensklassen fast doppelt so schnell wachsen.
4. Gier und Furcht bestimmen kurzfristig die Aktienkurse. Langfristig ist aber die Wirtschaftsentwicklung maßgeblich.
5. Don't lose! Sie müssen immer zuerst darauf bedacht sein, Verluste zu vermeiden!
6. Eine Aktie macht Sie zum (Mit-)Besitzer eines Unternehmens. Es ist kein bloßes Papier oder Spekulationsobjekt.
7. Der Kurs der Aktie ist das, was Sie bezahlen. Der Unternehmenswert ist das, was Sie bekommen. Warren Buffett packt dies in den Spruch: Price is what you pay, value is what you get.
8. Meister-Aktien entdecken: Hat das Unternehmen eine Marke, die seit langem etabliert und möglichst weltweit bekannt ist?
9. Meister-Aktien entdecken: Ist es ein gutes oder sogar das beste Unternehmen in seiner Branche?
10. Meister-Aktien entdecken: Kaufen die Leute die Produkte des Unternehmens regelmäßig, und sind es möglichst geringwertige Wirtschaftsgüter des alltäglichen Bedarfs?

9. Im Dschungel der Finanzbranche – welche Produkte Sie vermeiden sollten und was geht

Sie wollen investieren? Aber Sie trauen sich nicht alleine? Kein Problem! Die Finanzindustrie hilft Ihnen gerne! Banken, Fondsgesellschaften, Vermögensverwalter und Anlageberater stehen parat, Ihr Geld für Sie anzulegen. Tausende von Produkten zur Alterssicherung oder zur Kapitalanlage stehen zur Verfügung. Aktienfonds, Mischfonds, offene und geschlossene Fonds, Rentenversicherungen, Exchange Traded Funds (ETFs), aktive und passive Fonds, Zertifikate, Aktienanleihen, Derivate und vieles mehr. Die Vielfalt ist verwirrend. Und sie hat Methode. So gibt es zum Beispiel mittlerweile mehr Aktienfonds als Aktien. Und Tausende von Indizes.

Vorsicht! Die wenigsten Produkte halten, was sie versprechen. Man suggeriert Ihnen Sicherheit oder Rendite – und am Ende verdienen mit Sicherheit nur Anbieter oder Vermittler der entsprechenden Produkte. Viele Produkte sind im Vergleich zu dem, was sie leisten, sehr teuer. Wenn die durchschnittliche Aktienmarktrendite bei 8,5 Prozent und die Anleiherendite vielleicht bei einem Prozent liegt, so würde ein ausgewogenes Investmentportfolio aus je zur Hälfte Aktien und Anleihen eine durchschnittliche Rendite von 4,75 Prozent erwirtschaften.

Etliche Produkte kosten pro Jahr zwei, drei, oder vier Prozent. Eine Kostenbelastung von drei Prozent frisst zum Beispiel mehr als 60 Prozent der durchschnittlichen Erträge eines Mischfonds. Bei zwei Prozent sind es immer noch mehr als 40 Prozent. Etliche Vorsorgeprodukte, insbesondere im Versicherungsbereich, fressen gleich am Anfang zehn oder zwanzig Prozent der Investitionssumme als Vertriebskosten. Es hilft alles nichts: Wenn Sie investieren, sollten Sie sich ein Bild über die grundlegenden Zusammenhänge machen.

Und es kommen immer neue exotische Produkte auf den Markt, um unbedarfte Anleger mit einer klugen Geschichte und vermeintlich guten Renditen zu ködern. Doch meistens steckt hinter den gutklingenden Worten gewiefter Banken ein intransparentes Produkt, bei dem Sie als Anleger kaum durchschauen können, in was Sie eigentlich investieren.

Auch der Vermittler wäre in den meisten Fällen überfordert, es Ihnen genau zu erklären. Wichtig ist nur, dass Sie das Produkt kaufen und den Beratungsfragebogen ausfüllen, in dem in verklausulierter Form steht, dass Sie darüber aufgeklärt worden sind, dass Sie eigentlich Schrott kaufen. Zudem haben viele Vermittler und Banken kein Interesse daran, Ihnen Produkte zu verkaufen, die Ihnen tatsächlich beim Vermögensaufbau helfen. Sie müssen immer strengere Umsatzvorgaben von oben erfüllen, sich aus der persönlichen Beratungshaftung stehlen und Provisionen verdienen.

Die Finanzberater haben kaum Interesse, Ihnen die Grundlagen des Investierens zu erklären, sowie Aktien oder einfache Investments nahezubringen. Sie verdienen einfach zu wenig daran. Und mit mündigen Investoren lässt sich schlechter ein Geschäft machen als mit verängstigten oder verwirrten Anlegern.

Schauen wir uns einmal den Produkte-Dschungel aus der Brille eines Finanzvertrieblers an[1]: Was ging Anfang 2016 besonders gut?

In einer Studie der DZB Bank wurden Produktvermittler nach ihren Absatzfavoriten befragt. Ganz oben: offene Immobilienfonds und Zertifikate. Gerade hier aber liegen Probleme begraben. Immobilien waren 2016 bereits seit einigen Jahren rasant gestiegen, und bei Top-Immobilien gab es blasenartige Zustände. Privatanleger kaufen bei den Immobilienfonds die

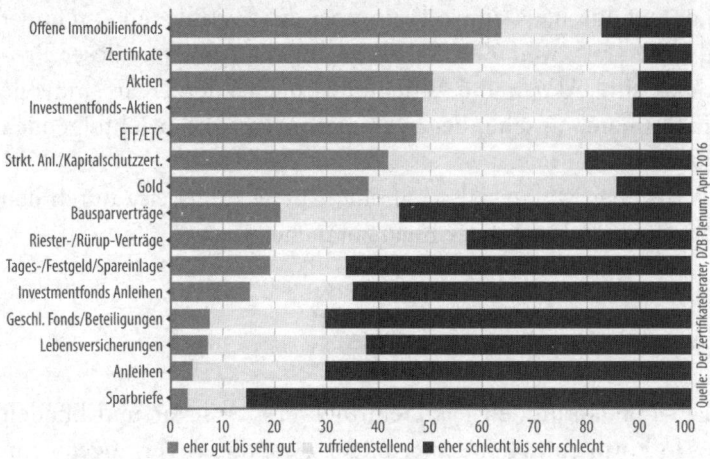

gute Entwicklung der letzten Jahre – und werden umso mehr große Probleme bekommen.

Und das Gedächtnis der Privatanleger ist kurz. Nach der Finanzkrise gerieten nämlich etliche »offene Immobilienfonds« in Probleme. Diese Produkte galten lange als Festgeldersatz und »mündelsicher«. Außerdem waren sie »offen« – man konnte sein Geld tagesaktuell entnehmen. In der Finanzkrise wurden auf einmal etliche große Immobilienfonds geschlossen – dazu später mehr –, und viele Anleger erlitten erhebliche Verluste.

Auch heute kommen etliche Fonds mit dem Zustrom von viel Geld nicht klar: gute Objekte sind sehr teuer; die Fonds bezahlen fast sicher zu viel für neue Anlageobjekte. Das Geld einfach »parken« geht auch nicht, also sind die Fonds schon fast gezwungen, falsch zu investieren. Wenn Sie dann noch bedenken, dass die Gesamtkosten bei vielen Fonds sehr hoch sind, dann wartet hier das nächste Desaster für Anleger. Meiden Sie offene Immobilienfonds, solange der Immobilienmarkt so heiß ist wie im Moment.

Auch beim Absatzfavoriten Nummer zwei – den Zertifikaten – tun sich etliche Fragen und Probleme auf. Die Finanzbranche muss eben immer etwas Neues erfinden. Zertifikate können durchaus sinnvoll sein, aber der Zertifikateboom findet derzeit statt, weil Zertifikate gut für die Anbieter dieser Produkte sind. Aktien und Aktienfonds, die ich derzeit als sinnvolle Investments ansehe, liegen immerhin auf den nachfolgenden Plätzen.

Begeben wir uns also auf eine Entdeckungsreise durch den Produktedschungel der Finanzbranche.

Was ist eigentlich ein Fonds?

Ein Fonds sammelt das Geld mehrerer Anleger und bündelt es in Form eines Sondervermögens, um dieses Vermögen dann in unterschiedliche Vermögensgegenstände anzulegen. Das Fondsvermögen ist »Sondervermögen« – es gehört Ihnen und nicht der Bank oder dem Produkteanbieter. Das schützt Sie natürlich nicht davor, dass der Fondsanbieter das Vermögen schlecht investiert. Oder vor Betrug. Aber im Falle einer Bankpleite sollte das im Fonds angelegte Vermögen weiter Ihnen gehören. Und das ist ein sehr großer Vorteil gegenüber den meisten Zertifikaten, die lediglich Forderungen gegen den Anbieter oder die Bank sind. Fonds sind insofern auch besser als Spar- und Kontoguthaben, denn diese können nach den neuen Bail-in-Regeln der EU auch zur Sanierung insolventer Banken herangezogen werden.

Zudem sind Fonds gestückelt und können gehandelt werden. So können Sie auch kleine Summen investieren, an die Sie auch wieder herankommen, wenn Sie den Fondsanteil verkaufen oder zurückgeben. Ein Anteil am *Max Otte Vermögensbildungsfonds (WKN: A0NE9G)* kostete am 22. August 2016 zum Beispiel 105,70 Euro. Dieser Anteil kann täglich zurückgegeben werden.

Die bekanntesten Anlagefonds sind Aktienfonds, Anleihenfonds und Mischfonds, die zum Beispiel in die Anlageklassen

Schematische Darstellung des Max Otte Vermögensbildungsfonds

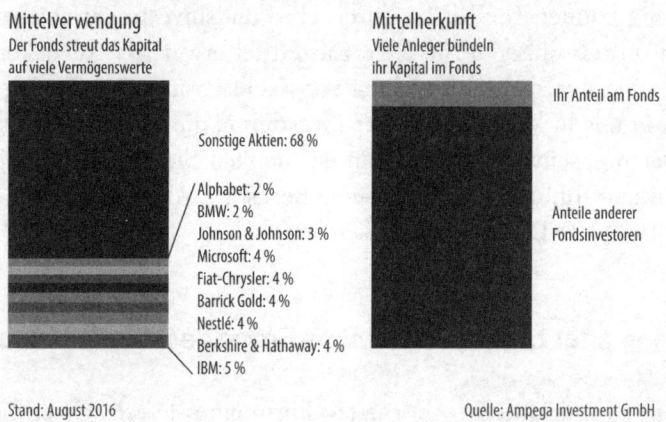

Mittelverwendung
Der Fonds streut das Kapital auf viele Vermögenswerte

Sonstige Aktien: 68 %
Alphabet: 2 %
BMW: 2 %
Johnson & Johnson: 3 %
Microsoft: 4 %
Fiat-Chrysler: 4 %
Barrick Gold: 4 %
Nestlé: 4 %
Berkshire & Hathaway: 4 %
IBM: 5 %

Mittelherkunft
Viele Anleger bündeln ihr Kapital im Fonds

Ihr Anteil am Fonds

Anteile anderer Fondsinvestoren

Stand: August 2016   Quelle: Ampega Investment GmbH

Aktien, Anleihen und Edelmetall-ETFs investieren können. Mischfonds oder Multi-Asset-Fonds, die durch einen bestimmten Fondsmanager geleitet werden, werden immer beliebter. Anleger können so ihre Anlageentscheidungen auf diesen Fondsmanager delegieren, der dann entscheidet, in welche Anlageklassen und in welche Einzelpapiere investiert wird. Auch der *Max Otte Vermögensbildungsfonds* ist ein solcher Mischfonds.

Fonds für einzelne Anlageklassen (Aktien) oder Untersegmente (deutsche Aktien, Gold, Biotech, Junk-Bonds) machen aber weiterhin den Großteil der Fonds aus. Sie eignen sich für Anleger, die ihre Vermögensaufteilung selbst vornehmen, die Titelauswahl allerdings dem Fondsmanager überlassen wollen. Auch viele Vermögensverwaltungen arbeiten mit Fonds: Sie besprechen die Aufteilung der Anlageklassen und wählen dann für das jeweilige Segment einen Fonds aus.

Es gibt auch etliche Fonds, die in andere Vermögenswerte wie z.B. Immobilien, Ackerland, Wald, Flugzeuge, nicht börsennotierte Unternehmen etc. investieren. Dabei investiert jeder Fonds nach vorher genau festgelegten Anlagegrundsätzen, die den Anlegern zur Einsicht offenstehen. Fonds müssen Risikomischung betreiben, d.h. sie müssen in mehrere Vermögenswerte investieren.

Sie können Ihr Risiko durch ein Fondsinvestment streuen. Ansonsten müssten Sie viele Einzeltitel erwerben. Auch können Sie durch die Bündelung von Geldern mehrerer Anleger im Fonds in Vermögenswerte investieren, die Sie alleine nicht oder nur schwer kaufen könnten (denken Sie an eine millionenteure Immobilie oder an eine Berkshire-Aktie, die mehr als 200 000 US-Dollar pro Stück kostet).

Offen oder geschlossen? Eine Frage der Handelbarkeit

Offene Fonds sind die »normale« Form eines Fonds. Offen bedeutet in diesem Zusammenhang, dass Sie die Anteile an dem Fonds jederzeit kaufen oder verkaufen können. Dies geht in der Regel sowohl über die Fondsgesellschaft selbst als auch auf dem sogenannten Zweitmarkt – der Börse. Wenn Sie einen Fondsanteil direkt bei der Fondsgesellschaft kaufen, so »erschafft« dies einen neuen Anteil aus dem Nichts. Ihr Geld fließt dem Fondsvermögen zu und der Fondsmanager kauft davon im Einklang mit den Anlagerichtlinien des Fonds neue Vermögenswerte. Andersrum läuft es beim Verkauf: Die Fondsgesellschaft nimmt Ihnen Ihren Anteil wieder ab und zahlt Sie aus. Das Fondsvermögen verringert sich um Ihre Anteile. Gegebenenfalls muss der Fondsmanager Vermögenswerte verkaufen, um Liquidität zu bekommen, mit der er Sie auszahlen kann.

Beim Handel über den Zweitmarkt wird das Fondsvermögen nicht erhöht oder verringert. Es findet lediglich ein Tausch des Anteils zwischen einer verkaufs- und einer kaufwilligen Partei statt. Der Tausch erfolgt zum an der Börse ermittelten Kurswert des Fondsanteils.

Durch den Kauf eines Fondsanteils an der Börse können Sie den Ausgabeaufschlag sparen, den die Fondsgesellschaft verlangt. Dabei handelt es sich um das »Eintrittsgeld« zum Fonds, das in der Regel 3 bis 4 Prozent vom Anteilswert ausmacht. In der Regel macht kein Berater einer Bank seinen Kunden auf diese Möglichkeit aufmerksam. Denn der Ausgabeaufschlag geht nicht an die Fondsgesellschaft selbst, sondern er ist eine Vertriebsprovision, die die Banken einstreichen, über die Anleger den Fonds kaufen. Doch auch der Kauf an der Börse ist für den Anleger nicht kostenlos. Ähnlich wie beim Kauf von Einzelaktien fallen Gebühren wie Courtage des Börsenmaklers oder Ordergebühren der Bank an. Für den Anleger lohnt sich aber dennoch der Vergleich!

Ganz anders sieht es bei den *geschlossenen Fonds* aus. Anteile an diesen Fonds können Sie nicht nach Belieben kaufen und verkaufen. Ein geschlossener Fonds dient in der Regel der Finanzierung und Realisierung eines konkreten Projekts – etwa dem Bau und Betreiben einer Immobilie wie einem Einkaufszentrum oder dem Erwerb eines oder mehrerer Schiffe.

Vereinfacht funktioniert das wie folgt: Ein Projektentwickler hat ein Grundstück für ein Einkaufszentrum in Aussicht. Ein Architekt hat einen Entwurf gemacht, ein Bauunternehmer ist auch gefunden. Vielleicht haben auch schon einige Einzelhändler Interesse bekundet, langfristige Mietverträge abzuschließen. Es wurden auch schon Planungsrechnungen erstellt. Nun geht es an die Finanzierung. Ausgestattet mit Hochglanzbroschüren und den Planungsrechnungen gehen die Vertriebler auf Investorensuche. Gelockt mit der Aussicht auf laufende Mieteinnahmen, einen möglichen Verkaufserlös des Einkaufszentrums in der Zukunft sowie – bei geschlossenen Fonds immer ganz wichtig – Steuersparanreizen finden sich bereitwillige Anleger.

Wenn das Geld beisammen ist, wird der Fonds geschlossen – daher der Name. Weder können nun bestehende Investoren ihren Anteil erhöhen, noch werden neue Interessenten aufgenommen. Das Projekt läuft an: Das Einkaufszentrum wird gebaut und nach der Fertigstellung betrieben.

Ihr angelegtes Geld ist im Fonds gebunden. Sie können Ihre

Anteile vor dem planmäßigen Projektende nicht verkaufen. Was soll der Fondsmanager auch tun? Er kann schlecht ein Tausendstel des Einkaufszentrums verkaufen, um Sie auszubezahlen. Vielleicht läuft das Einkaufszentrum gut, und Sie erhalten regelmäßig Gewinnausschüttungen. Aber was ist, wenn Sie während der Laufzeit dringend Ihr Geld benötigen? Dann haben Sie Pech gehabt!

Um in dieser Hinsicht Abhilfe zu schaffen, hat sich auch hier ein Zweitmarkt etabliert. Doch der Zweitmarkt für geschlossene Fonds ist extrem illiquide! Das heißt, nur wenn sich ein Interessent für Ihre Anteile an Ihrem Projekt interessiert, können Sie verkaufen – und das ist nicht oft der Fall. Oftmals müssen Sie Ihre Anteile mit einem Abschlag zur ursprünglichen Investitionssumme anbieten, um sie überhaupt loswerden zu können.

Insgesamt sind geschlossene Fonds eine sehr spezielle Anlageklasse für wenige Anleger. Viele Menschen haben damit viel Geld verloren, auch wenn es natürlich auch gutlaufende Fonds gibt.

Warum offene Immobilienfonds nicht das Gelbe vom Ei sind

Der Absatzfavorit der Finanzvertriebler im Frühjahr 2016 waren offene Immobilienfonds. Der Immobilienmarkt boomt. Viele wollen eine Scheibe abhaben, können oder wollen sich aber kein eigenes Objekt leisten. Die Niedrigzinsen machen Immobilien in den Augen vieler Anleger noch interessanter, denn Alternativen für die Kapitalanlage fehlen.

Offene Immobilienfonds sammeln Geld von Privatanlegern und kaufen damit im Wesentlichen Gewerbeimmobilien. Meist überwiegt die Büronutzung, gefolgt von Handelsimmobilien (vor allem Einkaufszentren), Hotels und anderen Gebäuden. Der entsprechende Fonds versucht, durch Mieteinnahmen und Wertsteigerungen der Objekte Erträge zu erwirtschaften. Im

Gegensatz zum geschlossenen Fonds will der offene Immobilienfonds Immobilien auch für Kleinanleger börsentäglich verfügbar machen.

Offene Immobilienfonds haben in der Vergangenheit jährliche, vielfach stabile Renditen zwischen 4 und 6 Prozent erzielt. Die Geschichte einzelner Fondsgesellschaften reicht dabei mehr als vierzig Jahre zurück. Es gibt Beispiele, in denen selbst in den Jahren, als der Dax mit hohen Prozentwerten abstürzte, noch positive Erträge ausgewiesen wurden. Geringe Schwankungen und eine vorteilhafte Ertragsbesteuerung machten sie zu einer sinnvollen Anlageklasse. Gegenwärtig können diese Renditen aber nicht mehr erzielt werden. Sie haben sich im Mittel auf knapp 3 Prozent pro Jahr eingependelt – und sie könnten weiter fallen. Zum einen werden die Fonds beim Kauf von Immobilien von den gestiegenen Marktpreisen getroffen; zum anderen ist die vorhandene Liquidität teilweise sogar mit Negativzinsen angelegt.

Wenn Sie also aktuell in einen offenen Immobilienfonds investieren, werden Sie eher wenig Freude damit haben. Wie Sie in Kapitel 4 erfahren haben, sind Immobilien Sachwerte, die Sachverstand voraussetzen. So weit, so gut.

ABER: Gute Immobilien in guter Lage zu einem fairen Preis sind im gegenwärtig heißgelaufenen Markt Mangelware. Dies ist für die offenen Immobilienfonds ein Riesenproblem. Anleger werfen ihnen das Geld förmlich hinterher. Viele haben daher Probleme, ihr Geld sinnvoll anzulegen und geeignete Anlageobjekte zu kaufen – und Geld parken wird aufgrund der Negativzinsen teuer!

So mancher Fonds hat daher schon angefangen, die Annahme von Anlegergeldern zu verweigern. Das ist eigentlich die einzig richtige Politik. Viele nehmen aber weiter fleißig Geld an – es ist schwer, nein zu sagen, wenn die Anleger mit Geld winken. Und den Fondsmanager selbst trifft ja kein direktes ökonomisches Risiko, wenn er falsch investiert.

Problematisch ist es auch, wenn Anleger ihr Geld abziehen

wollen. Wenn mehr Fondsanteile zurückgegeben werden, als gerade Barmittel vorhanden sind, darf der Fonds entweder Fremdkapital aufnehmen, was die Rendite belastet, oder er muss Immobilien verkaufen. Der Verkauf von Immobilien unter Zeitdruck kann jedoch auch den am Markt erzielbaren Preis und damit die Rendite des Fonds mindern.

Auch wenn »Betongold« als sicher gilt: Ein offener Immobilienfonds ist keineswegs etwas für sicherheitsorientierte Anleger. Immobilienfondsgesellschaften beschreiben ihre Produkte oft als »mündelsicher«, was bedeutet, dass Anlagen vor dem Insolvenzrisiko und auch vor Kursverlusten geschützt sind, sodass ein Wertverlust praktisch ausgeschlossen ist. Dies ist definitiv nicht der Fall. In der Finanzkrise haben offene Immobilienfonds nicht nur die Neuaufnahme von Geldern verweigert, sondern sie waren auch für Auszahlungen geschlossen. Das heißt, das eingelegte Kapital wurde zunächst eingefroren, und der Anleger kam – vorübergehend – nicht an sein Kapital. Einige davon machten später wieder auf. Bei anderen fiel jedoch der Beschluss zur kompletten Auflösung der Fonds. Der Verkauf der Immobilien ist zum Teil bis heute nicht abgeschlossen und brachte Anlegern Milliardenverluste.[2]

CS Euroreal – Abgewickeltes Betongold

Der Fonds CS Euroreal der Schweizer Großbank Credit Suisse wurde1992 aufgelegt. Er investierte in Büro- und Gewerbeimmobilien in verschiedenen Ländern. Die Objekte befanden sich in Deutschland, Großbritannien, Frankreich, den Niederlanden, Italien, Spanien, Schweden sowie weiteren europäischen Staaten. Zum Höchststand betrug das Fondsvermögen rund 6 Milliarden Euro, aufgeteilt auf 98 Liegenschaften – der Fonds war ein Riese in der Branche. Die Fondsanteile wurden von verschiedenen Banken und freien Beratern an Tausende Anleger verkauft. Sie wurden als »Betongold« angepriesen und bisweilen mit Fest- und

Tagesgeldkonten verglichen. Rund 200 000 Anleger dürfte der Fonds zur Höchstphase gehabt haben.

Im Zuge der Finanzkrise geriet der CS Euroreal in eine Schieflage. Fondsinvestoren verkauften massiv ihre Anteile, nachdem die US-Bank Lehman Brothers Insolvenz angemeldet hatte. Im Jahr 2008 wurde der CS Euroreal zum ersten Mal eingefroren, da die Liquidität des Fonds unter die gesetzliche Schwelle von 5 Prozent gerutscht war. Als sich die Lage Mitte 2009 entspannte, nahmen der CS Euroreal und andere wieder Anteile zurück – bis Gerüchte um eine neue Gesetzgebung die Anleger verunsicherten und in Scharen aus den Fonds trieben. Im Mai 2010 erfolgte die zweite Schließung. Am Ende der maximal zweijährigen Aussetzung der Anteilsrücknahme muss sich entscheiden, ob der Fonds die Anteilsrücknahme wieder aufnehmen kann, oder der Immobilienfonds muss aufgelöst werden: Im Fall des CS Euroreal wurde der Fonds nach einem gescheiterten Testhandelstag Ende Mai 2012 aufgelöst und abgewickelt.

Um nicht unter zu starkem Preisdruck verkaufen zu müssen, haben solche Fonds fünf Jahre für Ihre Abwicklung Zeit. Das heißt im Falle des CS Euroreal, dass bis zum 30. April 2017 alle Immobilien verkauft und die Erlöse an die Fondsanleger ausgeschüttet werden müssen. Vorher sind natürlich zunächst die Forderungen der Banken zu befriedigen. Wie erfolgreich die Abwicklung letztendlich sein wird, lässt sich im Voraus nicht prognostizieren. Experten rechnen aber mit einem Schlussverkauf mit hohen Abschlägen auf die Verkehrswerte der Immobilien. Es dürfte sicher sein, dass die Fonds und damit die Anleger erhebliche Verluste erleiden werden, wenn sie dann endlich nach langen Jahren, in denen ihr Kapital eingefroren war, wieder an ihr Geld aus dieser angeblich sicheren und liquiden Anlage kommen werden. Die Banken und Dienstleister jedoch haben die ganze Zeit prächtig verdient.

Aktiv oder passiv? Wie wird der Fonds geführt?

Bei einem aktiv gemanagten Fonds trifft der Fondsmanager die Entscheidungen, welche Wertpapiere und Vermögensgegenstände für den Fonds gekauft werden. Der Manager entscheidet ebenso, in welcher Menge die Vermögensgegenstände für den Fonds gekauft werden und wann und zu welchem Preis einzelne Vermögenswerte wieder aus dem Fonds verkauft werden. Der Fondsmanager entscheidet nach eigenem Ermessen. Aber er kann das nicht willkürlich tun.

Der Fondsmanager entscheidet nach sorgfältiger Analyse und im Einklang mit den Anlagerichtlinien des Fonds. Als Anleger sollten Sie sich bei der Auswahl des Fonds daher mit den Anlagerichtlinien sowie der Person des Fondsmanagers – also seiner Erfahrung und seiner Anlagephilosophie – sorgfältig auseinandersetzen. Der Fondsmanager erhält für seine Arbeit eine Bezahlung in Form der Verwaltungsgebühr. Diese kann zwischen 0,5 und 1,5 Prozent des Fondsvolumens pro Jahr betragen. Bei Hedgefonds werden bis zu 2/20 verlangt – also 2 Prozent vom Bestand und 20 Prozent vom Erfolg.

Der Max Otte Vermögensbildungsfonds – Ein aktiv gemanagter Fonds

Der Max Otte Vermögensbildungsfonds investiert in Aktien, Anleihen und andere Wertpapiere und ist ein vermögensverwaltender Mischfonds (Multi-Asset). Er verfolgt einen wertorientierten Ansatz (Value Investing) und setzt die von Prof. Max Otte entwickelte Strategie der Königsanalyse® um (siehe Kapitel 10). Die Strategie kombiniert die Erfolgsprinzipien des Value Investing mit dem Reinheitsgebot der Kapitalanlage und setzt auf die Aktien, die langfristig eine hohe Wertsteigerung versprechen, die besten Unternehmen der Welt. Ergänzt wird das Portfolio durch sehr billige Aktien, die mittelfristig eine starke Wertsteigerung versprechen.

In der Regel investiert der Fonds ausschließlich oder überwiegend in die renditestärkste, aber auch schwankungsanfälligste Anlageklasse Aktien. Sollten Anleihen oder Festgeld attraktiver werden, investiert der Fonds auch in Anleihen, oder es wird Fondsvermögen im Festgeld geparkt. Die Anlagerichtlinien sind weit gefasst: »Die Gesellschaft kann nach den Anlagebedingungen bis zu 100 Prozent des Wertes des Fonds in Wertpapiere, Geldmarktinstrumente und Bankguthaben investieren. Bis zu 10 Prozent des Fonds dürfen in Investmentanteilen angelegt werden.«

Deutsche, österreichische und europäische mittelständische Unternehmen stellen eine bevorzugte Anlageklasse dar, soweit sich unterbewertete Anlagemöglichkeiten finden lassen. Unternehmen, in denen der Eigentümer oder die Eigentümerfamilie einen positiven Einfluss ausübt, werden lieber gehalten als managergeführte Unternehmen. Der Fonds investiert fast nicht in Modethemen.

Der Fonds eignet sich zum langfristigen Vermögensaufbau bei einer hohen Grundsicherheit. Durch die meist hohe Aktienquote schwankt der Fonds allerdings auch stark. Anleger sollten daher mindestens fünf Jahre ihre Anlagen nicht antasten müssen.

Zum 30. Juni 2016 waren die zehn größten Positionen im Max Otte Vermögensbildungsfonds:

GruppoMutuionline 5,6 %	Alphabet 5,4 %
Jungfraubahn 5,2 %	LVMH 4,9 %
Neopost 4,3 %	KWS Saat 4,0 %
BMW 3,9 %	Grenke Leasing 3,9 %
Svenska Handelsbanken 3,8 %	Microsoft 3,7 %

Weitere Informationen:

Wertpapierkennnummer:	A1J3AM
ISIN:	DE000A1J3AM3
Auflagedatum:	1. Juli 2013
Fondsgesellschaft (KVG):	Ampega Investment GmbH
Anlageberater:	Bayerische Vermögen AG
Verwahrstelle:	Hauck & Aufhäuser Privatbankiers KGaA
Vertriebsberechtigung:	Öffentliche Vertriebsberechtigung in Deutschland
Anlageklasse:	Wachstumsorientiert
Ertragsverwendung:	Thesaurierend
Sparplan:	ab monatlich 50 Euro

www.max-otte-fonds.de

Weitere Informationen:
www.bv-vermoegen.de/investmentfondsmandate/
investmentloesungen/vermoegensverwaltende-fondskonzepte/
max-otte-vermoegensbildungsfonds-ami/portrait/

Bei einem passiven Fonds ist das Portfolio weitestgehend vorgegeben. Die meisten passiven Fonds orientieren sich an einem Wertpapierindex, den sie nachbilden, zum Beispiel dem DAX, dem Eurostoxx50 oder dem MSCI World Index. Der passive Fonds enthält dann die gleichen Aktien in der gleichen Gewichtung wie der Index.

Investiert ein neuer Anleger in den passiven Fonds, wird einfach in gleicher Gewichtung nachgekauft. »Aktives« Management ist nur dann notwendig, wenn sich an der Zusammensetzung des Index etwas ändern sollte. So wurde beispielsweise zuletzt im März 2016 das Rohstoffunternehmen K+S AG aus Kassel aus dem DAX geworfen, da der Börsenwert durch Kursverluste geschrumpft war und K+S nicht mehr zu den 30 größten deutschen Unternehmen gehörte. Bei solchen Situationen muss auch ein passiver Fonds »aktiv« handeln, K+S verkaufen und den DAX-Nachfolger kaufen.

Solche Situationen sind aber eher selten. Deswegen sind auch Transaktionen in passiven Fonds seltener. Dadurch sparen passive Fonds bei den Transaktionskosten und der Vergütung des Fondsmanagers. Ihre laufenden Kosten liegen daher oft bei nur einem Viertel der Kosten eines aktiv gemanagten Fonds. Zudem schaffen es viele aktive Fondsmanager nicht, den Index zu schlagen. Deswegen werden passive Fonds immer beliebter.

Die höheren Kosten für einen aktiv gemanagten Fonds können aber eine sehr sinnvolle Ausgabe sein. In der Vergangenheit haben es gute Fondsmanager immer wieder geschafft, langfristig besser abzuschneiden als ein passiv geführter, starr am Index orientierter Fonds! In vermögensverwaltenden Multi-Asset-Fonds wie dem Max Otte Vermögensbildungsfonds übernimmt der Fondsmanager zudem die Aufgabe der Asset Allocation (Vermögensverteilung) zwischen den verschiedenen Anlageklassen. Bei einem passiven Fonds müssten Sie z.B. selbst Anteile verkaufen und das Kontoguthaben aufstocken, wenn Sie auf eine bestimmte Situation reagieren wollen.

**Der Vanguard Total Stock Market Index Fund –
ein passiv gemanagter Riese**

John C. Bogle war mit seiner Gesellschaft Vanguard in den siebziger Jahren der Pionier der passiv gemanagten Fonds. Der Vanguard Total Stock Market Index Fund wurde 1992 aufgelegt und orientiert sich am kompletten US-amerikanischen Aktienmarkt. Der Fonds investiert tatsächlich in jede einzelne Aktie, die an den US-Börsen notiert ist. Insgesamt sind dies zurzeit 3650 Einzeltitel! Im Sommer 2016 verwaltete der Fonds gigantische 439 Milliarden Dollar.

Mit dem Vanguard Total Stock Market Index können Privatanleger bereits mit einer Mindestanlage von 3000 US-Dollar in den gesamten US-Aktienmarkt investieren und sind breit gestreut aufgestellt. Die Direktanlage in alle US-Aktien wäre ihnen schon wegen der Mindestanlagesumme nicht möglich. Darüber hinaus würden die Transaktionskosten für den Kauf von 3650 Aktien bereits einen großen Teil des Kapitals fressen. Weil der Vanguard Total Stock Market Index Fund passiv ist und aufgrund seiner Größe Kostenvorteile nutzen kann, hat er lediglich eine jährliche Gebühr von 0,16 Prozent.

Sie können auch in andere Indizes als den DAX oder den amerikanischen Aktienmarkt passiv investieren. Es gibt mittlerweile eine unüberschaubare Anzahl an Indizes, an denen sich die Anbieter passiver Fonds orientieren – und die Anzahl steigt Tag für Tag weiter.

Ursprünglich wurden Indizes vorrangig als Marktbarometer entwickelt: Der DAX zum Beispiel sollte eine Aussage über die Börsenentwicklung der größten Unternehmen ermöglichen, ähnlich der FTSE (Financial Times Stock Index) in Großbritannien, der Nikkei in Japan oder der Dow Jones in den USA.

Seit einigen Jahren aber werden Indizes oft speziell als Basiswerte für Investmentzwecke konstruiert. Denn für die Anbieter von Indizes hat sich die Lizenzvergabe zu einem lukrativen Geschäft entwickelt. Früher verdienten sie in erster Linie am Verkauf von Indexdaten und zusätzlich an der Lizenzvergabe für Derivate. Die passiven Fonds haben den Anbietern von Finanzdaten ganz neue Perspektiven eröffnet.

Auf dem weltweiten Markt gibt es bestimmt mehr als hundert Anbieter, die Indizes entwickeln und Lizenzen darauf anbieten. Zu den größten gehören MSCI Barra, Dow Jones, Standard & Poor's, Barclays Capital Indices, Russell, aber vor allem auch STOXX, an der die Deutsche Börse vor einigen Jahren die Anteile übernommen hat. Die Gesamtzahl aller existierenden Indizes ist unmöglich zu schätzen. Aber nach eigenen Angaben berechnet und veröffentlicht die Deutsche Börse allein bereits insgesamt mehr als 3000 Indizes unter national und international eingetragenen Marken.[3]

Von der ursprünglichen Idee des passiven Fonds, als einfache und transparente Produkte die weltweiten Börsenbarometer nachzubauen, hat sich die Branche mittlerweile meilenweit entfernt. Es gibt so spezielle und oft unsinnige Indizes, dass die darauf aufbauenden passiven Fonds für die meisten Privatanleger völlig ungeeignet sind. Hier einige seltsame Indizes:

- **JantziSocial Index Fund:** Ein Index für das gute Gewissen. Der Index enthält fünfzig Unternehmen, die angeblich Wert auf Umweltfreundlichkeit, unternehmerische Sozialverantwortung und Nachhaltigkeit legen. Unternehmen, bei denen es schwere Verstöße in den drei vorgenannten Bereichen gab, haben im Index nichts verloren. Unternehmen, die mehr als 5 Prozent der Umsätze mit Zigaretten, Atomkraft und Rüstung erwirtschaften, müssen grundsätzlich draußen bleiben. Problematisch: Bei den anderen Sektoren, die oftmals auch nicht unbedenklich sind, wählte der Fonds die ethisch »besten« aus (Best-of-Class-Ansatz). Damit enthält der Index zum Beispiel auch das Bergbauunternehmen Kinross oder den Ölförderer Imperial Oil.

- **S&P Global Water Index:** In diesem Index finden sich fünfzig globale Unternehmen, die in irgendeiner Form etwas mit Wasser zu tun haben. Egal ob Geberit, der Schweizer Hersteller von Toiletten und Badewannen, die US-Wasserwerke Aqua America oder der irische Mischkonzern Pentair, der auch im Bereich Wasseraufbereitung tätig ist: Hauptsache, es kommt Wasser in der Unternehmensbeschreibung vor. Offensichtlich wollen Anbieter von Wasserfonds hier auf einem Modethema reiten – und natürlich wird schnell ein entsprechender Index konstruiert.
- **German Entrepreneurial Index (GEX):** Was gut klingt, erweist sich bei näherem Hinsehen als ziemlich unsinnig. Der GEX existiert seit 2004 und enthält Aktien von Unternehmen, die von ihren Eigentümern geführt werden. Die Eigentümer müssen über zumindest 25 Prozent und dürfen über maximal 75 Prozent der Aktien verfügen sowie müssen im Vorstand und Aufsichtsrat maßgeblich vertreten sein. Aber wehe, das Unternehmen ist zu alt: Die Mitgliedschaft im GEX ist an die Kapitalmarktzugehörigkeit geknüpft. Ist das Unternehmen länger als zehn Jahre börsennotiert, fliegt es aus dem Index. So verknüpft dieser Index die gute Eigenschaft von Unternehmer-/Eigentümer-Führung mit der eher schlechten Eigenschaft junges/unreifes Unternehmen/Start-up. Wenn keine Börsengangstimmung herrscht, leert sich der Index automatisch. So wird das Traditionsunternehmen Wacker Chemie, das zwar 1914 gegründet wurde, aber erst 2006 an die Börse ging, aus dem Index verschwinden.

Aus meiner Sicht ist das für Anleger ein vollkommen unsinniger Index, der vor allem die Interessen der Finanzbranche bedient. Ich investiere auch gerne in inhabergeführte börsennotierte Unternehmen. Je älter, desto besser. Allerdings werden Sie BMW, Fuchs Petrolub, CTS Eventim, Grenke Leasing, Henkel, Fresenius und andere phantastische Unternehmen nicht im GEX finden, weil sie zu alt sind.

An diesen drei Beispielen (und an weiteren herrscht kein Mangel) sehen Sie, dass die Kreativität der »Indexproduzenten« vor allem Modethemen bedient (dazu mehr im folgenden Abschnitt zu Themen- und Branchenfonds). Als Anleger sollten Sie sich deswegen auf Produkte konzentrieren, die breite und diversifizierte Indizes abbilden. Dabei muss es nicht der Vanguard-Fonds mit seinen 3650 Aktien sein. Eine ausreichende Diversifikation können Sie schon mit 20 bis 30 Einzelaktien hinbekommen. Wichtig ist, dass Regionen und Branchen ausreichend gestreut sind.

ETFs (Exchange Traded Funds)

Im Zusammenhang mit passiven Fonds werden Sie oft auf die drei Buchstaben »ETF« stoßen. ETF steht für Exchange Traded Funds – also »börsengehandelter Fonds«. Zwar können Sie heutzutage auch aktiv gemanagte offene Fonds an Börsen handeln, doch die Bezeichnung ETF kommt aus einer Zeit, als Sie dort ausschließlich passiv gemanagte Fonds kaufen konnten. Der Begriff ETF ist also historisch gewachsen und heutzutage etwas irreführend, weil ETF oft mit »passiv« gleichgesetzt wird. Wir schließen uns diesem Sprachgebrauch an, weisen aber darauf hin, dass ETF ursprünglich nicht unbedingt »passiv« heißen musste.

ETFs sind in aller Munde. In den letzten zwölf Jahren hat sich die Anzahl der in Europa vertriebenen ETF-Produkte von 100 auf über 1500 Stück enorm erhöht. Die Branche hat ein massives Interesse daran, ETFs zu pushen. Mit fast 50 Prozent der verfügbaren Produkte ist der US-Vermögensverwalter BlackRock (über seine Tochtergesellschaft iShares) unangefochtener Marktführer. Mit Abstand folgen die Deutsche Bank (unter dem Markennamen db X-trackers) und der zur französischen Großbank Société Générale gehörende Anbieter Lyxor.

Anzahl der ETFs in Europa

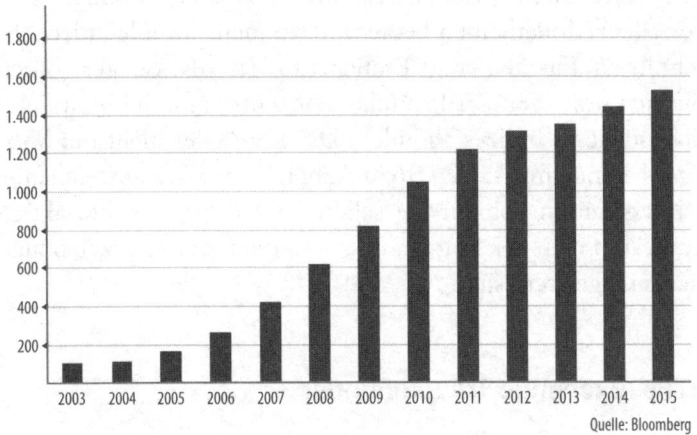

Quelle: Bloomberg

Wenn Sie sich für einen passiven Fonds, also einen ETF, interessieren, müssen Sie wissen, dass es grundsätzlich zwei Arten von ETFs gibt. Auch wenn es jetzt etwas technisch wird, ist der Unterschied von Bedeutung. Der Unterschied betrifft die Art und Weise, wie ein ETF einen Index nachbildet. Die sogenannten vollständig physisch replizierten ETFs halten tatsächlich alle einzelnen Bestandteile des Index entsprechend der Indexgewichtung. Das heißt beispielsweise: ein passiver DAX-Fonds kauft wirklich anteilig alle Aktien des DAX und hält diese in Form eines Sondervermögens. Als Anleger gehört Ihnen ein Teil dieser Wertpapiere im Sondervermögen. Sie haben also einen Sachwert. Aus meiner Sicht ist das ein ehrlicher, echter Fonds.

Die sogenannten synthetisch replizierten ETFs hingegen halten die zugrundeliegenden Aktien des Index nicht wirklich, sondern setzen stattdessen Swaps[4] ein, um die Indexperformance nachzubilden. Dabei hält der ETF ein Portfolio aus Wertpapieren (das bei einem synthetischen DAX-ETF durchaus stark vom DAX selbst abweichen kann!). Er schließt Swap-Vereinbarungen ab, mit denen die Wertentwicklung dieses Portfolios gegen die des DAX getauscht wird.

Sie haben als Anleger somit auch Derivate in Ihrem Anlageprodukt, die einem Gegenparteirisiko unterliegen: Der Swap-Anbieter kann pleitegehen. Das Geld ist weg. Im Sondervermögen des synthetisch replizierten ETFs sind dann zwar Sachwerte – aber nicht unbedingt die, die Sie als Anleger eigentlich wollten – also in unserem Beispiel die Aktien von DAX-Unternehmen.

Ein synthetisch replizierender ETF: der db x-trackers S&P 500

Der db x-trackers S&P 500 UCITS ETF ist ein gutes Beispiel für einen synthetisch replizierten ETF. Der von der Deutschen Bank aufgelegte ETF orientiert sich am Index S&P 500. Dieser Index enthält die 500 größten US-amerikanischen Unternehmen, die an der Börse in New York bzw. an der Technologie-Börse Nasdaq gelistet sind. Wenn Sie in Ihrem eigenen Aktiendepot den S&P 500 nachbauen möchten, würden Ihre zehn größten Positionen so aussehen:

Apple 3,1 %	Microsoft 2,4 %
Exxon 1,9 %	Johnson & Johnson 1,8 %
Amazon 1,6 %	General Electric 1,5 %
Facebook 1,5 %	Berkshire Hathaway 1,4 %
AT&T 1,4 %	Alphabet 1,3 %

Als synthetisch replizierter ETF baut der db x-trackers S&P 500 UCITS ETF den S&P 500 aber nicht einfach nach, indem er die oben stehenden Aktien in entsprechender Gewichtung einkauft. Vielmehr kauft der ETF ganz andere Aktien. So sehen die zehn größten Positionen im Portfolio des ETF, das insgesamt nur rund 150 Einzeltitel umfasst, aus:

Alphabet 3,7 %	Toyota Motor Corp 3,6 %
Mitsubishi UFJ Financial Group 3,5 %	TakedaPharmaceutical 3,4 %
Fanuc 3,1 %	TerumoCorp 2,9 %
Siemens 2,7 %	Allianz 2,6 %
Mitsubishi 2,4 %	East Japan Railway 2,3 %

Das Portfolio sieht also komplett anders aus! Auffällig sind die vielen japanischen Unternehmen. Insgesamt besteht das Ersatz-Portfolio des ETF zu 70 Prozent aus japanischen Aktien – nicht das, was man erwartet, wenn man eigentlich in US-amerikanische Unternehmen investieren möchte.

Die Aktien dienen dem ETF-Anbieter gewissermaßen nur als Gewähr dafür, dass er einen tatsächlichen Gegenwert in Form von Aktien in einem Fondsportfolio hat. Die Kursentwicklung wird dann über die erwähnten komplizierten Swap-Vereinbarungen »nachgebaut«. Hierzu schließt db x-trackers nun mit der eigenen Muttergesellschaft Deutsche Bank sowie mit den Investmentbanken Société Générale, Morgan Stanley und Goldman Sachs Swaps ab.

Das könnte man auch als Etikettenschwindel bezeichnen. Und genau das ist es: Für den wohlmeinenden Käufer gibt es starke Gründe zu glauben, dass im ETF weitgehend der S&P 500 vorhanden ist. Erst bei einem Blick auf das Kleingedruckte oder auf den Inhalt sieht man, dass das nicht der Fall ist.

Warum machen ETF-Anbieter solche komplexen und riskanten Geschäfte? Ganz einfach: Zwar ist der eigentliche Managementaufwand bei passiven Fonds nicht sehr hoch, die Transaktionskosten (für das Kaufen und Verkaufen der Aktien, wenn neue Anteile gezeichnet oder alte zurückgegeben werden) können aber enorm sein, wenn der nachgebildete Index viele Einzeltitel enthält. Der DAX besteht nur aus 30 Aktien und ist somit noch vergleichsweise einfach nachzubauen. Der amerikanische S&P 500 besteht jedoch aus 500, der MSCI World sogar aus weit über 1000 Einzelaktien. Hier geht der komplette Nachbau des Index für den ETF-Anbieter schnell ins Geld. Die Simulation über Swap-Geschäfte drückt die Verwaltungskosten enorm.

Zudem kann man sich des Eindrucks nicht erwehren, dass in etlichen Fällen auch Wetten der Bank dahinterstecken, so wie im obigen db x-Tracker auf den S&P 500. Im Sommer 2016 waren amerikanische Aktien recht teuer, japanische Aktien aber billig. Wenn sich nun die Preise normalisieren und sich japanische Aktien besser entwickeln als amerikanische, hat die Deutsche Bank unter Umständen viel Geld verdient.

Zwar profitieren Anleger von den niedrigeren Verwaltungskosten eines synthetischen ETF, aber dennoch sollten Sie es sich genau überlegen, ob Sie sich einen synthetisch replizierten ETF ins Portfolio legen: Zumindest zu einem Teil ist er eine Wette statt eines stabilen Sachwertes. Die Lehman-Pleite hat gezeigt, dass es schnell zu Liquiditätsengpässen oder Verwerfungen kommen kann, bei denen ein Swap-Partner von heute auf morgen vom Markt verschwindet. Wenn es hart auf hart kommt, können sich dann auch die vermeintlichen Werte, die hinter dem Indexfonds stehen, in Luft auflösen. Wir raten dem Anleger, der sich für ETFs interessiert, daher zur »reinen«, das heißt vollständig physisch replizierten Variante. Um dies zu erkennen, müssen Sie allerdings das Kleingedruckte im Fondsprospekt sehr genau lesen. Das macht die Auswahl eines geeigneten ETFs auch so schwer.

Thesaurierend oder ausschüttend?
Wann kommt die Rendite aus dem Fonds?

Fonds beinhalten oft Vermögensgegenstände, die laufende Erträge abwerfen. So erhält man auf Aktien Dividenden und für

Anleihen Zinsen. Es stellt sich dann die Frage, was der Fondsmanager mit diesen Erträgen macht. Er kann sie direkt an den Fondsanleger ausschütten, oder er kann sie einbehalten (man sagt: »thesaurieren«). Wenn die Erträge einbehalten werden, sind sie natürlich nicht weg! Die erhaltenen Zinsen oder Dividenden mehren einfach den Wert Ihres Fondsanteils. Sie stehen Ihnen allerdings nicht sofort zur Verfügung, sondern erst wenn Sie den Fondsanteil verkaufen.

Der Fondsmanager wird diese zusätzlichen Erträge nicht ungenutzt herumliegen lassen, sondern in der Regel wieder in Wertpapiere reinvestieren. Somit macht sich bei einem thesaurierenden Fonds schnell der Zinseszins-Effekt bemerkbar. Der Kurs eines thesaurierenden Fonds liegt daher in der Regel deutlich über dem Kurs eines vergleichbaren Fonds, der an Anleger ausschüttet. Wenn Sie also nicht auf laufende Erträge angewiesen sind und einen langfristigen Anlagehorizont haben, ist ein thesaurierender Fonds für Sie daher vermutlich die bessere Wahl.

Bei der steuerlichen Behandlung gibt es bei beiden Formen Unterschiede. Bei deutschen thesaurierenden Fonds fällt die Abgeltungssteuer zum Ende des Geschäftsjahrs an. Der Fonds überweist dann die Steuerbeträge aller Investoren direkt aus dem Fondsvermögen an die Finanzbehörden. Der Kurs des Fonds sinkt dementsprechend. Hat der Anleger einen Freistellungsauftrag gestellt, wird er zum Beispiel mit zusätzlichen Fondsanteilen entschädigt. Bei ausschüttenden inländischen Fonds zieht dagegen die Depot-Bank direkt vom Auszahlungsbetrag die Steuern ab, bei einem existierenden Freistellungsauftrag verzichtet sie darauf. Etwas aufwendiger wird es bei ausländischen thesaurierenden Fonds. Hier müssen die Anleger selbst die Steuern in ihrer Einkommensteuererklärung angeben.

Unterschiedliche Vermögensklassen:
Was ist drin im Fonds?

Nachdem wir uns zuvor mit den Unterschieden bei Fonds hinsichtlich Handelbarkeit, Management und Ausschüttungsverhalten beschäftigt haben, geht es nun um den Kern: Was ist eigentlich drin im Fonds? Die Art der Vermögensgegenstände, in die Fonds investieren, ist das eigentliche Hauptunterscheidungsmerkmal. Der Kreativität der Fondsgesellschaften sind keine Grenzen gesetzt. Nicht alle Fonds sind aber für den Privatanleger geeignet. Wir wollen im Folgenden die wichtigsten Arten vorstellen.

Aktienfonds

Aktienfonds investieren – wie der Name sagt – ausschließlich in Aktien. Neben Aktien hält ein Aktienfonds aber in der Regel auch eine gewisse Summe an liquiden Mitteln. Kontoguthaben bringen zwar keine Rendite – und werden in Zeiten von Negativzinsen noch bestraft –, aber mit »taktischer Liquidität« ist der Fondsmanager in der Lage, Aktien nachzukaufen, wenn es an den Börsen durch Kursstürze günstige Einkaufsgelegenheiten gibt. Je nach Börsensituation und Bewertung der Aktienmärkte kann der Fondsmanager mit seiner Cash-Quote den Investitionsgrad des Fonds steuern.

Bei der Auswahl der Einzelaktien sind dem Fonds zum einen durch die Anlagebedingungen Grenzen gesetzt (siehe Seite 349 zu Themen- und Branchenfonds). Zum anderen aber auch durch gesetzliche Vorschriften. So sind Fonds gesetzlich dazu verpflichtet, Risikostreuung zu betreiben. Das schafft der Fonds durch Diversifikation – also durch Anlage in eine Mindestanzahl von unterschiedlichen Aktien. So darf der Fondsmanager bei Aktienfonds, die für Privatanleger zugelassen sind, höchstens 10 Prozent des Fondsvermögens in die Aktie eines einzelnen Unternehmens stecken. Auch dürfen alle Positionen über 5 Prozent in der Summe nicht mehr als 40 Prozent des Gesamtportfolios ausmachen. Dadurch wird das Risiko minimiert, dass der Fonds extrem leidet, wenn einzelne Unternehmen in eine Schieflage geraten. Aus den Begrenzungsregeln ergibt sich eine Mindestzahl von 16 Aktien. In der Regel haben Aktienfonds aber ein deutlich größeres Portfolio, das 25 bis 100 Titel umfasst.

Rentenfonds (Anleihenfonds)

Das Wort Rente hat im Zusammenhang mit Wertpapieren und Fonds nichts mit dem Altersruhegeld zu tun. Das Wort stammt aus dem Französischen und ist mit dem Wort Rendite verwandt. Es bezieht sich auf ein Einkommen, das ohne Gegenleistung bezogen wird. Und zwar in diesem Kontext aus angelegtem Kapital in Form einer Rendite aus festverzinslichen Wertpapieren, also Anleihen. Diese haben Sie in Kapitel 5 kennengelernt.

Es gibt die verschiedensten Rentenfonds, die in Unternehmensanleihen, Staatsanleihen, Zerobonds etc. investieren. Die Fondsmanager setzen dabei in der Regel auf kalkulierbare Zinserträge; nicht so sehr auf den Kursanstieg der Anleihe. Aufgrund der vermeintlich kalkulierbaren Erträge gelten Rentenfonds als vergleichsweise »sichere« Fondsart. Allerdings können auch Rentenfonds bei Kursverlusten der Anleihen eine gewisse Volatilität aufweisen. Da wir in Zeiten von Niedrig-, Null- und sogar Negativzins leben, was Staatsanleihen anbelangt, stellt sich aber auch die Frage, was an einem Rentenfonds sicher sein soll, wenn er keine und kaum eine Rendite mehr abwirft. Zudem hängt über Staatsanleihen wie staatlichen Alterssicherungssystemen das Damoklesschwert der Staatsinsolvenz. Obwohl sehr viel Geld in dieser Anlageklasse gebunden ist, rate ich seit längerem von Staatsanleihen, auch solchen angeblich »sicherer Länder«, ab.

Geldmarktfonds

Der Geldmarktfonds ist eine Spezialform des Rentenfonds. Geldmarkttitel sind zum Beispiel Anleihen mit einer sehr kurzen Restlaufzeit (unter 12 Monaten) oder auch Termingelder oder Schuldscheindarlehen. Durch die kurzfristigen Anleihen ergeben sich nur noch relativ niedrige Kursschwankungen – bei relativ planbaren und sicheren Zinsen. Aber wie auch bei den Rentenfonds haben wir es hier mit einer Niedrig-, Null- und Negativzins-Situation zu tun, sodass der Anleger keine auskömmlichen Renditen mehr erzielen kann. Banken bieten Geldmarktfonds als Alternative zum Sparbuch oder Tagesgeld an. Aber warum sollten Sie bei nur unwesentlich höheren Zinsen die Gebühren eines solchen Produktes akzeptieren?

Schauen wir uns ein Beispiel an: den »Allianz Geldmarktfonds Spezial«, den die Fondsgesellschaft des Versicherungskonzerns Allianz aufgelegt hat. Der Fonds investiert ausschließlich in Geldmarktinstrumente in Euro mit den zwei höchsten Ratingstufen. Nicht-Euro-Geldmarktinstrumente sind möglich, müssen aber teuer abgesichert werden. Zum 30. Juni 2016 hatte der Fonds im Wesentlichen kurzfristige Unternehmensanleihen von Banken und Versicherungen im Portfolio.

Der Allianz Geldmarktfonds Spezial existiert seit 1994. Seine Wertentwicklung seit Auflegung lag bei rund 2 Prozent pro Jahr. Dieser Wert sieht aber deswegen so gut aus, weil es in den neunziger Jahren noch höhere Zinsen auf Geldmarkttitel gab. Schauen wir uns die jüngere Vergangenheit an, wird es traurig. Gerade einmal 0,09 Prozent pro Jahr hat der Fonds in den letzten fünf Jahren erwirtschaftet! Vermögenserhalt oder gar -aufbau ist so unmöglich!

Doch obwohl es keine Rendite gibt und Besserung nicht in Sicht ist, haben die Anleger dem Fonds über eine halbe Milliarde Euro anvertraut! Der Fonds hat eine jährliche Verwaltungsgebühr von 0,55 Prozent. So kassiert die Fondsgesellschaft beim gegenwärtigen Fondsvolumen 2,9 Millionen Euro – ohne dass Anleger davon etwas haben. Es wird aber noch dreister: Zusätzlich zu den 0,55 Prozent Verwaltungsgebühr erhält die Fondsgesellschaft eine performanceabhängige Vergütung von 20 Prozent des Teils, der über der Wertentwicklung eines Referenzindex liegt. So eine Vergütungsstruktur soll die Leistung des Fondsmanagers belohnen. Hier wurde aber mit dem 1-Monats-Libid (also dem kurzfristigen Interbanken-Verrechnungszins) ein Vergleichsmaßstab gewählt, der negativ ist!

Mischfonds

Der Mischfonds mischt – wie der Name schon sagt – unterschiedliche Anlageklassen. Meistens sind es die oben genannten: Aktien, Rentenpapiere und Geldmarkttitel. Manche Mischfonds mischen noch andere Anlageklassen wie Immobilien, andere Sachwerte oder sogar andere Fonds mit hinein. Die Gewichtungsverhältnisse unterscheiden sich von Fonds zu Fonds sehr stark. Manche Fonds legen in ihren Anlagerichtlinien feste Grenzen für die einzelnen Anlageklassen fest. So kann der eine Fonds immer aus einem Drittel Aktien, einem Drittel Anleihen und einem Drittel Geldmarkttiteln bestehen. Dagegen kann es andere Fonds geben, die je nach Börsensituation und Einschätzung des Fondsmanagers mal zu 100 Prozent aus Aktien und dann vielleicht ein Jahr später wieder aus 100 Prozent Geldmarkttiteln bestehen. Bei Mischfonds ist es für Sie als Anleger ganz besonders wichtig, einen Blick auf Fondsprospekt, Anlagerichtlinien und Fondsmanager zu haben und zu schauen, ob der Mischfonds tatsächlich zu Ihrer Anlagesituation passt.

Ein Beispiel für einen klassischen Mischfonds mit festen Anlagegrenzen ist der »UniRak« der Union Investment, der Fondsgesellschaft der genossenschaftlichen Volksbanken und Raiffeisenbanken. »Rak« steht für Renten und Aktien – und das sind die einzigen beiden Anlageklassen, die der Fonds seit seiner Auflegung 1979 mischt. Dabei hält der Fonds seitdem ziemlich konstant das Verhältnis von einem Drittel Renten und zwei Dritteln Aktien.

Themen- und Branchenfonds

Die Finanzindustrie ist oft gar nicht so anders als die Modebranche. Jede Saison wird eine neue Sau durchs Dorf getrieben. Waren es um die Jahrtausendwende Technologiewerte und Start-ups, wurden die Anleger ab 2003 vermehrt mit Zertifikaten abgezockt. Nachdem der gewünschte Nanotech-Hype nicht zündete, wurde das Thema BRICS (Brasilien, Russland, Indien, China, Südafrika) immer populärer. Hier versprach man neue Wachstumschancen.

Immer wieder glaubt die Finanzbranche, einen neuen Trend identifiziert zu haben, und legt ein neues Produkt auf, mit dem die Anleger daran teilhaben »dürfen«. Dabei füllt man nur die Mode des Tages in eine Verpackung. Mal sind es Internet-Unternehmen, mal sind es einzelne Länder, dann ist es plötzlich Biotech, und gerade ist es vielleicht Robotik. Auch wenn man zu jedem Thema, in jedem Land und jeder Branche bestimmt einzelne Titel mit guter Investmentqualität und attraktiver Bewertung finden mag: Den Themen- und Branchenfonds ist das egal. Sie springen einfach nur auf einen Zug auf. Damit agieren sie extrem prozyklisch. Das heißt, sie kaufen, wenn alle kaufen – weil alle kaufen. Mit dieser Strategie können Sie als Anleger nur verlieren.

Lassen Sie uns die BRICS-Mode noch einmal genauer ansehen: Als »Erfinder« des BRICS-Kürzels gilt der ehemalige Chefvolkswirt von Goldman Sachs, Jim O'Neal, der den Begriff 2001 zum ersten Mal verwendete. O'Neal und Goldman Sachs betonten auf zahllosen Vorträgen, dass die BRIC-Länder die Märkte der Zukunft seien. Jeder, der als Investor Erfolg haben wolle, müsse sich an diesen Ländern beteiligen. Und schon war eine Anlageidee geboren. Es gab kaum eine Fondsgesellschaft, die in den 2000ern keinen BRIC-Fonds auflegte, und Anleger investierten Milliarden. Insofern war BRIC eine brillante Marketing-Idee.

Doch das Marketing der Banken und der Anlageerfolg für den Privatanleger sind immer zwei Paar Schuhe. Das mussten die Investoren spätestens seit 2010 merken: BRIC-Fonds enttäuschen seit Jahren. Die Schwellenländer sind keine Wachstumstreiber mehr. Brasilien und Russland stecken in einer Rezession, China könnte auf dem Weg in eine Schuldenkrise sein und reduziert seinen Wachstumsausblick, und in Indien wartet man seit Jahren vergeblich auf die großen Reformen. Auch die Aktienmärkte haben nicht überzeugt. Die in den 2000er Jahren gehypten Aktien der BRIC-Länder haben ihre Strahlkraft verloren. Als »Bloody Ridiculous Investment Concept« – total lächerliches Investmentkonzept – deutete der Société-Générale-Banker Albert Edwards daher das Kürzel um. Mittlerweile haben die Anleger, nachdem Sie Geld verloren haben, ihr Kapital wieder zu großen Teilen aus den BRIC-Fonds abgezogen. Auch Vorreiter Goldman Sachs hat seinen BRIC-Fonds schon längst wieder geschlossen.[5]

Investieren Sie nicht in Themen- und Branchenfonds, nur weil gerade etwas in Mode ist! Auch wenn Brasilien, Russland, Indien und China unter Problemen leiden, so gibt es in jedem dieser Länder gute Unternehmen, in deren Aktien Sie investieren können. Aber: Sie als Anleger müssen diese Unternehmen identifizieren und bewerten. Kaufen Sie Aktien von Unternehmen, die in den BRIC-Staaten sind, *wenn* die Aktien eine hohe Investmentqualität haben und unterbewertet sind. Aber kaufen Sie nicht, *nur weil* das Unternehmen in einem BRIC-Land sitzt!

Dachfonds

Dachfonds investieren in andere Fonds. In Deutschland sind sie erst seit 1998 auf dem Markt. Bei solchen Produkten übertreibt man es eigentlich mit der Risikostreuung. Wenn ein einzelner

Fonds schon fünfzig bis hundert einzelne Aktien enthält – wie viel mehr ist man dann doch diversifiziert, wenn man einen Fonds im Depot hat, der selbst zehn bis zwanzig solcher Fonds hält?

Man kann verschiedene Länder, Branchen, Investmentstile und Fondsmanager auf einen Schlag haben, ohne selbst die genaue Auswahl treffen zu müssen. Was soll daran schlecht sein? Dachfonds fressen enorme Gebühren! Selbst wenn der Dachfonds selbst nur normale Verwaltungsgebühren von 0,5 bis 1,5 Prozent hat: Die in ihm enthaltenen anderen Fonds (die sogenannten Zielfonds) haben noch einmal die gleichen Gebühren! Sie zahlen also zweimal! Somit lohnen sich Dachfonds oftmals nicht.

Ein einfaches Rechenbeispiel zur Kostenstruktur von Dachfonds:

Sie wollen einen Dachfondsanteil, der gerade bei einem Kurs von 100 Euro notiert. Zunächst zahlen Sie dafür 105 Euro, da der Fonds einen Ausgabeaufschlag von 5 Prozent hat. Dazu kommen dann auf das Jahr gesehen die Verwaltungsgebühren der Dachfondsgesellschaft und der Zielfondsgesellschaft: Macht 2 × 1,5 Prozent. So gehen von den 100 Euro noch einmal fast 3 Euro ab. Ihr Anteilswert beträgt (wenn der Kurs sich in dem einen Jahr nicht bewegt) nun rund 97 Euro – dafür haben Sie aber 105 Euro bezahlt. Sie haben Kosten vor Rendite von 7,7 Prozent produziert! Diesen Anfangsverlust muss der Dachfondsmanager erst mal wieder reinholen. Bei einer aktuellen Rendite von vielleicht 4 Prozent für Mischfonds brauchen Sie also ungefähr zwei Jahre, um die Kosten hereinzuholen.

Private Equity Fonds

Unter Private Equity (auf Deutsch: privates – im Sinne von außerbörsliches – Eigenkapital) versteht man die Beteiligung an Unternehmen, die nicht an Börsen notiert sind. Hierbei kaufen Private Equity Fonds inhaber- oder familiengeführte Unternehmen auf, wenn beispielsweise die Unternehmensnachfolge nicht geklärt werden kann, weil die nächste Familiengeneration nicht gewillt oder fähig ist, das Unternehmen weiterzuführen. Bekannt ist die Kritik des damaligen SPD-Vorsitzenden Franz Müntefering an Private-Equity-Gesellschaften geworden: Es handele sich um »Heuschrecken« – böse Investoren, die Firmen übernehmen, filetieren und die Einzelteile mit Gewinn nach einigen Jahren wieder an den Meistbietenden verkaufen, ohne sich langfristig um das Wohl der Firma, die Kunden und Arbeitnehmer zu sorgen.

Private Equity war lange Zeit eine Domäne der institutionellen und reichen Großinvestoren. Das lag daran, dass die Investments »privat«, also unter Ausschluss eines öffentlichen Marktes wie einer Börse, getätigt wurden. Auch brauchte es für solche Direktinvestitionen große Beträge, die ein Privatanleger in der Regel nicht hat. Mittlerweile können aber auch Privatinvestoren – oft über den Umweg eines Dachfonds – sich an Private-Equity-Investments beteiligen. Die Gebühren solcher Fonds haben es aber oft in sich und wiegen die Renditen selten auf.

Geschlossene Fonds – Investieren in einzelne Projekte wie Schiffe, Flugzeuge, Immobilien

Vorsicht bei geschlossenen Fonds! Gerade bei den bei Anlegern in den neunziger und 2000er sehr beliebten geschlossenen Schiffs- und Immobilienfonds, bei denen die Vermittler oft extreme Provisionen verdient haben, waren die Anleger nicht durch die Fondsstruktur geschützt. Vielmehr waren sie – ohne dass sie sich dessen wirklich bewusst waren – tatsächlich Mitunternehmer.

Sie waren Kommanditisten einer GmbH & Co. KG. Geriet eine Schiffs- oder Immobilien-KG in eine wirtschaftliche Schieflage, so bestand die Pflicht, Geld nachzuschießen. Auch die in guten Zeiten fließenden »Gewinne« waren oftmals rechtlich keine Gewinnausschüttungen, sondern Rückzahlungen der Einlage. Ging nun eine Schiffs- oder Immobilien-KG komplett pleite, so konnte der Insolvenzverwalter diese »Gewinne« zurückfordern. Mit diesen geschlossenen Fondsmodellen sind zahlreiche deutsche Anleger auf die Nase gefallen, weil das Containerschiff oder das ostdeutsche Einkaufszentrum im Fonds eben die versprochenen Erträge nicht einfahren konnte.

Hedgefonds

Hedgefonds-Manager gehören zweifellos zu den Stars der Finanzbranche. Einer der ersten war George Soros, der heute nur noch sein eigenes Vermögen verwaltet. In den letzten Jahren sind eine ganze Reihe weiterer Manager bekannt geworden: John Paulson, der »King of Crash«, der mit Wetten auf den Kollaps der Immobilienblase nach 2007 Milliarden verdient hat, Bill Ackmann, der aktivistische Investor, der sich gerne inkompetente Managements vornimmt, Dave Einhorn oder andere.

Die ursprüngliche Bedeutung des Wortes »hedge« ist Absicherung. Aber dieser Aspekt spielt bei den heutigen Hedgefonds kaum noch eine Rolle. Letztlich werden Hedgefonds mit vermeintlich speziellem Know-how für alle Sorten von riskanten Transaktionen eingesetzt. Manche Hedgefonds kaufen bestimmte Vermögensgegenstände und shorten andere Aktiva (d.h. sie verkaufen Dinge, die sie nur geliehen haben). Zum Beispiel kaufen sie Aktien, die nach ihrem Modell unterbewertet sind und verkaufen geliehene Aktien, die nach ihrem Modell überbewertet sind (Long-short-Strategie). Das ist klassische Finanzmarktspekulation, die auf überlegenem Know-how beruhen kann, dies aber nicht muss.

Andere Hedgefonds verhalten sich zunehmend wie Buyout-Fonds oder aktive Investoren, indem sie Einfluss auf das Management nehmen wollen. Fast alle Hedgefonds leihen sich zusätzlich zu ihrem Kapitalpool noch Gelder, um damit ihre Gewinne zu hebeln.

Die Finanzbranche versucht, Hedgefonds als weitere Anlageklasse für Privatanleger-Portfolios populär zu machen. Anscheinend ist dies auch zum Teil gelungen. Davon sollten Sie aber nichts halten. Denn Hedgefonds leiden unter hohen Gebühren, mangelnder Transparenz und fehlender Kontrolle. Viele nehmen die in der Branche üblichen 2/20: 2 Prozent laufende Gebühren und 20 % vom Gewinn. Der Fondsmanager verdient immer – in guten Jahren sogar exorbitant. Die Verluste tragen alleine die Anleger.

Was sind Zertifikate?

Schiffsfonds, Immobilienfonds oder Private-Equity-Fonds mögen aus den genannten Gründen größtenteils schlechte Anlageformen gewesen sein, doch immerhin handelte es sich bei ihnen noch um Sachwerte, hinter denen richtige, greifbare Vermögenswerte stehen. Nun präsentieren wir Ihnen eine abstrakte Form der Anlage, hinter welcher nicht viel mehr als die Phantasie (und Gier!) der Banken steckt, die sie auf den Markt gebracht haben: Zertifikate.

Die Boom-Zeiten vor der Subprime-Krise 2007 sind für den Zertifikate-Markt vorbei. Insbesondere durch die Insolvenz von Lehman Brothers erhielt der Markt einen ordentlichen Dämpfer. In den letzten Jahren setzte das Niedrigzinsumfeld den Zertifikaten weiter zu. Dennoch haben Anleger 2015 rund 69 Milliarden Euro in diese Anlageform gesteckt. Das ist viel im Vergleich zu den 323 Milliarden Euro, die deutsche Anleger in Aktienfonds investiert haben.

Rein rechtlich ist ein Zertifikat eine Schuldverschreibung der Bank, die sie herausgegeben hat. Es sind also Geldforderungen, keine Sachwerte. Zertifikate werden von einem Neustart unseres Finanzsystems genauso negativ betroffen werden wie Bankeinlagen und Anleihen – und wahrscheinlich mehr.

Sie als Anleger leihen mit einem Zertifikat der Bank zinslos

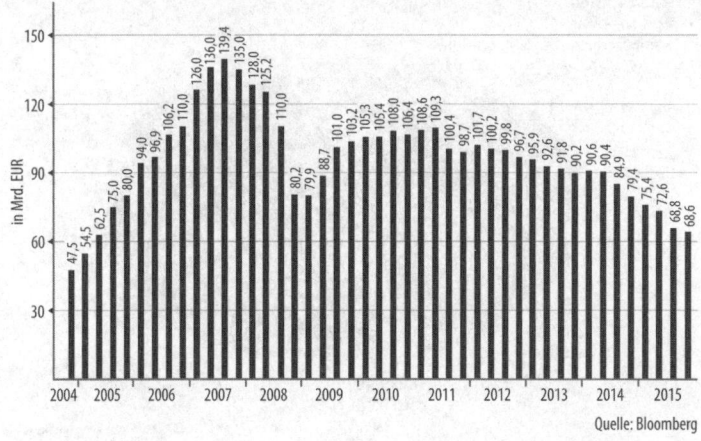

Entwicklung des Zertifikatevolumens in Deutschland seit 2003

Quelle: Bloomberg

Geld, die sich mit diesem Geld refinanziert. Die Bank gibt Ihnen dafür ein Zahlungsversprechen, das an die Entwicklung eines bestimmten Basiswerts (Index, makroökonomischer Wert, Wertpapierkorb) gekoppelt ist. Sie haben also zunächst einmal in einen Geldwert wie beim Sparbuch oder einer Anleihe investiert – nicht in einen Sachwert.

Ob, wann und in welcher Höhe Sie Ihr an die Bank verliehenes Geld zurückbekommen, hängt von der Erfüllung ganz bestimmter Bedingungen ab. Dazu beziehen sich die Zertifikate immer auf bestimmte Basiswerte wie Aktien, Währungen, Rohstoffe oder Indizes. Bei der Wahl der Basiswerte und der Ausgestaltung der konkreten Bedingungen sind der Phantasie der Banker keine Grenzen gesetzt. Dementsprechend hoch und unübersichtlich ist die Menge der auf dem Markt erhältlichen Zertifikate: Ende 2015 konnte der Anleger aus fast 1,6 Millionen unterschiedlichen Produkten auswählen.

Diese Vielfalt an unterschiedlichen Zertifikaten lässt sich grob einerseits nach Produktart und andererseits nach dem zugrundeliegenden Basiswert einteilen. Wir wollen Ihnen im Folgenden die wichtigsten Arten von Zertifikaten vorstellen:

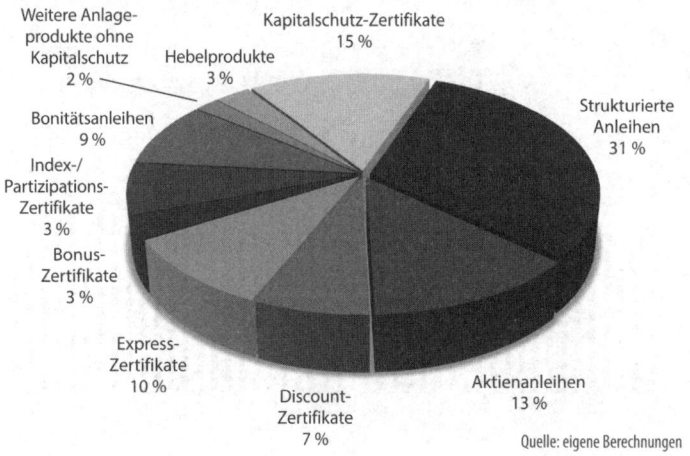

Strukturierte Anleihen

Gemessen an der Anzahl der auf dem Markt erhältlichen Zertifikate machen strukturierte Anleihen nur weniger als 1 Prozent aus, gemessen am Gesamtvolumen sind sie mit 31 Prozent jedoch die bedeutendste Produktkategorie. Es handelt sich um verzinsliche Wertpapiere, bei denen der Zinsbetrag von der Entwicklung des zugrundeliegenden Basiswertes abhängt. Ab Ende der Laufzeit wird das Kapital unabhängig von der Entwicklung des Basiswertes zu 100 Prozent zurückgezahlt. Vorsicht: Sie wetten wie bei allen Zertifikaten gegen die Bank.

Kapitalschutzzertifikate

Kapitalschutzzertifikate werben damit, dass am Ende der Laufzeit 100 Prozent zurückgezahlt werden. (Wenn der Emittent nicht insolvent ist, denn es handelt sich auch hier um eine Geldforderung gegen den Emittenten.) Der Käufer erhält keine Verzinsung, sondern partizipiert an der Wertsteigerung

> **Strukturierte Anleihe auf die Deutsche Lufthansa**
> **Wertpapierkennnummer PA8966**
>
> Es handelt sich um ein sogenanntes Duo-Rendite-Zertifikat, das von BNP Paribas emittiert wurde. Duo-Rendite-Zertifikate haben eine begrenzte Laufzeit. Während der Laufzeit wird an festgelegten Terminen ein Kupon gezahlt. Ein Teil des eingesetzten Kapitals, i.d.R. 50 Prozent, wird bereits während der Laufzeit an einem festgelegten Termin zurückgezahlt und ist somit garantiert. Die Rückzahlung am Ende der Laufzeit ist abhängig von der Entwicklung des Basiswertes am Bewertungstag. Liegt der Kurs des Basiswertes über dem Basispreis, erfolgt die Auszahlung zum Nennwert. Liegt der Kurs des Basiswertes unter dem Basispreis, erfolgt die Auszahlung in Anteilen des Basiswertes. Anscheinend gibt es Anleger, die so etwas kaufen. Weshalb sie glauben, gegen die Finanzmathematiker von BNP Paribas bestehen zu können, ist mir ein Rätsel.

des zugrundeliegenden Basiswerts. Der »Kapitalschutz«, also die Absicherung nach unten, ist für den Käufer nicht kostenlos, denn die Partizipationsrate ist nach oben immer gedeckelt.

Aktienanleihen

Das Wort »Anleihe« suggeriert Solidität. Das Gegenteil ist meistens der Fall: Bei Aktienanleihen handelt es sich um komplexe Zocks, die an die Kursentwicklung eines Basiswerts – einer Aktie – gekoppelt sind. Der Käufer erhält unabhängig von der Wertentwicklung des Basiswertes einen festen Zinssatz. Art und Höhe der Rückzahlung hängen allerdings davon ab, ob der Basiswert am Bewertungstag auf, über oder unter dem Basispreis liegt. Erreicht der Basiswert mindestens den Basispreis, erhält der Anleger den Nennwert zurück. Bei einem unter dem Basispreis liegenden Basiswert erhält der Anleger je nach Ausstattung entweder den Wert des Basiswertes – oder diesen direkt geliefert.

Discount-Zertifikate

Diese Zertifikate gewähren einen Abschlag (Discount) auf den aktuellen Kurs des Basiswertes. Durch diesen »Rabatt« werden mögliche Kursverluste des Basiswertes abgemildert. Im Gegenzug ist die Teilhabe an einem Kursanstieg durch den sogenannten Cap nach oben gedeckelt.

Bonus-Zertifikate

Die Zertifikate zahlen bei Endfälligkeit einen Bonusbetrag, sofern der Basiswert die festgesetzte Barriere im entsprechenden Beobachtungszeitraum nicht erreicht oder durchbrochen hat.

Hebelprodukte

Diese Produkte machen nur 3 Prozent des Gesamtvolumens aus. Gemessen an der Zahl der auf dem Markt angebotenen Zertifikate sind sie mit 58 Prozent am bedeutendsten. Jeden Tag bringen Investmentbanken Hunderte neuer Hebelprodukte auf den Markt, die auf Namen wie Turbo- oder Knock-out-Zertifikate oder Mini-Futures hören. Ihren Namen haben Hebelzertifikate daher, dass das Investment in den Basiswert unter Einziehung eines Wertpapierkredits gehebelt wird. Das Hebelprodukt hängt somit stärker von Kursschwankungen ab als der zugrundeliegende Basiswert. Der Käufer kann also mit deutlich weniger Einsatz als beim direkten Kauf des Basiswertes bei Kurssteigerungen eine deutlich höhere Rendite erzielen – oder aber alles verlieren: Denn Hebelzertifikate haben eine definierte Kursgrenze, bei der das Produkt »ausgeknockt« und damit komplett wertlos wird.

»Kapitalschutz«, »Discount«, »Bonus«, »Turbo«-Produkte

mit gehebeltem Gewinn – das hört sich doch alles gut an. Was spricht dagegen, wenn der Anleger eine »Rückzahlungsgarantie« haben möchte? Oder nach unten eine »Verlustbegrenzung« will? Oder einen »Turbo« auf Kursgewinne haben will? Denn all das hat die langweilige Aktie nicht zu bieten …

Vorsicht: Sie zocken und gehen Wetten auf Zeit und gegen die Spezialisten bei den Emittenten ein. Sie werden nur dann Geld verdienen, wenn die in den komplexen Zertifikatekonstruktionen erwarteten Szenarien auch tatsächlich eintreffen. Doch die Kursentwicklung der den Zertifikaten zugrundeliegenden Basiswerte wie Aktien oder Indizes kann keiner vorhersagen! Und wenn Sie solche hellseherischen Fähigkeiten hätten, dann bräuchten Sie die Zertifikate erst recht nicht! Mit dem eigentlichen Basiswert fahren Sie auf Dauer meistens besser.

Lassen Sie uns das an einem Beispiel auf Seite 360 durchrechnen. Nehmen wir ein sogenanntes Expander-Zertifikat mit der Allianz-Aktie als Basiswert. Expander-Zertifikate sind ganz besonders kreative – und meiner Meinung nach unsinnige – Produkte der Finanzbranche: Mit einem solchen Zertifikat soll der Anleger dann die größten Gewinne erzielen, wenn Aktien erst stark im Kurs fallen, um sich dann in Folge wieder zu erholen und stark anzusteigen.

Sie sehen an dem Beispiel, dass das Zertifikat in vier von fünf Szenarien deutlich schlechter abschneidet als die Aktie. Nur wenn der Kurs der Allianz-Aktie genau das »Erst kräftig runter, dann kräftig nach oben«-Szenario durchgemacht hätte, hätten Sie eine deutliche Überrendite bekommen. Lassen Sie sich von den rund 50 Prozent Überrendite nicht ablenken! Viele Menschen sehen nun die Chance und blenden die vielen anderen – in Summe wahrscheinlicheren – Szenarien auf eine schlechtere Wertentwicklung aus. Gier frisst Hirn.

In Kapitel 6 haben Sie einen einfachen Weg kennengelernt, um mit Aktien Geld zu verdienen: Identifizieren Sie Meister-Aktien mit einem guten und stabilen Geschäftsmodell. Kaufen Sie bei Unterbewertung mit einer Sicherheitsmarge zum in-

Wertentwicklung des Expander-Zertifikats auf die Allianz-Aktie bei verschiedenen Szenarien[6]

Börsenszenario (Startkurs der Allianz-Aktie 110 Euro Startkurs, des Zertifikats 109 Euro)	Wertentwicklung der Aktie inklusive Dividende	Kursveränderung des Expander-Zertifikats	Entwicklung des Zertifikats im Vergleich zur Aktie
Aktie steigt kontinuierlich auf 150 Euro	+52,7 %	+37,6 %	**−15,1 %**
Aktie sinkt erst auf 85 Euro, steigt dann auf 120 Euro	+25,5 %	+19 %	**−6,5 %**
Aktie steigt erst auf 120 Euro, fällt dann auf 85 Euro	−6,4 %	−22 %	**−15,6 %**
Aktie sinkt erst auf 70 Euro, steigt dann auf 150 Euro	+52,7 %	+103,1 %	**+50,4 %**
Aktie steigt erst auf 150 Euro, fällt dann auf 70 Euro	−20 %	−35,8 %	**−15,8 %**
Aktie sinkt kontinuierlich auf 70 Euro	−20 %	−35,8 %	**−15,8 %**

neren Wert. Halten Sie die Aktie. Lassen Sie sich von Kurskapriolen nicht aus der Ruhe bringen. Langfristig sind mit einer solchen Strategie 8,5 Prozent pro Jahr möglich. Wenn Sie mehr wollen, lesen Sie in Kapitel 9 weiter, wie Sie Königsaktien erkennen können. Aber spekulieren Sie nicht mit Zertifikaten. Denn daran verdienen langfristig nur zwei: die Banken, die das Zertifikat emittiert haben, und der Berater oder Vertriebler, der es Ihnen verkauft hat!

Wie bei allen anderen Anlageprodukten gibt es Kosten, die am Ende Sie tragen. Zum einen ist da der Ausgabeaufschlag, der sofort beim Kauf des Zertifikats fällig ist. Bei Zertifikaten liegt er im Bereich von 1 bis 3 Prozent. Dieses Geld ist für Sie als Anleger sofort weg. Es muss durch die Kursentwicklung oder die laufenden Erträge des Zertifikats wieder verdient werden. Dazu gibt es laufende Kosten, die sich von Anbieter zu Anbieter stark unterscheiden. Manche Zertifikate haben keine laufenden jährlichen Kosten, für andere werden jedoch von den Emittenten bis zu ein Prozent Verwaltungsgebühr pro Jahr gefordert. Da ein Zertifikat vom Emittenten nicht aktiv gemanagt wird, stehen den Kosten für den Anleger keine Aufwendungen bei der Bank gegenüber: Ein gutes Geschäft für die emittierende Bank!

Noch mehr: Fonds werden von einem Wirtschaftsprüfer geprüft, Zertifikate nicht. Fonds sind Sondervermögen, Zertifikate nur Geldforderungen. Bei Zertifikaten wird der Markt meistens vom Emittenten »gemacht«, der als »Market Maker« fungiert. Auch gibt es gewisse, sagen wir, »Gestaltungsspielräume« zu Lasten des Investors und zu Gunsten der Bank.

Um die Kosten eines Zertifikats herauszufinden, müssen Sie sich aufmerksam durch das Kleingedruckte der Produktbroschüren quälen. Gravierender sind für Sie aber die versteckten Kosten, die sich aus der Differenz zwischen dem Kauf- und dem Verkaufspreis – dem sogenannten »Spread« – ergeben. Hierzu ist es notwendig, dass wir uns mit der Preisbildung von Zertifikaten auseinandersetzen. Im Kapitel 6 zu Aktien habe ich erläutert, dass der (innere/faire) Wert einer Aktie und ihr Preis an der Börse auseinanderklaffen können.

Der Preis einer Aktie mag nicht immer ihr fairer Wert sein – was aber »fair« ist, ist die Art der Preisfindung. An der Börse werden die unterschiedlichen Erwartungen und Vorstellungen aller Anleger zu einer Aktie gehandelt. Die einen verkaufen, weil sie denken, die Aktie sei überbewertet. Die anderen kaufen, weil sie die Aktie für unterbewertet halten. Aus Angebot und Nachfrage kommt an der Börse so der aktuelle Kurs transparent zustande.

Für Zertifikate gilt dies nicht. Zertifikate sind eben keine

Wertpapiere, die an richtigen Börsen gehandelt werden und deren Preis sich nach den Regeln von Angebot und Nachfrage bestimmt. Vielmehr sind es die Emittenten selbst, die den Handel betreiben und die Preise nach Belieben festsetzen können. Dazu bestimmen die Emittenten den Preis mit Hilfe von finanzmathematisch komplexen Modellen, sogenannten Optionspreismodellen. In solche Modelle fließen Annahmen und Wahrscheinlichkeiten wie implizite Volatilitäten (also die Schwankungsanfälligkeit der Basiswerte) oder angenommene Dividenden mit hinein.

Der Emittent kann diese Annahmen komplett frei treffen und damit den Spread der Zertifikate frei beeinflussen. Man könnte auch sagen, dass der Bock zum Gärtner gemacht wird. Dadurch können Anleger finanzielle Einbußen erleiden. Beliebt ist es auch, den Spread in der ersten Zeit nach der Emission niedrig zu halten, um die Anleger in Sicherheit zu wiegen und sie von einem Investment in das Zertifikat zu überzeugen. Nachdem einige Zeit vergangen ist, erhöht der Emittent dann den Spread mehr oder weniger stark. Anleger sitzen dann in der Falle, wenn sie gerade dann ihr Zertifikat zurückgeben wollen.

Alles in allem rate ich zu sehr großer Skepsis bei Zertifikaten!

Indexzertifikat oder Indexfonds? Vor- und Nachteile

	Indexfonds (ETF)	**Indexzertifikat**
Risiko	Bei physischer Replikation befinden sich die Anlagen im Sondervermögen und sind auch im Insolvenzfall sicher. Bei synthetisch replizierenden Fonds gibt es aber Emittenten- und Gegenparteirisiken.	Indexzertifikate haben ein Emittentenrisiko, da es Schuldverschreibungen sind; bei einer Insolvenz droht Totalausfall
Wirtschaftsprüfer	Vom Wirtschaftsprüfer regelmäßig geprüft	Nicht geprüft

Rendite	Dividenden werden den Anlegern meist voll ausgeschüttet oder im ETF selbst thesauriert	Dividenden werden teilweise nicht an die Anleger weitergegeben (Beispiel Kursindizes), dies führt zu einer geringeren Rendite
Handelbarkeit	Große Produktpalette, international sind ETFs überall handelbar, gute Liquidität bei großen ETFs	Große Produktpalette, international sind Indexzertifikate in vielen Ländern nicht handelbar, z.B. kein Handel in den USA; Kurse können durch den Market Maker manipuliert werden
Kosten	**Einmalig:** Spread (Ankauf-/Verkaufskurs) bei 0,02 % bis 0,30 % **Laufend:** Verwaltungsgebühren 0,10 % bis 0,30 % p.a.	**Einmalig:** Spread (Ankauf-/Verkaufskurs) bei 0,00 % bis 0,10 % Spread kann aber auch höher sein, da ggf. Kurs durch die emittierende Bank manipuliert wird **Laufend:** Meist keine Verwaltungsgebühren
Verfallsdatum	Kein Verfallsdatum	Verfallsdatum: Zertifikate »laufen aus« – ein gefundenes Fressen für den Finanzvertriebler, Ihnen ein neues Produkt anzudrehen

Merksätze

1. Die Finanzbranche hat ein großes Interesse daran, Sie durch eine Vielzahl von Produkten zu ködern und zu verwirren. Ebenso gibt es eine Vielzahl von Gebührenmodellen und versteckten Kosten.
2. Fonds bündeln das Geld vieler Anleger und investieren dieses. Durch die Streuung und das professionelle Management können Anleger so auch in Segmente investieren, die ihnen ansonsten verschlossen wären.

3. Fonds sind Sondervermögen und werden vom Wirtschaftsprüfer geprüft. Dieses Vermögen bleibt Ihnen auch bei einer Insolvenz der Fondsgesellschaft erhalten. Es schützt Sie allerdings nicht vor schlechten Investments des Fondsmanagers.
4. Vorsicht bei Themenfonds wie BRICS, Technologie, Biotechnologie oder anderen »heißen« Themen. Die Gefahr ist sehr groß, dass Sie genau zum falschen Zeitpunkt kaufen. Halten Sie sich an breitstreuende Aktien- oder Mischfonds.
5. Vorsicht bei geschlossenen Fonds!
6. Vorsicht bei offenen Immobilienfonds, gerade jetzt, wo der Immobilienmarkt heiß ist.
7. Bei vermögensverwaltenden Mischfonds (Multi-Asset) wie dem Max Otte Vermögensbildungsfonds (A1J3AM) trifft der Fondsmanager die Entscheidungen, wann er in welche Anlageklasse investiert und wie viel Liquidität er vorhält.
8. Neben den vermögensverwaltenden Fonds werden passive Fonds immer beliebter: Hier werden ganze Indizes, zum Beispiel der DAX oder der MSCI World, nachgebildet. Aber Vorsicht vor »synthetisch replizierenden« Fonds – diese bilden den Index nicht direkt nach, sondern tun dies mit Hilfe komplexer Swap-Geschäfte. Es besteht ein Gegenparteirisiko. Zudem gibt es Tausende, oftmals ebenfalls unsinnige Indizes. Halten Sie sich wie bei den aktiv gemanagten Fonds an die großen, breitgestreuten Indizes.
9. Hedgefonds und Private-Equity-Fonds sind oft besonders teuer und halten nicht, was sie versprechen.
10. Die Zertifikatebranche boomt, aber aus den falschen Gründen. Finanzdienstleister haben hier ein Spielfeld gefunden, bei dem sie selbst die Kurse für ihre eigenen Produkte stellen. Diese Produkte sind oft komplex, teuer und haben ein Verfallsdatum: Dann kommt der Vertriebler, um Ihnen ein neues Produkt anzudrehen. Zertifikate weitestgehend meiden!

10. Der Königsweg – verdienen Sie mit den besten Großunternehmen der Welt

Wenn Sie langfristig in Meister-Aktien investieren und sich nicht um das Auf und Ab der Börse kümmern, dürften Sie Renditen in Höhe der langjährigen Aktienmarktrendite von 7, 8 oder 9 Prozent erzielen. Hierzu müssen Sie nicht mehr machen, als solide Blue-Chips aus verschiedenen Branchen auswählen und das Portfolio wirklich HALTEN.

Es lohnt sich, einen Schritt weiterzugehen, in die Könige des Kapitalismus zu investieren – die Unternehmen, die ganze Branchen dominieren und besonders stabile Erträge aufweisen. Erstens dürfte Ihr Portfolio weniger schwanken, zweitens dürften die Renditen mit etwas Glück auch leicht über denen des Aktienmarktes liegen. Schon bei 10 Prozent Rendite können Sie alle 7,2 Jahre den Wert Ihres Portfolios verdoppeln.

Im Königsportfolio finden nur die wirklichen Sieger einen Platz. In der Regel haben die meisten eine sehr lange Herrschaft, und nur gelegentlich wird mal ein träger und unflexibler König komplett entthront. Dieser dankt dann ab und lebt in Frieden weiter. Er entwickelt sich zum Meister und umgeht meistens den Galgen mit Geschick. Hingegen bleibt einem Revolutionär, der scheitert, oftmals der Untergang nicht erspart.

Die Kehrseite der höheren Rendite und Sicherheit: Sie sollten sich schon etwas mehr mit den Unternehmen beschäftigen, in die Sie investieren. Auch die Geschäftsberichte sollten Sie studieren. Wenn Sie nun abwinken: Das kann sehr spannend sein. Und es ist ein unglaublich gutes Gefühl, wenn Sie irgendwann die oftmals dummen Aussagen der Finanzjournalisten und vielleicht auch die Tricks eines Managements durchschauen und sich selbst eine Meinung bilden können. Sie müssen kein zertifizierter Finanzanalyst werden, sondern können sich in Ruhe, Schritt für Schritt, klug machen. Das kann auch ein Hobby sein, sogar ein sehr interessantes.

Ich habe zehn Kriterien – die Königsanalyse® – entwickelt, um die echten Könige zu identifizieren. Die ersten fünf sind qualitative Kriterien, die dem gesunden Menschenverstand zugänglich sind. Die nächsten fünf Kriterien sind quantitativer Natur. Ja, hier ist ein Blick in die Bilanzen angesagt. Auch das ist keine Hexerei. Die wenigsten Menschen machen Musik, ohne Noten zu haben. Wollen Sie investieren, ohne etwas über die Ertrags- und Vermögenslage Ihrer Unternehmen zu wissen?

Für jedes der Prüfkriterien gibt es 10 Punkte. Die Besten der Besten – die Könige eben – erreichen beim Königstest 70 Punkte oder mehr. Kaum ein Unternehmen wird mehr als 80 Punkte erreichen, denn das Wesen des Kapitalismus ist Veränderung und Wettbewerb. Das »perfekte« Unternehmen gibt es nicht, irgendwo steht schon der nächste Wettbewerber bereit, um an der Herrschaft des Königs zu kratzen. Sollte ein Unternehmen nicht in die Königsklasse fallen, zählt es zwischen 50 und 70 Punkten zu den Meister-Unternehmen.

Wenn Sie sich die Mühe machen, können Sie attraktive Unternehmen erkennen. So investieren Sie mit einer größeren Sicherheit. So kann es gelingen, lange von der königlichen Entwicklung dieser Unternehmen zu profitieren. Ganz im Sinne von Warren Buffett: »Kaufen Sie Ihre Aktien so, als ob Sie im Leben nur die Aktien von zehn Unternehmen kaufen können.« Die Aktie von Coca-Cola hält Buffett seit den 1980er Jahren.

Der Königstest: die qualitativen Kriterien

Der Königstest beginnt mit fünf qualitativen Kriterien. Bereits wenn Sie die ersten drei davon für ein Unternehmen mit einem klaren »JA« beantworten, gehört das Unternehmen zu einer Gruppe, deren Aktien sich für Langfristinvestoren hervorragend eignen und nur ein minimales Risiko aufweisen.

Ein Investment in das Unternehmen schützt Sie nicht vor der Angst und Gier des Marktes (also Kursschwankungen). Aber mit großer Wahrscheinlichkeit werden Sie besser fahren als der Markt und auch als Aktien, Lebensversicherungen, festverzinsliche Papiere und sogar besser als ein Investment in Immobilien. Mit Geduld und Disziplin können Sie sich über wesentlich mehr Rendite als Belohnung der eigenen Arbeit freuen.

Die qualitativen Kriterien der Königsanalyse

Kriterium	max. mögliche Punktzahl
1. Ist das Unternehmen weltbekannt und besitzt eine einprägsame und etablierte Marke?	10
2. Decken die Produkte die täglichen Bedürfnisse des Kunden und werden regelmäßig erworben? Konzentriert sich das Unternehmen auf sein Kerngeschäft?	10
3. Kann das Unternehmen seine Branche dominieren?	10
4. Bewegt sich das Unternehmen in einer Branche, deren Dynamik überschaubar erscheint und dennoch ein gutes Wachstumspotential hat?	10
5. Wird das Unternehmen von einem erfahrenen Manager und im Interesse der Anleger (Inhaber) geführt? Gibt es langfristige Beteiligungen von Ankeraktionär und Management? Ist das Vergütungssystem des Managements am nachhaltigen Unternehmenserfolg orientiert?	10
Zwischensumme	50

Lassen Sie uns nun die fünf Punkte der Reihe nach durchgehen.

1. Ist das Unternehmen weltbekannt und besitzt eine einprägsame und etablierte Marke?

Hebt sich das Unternehmen deutlich über eine Marke von den anderen Konkurrenten ab? Ein weltbekannter Name ist für Königsunternehmen wichtig, denn der Herrscher sollte im ganzen Land bekannt sein. Alle – und nicht nur bestimmte Gruppen – sollen ihm Hochachtung erweisen und zu ihm aufblicken.

Zur Veranschaulichung: Was tun Sie, wenn Sie im Internet etwas suchen? Bingen Sie? Nein. Baiduen Sie? Nein. Yahoo-en Sie? Nein, Sie googeln – dieser weltbekannte Name hat es sogar in den Duden geschafft.

Wenn Sie eine kleine, erfrischende Brause brauchen, was kommt Ihnen in den Sinn? Coca-Cola, Sprite, PepsiCo oder Fanta? Vielleicht kommen Ihnen auch noch andere Marken in den Sinn, aber Coca-Cola wird sicher vorne dabei sein. Das lässt sich fortsetzen. Zigaretten: Marlboro oder Camel. Waschmittel: Ariel oder Persil. Jeans: Levi's, Lees oder Wrangler. Schokoriegel: Mars, Snickers oder Twix. Bürosoftware: Microsoft Office.

Marken sind sehr präsent in unserer heutigen Zeit und aus unserem Alltag nicht mehr wegzudenken. Sie nehmen uns ein Stück Entscheidung ab. Andernfalls würde die ständige Reizüberflutung und Entscheidung Sie sehr belasten. Stellen Sie sich vor, Sie kommen in einen Laden und wollen einen Schokoriegel kaufen: Sie gehen nicht zwischen den zwanzig oder dreißig Sorten hin und her, die dort ausgestellt sind. Sie kaufen »Ihr« Mars (oder »Ihr« Snickers oder »Ihr« Twix). All diese Marken gehören zu den weltbekannten Massen-Markennamen und sind Könige ihrer Branche.

Aktien von Unternehmen, die Produkte mit bekannten, etablierten Marken haben, sind oft gute Langfristinvestments. Markentreue (Loyalität) führt dazu, dass die Kunden beim Kauf nicht so genau hinschauen. Marken nehmen uns die Mühe ab, uns täglich aufs Neue zu entscheiden. Diesen Luxus lassen sich die Unternehmen auch ordentlich vergüten. Ein Markenartikel kostet mehr als ein No-Name-Produkt. Das Ralph-Lauren-Poloshirt für 100 Euro? Die Hermès-Tasche für 2000 Euro? Man wundert sich, was Menschen für Markenprodukte ausgeben.

Eine Marke schafft auch Kontinuität. Coca-Cola stellt seine Brause seit 1886 unverändert her. Als das Unternehmen im Jahr 1985 »New Coke« einführen und den Geschmack verändern wollte, wurde es durch einen Aufstand der Konsumenten gezwungen, die alte Geschmacksrichtung wieder einzuführen. Es ist selten, dass eine Marke heute weltweit bekannt ist und morgen komplett verschwindet. Das stellt eine gewisse Garantie für den Langfristinvestor dar.

Und das Geniale: Das Kriterium »Massen-Markenname« kann jeder für sich selbst ganz einfach überprüfen. Haben Sie von dem Unternehmen und seinen Marken noch nichts gehört? Ist Ihnen die Marke nicht in Erinnerung geblieben? Haben Ihre Bekannten ebenso wenig von den Marken des Unternehmens gehört? Dann gehört das Unternehmen nicht ins Portfolio der Könige. Das ist ein sehr einfacher Ansatz, jedoch extrem bedeutend für die Rendite der Königsunternehmen.

Bei www.privatinvestor.de bewerten wir das Kriterium Markenname mit dem folgenden Schema:

Punkteschema Markenname

Merkmal	Punkte
Die Marke gehört zu den 20 bekanntesten Marken der Welt	8–10
Die Marke ist sehr bekannt	5–7
Die Marke ist nur in gewissen Kreisen bekannt	0–4

Jährlich stellt die Firma Interbrand die wertvollsten Marken der Welt zusammen. So sah es in den Jahren 2005, 2010 und 2015 auf den vorderen Plätzen aus:

Die wertvollsten Marken der Welt

Platz	2005	2010	2015
1.	Coca-Cola	Coca-Cola	Apple
2.	Microsoft	IBM	Google
3.	IBM	Microsoft	Coca-Cola
4.	General Electric	Google	Microsoft
5.	Intel	General Electric	IBM
6.	Nokia	McDonald's	Toyota
7.	Walt Disney	Intel	Samsung
8.	McDonald's	Nokia	General Electric
9.	Toyota	Walt Disney	McDonald's
10.	Marlboro	Hewlett-Packard	Amazon

Quelle: Interbrand

Was fällt Ihnen auf, wenn Sie die Spalte 2015 der Liste betrachten? Über die Hälfte der TOP-Marken waren schon vor zehn Jahren unter den wertvollsten TOP-10-Marken der Welt. Marken wie Coca-Cola, Microsoft, IBM, McDonald's und General Electric sind alte Bekannte und begleiten uns schon über eine Dekade. Es dauert eben seine Zeit, bis ein echter Markenname etabliert ist. Wenn es dann so weit ist, ist er kaum zu zerstören.

Was fällt Ihnen noch auf? Korrekt, die Liste wird von amerikanischen Unternehmen dominiert. Unter den laut Interbrand zehn wertvollsten Marken der Welt gibt es die Außenseiter Toyota aus Japan und Samsung aus Südkorea.

Der Grund: Das erste Land des uneingeschränkten Konsums und der Markenvielfalt heißt Amerika. Hollywood verbreitet amerikanische Marken in alle Welt, und mehrere Hundert Militärstützpunkte sowie das bei weitem stärkste Militär der Welt sorgen dafür, dass dies so bleibt. Es fällt ebenfalls auf, dass die Technologiegiganten Apple, Google, Amazon, Microsoft und

IBM mittlerweile die Liste dominieren. Diese Unternehmen sind – in Allianz mit den amerikanischen Geheimdiensten – ungeheuer mächtig. Sie wissen fast alles über uns.

Diese Unternehmen lösen langsam die klassischen Markenartikler wie Coca-Cola ab. Die US-Investmentfirma Sanford Bernstein kam vor einigen Jahren mit der These heraus, dass die Technologieunternehmen die Konsumgüterunternehmen von morgen sind. Im Max Otte Vermögensbildungsfonds halten wir Google und Microsoft. Es sind mit allergrößter Wahrscheinlichkeit gute Langfristinvestments. Da stellen sich auch ethische Fragen. Aber solange uns die europäische Politik nicht vor diesen Datenkraken schützt und wir gezwungen sind, Microsoft und Google zu nutzen, können wir auch die Aktie kaufen. Das ist zumindest meine Position hierzu. Gleichzeitig nutze ich jede Gelegenheit, um auf die Geschäftspraktiken dieser Unternehmen hinzuweisen und einen Politikwechsel anzumahnen. Das schaffen wir aber nur, wenn wir in Europa vereint vorangehen.

Auch heute unterscheiden sich die Konsumgewohnheiten in den USA von denen in Asien und Europa. In Amerika, dem Kontinent der Einwanderer, wurden Marken geplant und künstlich erschaffen. In Europa und Asien sind die Konsumgewohnheiten von den gewachsenen Bräuchen und Kulturen geprägt. Wir Europäer sind stolz auf unsere Biervielfalt, und seien wir mal ehrlich, die drei bekannten Biersorten aus Amerika: Budweiser (das amerikanische, nicht zu verwechseln mit dem köstlichen tschechischen Bier), Miller und Michelob erregen bei den meisten von uns keine Gaumenfreude.

Aber der Werbekraft der großen Konzerne wird immer weniger Widerstand entgegengesetzt. Ein immer geringerer Teil unserer Erlebniswelt ist durch gewachsene Traditionen geprägt, immer mehr wird künstlich geschaffen. Auch in Europa kann man eine Tendenz zu künstlich geschaffenen Marken sehen. Miller und Corona (das mexikanische Bier) gibt es mittlerweile auch in Deutschland.

Und im Land von Espresso, Cappuccino und Latte macchiato etabliert sich mittlerweile sogar Starbucks. Im Verlauf der letzten dreißig Jahre hat das Starbucks Management schon dreimal die Expansion nach Italien ins Auge gefasst und immer wieder verworfen. Im Jahr 2017 sollen nun die ersten Kaffeehäuser von Starbucks in Italien eröffnen.

Auch das Wachstum in den Schwellenländern hilft den Markenartiklern. Chinesen, Inder, Afrikaner und Russen sind ganz versessen auf Brausegetränke. Ein Glück für Coca-Cola: Dank der Zuwachsraten in den Schwellenländern konnte der organische Umsatz im Geschäftsjahr 2015 sowie im ersten Quartal 2016 noch einmal gesteigert werden.

Die Unternehmen, die weltweite Markennamen etablieren konnten, haben eine hervorragende Ausgangslage im Rennen um die Gunst der Konsumenten. Sie haben in der Regel auch höhere Gewinne, denn meist kosten Markenprodukte mehr.

2. Decken die Produkte die täglichen Bedürfnisse des Kunden und werden regelmäßig erworben? Konzentriert sich das Unternehmen auf sein Kerngeschäft?

Ein König sollte die Menschen in seinem Herrschaftsbereich regelmäßig sehen; er sollte Kontakt mit ihnen haben. Auf Unternehmen übertragen heißt das: Die Produkte sollten regelmäßig gekauft werden. Noch dazu sollen sie möglichst einfach und geringwertig sein. Einen Massenmarkennamen haben Becks und Budweiser von AB Inbev, McDonald's, Google, BMW und Porsche. Aber nur der Bierkonzern AB Inbev, die Suchmaschine Google und McDonald's bieten geringwertige Wirtschaftsgüter, die oft gekauft werden.

»Geringwertig«? Ist das nicht ein Widerspruch? Aus drei Gründen sind Unternehmen, die geringwertige Güter herstellen, für einen Investor besonders gut. Diese Güter werden regelmäßig gekauft, die Preisspielräume sind höher, weil die Kunden nicht so stark verhandeln, und die Produktion ist einfacher und bindet weniger Kapital.

Regelmäßiger Kauf: Die Kunden erwerben die geringwertigen Wirtschaftsgüter oftmals täglich oder mehrmals in der Woche. Wenn Sie Durst haben, kaufen Sie im Vorbeigehen eine Cola, ohne darüber groß nachzudenken. Abends in netter Gesellschaft steigt der Bierkonsum ganz unbewusst. Und so wie Sie handeln sehr viele Leute. Das schafft ein gut berechenbares Einkommen für das Unternehmen. Und das ist wiederum gut für den Investor.

Nahrungsmittel von Nestlé, Bier von AB Inbev oder Coca-Cola werden regelmäßig auch in einer Wirtschaftskrise gekauft. Hingegen wird der Kauf einer Mercedes-Luxuslimousine oder sogar eines normalen Autos in schwierigen Zeiten erst mal zurückgestellt. Als Faustformel gilt: Je teurer das Produkt, desto »zyklischer« der Verkauf, und je zyklischer das Produkt, desto schlechter ist die Aktie des Unternehmens für den Privatinvestor geeignet.

Höherer Preisspielraum: Wann verhandeln Sie die Preise oder Extras? Und wann machen Sie sich die Mühe, die Preise im Detail zu vergleichen? Die meisten von Ihnen wohl überwiegend bei großen Anschaffungen wie Autos, Immobilien oder einer langen Reise. Bei »billigen« Produkten wie einer Coca-Cola oder einem Bier wägen wir wenig ab. Am intensivsten sind die Verhandlungen über Preis und Konditionen bei Großprojekten oder Unternehmen, die industrielle Ausrüstungsgegenstände herstellen. Dies sind extrem zyklische und schwierige Branchen. Zwar wird auch hier manchmal gutes Geld verdient, aber es ist sehr schwierig, dauerhaft konstante Gewinne zu erzielen.

Ich nenne Ihnen jetzt eine kleine Auswahl von typischen, geringwertigen Wirtschaftsgütern, die an fast jeder Tankstelle und an der Kasse des Supermarktes erhältlich sind und bei der für jeden Geschmack etwas dabei sein könnte. M&M, Mars, Snickers, Bounty, Balisto, Twix, Wrigley, Orbit und MilkyWay. Zu welchem Unternehmen gehören die Marken? Nestlé, Unilever oder Danone? Nein, Mars! Dieser amerikanische Nahrungsmittelkonzern, der die Eigenschaften eines Königsunternehmens in besonderem Maße hat, ist leider nicht an der Börse zu haben. In Deutschland befindet sich Haribo (= Hans Riegel Bonn) in Familienbesitz.

Ein weiterer Vorteil der meisten Konsumgüterunternehmen ist die einfache, standardisierte Fertigung und die geringe Kapitalbindung. Es ist viel einfacher, den Sirup für Coca-Cola herzustellen oder ein Bier von AB Inbev zu brauen als eine hochpräzise Sondermaschine oder einen großen Mercedes.

Wir sind nicht von der Idee begeistert, ein Unternehmen aus der Bauindustrie oder eine Werft ins Königsportfolio aufzunehmen. Auch der Maschinenbau, eine Branche, in der Deutschland zur Weltspitze gehört, ist uns für die Kapitalanlagen meist zu schwierig. Es gibt so viele Unternehmen, die besser für die Kapitalanlage geeignet sind. Warum sollten wir uns also mit diesen schwierigen Branchen beschäftigen?

Ebenso wenig für die Kapitalanlage von Privatinvestoren geeignet sind komplizierte Unternehmen, also Unternehmen, die in mehreren Branchen tätig sind. Ganz im Sinne des Sprichwortes »Schuster, bleib bei deinen Leisten« sollten sich Unternehmen auf ihr Kerngeschäft konzentrieren und die bestehenden Wettbewerbsvorteile nutzen und nicht in Branchen und Felder investieren, in denen sie keine Wettbewerbsvorteile haben und diese teuer erwerben müssen. Das Management sollte seine ganze Zeit und Power darauf konzentrieren, in seiner Branche gegen den globalen Wettbewerb zu bestehen und dort dominant aufzutreten, sonst kann sich ein Unternehmen auf Dauer nicht bewähren.

Für Sie als Privatinvestor ist es von großer Bedeutung, die Leistung des Managements zu bewerten. Als Privatinvestor können Sie viel leichter erkennen, ob das Unternehmen mehr abgesetzt und verdient hat, wenn das Unternehmen einfache Produkte hat. Es ist viel einfacher, zu recherchieren, ob mehr Becks, Budweiser oder Corona verkauft und ein besserer Preis erzielt wurde, als die Entwicklung und den Einfluss der acht

Geschäftsbereiche der Siemens AG zu überschauen und zu verstehen.

Einfacher ist es auch bei Google. Wir können in Erfahrung bringen, ob die Anzahl und die Preise der Werbeklicks gesteigert oder gesenkt wurden. Das steht im Geschäftsbericht. Wer aber kann etwa bei einem Kraftwerksbau wirklich verstehen, wie weit das Projekt ist?

Die strategische Fokussierung ist auch ein zentrales Element in den Regeln des Shareholder-Kapitalismus. Das oberste Unternehmensziel ist die Wertsteigerung für die Eigentümer des Unternehmens, die Aktionäre. Dies wird mit »Shareholder Value« umschrieben. Shareholder Value lässt sich am besten durch langfristige und nachhaltige Gewinnsteigerungen der Unternehmen erwirtschaften. Wichtige Voraussetzung für eine nachhaltige Unternehmensentwicklung sind die Führungsposition im Markt und die Konzentration auf die Kernkompetenz. Unternehmen sollten in ihrem Bereich zur Weltspitze gehören und bestrebt sein, die Führungsposition zu besetzen. Des Weiteren sollten sie sich auf ihre Kernkompetenzen konzentrieren. Mischkonzerne sind out. Je mehr sich ein Unternehmen auf wenige Dinge fokussiert und diese wirklich gut beherrscht und Wettbewerbsvorteile entwickelt, desto besser ist dies für die Aktionäre. Die Aktionäre können so viel besser den Erfolg des Unternehmens und des Managements verfolgen. Früher haben Unternehmen in verschiedene Bereiche diversifiziert. Heute können die Anleger diese Entscheidung selbst erfolgreich übernehmen, indem sie Aktien verschiedener Unternehmen kaufen. Übernahmen, Käufe und Verkäufe von Unternehmen und Unternehmensteilen gehören zunehmend zum normalen Geschäft. Es ist kein Zeichen des Versagens mehr, wenn ein Unternehmen verkauft wird. Insgesamt sollte ein Unternehmen lieber fokussiert sein, und der Investor sorgt für Risikoausgleich im Portfolio.

Punkteschema: geringwertige Wirtschaftsgüter & strategischer Fokus

Merkmal	Merkmal	Punkte
Das Unternehmen stellt geringwertige Konsumgüter des täglichen Bedarfs her	Das Unternehmen ist stark fokussiert (über 80 % seines Umsatzes macht es mit einem ganz bestimmten Produkt)	Je 4–5
Das Unternehmen stellt Güter her, die in größeren Abständen auch von Privatpersonen angeschafft werden	Das Unternehmen macht über 60 % des Umsatzes mit einem ganz bestimmten Produkt	je 2–3
Das Unternehmen stellt Investitionsgüter her oder betätigt sich an Großprojekten	Das Unternehmen macht bis zu 60 % des Umsatzes mit einem ganz bestimmten Produkt	je 0–1

3. Kann das Unternehmen seine Branche dominieren?

Wer ist nun der Herrscher in seinem Markt? Google, Bing oder Yahoo? Coca-Cola oder Pepsi-Cola? Heineken, AB Inbev oder Carlsberg? Toyota, Daimler, BMW oder VW? Gar nicht so einfach zu ermitteln ist das in der Automobilbranche: Toyota und VW liefern sich bei den Verkäufen ein enges Kopf-an-Kopf-Rennen. Könige sollten uneingeschränkt herrschen. Viele Branchen haben keinen König, sondern viele Akteure, die um die Dominanz ringen. Vielleicht gut für den Wettbewerb und Kunden. Aber nicht so gut für die Rendite.

Dominanz. Das trifft bei Suchmaschinen (Google) und Bier (AB Inbev) zu. Googles Weltmarktanteil liegt nur leicht unter der 90-Prozent-Marke. Die Konkurrenten wie Bing und Yahoo müssen sich mit weniger als 5 Prozent begnügen.[1]

Nach der Fusion von AB Inbev und SAB Miller kommt fast jedes dritte Bier aus dem riesigen Bierkonzern. Zum Vergleich braut die Nummer zwei Heineken jedes elfte Bier auf der Welt.

Auch Coca-Cola gehört zu den absoluten Marktherrschern bei Softdrinks. Zur Veranschaulichung: Der Marktanteil von Coca-Cola beträgt über 42 Prozent in den USA.[2]

Also warum setzen wir auf den Herrscher – auf Ab Inbev und nicht auf Heineken, auf Google statt auf Baidu? Oben habe ich es schon angedeutet. Zunächst einmal: Ein Unternehmen herrscht, weil es seine Stärken am Markt bewiesen und sich durchgesetzt hat

Nehmen wir mal an, die Fortix AG hat einen Marktanteil von 70 Prozent, die Gartix AG einen Anteil von 20 Prozent. Warum sollten wir auf Gartix setzen? Weil aus der Sicht von Gartix noch 80 Prozent des Marktes »unerobert« sind? Ja, warum hat denn dann Fortix 70 Prozent? Und glauben Sie, dass Fortix diese 70 Prozent mit Handkuss an Gartix abgibt?

Es bedarf wesentlich mehr Sachverstand und Expertise, auf den Zweiten in einer Branche statt auf den Sieger zu setzen. Die Sieger haben sich durchgesetzt und dominieren ihre Branche, weil sie die besseren Unternehmen sind. Die besten Unternehmen sind konsequenterweise bessere und robustere Langfristinvestments.

Große Marktführer haben – meistens – auch die Erfahrung und die Reserven, um auf Veränderungen zu reagieren. Charlie Munger führte in der USC Business School im Jahr 1994 als Beispiel die Einführung von TV-Werbespots an. Als großes Markenunternehmen wie Coca-Cola, Procter&Gamble oder Nestlé usw. konnte man sich die Ausstrahlung von teuren, landesweiten TV Spots leisten und setzte die neue Art der Werbung clever ein. Hingegen waren für kleinere und mittelständische Unternehmen TV-Spots unerschwinglich. So kam es, dass vor allem die großen Unternehmen profitierten.

Teilweise sind Parallelen zur modernen Internet-, App- und Social-Media-Werbung zu erkennen. Zunächst dachte man, dass diese Apps für ein ausgeglichenes Spielfeld sorgen würden. Einige Überraschungserfolge waren auch kleineren Unternehmen möglich. Aber auch hier muss man hohe Investitionen tätigen, zum Beispiel, um die enormen Datenmengen auszuwerten und das Wissen sinnvoll einzusetzen.[3] Und so setzen Nestlé & Co. jetzt auch auf Social Media, um näher am Kunden zu sein.

Punkteschema Marktführerschaft

Merkmal	Punkte
Das Unternehmen ist Quasi-Monopolist	9–10
Das Unternehmen ist deutlich das stärkste der Branche	6–8
Das Unternehmen führt nur in gewissen Bereichen	0–5

4. Bewegt sich das Unternehmen in einer Branche, deren Dynamik überschaubar erscheint und dennoch ein gutes Wachstumspotential hat?

Wir fragen: Bewegt sich das Unternehmen in einer Branche mit überschaubarer Dynamik und dennoch gutem Wachstumspotential? Also eher Google als Tesla.

Warum das, werden Sie jetzt vielleicht fragen? Erstens wollen wir keine Überraschungen im Reich unserer Könige. Es soll geordnet und etabliert sein und kontinuierlich wachsen und gedeihen. Überraschungen bleiben den Revolutionären vorbehalten.

Zweitens sind die Bewertungen von Unternehmen, die Branchen komplett aufwühlen oder revolutionäre Ideen haben, oft astronomisch hoch. Tesla hat in seiner neunjährigen Börsengeschichte keinen Gewinn und nur einmal einen positiven Cashflow präsentieren können. In vielen Jahren verbrannte das Unternehmen Geld, manchmal bis zu einer halben Milliarde US-Dollar. Das Kurs-Umsatz-Verhältnis von Tesla ist selbst nach den Wachstumsschritten in den letzten Jahren bei astronomischen 6,8 (im Vergleich zur BMW-Vorzugsaktie mit einem Kurs-Umsatz-Verhältnis von 0,45 am 14.07.2016). Sie bezahlen also sehr viel für die Chance, bei zukünftigem Wachstum dabei zu sein. Wenn dieses Wachstum dann tatsächlich eintrifft, profitieren Sie kaum oder gar nicht davon, weil es bereits im Kaufpreis der Aktie enthalten war. Und wenn es nicht eintritt, sind Sie Ihren Einsatz los. In Kapitel 4 habe ich ausführlich über das traurige Schicksal des NEMAX50 geschrieben.

Uns ist ein moderates, aber berechenbares Wachstum viel, viel lieber. Das Wachstumspotential von Unternehmen wie Nestlé sollte ungefähr dem der Weltwirtschaft entsprechen, vielleicht etwas mehr als vier bis fünf Prozent. Die Weltwirtschaft wächst langfristig mit ungefähr vier Prozent. Überlegen Sie sich, ob das Unternehmen im Gleichklang mit der Weltwirtschaft, schneller oder langsamer wachsen wird. Nestlé wird wahrscheinlich ungefähr mit der Weltwirtschaft wachsen, vielleicht etwas schneller.

Das klingt wenig, aber auch bei fünf Prozent Rendite verdoppelt sich Ihr Einsatz immerhin alle 15 Jahre. Und das Wachstum ist nicht alles. Das Unternehmen hat auch noch eine laufende Rendite. Sie berechnen die Gesamtrendite eines Königsunternehmens mit der sehr einfachen Formel:

$R_e = GR + W_e$

R_e = erwartete Rendite

GR = Gewinnrendite = umgekehrtes Kurs-Gewinn-Verhältnis = Gewinn je Aktie/Kurs

W_e = erwartetes Wachstum

Die Gewinnrendite gibt an, wie viel sie aktuell auf Ihr Investment erhalten. Das ist ganz ähnlich wie bei der Mietrendite von Immobilien, wo Sie die Jahresmiete durch den Kaufpreis oder aktuellen Wert teilen. Hier fragen Sie: Wie wird mein Einsatz durch den Unternehmensgewinn verzinst? Nestlé hat ein KGV von ungefähr 20, das heißt, der Gewinn ist 20-mal im Kurs enthalten. Demzufolge ist die Gewinnrendite 5 Prozent. Hätte Nestlé ein KGV von 25, wäre die Gewinnrendite 4 Prozent.

Bei einem KGV von 20 und einem langfristigen Wachstum von 5 Prozent hätte Nestlé also eine erwartete Rendite von 10 Prozent p. a. Das finden wir sehr akzeptabel.

Die Alternativen in Form von teuren Revolutionärsunternehmen sind wesentlich weniger attraktiv. Die Gewinnrendite dieser Unternehmen ist oftmals nahe null, weil diese Unternehmen noch keine Gewinne machen oder sogar Verluste schreiben. Dann wäre die Gewinnrendite sogar negativ. Wenn Sie jetzt noch bedenken, dass bei diesen Unternehmen dauerhafte Verluste eintreten können, sind Sie mit einem berechenbaren Wachstum von vier oder fünf Prozent zuzüglich einer laufenden Rendite viel besser bedient als mit viel Phantasie und oftmals heißer Luft.

Immerhin dürfte das Investment in Nestlé zum aktuellen Zeitpunkt (Stand Sommer 2016) eine langfristige Gesamtrendite von 8 Prozent bringen. Nicht schlecht.

Alphabet (Google) ist derzeit einer der Favoriten in unseren Portfolios. Vor nicht allzu langer Zeit hat Alphabet ein wohlgeordnetes Reich aufgebaut. Auf dem ganzen Erdball kennt man die Suchmaschine Google. Sogar in entfernte Urwaldregionen sollten Ballons des Konzerns das Internet bringen. Der Suchdienst ist Bestandteil unseres täglichen Lebens.

Für unseren Königstest müssen wir jetzt herausfinden, ob Google auch genug Wachstumsspielraum hat. Im Jahr 2015 betrug die Anzahl der Internetnutzer laut statistica.de 3,4 Milliarden. Im gleichen Jahr umfasst die Weltbevölkerung rund 7,35 Milliarden Personen. Noch nicht einmal die Hälfte aller Menschen nutzt das Internet! Aus dieser Sicht gibt es für den Weltmarktführer mit rund 90 Prozent Marktanteil sicher noch hervorragende Perspektiven.

5. Wird das Unternehmen von einem erfahrenen Manager und im Interesse der Anleger (Inhaber) geführt? Gibt es langfristige Beteiligungen von Ankeraktionär und Management? Ist das Vergütungssystem des Managements am nachhaltigen Unternehmenserfolg orientiert?

Herrscht der König schon lange über sein Reich, und ist dieses während seiner Herrschaft gut gediehen? Hat der König

Punkteschema Dynamik und Wachstumspotential der Branche

Merkmal	Punkte
Branche überschaubar, Wachstumspotential hoch	9–10
Branche überschaubar, Wachstumspotential mittel	6–8
Branche verändert sich, Wachstumspotential hoch	
Branche verändert sich, Wachstumspotential mittel	0–5

auch einen Schlüssel zur Schatzkammer, oder muss er immer die Königin fragen? Übersetzt bedeutet dies: Ist der Vorstand am Unternehmen beteiligt und hat Anteil an der nachhaltigen Entwicklung des Königsunternehmens in Form von Gewinnausschüttungen? Ist zumindest sein Vergütungssystem so gestrickt, dass das Management im Einklang mit den Interessen der Aktionäre handelt? Oder bezieht das Management nur seinen Lohn sowie kurzfristige Bonuszahlungen und springt ab, wenn es ungemütlich wird?

Ideal sind da eigentümergeführte oder von starken Eigentümerfamilien kontrollierte Unternehmen. Zumindest meistens, manchmal machen auch Eigentümer großen Mist. Da gibt es in Deutschland und auf der Welt etliche positive Beispiele: Henkel, BMW, Fresenius, Fielmann, United Internet, Rational, CTS Eventim und Fuchs Petrolub.

Die Kurfürsten bestimmten im Heiligen Römischen Reich den König durch Wahl und konnten so großen Einfluss ausüben. Ähnlich ist es bei den Ankeraktionären der Unternehmen. Kann der König bei einem solchen erfahrenen Kurfürsten um Rat fragen? Also: Gibt es langfristig dem Unternehmenserfolg verpflichtete Großaktionäre, und haben diese Einfluss auf das Management? AB Inbev gehört zu rund 12,5 Prozent der Beteiligungsgesellschaft 3G, Coca-Cola gehört zu 9 Prozent Berkshire Hathaway von Warren Buffett. Diese Blockaktionäre sind zwar nicht Mehrheitseigner, aber sie üben einen sehr positiven Einfluss aus, weil sie langfristig am Unternehmenserfolg interessiert sind.

Leider ist es nicht immer einfach festzustellen, ob die Interessen der Manager im Einklang mit denen der Eigentümer – also der Aktionäre – sind. Gerade Topmanager sind Meister darin, sich selbst darzustellen und gute Geschichten zu erzählen. Auf die Visionen einer Welt-AG des damaligen Daimler-Vorstandsvorsitzenden Jürgen Schrempp konnte man nur allzu leicht hereinfallen. Dabei waren die Synergien der missglückten Fusion von Daimler und Chrysler von Anfang an nur auf ca. 1 Prozent des Umsatzes geplant. Dafür geht man nicht die Risiken einer Fusion ein. Es sei denn, man hebt das Gehaltsniveau der 400 obersten Führungskräfte – die meisten davon von Daimler – auf das internationale, also das amerikanische Niveau. Schrempp konnte somit seine Vergütung jedenfalls verzehnfachen, denn amerikanische CEOs wurden damals absurd hoch bezahlt. (Heute werden amerikanische UND deutsche CEOs oftmals absurd hoch bezahlt.) Jetzt kennen Sie auch eine starke Motivation hinter der Fusion.

Punkteschema Eigentümerstruktur und Management

Merkmal	Punkte
Langfristige Beteiligung von Ankeraktionär und Management, und das Vergütungssystem des Managements ist am nachhaltigen Unternehmenserfolg orientiert	9–10
Langfristige Beteiligung von Ankeraktionär oder Management, und/oder das Vergütungssystem des Managements ist am nachhaltigen Unternehmenserfolg orientiert	6–8
Keine Beteiligung von Ankeraktionär und Management, und das Vergütungssystem des Managements ist nicht am nachhaltigen Unternehmenserfolg orientiert	0–5

Der Königstest: die quantitativen Kriterien

Wenn Sie alleine anhand der ersten fünf qualitativen Kriterien vorgehen, werden Sie passable Resultate erzielen. Besser ist es natürlich, auch die Zahlen des Unternehmens unter die Lupe zu nehmen. Werfen wir also einen Blick auf die quantitativen Kriterien der Königsanalyse. Dazu nähern wir uns dem Thema Bilanz, Gewinn- und Verlust- sowie Cashflow-Rechnung. Auch einige daraus abgeleitete Kennzahlen benötigen wir.

Keine Angst – all das ist kein Hexenwerk. Aber Zahlen gehören nun einmal zum Kapitalismus. Bilanz, Gewinn- und Verlustrechnung, Cashflow-Rechnung – bei all diesen Rechenwerken geht es um Geld. Die Bilanz ist *zeitpunkt*bezogen. Sie misst das Vermögen (s. Kapitel 2), das zu einem bestimmten Zeitpunkt in Geldeinheiten vorhanden ist. Links stehen die Aktiva, die Mittelverwendung (in welche Maschinen, Vorräte, Grundstücke hat das Unternehmen wie viel investiert?), rechts stehen die Passiva, die Mittelherkunft. Wo hat das Unternehmen Schulden? Haben Lieferanten einen Lieferantenkredit eingeräumt? Aktiva minus Passiva ergibt das Eigenkapital, also das Kapital, das den Eigentümern nach Veräußerung aller Vermögensgegenstände und Bedienung der Schulden zusteht. Das Eigenkapital steht ebenfalls rechts in der Bilanz.

Dabei wird nicht – wie oben in einer ersten Näherung angedeutet – von der Veräußerung der Aktiva ausgegangen, sondern von einer Fortführung des Unternehmens (zumindest so lange, wie es nicht erkennbar überschuldet, zahlungsunfähig oder unwirtschaftlich ist). Das nennt man Going-Concern-Prinzip. Es liegt auf der Hand, dass Spezialmaschinen in einer funktionierenden Produktion mehr wert sind, als wenn sie kurzfristig veräußert werden müssen.

Die Cashflow-Rechnung erfasst die Veränderung der Finanzmittel (Zu- und Abfluss) in einem bestimmten Zeitraum. Zuflüsse erfolgen, wenn das Unternehmen Waren verkauft und die Rechnungen bezahlt werden (auch weil die Bezahlung beim

Kauf einer Cola unmittelbar erfolgt, ist die Aktie von Coca-Cola besser als der Kraftwerksbau) oder wenn es einen Kredit aufnimmt und die Mittel eingehen. Abflüsse erfolgen zum Beispiel, wenn das Unternehmen Rohstoffe, Gehälter oder Anwaltskosten bezahlt.

Bei der Gewinn-und-Verlust-Rechnung werden noch verschiedene Anpassungen an den Cashflow vorgenommen. Erträge werden zum Beispiel verbucht, wenn eine Ware verkauft ist und nicht, wenn das Geld eingeht. Bei Maschinen und Sachanlagen wird jährlich eine Abschreibung (Gewinnminderung) vorgenommen, damit am Ende einer ausreichenden Anzahl von Abschreibungsperioden der Kaufpreis für die Maschine erwirtschaftet ist. Die Gewinn-und-Verlust-Rechnung soll den ökonomischen Erfolg des Unternehmens besser erfassen; sie ist aber auch anfällig für Manipulationen.

Kriterium	max. mögliche Punktzahl
6. Sind Bruttomarge und Nettomarge hoch? Insbesondere höher als der Branchendurchschnitt?	10
7. Steigerte das Unternehmen seinen Nettogewinn über die letzten zehn Jahre kontinuierlich?	10
8. Konnte das Unternehmen in jedem der vergangenen zehn Jahre einen Nettogewinn erwirtschaften? Erzielt das Unternehmen auf die einbehaltenen Gewinne eine ausreichende Rendite?	10
9. Erwirtschaftet das Unternehmen einen hohen operativen Cashflow, und ist die Sachinvestitionsquote gering?	10
10. Hat das Unternehmen eine hohe Eigenkapitalrendite und einen hohen Eigenkapitalanteil?	10
Zwischensumme	50

Auch hier gehen wir die einzelnen Punkte im Detail durch.

6. Sind Bruttomarge und Nettomarge hoch? Insbesondere höher als der Branchendurchschnitt?

Die zentrale Frage ist: Wie viel Geld bleibt in den Taschen des Unternehmens? Wir wollen natürlich, dass von jedem Euro Umsatz möglichst viel in den Taschen des Unternehmens verbleibt. Zur Erinnerung: Gewinne sind – grob formuliert – Erlöse minus Kosten. Wir möchten, dass möglichst viel Gewinn in den Taschen des Unternehmens verbleibt.

Die Bruttogewinnmarge misst die Profitabilität des Kerngeschäftes eines Unternehmens (vor allem bei Produktionsunternehmen) und dient zum Vergleich mit anderen Unternehmen derselben Branche. Nicht jedes Königsunternehmen ist in der Lage, solche hohen Margen zu erwirtschaften, deshalb sollte man immer einen Vergleich innerhalb der Branche anstellen. Es gibt Branchenkönige, die es kontinuierlich schaffen, höhere Margen als die Konkurrenten zu erwirtschaften.

Gewinnmargen von Coca-Cola, Nestlé und BMW im Geschäftsjahr 2015

	Coca-Cola	Nestlé	BMW
Bruttomarge	60,5 %	49,8 %	19,7 %
Nettomarge	16,6 %	10,2 %	6,9 %

Selbstverständlich soll ein Königsunternehmen auch hohe Nettogewinnmargen aufweisen. Die Dividendenausschüttungen orientieren sich zum Beispiel meistens an den Nettoergebnissen.

Punkteschema Margen

Merkmal	Punkte
Bruttomargen > 40 %, Nettomargen > 20 %	je 5
Bruttomargen > 30 %, Nettomargen > 15 %	je 3
Bruttomargen > 20 %, Nettomargen > 10 %	je 1

7. Steigerte das Unternehmen seinen Nettogewinn über die letzten zehn Jahre kontinuierlich?

Letztlich kann der Kurs einer Aktie langfristig nur steigen, wenn der Gewinn steigt. Wir wissen, dass wir uns auf Kostolanys Herrchen (die Gewinne) und nicht auf den Hund (Kurs) konzentrieren sollten. Also sind uns Unternehmen am liebsten, die ihre Gewinne regelmäßig steigern.

Punkteschema Gewinnsteigerung

Merkmal	Punkte
Gewinnsteigerung > 15 % p.a.	10
Gewinnsteigerung > 10 % p.a.	8
Gewinnsteigerung > 5 % p.a.	6
Gewinnsteigerung > 4 % p.a.	4
Gewinnsteigerung > 3 % p.a.	2

8. Konnte das Unternehmen in jedem der vergangenen zehn Jahre einen Nettogewinn erwirtschaften? Erzielt das Unternehmen auf die einbehaltenen Gewinne eine ausreichende Rendite?

Könige sollten eine hohe Kontinuität und makellose Leistungsbilanz aufweisen. Deshalb prüfen wir, ob das Unternehmen in den letzten zehn Jahren Gewinne geschrieben hat.

Mit seinen Gewinnen kann das Unternehmen primär zweierlei Dinge tun: Es kann sie als Dividenden an die Aktionäre ausschütten oder zur Finanzierung von Wachstum einbehalten.

Ausschüttungen sind gut für die Aktionäre. Sie können die erhaltenen Finanzmittel selbst wieder gewinnbringend investieren oder auch ausgeben.

Ein gutes Management erkennt, wann wertsteigernde Investitionsmöglichkeiten vorliegen und wann das Unternehmen seine Gewinne lieber ausschütten sollte. Ein schlechtes Management überschätzt sich selbst regelmäßig und investiert zu hohe Summen in Wachstumsprojekte. Gehen sie gut, wächst das Unternehmen, und die Manager können eine höhere Vergütung aushandeln. Gehen diese schief, werden sie regelmäßig durch Sonderabschreibungen korrigiert. Das schlechte Management redet sich damit heraus, dass das Geschäftsmodell umgestellt wurde.

Ein gutes Management vermeidet wertvernichtende Investitionen. Warren Buffett kontrolliert in seiner Holding Berkshire Hathaway die Investitionen seiner mehr als sechzig operativen Geschäftsführer eisern. Er berechnet ihnen 15 Prozent Zinsen, wenn sie investieren wollen. Bei diesem Zinssatz überlegt es sich ein operativer Geschäftsführer zweimal, was er tut.

Gute Manager erkennen aber auch wertsteigerndes Wachstum und investieren in dieses. Wertsteigernd ist Wachstum dann, wenn eine Investition eine deutlich höhere Rendite erwirtschaften kann als die Kapitalmarktrenditen. So hat Microsoft jahrelang keine Gewinne ausgeschüttet. Alphabet macht dies heute noch nicht.

Eine hohe Rendite auf seine Investitionen erzielt ein Unternehmen, wenn es in Bereiche investiert, in denen es Wettbewerbsvorteile besitzt. Wachstum außerhalb des Kerngeschäftsfeldes – also Feldern, in denen das Unternehmen keine Wettbewerbsvorteile und keine Erfahrungen hat – ist meist nicht profitabel.

Vorsicht, wenn ein Unternehmen in alles Mögliche investiert! Es sollte meistens lieber eine Gewinnausschüttung in Form von Dividenden vornehmen. Wir bewerten deshalb die Rendite auf die einbehaltenen Gewinne und suchen nach Unternehmen mit hervorragender Kapitalallokation. Um die Kapitalallokation von Unternehmen einschätzen zu können, schauen wir uns die Gewinnentwicklung mindestens über die letzten fünf Jahre an. In einer Beispielrechnung konnte das Unternehmen innerhalb der letzten fünf Jahre rund 100 Millionen Euro Nettogewinn erwirtschaften, wovon es rund 50 Millionen Euro an die Aktionäre ausschüttete und 50 Mio. Euro ins operative Geschäft investierte, also thesaurierte. Im gleichen Zeitraum stieg der Gewinn um 10 Mio. Euro auf 25 Mio. Euro. Daraus resultiert, dass die einbehaltenen Gewinne im letzten Geschäftsjahr eine interne Verzinsung von rund 20 Prozent erbrachten und das Musterunternehmen zu den hervorragenden Kapitalallokatoren gehört.

Punkteschema Konstanz und Kapitalallokation

Merkmal	Merkmal	Punkte
ununterbrochene Gewinne über 10 Jahre	Rendite auf die einbehaltenen Gewinne >15 %	Je 5
ununterbrochene Gewinne über 7 Jahre	Rendite auf die einbehaltenen Gewinne >11 %	Je 4
ununterbrochene Gewinne über 5 Jahre	Rendite auf die einbehaltenen Gewinne >7 %	Je 3
ununterbrochene Gewinne über 3 Jahre	Rendite auf die einbehaltenen Gewinne >5 %	Je 2

9. Erwirtschaftet das Unternehmen einen hohen operativen Cashflow, und ist die Sachinvestitionsquote gering?

Wir bevorzugen Unternehmen aus Branchen mit einer hohen operativen Cashflowmarge. Sie erwirtschaften flüssige Mittel aus eigener Kraft und können aus dem operativen Geschäft heraus Kredite tilgen oder Investitionen tätigen. Unternehmen mit hohen Gewinnen, aber einem niedrigen oder negativen Cashflow sind problematischer.

Auch sollten die notwendigen Erhaltungsinvestitionen einen möglichst geringen Anteil des operativen Cashflows beanspruchen. In der Nahrungsmittelindustrie sind zum Beispiel die Erhaltungsinvestitionen minimal, während in der Minenindustrie durch den hohen Verschleiß der Maschinen große Erhaltungsinvestitionen getätigt werden müssen. In diesen Industrien können sich Anteilseigner der Unternehmen seltener und unregelmäßiger über einen ordentlichen Cashflow nach Investitionen (Free Cashflow) freuen, welcher zur Schuldentilgung, Dividendenzahlung oder zum Aktienrückkauf verwendet werden kann.

Margen von Alphabet und KTG Agrar im Vergleich

	Alphabet		KTG Agrar SE	
	Geschäfts-jahr 2014	Geschäfts-jahr 2015	Geschäfts-jahr 2014	Geschäfts-jahr 2015
Gewinnmarge	21,9 %	21,8 %	2,2 %	0,7 %
Cashflowmarge	33,9 %	34,7 %	–11 %	–23 %
Sachinvesti-tionsquote	49 %	38 %	–	–
Free Cashflow-marge	17,3 %	21,5 %	–31 %	–34 %

Schauen wir uns die zwei schnellwachsenden Unternehmen Alphabet und KTG Agrar an. Beide konnten im vergangenen Geschäftsjahr den Umsatz im zweistelligen Prozentbereich steigern, jedoch wächst Alphabet viel profitabler und kann einen guten Free Cashflow generieren. Dagegen hat der Agrarkonzern KTG Agrar eine sehr geringe Gewinnmarge und negative Cashflows, die zur Schuldentilgung nicht ausreichen. In Verbindung mit einem riesigen Schuldenberg musste das Unternehmen im Juli 2016 die Zahlungsunfähigkeit erklären und Insolvenz anmelden. Das verdeutlicht, wie wichtig positive Cashflows und Gewinne für nachhaltiges Wachstum sind.

Punkteschema Cashflow und Sachinvestitionen

Merkmal	Merkmal	Punkte
Cashflowmarge > 20 %	Sachinvestitionsquote < 30 %	Je 5
Cashflowmarge > 17 %	Sachinvestitionsquote < 35 %	Je 4
Cashflowmarge > 15 %	Sachinvestitionsquote < 40 %	Je 3
Cashflowmarge > 13 %	Sachinvestitionsquote < 45 %	Je 2
Cashflowmarge > 10 %	Sachinvestitionsquote < 50 %	Je 1

10. Hat das Unternehmen eine hohe Eigenkapitalrendite und einen hohen Eigenkapitalanteil?

Nun kommen wir zu einer der Schlüsselkennzahlen des modernen Kapitalismus: der Eigenkapitalrendite. Fast noch wichtiger, als dass vom Umsatz ein möglichst großer Teil hängenbleibt, ist, dass sich das eingesetzte Eigenkapital möglichst gut verzinst.

Als Josef Ackermann die Deutsche Bank leitete, gab er das Ziel aus, eine Eigenkapitalrendite von 25 % zu erreichen. Dieses Ziel schien möglich, weil die Deutsche Bank (wie die meisten Banken) mit sehr wenig Eigenkapital arbeitet, ihr Kapital also hebelt. In Kapitel vier haben wir diesen Vorgang genauer beschrieben. Nun, die Deutsche Bank hat dieses Ziel nicht erreicht, aber es gibt Unternehmen, die tatsächlich 25 Prozent und mehr auf ihr Eigenkapital erwirtschaften – Jahr für Jahr.

Unternehmen mit sehr hoher Eigenkapitalrendite im Jahr 2015

	Novo Nordisk	Atoss Software AG	Rational AG
Eigenkapitalanteil am Stichtag 31.12.2015	74 %	40 %	34 %
Eigenkapitalrendite im Schnitt der letzten fünf Jahre	61 %	34 %	38 %

Quelle: Bloomberg

Wir mögen Unternehmen, die möglichst wenig gehebelt sind, also einen hohen Eigenkapitalanteil in der Bilanz aufweisen und dennoch eine hohe Eigenkapitalrendite generieren. Das geht.

Ein König soll unabhängig über sein Reich regieren. Für unsere Königsunternehmen heißt das: Sie sollten nicht nur Ertragskraft aufweisen, sondern auch eine starke Bilanz. Unsere erste Prüfung ist der Anteil des Eigenkapitals am gesamten Vermögen. Ein Unternehmen mit einer hohen Eigenkapitalquote bzw. einem niedrigen Verschuldungsgrad bietet hohe finanzielle Sicherheit. Es kann Krisen besser überstehen. Die besten Königsunternehmen machen kaum langfristige Schulden und haben einen hohen Eigenkapitalanteil an der Bilanzsumme.

Diese Unternehmen haben auch einen hohen Eigenkapitalanteil

	Novo Nordisk	Atoss Software AG	Rational AG
Eigenkapitalanteil am Stichtag, dem 31.12.2015	51 %	57 %	74 %

Quelle: Bloomberg

Wir vergeben für den Anteil des Eigenkapitals an der Bilanzsumme und die Eigenkapitalrendite die folgenden Punkte:

Punkteschema Eigenkapitalanteil und Eigenkapitalrendite

Merkmal	Merkmal	Punkte
Eigenkapitalanteil > 60 %	Eigenkapitalrendite > 30 %	Je 5
Eigenkapitalanteil > 50 %	Eigenkapitalrendite > 25 %	Je 4
Eigenkapitalanteil > 40 %	Eigenkapitalrendite > 20 %	Je 3
Eigenkapitalanteil > 30 %	Eigenkapitalrendite > 15 %	Je 2
Eigenkapitalanteil > 20 %	Eigenkapitalrendite > 10 %	Je 1

Die Bewertung von Königsunternehmen: Welcher Preis ist angemessen?

Um das Jahr 2000 warb der Stuttgarter Aktienclub mit dem Slogan »Jeder Tag ein Kauftag«. Der Aktienclub – eigentlich kommerziell geführt – hatte ein einfaches System von sogenannten 1-Sterne- bis 5-Sterne-Werten propagiert. Die Zahl der Sterne sollte bestimmen, wie schnell und wie zuverlässig sich der Kurs dieser Unternehmen verdoppelt.

Und seit den achtziger Jahren ging es mit Unterbrechungen für viele Unternehmen steil bergauf. Aktienmarktrenditen deutlich jenseits der zehn Prozent pro Jahr waren nicht ungewöhnlich. Unter den 5-Sterne-Werten waren die alten Markenartikler wie Coca-Cola und Nestlé, aber auch die neuen Technologieunternehmen wie Nokia und Microsoft. Dazu hatte sicher die Globalisierung beigetragen und der lange Aufschwung, der insbesondere nach 1993 einsetzte. Manche Ökonomen sprachen von der »großen Glättung« (The Great Moderation) und davon, dass der Konjunkturzyklus besiegt sei.

Es kam anders. Wenn Sie – wie Warren Buffett – 1998 Aktien von Coca-Cola gehabt und gehalten hätten, hätte es bis Oktober 2014 gedauert, bis Sie die Kurse von 1998 wiedergesehen hätten. Im Jahr 1998 war Coca-Cola einfach sehr teuer. Wenn Sie im Juni 2000 Nokia gekauft und gehalten hätten, würden Sie im Juli 2016 auf einem Verlust von 91 Prozent sitzen. Wenn Sie im Jahr 2000 Microsoft gehalten hätten, würden Sie erst heute wieder an alten Höchstständen kratzen. Für unsere Fonds haben wir Microsoft 2013 erworben.

Es wäre im Jahr 2000 bei vielen Aktien von Königsunternehmen falsch gewesen, sie zu besitzen. Es sei denn, Sie hätten einen sehr langfristigen Anlagehorizont. Nun waren die Bewertungen im Jahr 2000 oftmals sehr hoch.

Der Kurs ist, was Sie bezahlen, der Wert ist, was Sie bekommen – um das Buffett-Zitat zu wiederholen. Im Jahr 2000, als alle Aktien kaufen wollten, wäre es auf jeden Fall sinnvoll gewesen, zu warten, bis es wieder vernünftige Preise gibt.

Was war passiert? Der Kurs einer Aktie lässt sich sehr vereinfacht aus Gewinnen je Aktie mal Multiplikator (Kurs-Gewinn-Verhältnis) darstellen.

$$K = G \times M$$

Gewinne, Multiplikatoren und Bewertungen von BMW und Fuchs Petrolub im Sommer 2016

Unternehmen	Gewinn je Aktie (G)	X Multiplikator (M)	= Kurs (K)
BMW VZ	9,72 €	6,5	63 €
Fuchs Petrolub St	1,71 €	19,6	33,50 €

Quelle: Bloomberg

In den achtziger Jahren hatten viele Unternehmen recht kontinuierliche und deutliche Gewinnsteigerungen aufzuweisen. Das wirkte sich natürlich auf den Kurs aus:

$$K \nearrow = G \nearrow \times M$$

Nun stiegen die Gewinne weiter, und die Kurse stiegen weiter, oftmals über viele Jahre. Immer mehr Menschen dachten, dass Aktien ein gutes Investment seien. So waren sie bereit, höhere Preise zu bezahlen, bis die Coca-Cola-Aktie 1998 ein Kurs-Gewinn-Verhältnis von über 40 hatte, nicht unähnlich den Mietmultiplikatoren von Top-Immobilien heute.

$$K \nearrow \nearrow = G \nearrow \times M \nearrow$$

So verstärkten sich die gute fundamentale Entwicklung und die Phantasie des Marktes gegenseitig. Im Jahr 2000 kam für viele Unternehmen die Wende. Die Gewinne brachen ein und die Kurse ebenso.

$$K \downarrow = G \downarrow \times M$$

Nun passierte aber etwas Spannendes: die Jahre von 2001 bis 2013 waren vor allem ein »Seitwärtsmarkt«, wenn auch mit kräftigen Schwankungen.

$$K \rightarrow = G \nearrow \times M \searrow$$

Nach dem Einbruch von 2000 und 2001 stiegen die Gewinne bei vielen Unternehmen bereits wieder. Aber die Anleger waren verunsichert. Sie zahlten immer geringere Multiplikatoren (Kurs-Gewinn-Verhältnisse), so dass sich viele Aktienkurse auf der Stelle bewegten. Aber die Aktien wurden fundamental immer billiger – so billig, dass wir zum Beispiel 2013 die Microsoft-Aktie zu einem sehr guten Preis für unsere Fonds erwerben konnten.

»Im Einkauf liegt der Gewinn«, heißt eine alte Kaufmannsregel. So schützen Sie Ihr Kapital am besten vor Verlusten. Aber gerade das Investieren in Seitwärtsmärkten kann frustrierend sein. Mein Kollege Vitaliy Katsenelson hat ein ganzes Buch darüber geschrieben, wie es am besten geht.[4]

Nachfolgend stelle ich Ihnen eine einfache, unkomplizierte Berechnung für den fairen Wert (inneren Wert) von Königsunternehmen vor.

Der innere Wert entspricht dem Gewinn multipliziert mit einem Faktor (M). $V = G \times M$ lautet die Formel. Sie erkennen, dass diese Formel sehr viel Ähnlichkeit mit $P = G \times M$ hat. Allerdings geht es bei V um den fairen Wert, während P der Kurs ist, der vom Markt bezahlt wird. Insofern hat der Multiplikator M zwei verschiedene Bedeutungen. In der ersten Formel, in der es um den Kurs geht, gibt er einfach den tatsächlichen Multiplikator an, der vom Markt gezahlt wird. In der zweiten Formel sollte hingegen ein angemessener Multiplikator eingesetzt werden.

Auch G sollte etwas umfassender ermittelt werden. Der letzte Jahresgewinn ist ein guter Anhaltspunkt, jedoch sollten Sie sich nicht darauf verlassen. Der Jahresgewinn kann durch außerordentliche Einflüsse wie Restrukturierungen, Sonderabschreibungen, Übernahmen und außerordentliche Aufwendungen und Erträge verfälscht sein.

Besser ist es, einen robusten Wert für den Gewinn zu verwenden. Ein erster guter Anhaltspunkt ist es, einfach den Durchschnitt der letzten drei Jahresgewinne zu nehmen. Diese finden Sie im Internet auf den Investor-Relations-Seiten der einzelnen Unternehmen meist, ohne viel zu suchen.

Der durchschnittliche Gewinn je Microsoft-Aktie über drei Geschäftsjahre

	2012/13	2013/14	2014/15
Gewinn je Aktie	2,63 USD	2,63 USD	2,53 USD
Durchschnitt der Gewinne je Aktie	2,60 USD		

Quelle: Bloomberg

Noch besser ist es, den Gewinn aus den durchschnittlichen Nettomargen abzuleiten. Wie Sie die Nettomarge ermitteln, habe ich Ihnen oben gezeigt. Ermitteln Sie die durchschnittliche Marge (m) der letzten drei bis zehn Jahre und multiplizieren Sie diese mit dem aktuellen Umsatz. So können Sie einen robusten inneren Wert mit Hilfe der Formel V = (m × Umsatz) × M ermitteln. Dieses Verfahren ist aufwendiger, aber es berücksichtigt zwischenzeitliche Umsatzsteigerungen.

Nachhaltiger Gewinn von Alphabet, ermittelt aus den durchschnittlichen Margen

Geschäftsjahre	2013	2014	2015
Gewinnmarge in %	23,3	21,9	21,8
Mittelwert der Gewinnmargen in %			22,3
Umsatz 2015 in Mio. USD			74989
Normalisierter Gewinn in Mio. USD			16737

Quelle: Bloomberg

Auch M als Faktor wählen wir nicht willkürlich. Hier stellen wir uns die Frage: Das wievielfache des normalisierten Jahresergebnisses sind wir bereit für das Unternehmen zu zahlen? Bei sehr guten Königsunternehmen mit einem nachhaltigen Wettbewerbsvorteil sind wir bereit, in der gegenwärtigen Niedrigzinssituation bis zum 25fachen des Jahresergebnisses zu bezahlen. Normalerweise würden wir aber nicht über die Kennzahl 20 gehen. Der langfristige Durchschnitt für den Aktienmarkt beträgt 15. Hier sind eben auch Unternehmen mit Problemen enthalten, die vom Markt sehr niedrig bewertet werden.

Ermittlung des fairen Werts der Coca-Cola-Aktie mit Hilfe nachhaltiger Margen

Geschäftsjahre	2013	2014	2015
Gewinnmarge in %	18,3	15,4	16,6
Mittelwert der Gewinnmargen in % (m)			16,8
Umsatz 2015 in Mio. USD			44294
Normalisierter Gewinn in Mio. USD (G)			7434
Multiplikator (M)			25
fairer Eigenkapitalwert in Mio. USD (M × G)			185841
Aktienanzahl im Umlauf in Millionen			4382,0
Fairer (innerer) Wert je Aktie in USD			42,40

Quelle: Bloomberg

Als Bewertungsbeispiel soll das Unternehmen Coca-Cola dienen. Die durchschnittliche normalisierte Netto-Gewinnmarge der letzten drei Jahre lag bei soliden 16,8 Prozent. Die normalisierte Nettogewinnmarge (m) multiplizieren wir mit dem Umsatz aus dem Geschäftsjahr 2015 von 44,3 Milliarden US-Dollar. Als Ergebnis erhalten wir den normalisierten Gewinn von 7,4 Milliarden US-Dollar. Wenn wir mit einem Faktor von 25 arbeiten – was bedeutet, Coca-Cola ist ein sehr gutes Königsunternehmen mit einem nachhaltigen Wettbewerbsvorteil (Marke) –, erhalten wir einen Eigenkapitalwert von 185,8 Milliarden US-Dollar. Ziel unserer Rechnung soll der innere Wert je Aktie sein. Also schauen wir, wie viele Aktien sich im Umlauf befinden und dividieren die Anzahl von rund 4,38 Milliarden durch den fairen Eigenkapitalwert. Das heißt, wir sehen den inneren Wert bei rund 42,40 US-Dollar je Aktie.

Kurs und Wert fallen an der Börse häufiger auseinander, als die Finanzökonomen, die davon ausgehen, dass der Markt immer recht hat, behaupten. Value Investing, wertorientiertes

Investieren, lohnt sich. Kehren wir noch einmal zur Dotcom-Blase um 2000 zurück. Haben Sie damit negative Erfahrungen gemacht oder positive? Oder sind Sie zu jung? Egal welche Erfahrungen Sie gemacht haben, bitte überblättern Sie diese Passage nicht! Sonst könnten Sie Gefahr laufen, wieder große Verluste zu erleben.

Im Jahr 1999 – kurz vor dem Höhepunkt der Euphorie – bedeutete Risiko sinnbildlich: weniger Geld zu verdienen als die anderen. Die Menschen hatten Angst, dass einem jemand am Kiosk, beim Grillabend oder auf der Arbeit begegnete, der noch schneller reicher wurde als man selbst. Es herrschte Gier. Nach Platzen der Blase (2002–2003) war der schnellerworbene vermeintliche Wohlstand komplett weggefegt. Es herrschte extreme Angst.

Hätten Sie während der Dotcom-Blase unsere einfache Formel angewendet, hätten Sie die Übertreibungen des Marktes erkannt. Vielleicht wäre Ihnen auch ein großer Verlust erspart geblieben.

Die folgende Graphik zeigt die Entwicklung von Kurs und Wert der Deutschen Telekom. Vielleicht erinnern Sie sich: am 6.3.2000 war die Aktie kurzzeitig über 100 Euro teuer. Zwischenzeitlich fiel sie am 30.9.2002 bis auf ein Tief von 8,42 Euro. Heute steht sie bei 15,39 Euro (Schlusskurs 14.7.2016).Spätestens im Jahr 1998 liefen der faire Wert und der Preis der Aktie völlig irrational auseinander. In den Folgejahren vergrößerte sich der Abstand auf das Drei- bis Vierfache.

Es wurde bis zum 166fachen des Jahresgewinns gezahlt. Dabei gehört die Deutsche Telekom aus unserer Sicht nicht zu den Königsunternehmen. Wir sind bei der Telekom nicht bereit, auch nur das 20- oder 25fache des Gewinns zu zahlen.

Auch bei einem wirklichen Königsunternehmen wie Microsoft gab es Phasen der deutlichen Überbewertung um die Dotcom-Blase herum. Damals notierte die Microsoft-Aktie teilweise bei einem Kurs-Gewinn-Verhältnis von 100.

Bei diesem echten Königsunternehmen sehen Sie aber auch

Entwicklung von Kurs und fairem Wert der Telekom-Aktie seit 1996

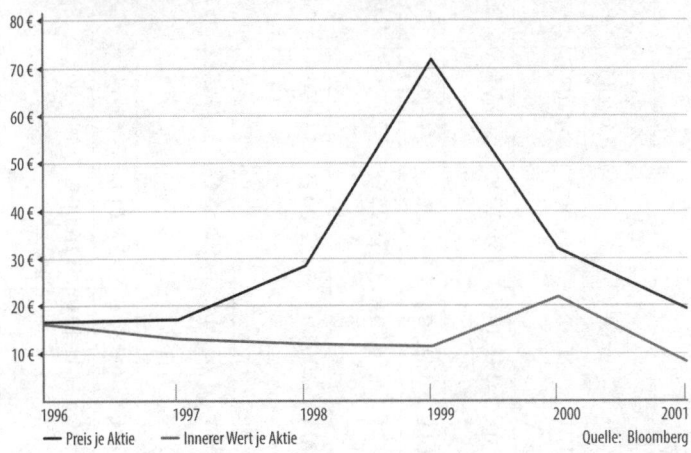

— Preis je Aktie — Innerer Wert je Aktie   Quelle: Bloomberg

einen Unterschied zur Deutschen Telekom AG! Während die Gewinne je Aktie bei der Deutschen Telekom leicht rückläufig sind, steigen sie bei Microsoft kräftig weiter: Von 2000 bis

Entwicklung von Kurs und fairem Wert der Microsoft-Aktie seit 1987

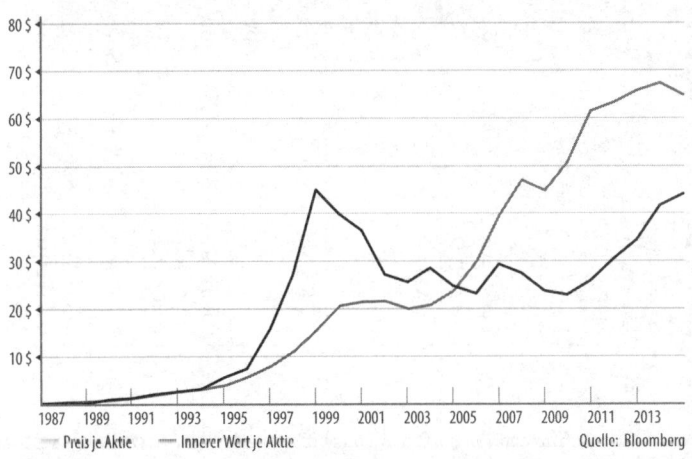

— Preis je Aktie — Innerer Wert je Aktie   Quelle: Bloomberg

Beispiele aus der Datenbank www.privatinvestor.de

Bewertung	Unternehmen	WKN	Branche	Königspunkte	Kurs	Kauf unter	IW	Verkauf über	IW (%)
H	Fuchs Petrolub	579043	Grundstoffe/Chemie/Agrar	78	36,37 €	36,00 €	40,00 €	48,00 €	91 %
K	Berkshire Hathaway B	A0YJQ2	Holding	76	130,20 €	143,20 €	159,12 €	190,94 €	82 %
K	LVMH	853292	Mode/Luxus	76	140,14 €	162,00 €	180,00 €	216,00 €	78 %
K	Cognizant	915272	sonstige Dienstleistungen	75	52,79 €	56,96 €	63,28 €	75,94 €	83 %
K	TFF	918313	Integrierte Handelskonzepte	75	80,00 €	100,80 €	112,00 €	134,40 €	71 %
K	CieFinancièreRichemont	A1W5CV	Mode/Luxus	75	52,98 €	83,41 €	92,68 €	111,22 €	57 %
K	Microsoft	870747	Software	74	48,00 €	48,82 €	54,24 €	65,09 €	88 %
K	Mayr-Melnhof Karton AG	890447	Konsum-Non-Food	69	98,40 €	104,40 €	116,00 €	139,20 €	85 %

Bewer-tung	Unterneh-men	WKN	Branche	Königs-punkte	Kurs	Kauf unter	IW	Verkauf über	IW (%)
K	Semperit AG Holding	870378	Grundstoffe/Chemie/Agrar	65	30,03 €	32,40 €	36,00 €	39,60 €	83 %
K	BMW	519003	Autos	65	62,68 €	81,00 €	90,00 €	108,00 €	70 %
K	Svenska Handels-banken	A14S60	Banken	65	10,26 €	13,41 €	16,76 €	18,44 €	61 %
K	Neopost	919272	sonstige Dienst-leistungen	65	23,72 €	30,10 €	43,00 €	43,00 €	55 %
K	Villeroy + Boch AG VZ	765723	Integrierte Handelskonzepte	58	13,77 €	14,24 €	17,80 €	19,58 €	77 %
H	Gesco	A1K020	Holding	53	70,43 €	59,50 €	85,00 €	93,50 €	83 %
H	Sberbank-Russia	A1JB8N	Banken	50	8,39 €	6,06 €	8,66 €	8,66 €	97 %

2014 haben sich die Gewinne fast verdreifacht. Während der Kurs nach 2000 fiel, stieg der innere Wert. Und spätestens 2005 war der Schnittpunkt erreicht. Nun war die Microsoft-Aktie unterbewertet. Es dauerte aber bis 2011, bis der Markt das merkte.

Wenn Sie sich selbst nicht die Mühe machen wollen oder keine Zeit haben: In der Datenbank von Privatinvestor.de berechnen wir laufend den fairen Wert von über 50 Königsunternehmen. So können Sie jederzeit nachschauen, welche Unternehmen fair bewertet, überbewertet oder unterbewertet sind. Sie erhalten hier klare Kauf-, Halte- und Verkaufssignale.

Alphabet – der König der Suchanfragen

Alphabet (der Mutterkonzern von Google) generiert gegenwärtig den größten Teil seiner Erlöse durch Werbeeinnahmen bei Google, YouTube, Google Maps und den anderen Diensten des Unternehmens. Der Kunde (Werbetreibender) zahlt dabei über ein sogenanntes Cost-per-click-Verfahren, das heißt, er zahlt je Klick, den ein Internetnutzer auf eine solche Anzeige tätigt.

Das Unternehmen kann dabei auf sehr konstantes Konsumentenverhalten bauen. Wenn Sie Google aufrufen, befinden Sie sich automatisch im Suchmodus. Angenommen, Sie haben länger auf ein Paar Ausgehschuhe gespart und wollen diese heute kaufen. Sie suchen Ihr gewünschtes Paar bei Google, und Google zeigt ihnen verschiedene Anzeigen von unterschiedlichen Händlern, die das gleiche Paar Schuhe anbieten. Wenn der Preis stimmt, zögern Sie nicht lange und kaufen den gewünschten Artikel über das Internet.

Dies macht die Suche bei Google sehr effektiv. Denn Google findet meist den optimalen Zeitpunkt, um genau dann etwas zu bewerben, wenn Sie als Nutzer danach suchen und das Produkt auch kaufen wollen. In der Regel kaufen Nutzer auf einem PC schneller als bei der Nutzung eines Smartphones. Dort ist es vielen Nutzern zu mühsam, auf dem kleinen Bildschirm Formulare und Kreditkartennummern auszufüllen. Das ist auch ein Grund, warum die mobile Suche etwas weniger Ertrag bringt.

Der Netzwerkeffekt verschafft Google massive Wettbewerbsvorteile. Das Unternehmen ist uneingeschränkter Marktführer bei Internetsuchen. Wo werben Sie also, wenn Sie Ihre Produkte oder Dienstleistungen bewerben wollen? Beim Marktführer. Durch den großen Marktanteil verdient Google viel Geld und kann wiederum hohe Summen in die Verbesserung seines Angebots investieren.

Die Suchmaschine profitiert von der explosiven Zunahme der Webinhalte. Google kann im Prinzip jede Suchanfrage verwenden, um den Suchalgorithmus zu verbessern und die künftigen Suchergebnisse zu verfeinern. Damit kann Google wiederum einen größeren Nutzen für die Besucher schaffen (oder manipulieren). Je mehr Suchprozesse durchgeführt werden, umso mehr Nutzererfahrungen (Interessen, Besuchszeit einer Website usw.) können ausgewertet werden, und umso feiner werden die Ergebnisse. Damit tritt eine Selbstverstärkung ein. Google wird noch interessanter für Unternehmen, die ihre Services und Produkte effektiv verkaufen wollen.

Sämtliche Werbeeinnahmen, die Alphabet über konzernfremde Seiten einnimmt, werden im Segment Network zusammengefasst. Alphabet fungiert hier sozusagen als Vermittler zwischen Anbietern (Inhaber der Internetseiten wie etwa Spiegel.de, finanzen.net) und Werbetreibenden (Kunden, die Anzeigen schalten). Über das Tool Google AdWords können Werbetreibende nach diversen Kriterien selbst auswählen, auf welchen Internetseiten sie ihre Werbekampagnen platzieren möchten, oder welche sie explizit ausschließen möchten. Den Werbetreibenden bietet dies den Vorteil, dass sie nicht mit jedem einzelnen Seiteninhaber eigens über Konditionen verhandeln und eigene Verträge abschließen müssen. Sämtliche

Kosten werden an Alphabet gezahlt. Alphabet behält davon als Vermittlungsgebühr rund ein Drittel der Werbekosten ein, der Rest wird an den Seiteninhaber weitergeleitet. Das Segment Network ist derzeit für rund 20 Prozent des Gesamtumsatzes verantwortlich.

Ein kleinerer Teil der Erlöse stammt vom App-Verkauf im Google-Play-Store sowie dem Verkauf von Hardware, Software (Android) und anderen Dienstleistungen, wie zum Beispiel Google Glass und Kontaktlinsen für Diabetiker, Vergabe von Lizenzen, der Cloud-Plattform etc.

Das kleinste Segment trägt den imposanten Namen »Other Bets«. Hier sind alle Tochterunternehmen enthalten, die sich mit beachtenswerten Zukunftstechnologien wie selbstfahrenden Autos, Smart Home, Robotern, künstlicher Intelligenz bis hin zu Internet-Ballons beschäftigen. Es ist sozusagen der Inkubator von Alphabet. Das Segment verantwortet gegenwärtig weniger als 1 Prozent der Umsatzerlöse und bietet in Zukunft noch reichlich Potential. Google arbeitet selbst an revolutionären Durchbrüchen – kontrolliert aber die Investments streng.

Gehen wir die Königskriterien am Beispiel von Google/Alphabet durch:

1. Ist das Unternehmen weltbekannt und besitzt eine einprägsame und etablierte Marke?

Alphabet, insbesondere die wichtige Tochter Google, ist ein klassisches Paradebeispiel für ein Unternehmen mit weltbekanntem Massen-Markennamen. Dieser Name hat sich in unserem Alltag schon sehr gut integriert. Das Technologieunternehmen hat sich in den letzten Jahren zu einem Bestandteil unseres Arbeits- und Freizeitlebens entwickelt. Gegenwärtig hat der Konzern laut Interbrand die zweitwertvollste Marke hinter Apple, gefolgt von Coca-Cola und Microsoft.

Alphabet erhält in dieser Kategorie 9 von 10 Punkten.

2. Decken die Produkte die täglichen Bedürfnisse des Kunden und werden regelmäßig erworben? Konzentriert sich das Unternehmen auf sein Kerngeschäft?

Google vertreibt aus unserer Sicht ebenfalls geringwertige Wirtschaftsgüter, indem sie Internetnutzung für jedermann ermöglichen und vereinfachen. Der Service wird in der Regel jeden Tag in Anspruch genommen, und auch in Wirtschaftskrisen – wie zum Beispiel in der Finanzkrise – konnte Google seine Umsatzerlöse und -erträge steigern. Aktuell weist Google noch eine große Konzentration auf das Geschäft mit Werbeeinnahmen auf. Im Geschäftsjahr 2015 machten diese rund 90 Prozent des Gesamtumsatzes aus. Vor allem auf den eigenen Seiten namens Google, YouTube usw. werden rund 70 Prozent des Gesamtumsatzes erwirtschaftet.

Alphabet erhält in dieser Kategorie 10 von 10 Punkten.

3. Kann das Unternehmen seine Branche dominieren?

Die Marktposition von Google ist laut Marktforschern im April 2016 mit 89 Prozent des globalen Marktanteils der weltweiten Suchanfragen sehr dominant, gefolgt von BING und Yahoo mit 3 Prozent und 4,5 Prozent.

Google.com (Rang 1) und youtube.com (Rang 2) sind gemessen an den durchschnittlich täglichen Besuchern laut alexa.com die beliebtesten Internetseiten weltweit (Stand: 1.6.2016). Auf Rang 3 befindet sich Facebook. Value-Investor Charlie Munger von Berkshire Hathaway betonte, dass er höchstwahrscheinlich noch nie so einen großen Burggraben (Wettbewerbsvorteil) gesehen habe.

Auch in aufstrebenden Ländern wie zum Beispiel Indien befinden sich drei Google-Seiten (Google.co.in, Google.com und Youtube.com) unter den beliebtesten Seiten des Landes, gefolgt von Facebook.com und Amazon.in.

Im Bereich Online-Portale und den damit verbundenen Werbeplattformen kann Google die Monopolstellung für sich beanspruchen. Nur in China spielt Google aus politischen

Gründen keine Rolle; Baidu hat dort eine dominierende Marktstellung inne.

Insgesamt vergeben wir 9 von 10 Punkten.

4. Bewegt sich das Unternehmen in einer Branche, deren Dynamik überschaubar erscheint und dennoch ein gutes Wachstumspotential hat?

Die Branche ist sehr etabliert. Der Mutterkonzern Alphabet kann auf verschiedenen Ebenen wachsen. Die Google-Suche kann durch ein Anwachsen der Weltbevölkerung und gesteigerten Lebensstandard in den Schwellenländern insbesondere in Asien und Afrika weiter ihre Einnahmen steigern.

Neue Konkurrenz wie das Amazon-»Echo«-System und die »Bots« in den Chatapplikationen wie Skype, Facebook-Messenger oder Whatsapp könnten der Google-Suche in Zukunft eventuell Marktanteile abringen.

Des Weiteren verfolgt das Unternehmen mit den sogenannten »Moonshots« im Segment »Other Bets« sehr ehrgeizige Projekte, deren Erfolg alles andere als sicher ist. Der Gründer und Ingenieur Larry Page mag Unternehmen, die »eine gesunde Missachtung des Unmöglichen haben«, wie er einst betonte.

Die zahlreichen Projekte beinhalten großes Potential, die Einnahmen in Zukunft zu steigern und die Abhängigkeit von den Werbeeinnahmen zu reduzieren. Jedoch sind diese zukünftig geplanten Erträge mit sehr hoher Unsicherheit behaftet. Insgesamt erhält Google in der Kategorie Dynamik und Wachstumspotential der Branche 7 von 10 Punkten.

5. Wird das Unternehmen von einem erfahrenen Manager und im Interesse der Anleger (Inhaber) geführt? Gibt es langfristige Beteiligungen von Ankeraktionär und Management? Ist das Vergütungssystem des Managements am nachhaltigen Unternehmenserfolg orientiert?

Google wurde von Sergey Brin und Larry Page entwickelt und als Unternehmen Google Inc. im Jahr 1998 gegründet.

Seitdem gedeiht das Unternehmen hervorragend, und die zwei Gründer sind gegenwärtig noch im Unternehmen aktiv und halten jeweils rund 6 Prozent am Unternehmen (hauptsächlich Aktien der Klasse B mit zehn Stimmrechtsanteilen je Aktie).

Nach dem Umbau wurde Alphabet von Larry Page als CEO weitergeführt. Sergey Brin wird Geschäftsführer der Holding. Mir gefällt sehr, dass Ingenieure im Königsturm sitzen und nicht die klassischen Controller. Sie räumen der Forschung und Entwicklung, insbesondere der Innovation, große Bedeutung ein, und auch in der Hierarchie haben die Ingenieure eine wichtigere Rolle als der Rest der Belegschaft. Das bedeutet, dass die oberste Priorität auf Innovationen und neuen Ideen liegt und nicht bei den Finanzen – dafür sorgen die beiden Gründer.

Im Punkteschema erhält Alphabet 9 von 10 Punkten.

6. Sind Bruttomarge und Nettomarge hoch? Insbesondere höher als der Branchendurchschnitt?

Der Mutterkonzern von Google präsentiert dauerhaft sehr hohe Margen – mit einer Bruttomarge von 61,5 Prozent und einer Gewinnmarge von 24,4 Prozent im Schnitt in der letzten Dekade. Jedoch ist in den letzten fünf Jahren ein kontinuierlicher Margenrückgang zu sehen, der hauptsächlich von dem Trend zu mobilen Geräten (weniger profitabel) und den neuen Entwicklungsprojekten beeinflusst wird. Im letzten Geschäftsjahr 2015 lag die Gewinnmarge bei rund 21,8 Prozent und ist immer noch sehr stark. Alphabet erhält aufgrund des leicht rückläufigen Margentrends 8 von 10 Punkten.

7. Steigerte das Unternehmen seinen Nettogewinn über die letzten zehn Jahre kontinuierlich?

Im Jahr 2006 betrug der Nettogewinn rund 3,07 Milliarden US-Dollar, und der kürzlich veröffentlichte Gewinn im Geschäftsjahr 2015 stand mit 15,8 Milliarden US-Dollar zu Buche. Die Dekade war hervorragend. Der Mutterkonzern Alphabet konnte in jedem Jahr seinen Gewinn steigern. Insgesamt nahm der Nettogewinn um normalisierte 20 Prozent p.a. zu. Die Wachstumsraten sinken jedoch mit fortschreitender Unternehmensreife und fielen innerhalb der letzten fünf Jahre auf 12,9 Prozent p.a.

8 von 10 Punkten.

8. Konnte das Unternehmen einen Nettogewinn in jedem der vergangenen zehn Jahre erwirtschaften? Erzielt das Unternehmen auf die einbehaltenen Gewinne eine ausreichende Rendite?

Schon über 15 Jahre konnte Alphabet einen Nettogewinn und ebenso einen positiven Free Cashflow jährlich vermelden, welche auch rasant gestiegen sind. Die Gewinne kommen gegenwärtig noch nicht den Aktionären in Form von Dividenden zugute.

Die Kapitalallokation von Alphabet ist auch sehenswert. Alphabet erwirtschaftet seit 2006 rund 90 Milliarden US-Dollar Überschuss, welcher komplett thesauriert wurde. Im gleichen Zeitraum wurde der Nettogewinn um 12,7 Milliarden US-Dollar auf 15,8 Milliarden US-Dollar gesteigert, was einer internen Verzinsung für die eingehaltenen Gewinne von rund 14 Prozent im Jahr 2015 entspricht.

Punktzahl: 7 von 10 Punkten.

9. Erwirtschaftet das Unternehmen einen hohen operativen Cashflow, und ist die Sachinvestitionsquote gering?

Die operative Cashflowmarge betrug im letzten Geschäftsjahr rund 34,7 Prozent und im Schnitt über die letzten zehn Jahre rund 35,6 Prozent. Die Sachinvestitionsquote lag bei 38 Prozent, und der Schnitt der letzten zehn Jahre lag rund 4 Prozentpunkte unter dem aktuellen Wert, denn die Bestrebungen, in neue Märkte wie autonomes Fahren usw. einzudringen, lassen die Sachinvestitionsquote voraussichtlich steigen.

Punkteschema: 7 von 10 Punkten.

10. Hat das Unternehmen eine hohe Eigenkapitalrendite und einen hohen Eigenkapitalanteil?

Die Eigenkapitalquote von Google war in den letzten Jahren sehr hoch. Im Geschäftsjahr 2015 bestätigt Google mit einer Eigenkapitalquote von rund 83,6 Prozent diese Linie. Des Weiteren verfügt Google über eine Nettoliquidität in Höhe von rund 75,6 Milliarden US-Dollar, was 15 Prozent der gegenwärtigen Marktkapitalisierung (1.6.2016) entspricht.

Die Eigenkapitalrendite lag im Geschäftsjahr 2015 bei 13,2 Prozent. Der Wert liegt unter dem Durchschnitt der letzten zehn Jahre von 16,2 Prozent, was der zunehmenden Größe und der bevorzugten Finanzierung von Projekten durch Eigenkapital geschuldet ist.

6 von 10 Punkten.

Zusammenfassende Bewertung der Unternehmensqualität von Alphabet nach den Königskriterien

Qualitative Kriterien	max. mögliche Punktzahl	Alphabet
1. Ist das Unternehmen weltbekannt und besitzt eine einprägsame und etablierte Marke?	10	9
2. Decken die Produkte die täglichen Bedürfnisse des Kunden und werden regelmäßig erworben? Konzentriert sich das Unternehmen auf sein Kerngeschäft?	10	10
3. Kann das Unternehmen seine Branche dominieren?	10	9
4. Bewegt sich das Unternehmen in einer Branche, deren Dynamik überschaubar erscheint und dennoch ein gutes Wachstumspotential hat?	10	7

5. Wird das Unternehmen von einem erfahrenen Manager und im Interesse der Anleger (Inhaber) geführt? Gibt es langfristige Beteiligungen von Ankeraktionär und Management? Ist das Vergütungssystem des Managements am nachhaltigen Unternehmenserfolg orientiert?	10	9
Zwischensumme	50	44
Quantitative Kriterien	max. mögliche Punktzahl	
6. Sind Bruttomarge und Nettomarge hoch? Insbesondere höher als der Branchendurchschnitt?	10	8
7. Steigerte das Unternehmen seinen Nettogewinn über die letzten zehn Jahre kontinuierlich?	10	8
8. Konnte das Unternehmen einen Nettogewinn in jedem der vergangenen zehn Jahre erwirtschaften? Erzielt das Unternehmen auf die einbehaltenen Gewinne eine ausreichende Rendite?	10	7
9. Erwirtschaftet das Unternehmen einen hohen operativen Cashflow, und ist die Sachinvestitionsquote gering?	10	7
10. Hat das Unternehmen eine hohe Eigenkapitalrendite und einen hohen Eigenkapitalanteil?	10	6
Zwischensumme	50	36
Gesamtsumme	**100**	**80**

Die Bewertung von Alphabet

Wie bestimmt man den angemessenen Preis für ein Wachstumsunternehmen wie Alphabet? Passen Sie auf. Um die zwischenzeitlichen Umsatzsteigerungen des rasant wachsenden Konzerns zu berücksichtigen, ziehen wir das etwas aufwendigere Verfahren vor. Wir verwenden die Formel V = (m × Umsatz) × M und multiplizieren die durchschnittliche Nettomarge mit dem aktuellen Umsatz. Außerdem nehmen wir einen angemessenen Multiplikator (zwischen 20 und 25) für Wachstum und Kapitalkosten an.

Alphabet wies in den Jahren 2013 bis 2015 hervorragende Nettomargen auf, auch wenn diese leicht rückläufig waren. Aber dies ist bei einem so stark wachsenden Unternehmen auch normal.

Ermittlung des fairen Werts der Alphabet-Aktie Anfang 2016

Geschäftsjahre	2013	2014	2015
Gewinnmarge in %	23,3	21,9	21,8
Mittelwert der Gewinnmargen in % (m)			22,3
Umsatz 2015 in Mio. USD			74 989
normalisierter Gewinn in Mio. USD (G)			16 737
Multiplikator (M)			25
fairer Eigenkapitalwert in Mio. USD (M × G)			418 000
Nettoliquidität			75 600
fairer Eigenkapitalwert zuzüglich Cash in Mrd. USD			494 000
Aktienanzahl im Umlauf in Millionen			749
innerer Wert je Aktie in USD			659

Diese Gewinnmarge multiplizieren wir mit dem aktuellen Umsatz von 75 Milliarden US-Dollar. Als Resultat erhalten wir den nachhaltigen Gewinn von 16,7 Milliarden US-Dollar. Nach unserem Königstest stufen wir Alphabet als ein gutes Königsunternehmen mit 80 von 100 Königspunkten ein und wären bereit, unseren maximalen Faktor von 25 auf den nachhaltigen Gewinn zu zahlen. Wenn wir mit dem maximalen Faktor von 25 rechnen, erhalten wir einen fairen Eigenkapitalwert von 418 Milliarden US-Dollar. Bei Alphabet gibt es noch eine Besonderheit: Das Unternehmen sitzt auf 75,6 Milliarden Dollar Liquidität. Besitzt das Unternehmen eine gute Bilanz und ein ständig Cash generierendes Basisgeschäft – was bei Alphabet zweifelsohne der Fall ist –, können Sie diese Liquidität zum inneren Wert addieren. Denn das Geld könnte ja jederzeit an die Aktionäre ausgeschüttet werden, ohne dass Alphabet beeinträchtigt würde. So hebt sich der innere Wert auf 659 USD.

Beim aktuellen Kurs von 733 (31.5.2016) ist die Aktie ungefähr angemessen bewertet. Sie sollten dabei bleiben. Für Nachkäufe warten Sie besser auf den nächsten Rücksetzer.

Anheuser-Busch InBev – König der Biere

Anheuser-Busch InBev (kurz: AB Inbev) ist der größte Brauereikonzern der Welt und damit auch gleichzeitig eines der größten Konsumgüterunternehmen. Die Geschichte des Konzerns geht bis ins Jahr 1366 zurück, dem Gründungsjahr des belgischen Brauereiunternehmens Den Hoorn in Leuven. Auch heute befindet sich in Leuven noch die Konzernzentrale. Das Unternehmen verkauft mittlerweile jedes fünfte Bier, das auf der Welt getrunken wird.

1999 fusionierten die brasilianischen Bierbrauer Brahma und Antarctica zu AmBev. Daraufhin folgte 2004 die Fusion mit der belgischen Interbrew zu InBev. 2008 schließlich entstand der Konzern in seiner heutigen Form, als die belgisch-brasilianische In-Bev-Gruppe mit dem US-Brauereikonzern Anheuser-Busch zusammenging.

AB Inbev braucht auch den Vergleich mit anderen Konsumgüterherstellern nicht zu scheuen. Mit einem Wachstum von 5,9 Prozent wuchs das Unternehmen 2014 unter allen Konsumgüterherstellern am schnellsten, gefolgt von SAB Miller und DIAGREO mit je 5 Prozent und Nestlé mit 4,5 Prozent.

Und das Wachstum wird weiter durch Fusionen beflügelt: Das nächste große Projekt ist die Übernahme von SAB Miller, dem zweitgrößten Bierbrauer der Welt. Wenn die Übernahme abgeschlossen ist, wird InBev der mit Abstand größte Brauer weltweit sein. Das würde den Marktanteil sowie die Preismacht zusätzlich stärken, auch wenn die Kartellbehörden sicher einige Auflagen machen werden. Da die Prüfung der Wettbewerbsbehörden noch nicht abgeschlossen ist, berücksichtigen wir die neueste Übernahme in unserer Einschätzung noch nicht.

1. Ist das Unternehmen weltbekannt und besitzt einprägsame und etablierte Marken?

Im deutschsprachigen Raum ist der Konzern Anheuser-Busch InBev vor allem bekannt durch die Biermarken »Beck's«, »Franziskaner Weißbier«, »Löwenbräu«, »Hasseröder« und »Spaten«. Jedoch geht das internationale Markenportfolio weit darüber hinaus und enthält über 200 Marken, zum Beispiel die globalen Premiummarken »Stella Artois« und »Budweiser« sowie weitere internationale Spezialitäten, wie »Brahma«, »Leffe«, »Staropramen« und »Hoegaarden«. Zusammengefasst befinden sich über 16 »Milliarden-Dollar«-Brands im Portfolio des Bierkonzerns, also 16 Biermarken, die jeweils eine Milliarde Dollar Umsatz im Jahr generieren. Sieben der zehn wertvollsten Biermarken der Welt sind bei Anheuser-Busch Inbev.

Anheuser-Busch InBev erhält in dieser Kategorie 7 von 10 Punkten.

2. Decken die Produkte die täglichen Bedürfnisse des Kunden und werden regelmäßig erworben? Konzentriert sich das Unternehmen auf sein Kerngeschäft?

AB Inbev operiert sehr nah am Endverbraucher und vertreibt Produkte im Niedrigpreissegment, die täglich konsumiert werden. »Gegessen und getrunken wird immer« – gerade in einer Wirtschaftskrise könnte das Bier besonders fließen. Damit ist die Aktie von AB Inbev sehr gut für die langfristige Anlage geeignet. Starke Schwankungen von Absatz und Ertragszahlen sind nicht zu befürchten.

Der Konzern AB Inbev hat sich klar auf die Produktion und den Vertrieb von Bier fokussiert. Das operative Geschäft des Konzerns ist in sieben Segmente gegliedert. Dabei spielen vor allem geographische Kriterien eine Rolle.

Anheuser-Busch InBev erhält in dieser Kategorie 10 von 10 Punkten.

3. Kann das Unternehmen seine Branche dominieren?

Schon jetzt ist AB Inbev mit einem Marktanteil von über 20 Prozent klarer Herrscher in der Branche. Nach der Übernahme von SAB Miller wird die Dominanz noch stärker. In 24 der 30 größten Biermärkte wird der Konzern Marktführer sein – mit knapp über 30 Prozent der weltweiten Bierproduktion wird dann fast jedes dritte Bier von AB Inbev hergestellt.

Ein Blick auf die recht niedrigen Vertriebs- und Marketingaufwendungen verrät, dass gegenwärtig ein vernünftig agierender Wettbewerb zwischen den meisten lokalen Brauereien, Heineken, Carlsberg und Tsingtao vorliegt.

Insgesamt vergeben wir 8 von 10 Punkten.

4. Bewegt sich das Unternehmen in einer Branche, deren Dynamik überschaubar erscheint und dennoch ein gutes Wachstumspotential hat?

Die Branche ist überschaubar. Die großen Konkurrenten kennen sich, der Markt ist klar gegliedert. Abgesehen von der Übernahme, wie kann AB Inbev in Zukunft noch wachsen?

Drei Wachstumsfelder sind offensichtlich: Bevölkerungswachstum, Neukunden- und Eroberung von Marktanteilen.

Knapp 7,3 Milliarden Menschen bevölkern momentan unsere Erde. Die Weltbevölkerung hat sich seit 1950 verdreifacht. Jedes Jahr kommen laut UNO knapp 80 Millionen Menschen dazu.

Angenommen, sie verbrauchen nur ein Drittel des Bierbedarfs der vier führenden Nationen im Bierkonsum pro Kopf wie Tschechien, Namibia, Österreich und Deutschland, kommen rund 37,5 Liter Bier je Kopf jedes Jahr mit Überschreiten der Volljährigkeit hinzu. Also kommen mit zunehmender Weltbevölkerung schätzungsweise insgesamt 3 Milliarden Liter jedes Jahr hinzu.

Durch die Akquisition von Spezialitätenbier-Brauereien, insbesondere Craft-Beer, möchte AB Inbev neue Zielgruppen ansprechen. Über die Sortimentserweiterung hat AB Inbev die Möglichkeit, Neukunden mit unterschiedlichen Geschmacksrichtungen zu gewinnen, welche das Bier des Unternehmens bisher noch nicht getrunken haben.

Es wird nicht leicht werden, Marktanteile von Konkurrenten zu gewinnen und Heineken- oder Carlsberg-Trinker vom Geschmack der eigenen Biere wie Budweiser, Beck's usw. zu überzeugen. Auch der sehr große Marktanteil nach der Fusion mit SAB Miller spricht dagegen. Damit ist der Spielraum für eine weitere Expansion nicht besonders hoch, jedoch sollte mit einer guten Strategie noch einiges möglich sein.

Insgesamt erhält AB Inbev in der Kategorie Wachstumspotential der Branche 6 von 10 Punkten.

5. Wie erfahren ist der König? Und wie nachhaltig trägt er seine Verantwortung? Kann der König sich Rat bei den Weisen holen?

Das Management von AB Inbev ist sehr erfahren. Der studierte Maschinenbauer Carlos Brito ist schon seit 2005 als CEO tätig. Das Unternehmen gedieh – wie Sie nachher bei den quantitativen Auswertungen sehen werden – während seiner Amtszeit prächtig.

Beaufsichtigt wird das Management von unabhängigen Personen und von Vertretern der Hauptaktionäre. Eine besondere Rolle spielen die Mitgründer von 3G Capital, die Herren Behring, Sicupira, Telles und Lemann. 3G Capital soll rund 12,5 Prozent der Anteile an AB Inbev halten und gilt als kompromissloser, gut informierter und fokussierter Investor. Auch beim Übernahmeziel SAB Miller werden wichtige Schritte zur Effizienzsteigerung höchstwahrscheinlich mit Hilfe der Ankeraktionäre durchgesetzt werden, ähnlich wie 3G Capital dies bei Restaurant Brands International (hauptsächlich Burger King) und Kraft Heinz gemacht hat.

Im Punkteschema erhält AB Inbev 8 von 10 Punkten.

6. Liegt die Bruttomarge über 40 und die Nettomarge über 20 Prozent?

AB Inbev konnte über die letzten zehn Jahre eine dauerhaft hohe Bruttomarge von rund 58 Prozent erzielen. Da sich neben den Personalkosten auch die Ausgaben für Marketing und Vertrieb im Rahmen hielten, betrug die Nettomarge über die letzten zehn Jahre durchschnittlich 16,3 Prozent, im abgelaufenen Geschäftsjahr rund 19 Prozent.

AB Inbev bekommt in dieser Kategorie 8 von 10 Punkten.

7. Steigerte das Unternehmen seinen Nettogewinn über die letzten zehn Jahre kontinuierlich?

Das Unternehmen ist in den letzten Jahren vor allem mit kleinen bis sehr großen Akquisitionen, Präsenz an Schwellenmärkten und dem wachsenden Bierkonsum pro Person stark gewachsen. Der Nettogewinn wuchs dadurch seit 2006 kumuliert um 18,7 Prozent.

Laut Punkteschema bekommt AB Inbev 8 von 10 Punkten.

8. Konnte das Unternehmen einen Nettogewinn in jedem der vergangenen zehn Jahre erwirtschaften? Erzielt das Unternehmen auf die einbehaltenen Gewinne eine ausreichende Rendite?

AB Inbev konnte seit 2001 jedes Jahr einen Nettogewinn ausweisen und Dividenden ausschütten. Damit kommen die Gewinne in gewohnter Regelmäßigkeit den Aktionären zugute. Ebenfalls konnte AB Inbev seine Gewinne deutlich und kontinuierlich steigern. Im Jahr 2006 schüttete das Unternehmen 0,72 US-Dollar je Aktie aus, 2015 schon 3,60 US-Dollar je Aktie. Nur einmal – 2008 – musste die Dividende gekürzt werden.

AB Inbev investiert sein Kapital auch klug, es ist, wie Warren Buffett sagen würde, »ein guter Kapitalallokator«. Hier scheitern viele Unternehmen, weil Manager oftmals nicht kontrolliert werden und den natürlichen Anreiz haben, ihr Imperium auszudehnen. Also werden Jahr für Jahr viele Hundert Milliarden Dollar versenkt, die die entsprechenden Unternehmen besser ausgeschüttet hätten.

Nicht so bei AB Inbev. Das Unternehmen erwirtschaftete seit 2006 rund 60 Milliarden US-Dollar Überschuss. Davon sind rund 35,5 Milliarden US-Dollar im Unternehmen verblieben und wurden ins operative Geschäft investiert. Im gleichen Zeitraum wuchs der Nettogewinn um 6,5 Milliarden US-Dollar auf 8,3 Milliarden US-Dollar an. Das entspricht einer internen Verzinsung von über 18 Prozent für die eingehaltenen Gewinne im Jahr 2015.

Punktzahl: 10 von 10 Punkten.

9. Erwirtschaftet das Unternehmen einen hohen operativen Cashflow, und ist die Sachinvestitionsquote gering?

Die operative Marge ist mit stolzen 32,4 Prozent im Geschäftsjahr 2015 sehr hoch. Auch im Durchschnitt der letzten zehn Jahre lag sie bei hohen 29 Prozent. Die Sachinvestitionen liegen durchschnittlich bei rund 31 Prozent des operativen Cashflows. Wir gehen davon aus, dass diese Zahlen auch nach der Übernahme von SAB Miller gut aussehen. Das Management hat schon mehrfach bewiesen, dass es Übernahmen stemmen kann.

Punkteschema: 9 von 10 Punkten.

10. Hat das Unternehmen eine hohe Eigenkapitalrendite und einen hohen Eigenkapitalanteil?

Die Eigenkapitalquote beträgt zum Jahresende 34 Prozent, was in Ordnung, aber nicht besonders hoch ist. Um die Übernahme von SAB Miller zu finanzieren, wurden am Anfang des Geschäftsjahres 2016 weitere Anleihen zu guten Konditionen platziert. Weil AB Inbev ein sehr stabiles Geschäft betreibt, kann es sich auch (im angemessenen Rahmen) zu hervorragenden Konditionen verschulden.

Die Eigenkapitalrendite betrug über die letzten zehn Jahre durchschnittlich immerhin 14,7 Prozent. Zudem konnte sie im Geschäftsjahr 2015 auf 18,1 Prozent gesteigert werden.

4 von 10 Punkten.

Zusammenfassende Bewertung der Unternehmensqualität von AB Inbev nach den Königskriterien

Qualitative Kriterien	max. mögliche Punktzahl	AB Inbev
1. Ist das Unternehmen weltbekannt und besitzt eine einprägsame und etablierte Marke?	10	7
2. Decken die Produkte die täglichen Bedürfnisse des Kunden und werden regelmäßig erworben? Konzentriert sich das Unternehmen auf sein Kerngeschäft?	10	10
3. Kann das Unternehmen seine Branche dominieren?	10	8
4. Bewegt sich das Unternehmen in einer Branche, deren Dynamik überschaubar erscheint und dennoch ein gutes Wachstumspotential hat?	10	6

5. Wird das Unternehmen von einem erfahrenen Manager und im Interesse der Anleger (Inhaber) geführt? Gibt es langfristige Beteiligungen von Ankeraktionär und Management? Ist das Vergütungssystem des Managements am nachhaltigen Unternehmenserfolg orientiert?	10	8
Zwischensumme	50	39
Quantitative Kriterien	max. mögliche Punktzahl	
6. Sind Bruttomarge und Nettomarge hoch? Insbesondere höher als der Branchendurchschnitt?	10	8
7. Steigerte das Unternehmen seinen Nettogewinn über die letzten zehn Jahre kontinuierlich?	10	8
8. Konnte das Unternehmen einen Nettogewinn in jedem der vergangenen zehn Jahre erwirtschaften? Erzielt das Unternehmen auf die einbehaltenen Gewinne eine ausreichende Rendite?	10	10
9. Erwirtschaftet das Unternehmen einen hohen operativen Cashflow, und ist die Sachinvestitionsquote gering?	10	9
10. Hat das Unternehmen eine hohe Eigenkapitalrendite und einen hohen Eigenkapitalanteil?	10	4
Zwischensumme	50	39
Gesamtsumme	100	78

Die Bewertung von Anheuser-Busch InBev

Anheuser-Busch InBev bekommt im Königstest 78 von 100 Punkten und gehört damit zum kleinen Kreis der wirklichen Königsunternehmen. Jetzt können wir uns über den Preis und den Wert des Unternehmens Gedanken machen.

Da noch weitere Entscheidungen der internationalen Kartellbehörden bezüglich der Übernahme von SAB Miller offen sind, konzentrieren wir uns auf die Ertragszahlen des bisherigen Bierkonzerns.

Wir benötigen wieder die Formel V = (m × Umsatz) × M. Und schauen uns die durchschnittliche, normalisierte Netto-Gewinnmarge der letzten drei Jahre an, die Ende 2015 bei guten 19 Prozent lag. Die normalisierte Nettogewinnmarge multiplizieren wir mit dem Umsatz aus dem Geschäftsjahr 2015 von 43,6 Milliarden US-Dollar. Als Produkt erhalten wir den normalisierten Gewinn von 8,27 Milliarden US-Dollar. Wenn wir mit einem Faktor von 25 (bedeutet rund 8 Prozent Kapitalkosten und eine Wachstumsrate von 4 Prozent oder 10 Prozent Kapitalkosten und 6 Prozent Wachstum) arbeiten, erhalten wir einen Eigenkapitalwert von 207 Milliarden US-Dollar. Ziel unserer Rechnung soll der innere Wert je Anteilsschein sein. Also schauen wir, wie viele Aktien sich im Umlauf befinden und dividieren die Anzahl von rund 1,6 Milliarden durch den fairen Eigenkapitalwert. Das heißt, wir sehen den inneren Wert je Aktie bei rund 128,50 US-Dollar.

Die Bewertung von AB Inbev

Umsatz in Mio. USD (2015)	43604
Mittelwert der normalisierten Gewinnmargen in % über 3 Jahre	19 %
normalisierter Gewinn in Mio. USD	8267
Multiplikator	25

fairer Eigenkapitalwert in Mio. USD	206700
Anzahl der Aktien in Millionen	1608
innerer Wert je Aktie in USD	128,50

Merksätze (in Form von Fragen)

1. Ist das Unternehmen weltbekannt und besitzt eine einprägsame und etablierte Marke?
2. Decken die Produkte die täglichen Bedürfnisse des Kunden und werden regelmäßig erworben? Konzentriert sich das Unternehmen auf sein Kerngeschäft?
3. Kann das Unternehmen seine Branche dominieren?
4. Bewegt sich das Unternehmen in einer Branche, deren Dynamik überschaubar erscheint und dennoch ein gutes Wachstumspotential hat?
5. Wird das Unternehmen von einem erfahrenen Manager und im Interesse der Anleger (Inhaber) geführt? Gibt es langfristige Beteiligungen von Ankeraktionär und Management? Ist das Vergütungssystem des Managements am nachhaltigen Unternehmenserfolg orientiert?
6. Sind Bruttomarge und Nettomarge hoch? Insbesondere höher als der Branchendurchschnitt?
7. Steigerte das Unternehmen seinen Nettogewinn über die letzten zehn Jahre kontinuierlich?
8. Konnte das Unternehmen einen Nettogewinn in jedem der vergangenen zehn Jahre erwirtschaften? Erzielt das Unternehmen auf die einbehaltenen Gewinne eine ausreichende Rendite?
9. Erwirtschaftet das Unternehmen einen hohen operativen Cashflow, und ist die Sachinvestitionsquote gering?
10. Hat das Unternehmen eine hohe Eigenkapitalrendite und einen hohen Eigenkapitalanteil?

11. Bewertung von Königsunternehmen: Welcher Preis ist angemessen?

11. Die Portfolios von www.privatinvestor.de

Um unsere Anlageentscheidungen transparent und nachvollziehbar zu gestalten, führen wir auf unserer Website www.privatinvestor.de verschiedene Musterportfolios:

- das **Langfristdepot** für die stressfreie langfristige Aktienanlage
- das **Value-Depot**, in das wir Aktien für die Langfristanlage und Zykliker aufnehmen
- und das **Wachstumsdepot**, bei dem der Anteil zyklischer Unternehmen höher sein kann und in dem wir gelegentlich etwas kurzfristiger (»sportlicher«) agieren

Diese Portfolios dienen unseren Mitgliedern als Orientierungshilfe und unterstützen sie in den verschiedensten Marktphasen. Als Mitglied können Sie unsere Investitionen jederzeit einsehen und sich über eine Depot-Depesche informieren lassen.

Als Leser dieses Buches bekommen Sie exklusive Einblicke in den Aufbau der Portfolios zum Zeitpunkt der Niederschrift. Daraus können Sie Anregungen für Ihre eigenen Portfolios entnehmen. Viele Privatanleger halten es nicht aus, wenn eine Aktie mal längere Zeit im Minus steht. Aber genau das ist der Sinn eines Portfolios – auch einmal negative Kursentwicklungen bei einzelnen Titeln oder bei einem gesamten Portfolio durchzustehen, um nachher die Früchte zu ernten.

Unser Handwerk ist die Analyse und sorgfältige Auswahl unterbewerteter Unternehmen mit hoher Qualität, die langfristig zu ihrem inneren Wert zurückkehren werden und so eine angemessene Rendite erzielen.[1] Bei den nachfolgend aufgeführten Portfoliounternehmen können Sie hier fündig werden. Es ist spannend, gemeinsam gute Investments zu entdecken und zu analysieren. Und wenn Sie einen Titel für gut erachten, dann können Sie nach Abwägen Ihrer Portfoliostrategie, Ihres finanziellen Hintergrunds und Ihrer Anlegermentalität mit größerer Sicherheit investieren. Unsere Musterportfolios ersetzen allerdings nicht Ihre eigenen Gedanken oder eine fundierte Beratung.

Natürlich liegen wir mit unseren Anlageentscheidungen keinesfalls jederzeit richtig. Auch können wir die Börse sowie die Kurse unserer Unternehmen kurzfristig nicht vorhersagen. Wir investieren in unterbewertete Aktien mit der Erwartung, dass der Markt diese Unterbewertung in angemessener Zeit korrigieren wird.

Auch wir machen Fehler. Selbst US-Superinvestor Warren Buffett, der mehr als sechzig Jahre lang phantastische Renditen für seine Investoren erzielt hat, hat Fehler gemacht. Value-Investoren bewahren sich eine gewisse Demut in Bezug auf die eigenen Fähigkeiten und das eigene Urteil. Wir sind offen dafür, aus unseren Fehlern zu lernen. Und Sie können von unseren Fehlern genauso viel lernen wie von unseren Erfolgen.

Ihre Persönlichkeit und Ihre mentale Stärke sind für Ihren Investitionserfolg sehr wichtig – wichtiger als eine herausragende Intelligenz. Nicht umsonst hat Benjamin Graham immer behauptet: »Das Hauptproblem der Investoren – und auch ihr schlimmster Feind – [sind] wahrscheinlich sie selbst«.[2]

Die meisten Privatanleger gehen gerne auf Nummer sicher? Dann könnten Sie bei fallenden Kursen versucht sein, die Aktien zu verkaufen, während ein Value-Profi eher nachkaufen würde. Während der Profi clever die Chance nutzt, um seinen Einstand zu verbilligen, hätten Sie einen Verlust realisiert. Die Portfolios von www.privatinvestor.de können Ihnen helfen, auch schwierige Phasen durchzustehen, wenn Sie sehen, dass wir halten, während Sie vielleicht versucht sind zu verkaufen.

Wenn Sie ein Portfolio anlegen, sollten Sie sich fünf Jahre Zeit geben. Auf keinen Fall sollten Sie Ihr Geld in Aktien stecken, wenn Sie nur ein oder zwei Jahre haben. Kein Mensch kann die Kursentwicklung für die nächsten zwei Jahre vorhersagen. Eine Investition in Aktien benötigt Geduld.

Musterdepot 1: Das Langfristdepot

Im Langfristdepot verfolgen wir eine Strategie des langfristigen Vermögensaufbaus und Kapitalerhalts. Die Titelanzahl liegt zwischen zehn und fünfzehn Unternehmen. Das reicht für eine vernünftige Risikostreuung völlig aus, egal was Ihr Bankberater Ihnen sagen will. Wenn Sie in wirkliche Top-Unternehmen investieren, können es sogar nur fünf oder zehn Unternehmen sein.

Das Langfristdepot enthält eine Mischung aus Aktien von Qualitätsunternehmen mit guten langfristigen Perspektiven. Wir wollen diese Aktien ja sehr lange halten. Warren Buffett und Charlie Munger, als unser Vorbild, haben manche Aktien, zum Beispiel Coca-Cola, seit Jahrzehnten im Portfolio. Wir konzentrieren uns weitgehend auf Unternehmen mit mindestens 70 Königspunkten.

Die Langfriststrategie beinhaltet einen geringen Kapitalumschlag – wir schichten selten um. Nur dann, wenn eine Aktie deutlich zu teuer geworden ist oder es eine bessere Alternative bezüglich Qualität oder Bewertung gibt, tauschen wir vielleicht einmal aus. Die große Ruhe im Portfolio hat viele Vorteile. Zum einen ist das Ganze relativ stressfrei. Und je weniger Sie umschichten, desto weniger Transaktionsgebühren müssen Sie bezahlen. Eine bekannte Börsenweisheit lautet: »Hin und Her macht Taschen leer.« Allein die Gebührenersparnis ist schon ein wichtiger Erfolgsbeitrag.

Das Langfristdepot haben wir am 16. September 2005 aufgelegt, um Privatanleger nach dem Platzen der Internet- und Technologieblase vor weiteren Angst- und Gier-Exzessen zu bewahren und sie beim langfristigen Vermögensaufbau zu unterstützen. Wir haben fast ausschließlich Aktien von konjunkturunabhängigen und etablierten Unternehmen aufgenommen. Das Depot hat sich langfristig sehr stabil entwickelt und steht nun mit fast 250 Prozent im Plus.[3] Dies entspricht einer jährlichen geometrischen Rendite (siehe Kasten unten) von 12,3 Prozent. Und der Anlagezeitraum enthielt etliche Rückschläge wie die Finanzkrise, das Euro-Desaster, den Brexit und viele andere. Vergleichen wir das mal mit dem DAX: Im selben Zeitraum hat der DAX eine Performance von rund 100 Prozent hingelegt und damit eine jährliche Rendite von 6,7 Prozent erzielt.

Basisdaten des Langfristdepots

Stand	12.07.2016
Startzeitpunkt	16.09.2005
Wert zum Startzeitpunkt	50 000,00 €
derzeitiger Wert	174 411,05 €
kum. Performance Depot	248,8 %
kum. Performance DAX	99,8 %
Outperformance ggü. DAX	149,0 %
annualisierte Performance	12,3 %
annualisierte Performance DAX	6,7 %
Restliquidität	20 832,24 €
Bargeldanteil	11,9 %

> **Wie Sie die geometrische Rendite ermitteln**
>
> Bilden Sie die Differenz aus Anfangs- und Endbetrag (das ist Ihre absolute Rendite). Teilen Sie diesen Wert durch den Anfangsbetrag und ziehen Sie aus dem Ergebnis die Wurzel, die mit der Anlagezeit in Jahren korrespondiert. Bezogen auf das Langfristdepot lautet der Anlagezeitraum rund 10,75 Jahre. Also ziehen wir die 10,75ste Wurzel.

Das Musterdepot zeigt auch auf, dass weder eine hohe Titelanzahl noch häufige Transaktionen für den langfristigen Vermögensaufbau notwendig sind. Zwar steigt der Wert des Depots nicht überproportional, wenn die Märkte extrem anziehen, aber gerade in Abwärtsphasen hält es sich sehr gut. Dadurch entstand auch die Outperformance von fast 150 Prozent im Vergleich zum DAX. Outperformance heißt, das Depot hat im Laufe seiner Existenz 150 Prozent mehr erzielt als DAX-Aktien. Einen langfristigen Kapitalverlust wollten wir möglichst vermeiden, denn »in bullishen[4] Zeiten fließt das Kapital in innovative Investments, von denen viele die Zeiten nicht überdauern werden«, so Value-Investor Howard Marks.[5]

Sorgfältige Titelselektion und Konzentration auf die Kriterien hohe Qualität und geringe Konjunkturabhängigkeit zahlen sich also langfristig aus. Einige der Titel, die wir Ihnen gleich vorstellen, sind seit vielen Jahren Bestandteil unseres Langfristdepots. Bei der Aufnahme weisen sie eine markante Unterbewertung aus. Seitdem haben wir sie mit Geduld und Disziplin gehalten.

Gegenwärtig sind leider viele Langfristtitel fair bewertet, was es schwieriger macht, neue Titel zu finden. Das führt auch dazu, dass wir gegenwärtig eine kleine Cash-Position halten.

Wir sind trotzdem der Überzeugung, dass gerade im aktuellen Marktumfeld die hochwertigen Langfristtitel ein absolutes

Die Positionen des Langfristdepots

Name	WKN	Anzahl	Aktueller Wert	Gewicht bezogen auf die Wertpapierpositionen (ohne Cash)	Kaufkurs	Aktueller Kurs (EUR)	Gewinn (%)
Johnson & Johnson	853260	160	17 776,00 €	11,6 %	45,50 €	111,10 €	144,2 %
Medtronic Plc	A14M2J	174	13 947,84 €	9,1 %	68,94 €	80,16 €	16,3 %
Berkshire Hathaway B	A0YJQ2	100	13 090,50 €	8,5 %	69,80 €	130,91 €	87,5 %
Procter & Gamble	852062	167	12 936,32 €	8,4 %	53,65 €	77,46 €	44,4 %
Anheuser-Busch InBev	590932	110	12 762,09 €	8,3 %	108,61 €	116,02 €	6,8 %
The Swatch Group AG	865126	45	11 738,25 €	7,6 %	325,46 €	260,85 €	−19,9 %
Sanofi-Aventis	920657	155	11 559,13 €	7,5 %	47,18 €	74,58 €	58,1 %
Nestlé	883723	155	11 071,65 €	7,2 %	30,99 €	71,43 €	130,5 %
Microsoft	870747	210	10 079,37 €	6,6 %	22,80 €	48,00 €	110,5 %
Novartis	904278	127	9 402,83 €	6,1 %	47,88 €	74,04 €	54,6 %

Name	WKN	Anzahl	Aktueller Wert	Gewicht bezogen auf die Wertpapierpositionen (ohne Cash)	Kaufkurs	Aktueller Kurs (EUR)	Gewinn (%)
V.F. Corp.	857621	145	8441,03 €	5,5 %	55,69 €	58,21 €	4,5 %
Fuchs Petrolub SE VZ	579043	225	8190,00 €	5,3 %	35,68 €	36,40 €	2,0 %
Alphabet Inc. Class A	A14Y6F	12	7959,80 €	5,2 %	636,00 €	663,32 €	4,3 %
STATOIL ASA NK 2,50	675213	289	4624,00 €	3,0 %	20,25 €	16,00 €	−21,0 %

Muss für jedes Depot sind. Solche Titel sind am besten geeignet, den Turbulenzen in der Weltwirtschaft zu trotzen. Vor allem unerfahrene Anleger sollten bei ihrer Depotaufstellung auf keinen Fall auf Langfristinvestments verzichten. Aktuell bieten die Titel auch bei einer fairen Bewertung immer noch eine attraktive Rendite. Zudem können Sie meistens von soliden und zuverlässigen Dividenden profitieren.

Im Einzelnen haben wir Aktien der folgenden Unternehmen im Langfristdepot:

Johnson & Johnson

Johnson & Johnson gehört zu den größten Pharmakonzernen überhaupt, ist aber auch in den beiden anderen Segmenten Consumer Healthcare und Medizintechnik gut aufgestellt. Durch kleinere Zukäufe wie den Haarpflegeanbieter Vogue International wurde das Segment Healthcare weiter gestärkt. Speziell diese Übernahme ergänzt das Körper- und Haarpflege-Segment, das schon ein Portfolio bekannter Marken wie

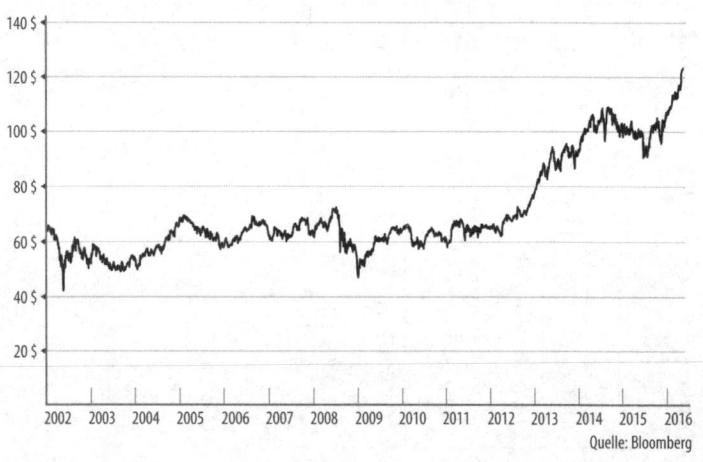

zum Beispiel PENATEN®, NEUTROGENA® und LISTERINE® besitzt und etwas weniger forschungsintensiv als die Pharma-Sparte ist. Johnson & Johnson hat seit über fünfzig Jahren zuverlässig eine Dividende gezahlt und konnte diese sogar Jahr für Jahr steigern. Das Unternehmen ist gegenwärtig fair bewertet. Dennoch können Sie immer noch knapp drei Prozent Dividendenrendite verdienen und mit einem Wachstum von ca. fünf Prozent rechnen, also acht Prozent Gesamtrendite erzielen. Und dies mit relativ hoher Sicherheit.

Medtronic Plc

Medtronic ist Weltmarktführer bei Herzschrittmachern und bietet im Bereich Medizintechnik eine breite Produktpalette. Sein Markt ist durch Patente, Know-how und Investitionsaufwendungen in Forschung und Entwicklung geschützt. Um diese Position zu halten, investiert Medtronic rund 8 bis 10 Prozent der Umsatzerlöse in Forschung und Entwicklung und ist dennoch hochprofitabel. Durch die wachsende Weltbevölkerung und die steigende Lebenserwartung in den Industrie- wie auch Entwicklungsländern nehmen Herzerkrankungen und Diabetes zu, was noch lange für eine steigende Nachfrage nach Medizintechnik sorgen wird.

Der Kostendruck im Gesundheitswesen führt zur Zentralisierung des Einkaufs von Geräten, Produkten und Medikamenten. Es bestimmt also nicht mehr der Herzchirurg darüber, von welchem Medizintechnik-Hersteller er den Herzschrittmacher oder andere Produkte einsetzt, sondern die Einkaufsabteilung. Und diese achtet auf den Preis. Hier helfen Medtronic Größenvorteile und die Diversifikation des Produktangebots. Durch die Übernahme von Covidien konnte Medtronic seine Marktmacht noch einmal steigern. Insgesamt ist Medtronic bei den aktuellen Börsenkursen fair bewertet. Die Dividendenrendite liegt bei ordentlichen 2 Prozent, die erwartete Gesamtrendite wiederum bei 8 Prozent.

Berkshire Hathaway

Berkshire Hathaway ist die Investmentholding von US-Superinvestor Warren Buffett und seinem Partner Charlie Munger. Der Konzern besitzt über sechzig operative Unternehmen zu 100 Prozent, darunter Versicherungen, Energieversorger, eine Eisenbahngesellschaft und viele nicht börsennotierte Firmen. Zusätzlich hält das Unternehmen große Aktienpakete börsennotierter Gesellschaften wie zum Beispiel Coca-Cola, Wells Fargo oder IBM. Der wichtigste Geschäftszweig ist das Versicherungsgeschäft, das sowohl einfache Versicherungen als auch Rückversicherungen umfasst. Die Versicherungen generieren einen ständigen Einnahmestrom durch Beiträge und Gebühren. Diese Einnahmen müssen viele Jahre lang nicht zurückgezahlt werden und sind somit günstige Finanzmittel (insurance float), die Warren Buffett investiert. Die meisten Investments sind sehr konservativ. Buffett investiert nur in Unternehmen, die einen großen Burggraben um ihre Marktstellung, also hohe Eintrittsbarrieren besitzen.

Buffetts Ankündigung im Geschäftsbericht 2012, Berkshire-Aktien zu einem Kurs-Buchwert-Verhältnis von 1,2 zurückzukaufen,[6] hat den Kurs nach unten abgesichert. (Das Kurs-Buchwert-Verhältnis gibt an, zum wievielfachen des Eigenkapitals die Aktie an der Börse gehandelt wird.) Fällt die Aktie gegenwärtig rund 10 bis 15 Prozent (auf 1,2x Kurs-Buchwert-Verhältnis), wird Warren Buffett aggressiv eigene Aktien für das Unternehmen zurückkaufen. Das Kapital dafür hat er zum Beispiel aus den oben genannten »insurance float« reichlich zur Verfügung. Sollte es zu einem solchen Aktienrückkauf kommen, könnte dies als Katalysator für den zukünftigen Wert der Aktie dienen. Wir sehen den gegenwärtigen Wert bei rund 160 Euro. Beim aktuellen Kurs von 130 Euro ergibt sich ein Kurspotential von mehr als 20 Prozent. Auch mittelfristig trauen wir Buffett Kurssteigerungen von 8 bis 10 Prozent pro Jahr zu. Das Unternehmen zahlt allerdings keine Dividende.

Kursentwicklung der Berkshire Hathaway B-Aktie

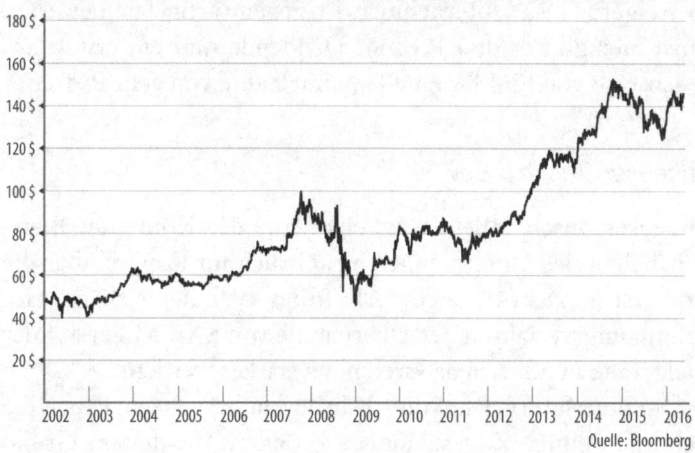

Quelle: Bloomberg

Procter & Gamble

Das bereits 1873 gegründete Unternehmen Procter & Gamble ist einer der größten Konsumgüterhersteller der Welt. Die Produktpalette deckt dabei eine Vielzahl von Bereichen wie Haushaltsreinigung (Wasch- und Reinigungsmittel), Zahn- und Körperpflege, sonstige Hygieneartikel und Babypflege ab. Mehr als zwanzig Marken des Konzerns sind sogenannte Billion-Dollar-Marken, das heißt, diese Marken erwirtschaften jeweils für sich einen jährlichen Umsatz von mehr als einer Milliarde US-Dollar (das Wort »billion« aus dem US-Amerikanischen entspricht im Deutschen »Milliarde«).

Viele Produkte sind Marktführer in ihrem Segment – beispielsweise Pampers im Bereich von Babywindeln, Oral-B im Bereich von Zahnpflege, Gillette und Gillette Venus im Bereich Rasur. Weitere bekannte Marken sind Always, Ariel, Charmin, Fairy, Wick, Blend-a-dent, Bounty (Haushaltstücher), Lenor, Braun, Meister Proper und Swiffer.

Die gegenwärtige Verschlankungsstrategie mit dem Ziel, die Zahl der Marken von 166 auf 65 zu reduzieren, halten wir für eine richtige Entscheidung, um die Margen und das Wachstum zu steigern. Das Unternehmen ist gegenwärtig fair bewertet. Auch hier gibt es drei Prozent Dividende und ein erwartetes Wachstum von fünf für eine Gesamtrendite von acht Prozent.

Anheuser-Busch InBev

Anheuser-Busch InBev ist bereits heute der König der Biere. Wir haben das Unternehmen ausführlich im Kapitel über die Königsstrategie vorgestellt. AB InBev befindet sich im Genehmigungsverfahren der Übernahme von SAB Miller auf der Zielgeraden und wird dadurch noch stärker werden.

Um die Marktmacht von AB InBev zu begrenzen, haben die Behörden einige Zugeständnisse verlangt. Aus diesem Grund wurde die Marke Miller an den Konkurrenten MolsonCoors verkauft. In Europa könnten noch Peroni und Pilsner Urquell abgegeben werden müssen. Dennoch dominiert das Unternehmen den Biermarkt.

Wir stufen AB Inbev als erstklassiges Dauerinvestment für das Langfristportfolio ein. Die Dividende wurde langfristig und solide gesteigert. Die Rendite liegt bei 3,2 Prozent, das erwartete Wachstum vielleicht bei vier Prozent, was eine Gesamtrendite von ca. 7 Prozent ergeben sollte.

The Swatch Group AG

Der Schweizer Uhrenkonzern Swatch hat in den achtziger Jahren des 20. Jahrhunderts die Uhr als Modeartikel neu erfunden und die Uhrenproduktion in der Schweiz gerettet. Mit seinem Portfolio ist der Konzern sehr breit in allen Preissegmenten von Basis bis Luxus aufgestellt und nimmt eine führende Position ein. Das Markenportfolio ist gespickt mit Traditionsmarken wie Blancpain (seit 1735), Breguet (seit 1775), Longines (seit 1832), Glashütte Original (seit 1845), Omega (seit 1848) und TISSOT (seit 1853).

Zudem stellt das Unternehmen nicht nur Uhren für die konzerneigenen Marken her, sondern liefert auch Komponenten – über die Konzerntochter ETA zum Beispiel mechanische Laufwerke – an Konkurrenten. Swatch produziert ebenfalls Spezial-Batterien, die auch in anderen Industriezweigen außerhalb der Uhrenbranche angewendet werden. Der gerade erst abgeschlossene Deal mit dem chinesischen Autobauer Geely ist ein Beispiel dafür, welche Möglichkeiten sich hier für den Konzern auch in Zukunft auftun können.

Dennoch kommt Swatch gegenwärtig in seinem Kerngeschäft durch Smartwatches wie Applesiwatch etwas unter Druck. Die langfristige Entwicklung von Swatch müssen wir also genauer beobachten als die von AB InBev, die quasi auf Autopilot ist. Swatch muss sich schon etwas einfallen lassen. Und das macht man. Mit ersten eigenen Smartwatches-Swatch möchte man auch die neuen Kundenwünsche bedienen und ganz im Stil von Swatch »viel Uhr für wenig Geld« liefern.

Die Bilanz ist quasi schuldenfrei und mit einer Eigenkapitalquote von 85 Prozent gesund. Die Nettoliquidität von 1,6 Milliarden Schweizer Franken, was 10 Prozent der derzeitigen Marktkapitalisierung entspricht, kann für Übernahmen sowie Aktienrückkäufe genutzt werden. Bei knapp drei Prozent Dividende und vier Prozent langfristig erwartetem Wachstum kommen wir auf eine erwartete Rendite von 7 Prozent.

Sanofi-Aventis

Sanofi ist der drittgrößte Pharmakonzern der Welt. Der größte Geschäftsbereich ist das Geschäft mit verschreibungspflichtigen Medikamenten. Über die Marke Sanofi Pasteur ist der Konzern darüber hinaus Weltmarktführer im Bereich Impfstoffe. Das dritte Standbein ist die Tiermedizin.

Das Segment Tiermedizin soll gegen die Consumer-Healthcare-Sparte von Boehringer Ingelheim getauscht werden. Die Verträge sind schon unterschrieben. Damit würde Sanofi zum

Weltmarktführer bei rezeptfreien Medikamenten aufsteigen und die vorhandene Produktpalette durch bekannte Mittel wie die Kopfschmerztabletten Thomapyrin, den Hustensaft Mucosolvan und das Bauchschmerzmittel Buscopan erweitern.

Die größten Wachstumsimpulse kommen durch die Marktführung in den Emerging Markets. Hier konnte man im Geschäftsjahr 2015 den Umsatz zu konstanten Wechselkursen um 13 Prozent in Asien und zu 7 Prozent in Afrika und im Mittleren Osten steigern. Insgesamt erwirtschaftete man im Geschäftsjahr 2015 schon ein Drittel der Umsätze in den Emerging Markets.

Wir halten Sanofi-Aventis für unterbewertet und sehen den inneren Wert bei rund 94 Euro. Die Wartezeit, bis der Kurs wieder zum inneren Wert zurückkehrt, wird durch eine ordentliche Dividende von 2,93 Euro je Anteil versüßt. Dies entspricht gegenwärtig einer Dividendenrendite von rund 4 Prozent. Darüber hinaus hat Sanofi die Dividende schon 22mal in Folge erhöht.

Nestlé

Nestlé ist der bekannteste und größte Nahrungsmittelmulti der Welt mit Hauptsitz in der Schweiz. Heinrich Nestlé, geboren in Frankfurt am Main, hat das Unternehmen im Jahr 1866 gegründet. Nestlé hat drei wesentliche Markteintrittsbarrieren: 1) Das Unternehmen kann Skaleneffekte (Größenvorteile) nutzen, um Stückkosten und Vertriebskosten niedrig zu halten. 2) Das starke Markenimage der Produkte schützt die Margen. Alle Produkte von Nestlé genießen in ihren jeweiligen Produktsegmenten große Bekanntheit. 3) Nestlé ist innovationsstark; insbesondere im Bereich Skin Care, Babynahrung und Kaffeesysteme. Diese Faktoren machen es Neueinsteigern im Bereich der Konsumartikel/Lebensmittel schwer. Zugleich ist jedoch der Wettbewerb mit den etablierten Branchengrößen wie Unilever, The Kraft Heinz Company oder Mondelez intensiv.

Ab 2017 soll der neue CEO Ulf Mark Schneider, ehemaliger CEO von Fresenius, für neue Wachstumsimpulse sorgen. Insbesondere die beiden Gesundheitsbereiche Nestlé Health Science und Nestlé Skin Health sollen noch mehr Gewicht im Unternehmen bekommen. Wir befürworten diese Entscheidung und sind auf die zukünftigen organischen und anorganischen Wachstumsimpulse gespannt. Nestlé ist gegenwärtig fair bewertet und bietet mit drei Prozent eine attraktive Dividendenrendite. Auch hier setzen wir vier bis fünf Prozent Wachstum an, so dass wir auf eine Gesamtrendite von sieben bis acht Prozent kommen.

Microsoft

Microsoft ist der weltgrößte Softwarekonzern. Marktstudien zufolge ist Microsoft bei den wertvollsten Marken der Welt auf Platz vier. Im Kernbereich mit den Produkten Windows und Office für PCs ist Microsoft unangefochten und kann aufgrund der monopolartigen Situation weiterhin sehr hohe Margen und einen starken Cashflow erzielen. Die Positionierung in diesem Bereich ist derzeit nicht gefährdet. Kunden setzen im Fall von Laptops und Desktopcomputern meist auf Microsoft, auch wenn sich die Konkurrenz durch Tablets und Mobiltelefone bemerkbar macht und den Markt für klassische PCs langsam schrumpfen lässt. Eine wichtige Wachstumsquelle stellt das Cloud-Geschäft dar, von dem Microsoft durch die Kombination seines Cloud-Produkts Azure mit seinen Serverlösungen profitiert.

Microsoft hat über siebzig Milliarden US-Dollar an liquiden Mitteln in der Bilanz. Das erlaubt größere Zukäufe. Die Übernahme des Online-Karrierenetzwerkes LinkedIn ist eine weitere Chance, die Position in der Unternehmenswelt mit den Produkten Bürosoftware Office 365 und Microsoft Dynamics zu stärken. Microsoft Dynamics ist ein SAP-ähnliches Produkt zur Unterstützung von Customer Relationship Management

(CRM) Software, Enterprise Resource Planning (ERP) und Supply Chain Management und bietet in Zukunft weiteres Erlöspotential.

Microsoft ist gegenwärtig leicht unterbewertet. Bei 2,7 Prozent Dividendenrendite und einem erwarteten Wachstum von fünf bis sechs Prozent könnte das Investment langfristig eine Rendite von acht bis neun Prozent pro Jahr bringen.

Novartis

Die breite Produktpalette des Schweizer Pharmariesen beinhaltet rezeptpflichtige Medikamente, Geräte sowie Mittel für die Augenheilkunde und das Geschäft mit Generika und sogenannten Biosimilars in Form der Marke Sandoz. Das Unternehmen gilt in den Bereichen Augenheilkunde und Biosimilars, also Wirkstoffnachahmungen, als Branchenprimus. Dennoch wird ein Großteil der Umsätze und vor allem der Gewinne von den patentgeschützten rezeptpflichtigen Medikamenten erwirtschaftet.

Durch den Patentablauf von den Blockbustern Gilvec und Diovan – Blockbuster sind besonders umsatzstarke Medikamente – verhalten sich die Erlöse gegenwärtig nur stabil bis leicht rückläufig. Dennoch gehen wir davon aus, dass die Verjüngung des Produktportfolios in Zukunft Früchte tragen wird. Der Anteil der Wachstumsprodukte – Medikamente, die 2011 oder später auf einem wichtigen Markt (EU, USA, Japan) eingeführt wurden, oder Produkte, die noch mindestens bis 2020 in wichtigen Märkten durch Exklusivrechte geschützt sind – nimmt aktuell zu. Die solide Pipeline (Medikamente in der Entwicklung) lässt langfristiges Wachstum erwarten. Novartis investiert jedes Jahr fast ein Fünftel des Umsatzes in Forschung und Entwicklung. Die Aktie ist aktuell unterbewertet. Mit 3,4 Prozent Dividende und vier bis fünf Prozent Wachstum könnte die Aktie zwischen siebeneinhalb und achteinhalb Prozent Rendite bringen.

V.F. Corporation

Kennen Sie die V.F. Corporation? Wahrscheinlich nicht. Aber Timberland, The North Face, Lee, Wrangler oder Vans kennen Sie wahrscheinlich. Das sind alles Marken des Unternehmens. Das Unternehmen deckt damit recht verschiedene Produktkategorien erfolgreich ab: im Segment Outdoor & Action Sports mit den Marken North Face, Vans und Timberland; bei Jeanswear mit Wrangler und Lee. Jansport, Eastpak und Kipling runden mit einem Portfolio von Rucksäcken, Taschen, Geldbörsen und Accessoires das Angebot ab.

Aufgrund der Markendiversifikation spricht VF unterschiedlichste Gruppen von teils äußerst loyalen Kunden an. Aufgrund von Währungseffekten ist das Ergebnis in den letzten Monaten nicht gewachsen. Der Markt hat auf diese Währungseffekten nach unserer Einschätzung überreagiert, womit sich 2016 eine Einstiegschance ergab. V.F. erhöhte in den letzten 43 Jahren die Dividende jedes Jahr. Das Unternehmen hat langfristig durch weiteres organisches Wachstum und Übernahmen mit Wachstumsoptimierung erhebliches Potential – wie es in der Vergangenheit z. B. im Fall von Timberland sehr erfolgreich funktioniert hat.

Fuchs Petrolub

Fuchs Petrolub, 1931 in Mannheim gegründet, ist immer noch mehrheitlich im Besitz der Gründerfamilie und wird in dritter Generation von einem Mitglied der Familie geführt. Das global aufgestellte Unternehmen ist Weltmarktführer bei Schmierstoff-Standardprodukten und in der Entwicklung von Speziallösungen für verschiedene Marktnischen.

Mit der Fokussierung auf Schmierstoffe und verwandte Spezialitäten unterscheidet sich Fuchs von den vertikal integrierten Mineralölfirmen wie Shell und BP, deren Geschäftsmodell insbesondere auf breite Vertriebskanäle setzt. Rund drei Viertel des Umsatzes werden bei Fuchs im Direktvertrieb erzielt. Fuchs geht meist langjährige Kundenbeziehungen ein und unterbreitet den Kunden speziell auf sie zugeschnittene Angebote. Durch die große Schmierstoffpalette kann Fuchs insbesondere Produktionsbetrieben ein komplettes Schmierstoffmanagement anbieten. Fuchs profitiert von der Unabhängigkeit der Organisation, die Flexibilität und Reaktionsfähigkeit gegenüber Kunden weltweit ermöglicht.

Wir sind ähnlich wie Warren Buffett bei Lubrizol zu der Bewertung gekommen, dass es hier wahrscheinlich einen ordentlichen Burggraben (Wettbewerbsvorteil) gibt. Fuchs hat eine Vielzahl an Patenten, aber noch bedeutender ist, dass sie eine direkte Verbindung zu den Kunden haben. Das Unternehmen betreibt eine anwendungsorientierte Entwicklung direkt beim Kunden. Das heißt, die Schmierstoffe werden an Kundenprozesse angepasst, oder es werden neue Schmierstoffe gleichzeitig mit neuen Maschinen und Aggregaten in Partnerschaft mit dem Kunden entwickelt.

Dieser Wettbewerbsvorteil führt dazu, dass Fuchs im Laufe der letzten Dekade in jedem Jahr Mehrwert geschaffen hat. Denn Fuchs konnte eine durchschnittliche Rendite von 28,5 Prozent auf das investierte Kapital erzielen. Ein sehr gutes Geschäft!

Als Aktionäre profitieren wir hier von Ausschüttungen, Wachstumsinvestitionen und Übernahmen. Fuchs kann aufgrund seiner Nischenstrategie durch eine geschickte Preispolitik, durch Kundenbindung und Übernahmen wachsen. Wir sehen es durchaus als wahrscheinlich an, dass die Rendite dieses Investments bei 10 Prozent pro Jahr liegt.

Alphabet (Google & andere Geschäftsbereiche)

Alphabet ist der König der Suchanfragen. Durch die starke Marke Google und die Marktführung im hochprofitablen Werbegeschäft ist Alphabet für uns ein Langfristinvestment. Das Unternehmen wächst auch nach der Umstrukturierung in eine

Holdingstruktur rasant. YouTube und die mobile Suche treiben das Wachstum an.

Über die Hälfte der Nutzer sucht mobil. Durch die geringere oder noch ungewohnte Nutzerfreundlichkeit auf mobilen Geräten im Vergleich zum Desktop-PC und die noch vorhandene geringere Bereitschaft der Kunden über das Handy oder Tablet per Kreditkarte zu zahlen, kommen derzeit noch weniger Abschlüsse zustande. Mobile Werbung ist also noch weniger effizient, was dazu führt, dass Alphabet noch nicht so viel pro Klick verlangen kann wie bei der normalen PC-Suche. Der Rückgang der Klickpreise kann jedoch durch die steigende Klickanzahl überkompensiert werden.

Mit den sogenannten »Moonshots« verfolgt Alphabet auch ehrgeizige Projekte, deren Erfolg alles andere als gewiss ist. Der Gründer und Ingenieur Larry Page mag Unternehmen, die »eine gesunde Missachtung des Unmöglichen haben«, wie er einst sagte. Dazu gehören Projekte wie Google Glass, ein am Kopf getragener Minicomputer mit optischem Display, oder das Projekt Loom, das die Internetversorgung über Ballons in der Stratosphäre ermöglichen soll. Die zahlreichen Projekte besitzen großes Potential, die Einnahmen in Zukunft zu steigern und die Abhängigkeit von den Werbeeinnahmen zu reduzieren. Jedoch sind diese zukünftig geplanten Erträge mit sehr hoher Unsicherheit behaftet.

Alphabet schüttet noch keine Dividenden aus, sondern reinvestiert sämtliche Mittel in weiteres Wachstum. Zudem hält das Unternehmen hohe Liquiditätsreserven. Wir halten eine langfristige Rendite von zwölf bis fünfzehn Prozent für möglich.

Setzen Sie auf die besten Unternehmen der Welt: mit der Bayerischen Vermögen AG in das Langfristdepot Der Privatinvestor nach Prof. Otte investieren

von Gottfried Urban, Vorstandsvorsitzender der Bayerischen Vermögen AG

Wollen Sie in das Langfristdepot von Prof. Otte investieren, dies aber durch eine professionelle Vermögensverwaltung durchführen lassen? Die Bayerische Vermögen AG hat zusammen mit Prof. Otte und der V-Bank oder der DAB Bank einen Weg gefunden, wie Sie direkt und kostengünstig in die Aktien des Langfristdepots investieren können.

Das **Depotmandat Langfristdepot Globale Qualitätsaktien nach Prof. Otte** beinhaltet Langfristinvestments in Form von Qualitätsaktien, die aufgrund der Marktstellung und Bewertung eine langfristige Outperformance gegenüber dem Markt aufweisen könnten. Es wird nur dann umgeschichtet, wenn eine Aktie zu teuer geworden ist oder sich eine fundamental sehr viel bessere Alternative ergibt. Das Portfolio wird in Anlehnung an das Musterdepot »Langfristdepot« des von Prof. Max Otte herausgegebenen Börsendienstes »Der Privatinvestor« (IFVE Institut für Vermögensentwicklung, www.privatinvestor.de) geführt. Die Verwaltung übernimmt eine aufsichtsrechtlich lizenzierte Vermögensverwaltung.

Detailinformationen zum Langfristdepot:
Vermögensverwalter: Bayerische Vermögen AG www.bv-vermoegen.de/Ottedepot
Depotbank: V-Bank AG oder DAB bank (München)
Strategie: Langfristdepot nach Prof. Otte
Report: Vermögensaufstellung (vierteljährlich), Abrechnungen bei Transaktion
Kosten: 1,5 % All-In-Fee p. a. zzgl. gesetzlicher MwSt.
Einstiegskosten: Keine Einstiegskosten

Mindestanlage: 50 000 EUR
Kündigungsfrist: Täglich zu Marktpreisen
Depot- und Managementgebühren sind in der Pauschale enthalten. Käufe, Verkäufe, Gewinnmitnahmen und weitere laufende Anpassungen (Rebalancing) werden automatisch im Rahmen der Kostenpauschale (All-In) kostenfrei umgesetzt.
Informieren Sie sich einfach unter www.bv-vermoegen.de/ottedepot oder rufen Sie an unter +49 8671/969027 und fordern Sie die Depoteröffnungsunterlagen an, E-Mail: l.urban@bv-vermoegen.de.

Investieren birgt Risiken. Möglicherweise passt die Anlagestrategie nicht zu Ihren Anlagezielen (Renditeerwartung, Risikobereitschaft, Anlagehorizont usw). Diese Informationen können eine auf die persönlichen Kenntnisse und Erfahrungen, Anlageziele und finanziellen Verhältnisse des Anlegers zugeschnittene Aufklärung über die mit dem Investment verbundenen Risiken nicht ersetzen.

Musterdepot 2: Das Valuedepot

Im Valuedepot nehmen wir sowohl Zykliker als auch Qualitätsaktien auf, die eine deutliche Sicherheitsmarge zum inneren Wert bieten. Wir sprechen damit mittel- bis langfristig orientierte Investoren an, die gerne Anteile von profitablen und etablierten Unternehmen zu einem attraktiven Preis besitzen möchten. Deutlich überbewertete Aktien verkaufen wir auch wieder. So sind die Titelanzahl sowie Gewichtung und der Liquiditätsanteil immer davon abhängig, ob wir bei unserer Suche nach unterbewerteten Unternehmen fündig werden.

Der Startzeitpunkt für das Valuedepot war der 1. Juli 2007. Im Portfolio befinden sich neben Qualitätsaktien auch Zykliker, die vom Markt zu Unrecht stark abgestraft wurden. Mittlerweile ist der Wert des Depots von 50 000 Euro auf 97 000

Euro angewachsen. Vom Startdatum bis zum Stichtag am 12. Juli 2016 entsprach dies einer Performance von 94 Prozent. Im Vergleich dazu hat der DAX um nur 24,4 Prozent zugelegt. Wir dürfen uns über eine Outperformance von 70 Prozent freuen. Dennoch ist die jährliche Performance von 7,6 Prozent steigerungsfähig. Im Folgenden stelle ich Ihnen ausgewählte Titel des Value-Depots vor.

Basisdaten des Valuedepots

Stand	12.07.2016
Startzeitpunkt	01.07.2007
Wert zum Startzeitpunkt	50 000,00 €
derzeitiger Wert	97 042,93 €
kum. Performance Depot	94,1 %
kum. Performance DAX	24,4 %
Outperformance ggü. DAX	69,7 %
annualisierte Performance Depot	7,6 %
annualisierte Performance DAX	2,5 %
Restliquidität	16 442,26 €
Bargeldanteil	16,9 %

Cognizant Technology Solutions

Cognizant bietet seinen Kunden aus den unterschiedlichsten Branchen herstellerneutrale, maßgeschneiderte und innovative Business- und Technologielösungen aus einer Hand an. Das IT-Unternehmen ist ein heimlicher Champion mit über 20-jähriger Erfahrung in den Bereichen IT-Beratung, Geschäftsprozess-Service und Outsourcing-Dienstleistungen.

Informationstechnologie spielt mittlerweile für Unternehmen aller Branchen eine Schlüsselrolle im Kampf um Wettbewerbsvorteile. Die Ausgaben für IT-Infrastruktur machen mittlerweile einen erheblichen Teil der Gesamtkosten eines Unternehmens aus. Unternehmen aus Nordamerika und nicht zuletzt Europa setzen zunehmend auf IT-Personal an kostengünstigeren Standorten.

Cognizant hat im Vergleich zu traditionellen IT-Beratungsunternehmen wie Accenture, Capgemini oder IBM eine besonders attraktive Kostenstruktur. Das Unternehmen hat von Anfang an auf die Verlagerung von IT-Dienstleistungen nach Indien gesetzt. Während von europäischen und amerikanischen Rivalen IT-Outsourcing zur Vervollständigung von Personalbedarf angeboten wurde, lagert Cognizant komplett aus.

Cognizant schafft es auch, seine Kunden langfristig zu binden. Es gefällt uns, dass das Unternehmen kontinuierlich die Umsatzabhängigkeit von einzelnen Top-Kunden reduziert und sich eine immer breitere Kundenbasis schafft: Im Jahr 2011 erwirtschaftete man rund 28 Prozent mit den größten zehn Kunden. Mittlerweile konnte das Unternehmen den Prozentsatz

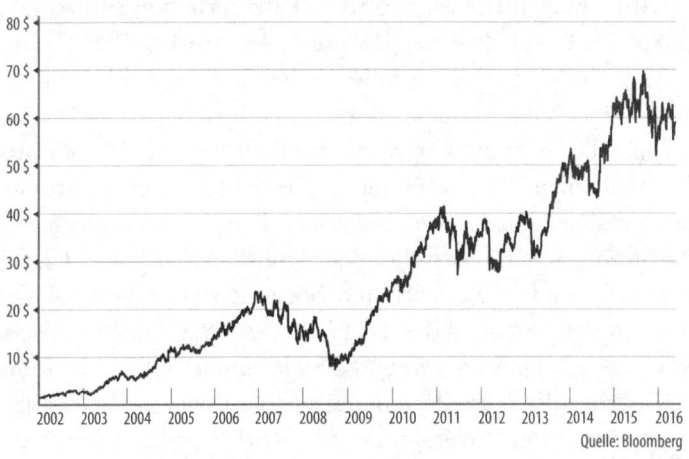

Kursentwicklung der Cognizant-Aktie

Quelle: Bloomberg

auf 19 Prozent reduzieren. Des Weiteren gewinnt Cognizant immer wieder Kunden hinzu und konnte so weitere Marktanteile erringen. In der Vergangenheit ist Cognizant über viele Jahre mit phantastischen 20 bis 30 Prozent pro Jahr gewachsen. Der Aktienkurs stieg in den letzten 15 Jahren um satte 3000 Prozent. Dieses extreme Wachstum gehört wohl der Vergangenheit an. Für die Zukunft erwarten wir ein Wachstum von zehn bis dreizehn Prozent. Da das Unternehmen keine Dividenden ausschüttet, ist das auch die Rendite, die wir für langfristig orientierte Investoren erwarten.

IBM

IBM (International Business Machines) ist der älteste internationale IT-Konzern und immer noch führend im Bereich von Hardware-, Software- und Dienstleistungsangeboten. Allerdings ist IBM aufgrund seiner Größe und monopolartigen Stellung etwas träge geworden und hat einige Trends verpasst. Nur so konnten Microsoft, Alphabet, Cognizant und andere so schnell wachsen.

IBM ist immer noch sehr forschungsstark, bringt die PS aber nicht immer voll auf die Straße. So kann sich IBM schon seit 2011 über mehr als 6000 US-Patenterteilungen pro Jahr freuen. Im Geschäftsjahr 2015 waren es 7355 US-Patente und damit mehr als doppelt so viele wie bei Google, Apple und Microsoft. Dennoch ist der Umsatz seit einigen Jahren rückläufig.

Das Management hat reagiert und richtet IBM neu aus. Während viele der traditionellen Geschäftsbereiche schrumpfen und abgebaut werden sollen, zum Beispiel das traditionelle Hardwaregeschäft, werden Wachstumsbereiche wie Cloud, Mobile, Analytics, Security und Social gezielt aufgebaut. Die neuen Bereiche stellen derzeit 37 Prozent vom Gesamtumsatz. Noch vor zwei Jahren waren es gerade einmal rund 22 Prozent.

IBM hat die Vorteile einer großen Aktiengesellschaft mit langer Tradition (Gründungsjahr 1910). Erstens verfügt das

Unternehmen über Kapitalquellen und Wissensressourcen wie unter anderem Patente, die IBM über die Krise hinweghelfen können. Zudem erwirtschaften die traditionellen Geschäftsbereiche Hardware und Beratung zufriedenstellende Cashflows und Gewinne.

IBM hat gegenwärtig eine Dividendenrendite von 3 Prozent. Derzeit wächst das Unternehmen noch nicht, die Gesamtrendite liegt also bei diesen 3 Prozent. Deswegen ist die Aktie auch unpopulär. Aber der Markt wird auf jede erwiesene Verbesserung in den neuen Segmenten reagieren. Der Umbauprozess des Konzerns wird allerdings noch Jahre in Anspruch nehmen. Wenn der Umbau weiter fortgeschritten ist, sind durchaus sieben Prozent Wachstum drin. Dann läge die Gesamtrendite bei 10 Prozent pro Jahr.

Musterdepot 3: Das Wachstumsdepot

Im Wachstumsdepot setzen wir auf wachstumsstarke Unternehmen, Zykliker und etablierte Unternehmen in Sondersi-

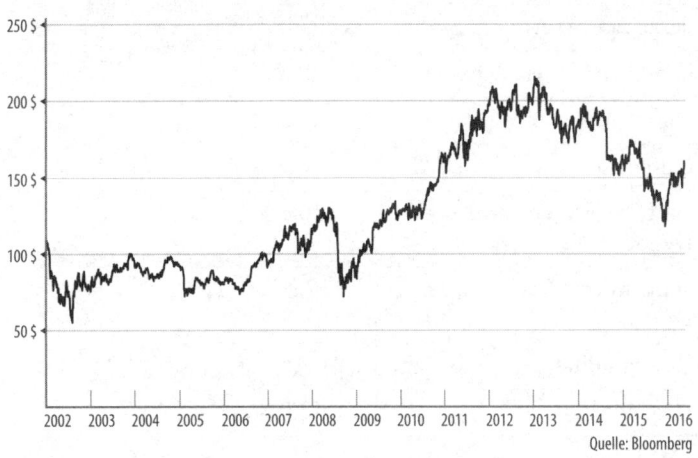

Kursentwicklung der IBM-Aktie

Quelle: Bloomberg

tuationen. Dementsprechend unterliegt das Portfolio größeren Kursschwankungen und hat eine größere Abhängigkeit von der Konjunktur als das Langfristdepot. Da hier das Risiko der Einzelinvestments größer sein kann, nehmen wir bis zu zwanzig Werte ins Depot auf. Wir weisen darauf hin, dass die Anlage in Zykliker meist Kursschwankungen über einen längeren Zeitraum mit sich bringt und für Anleger, die ruhiger schlafen wollen, eher nicht geeignet ist. Gegenüber dem Langfristdepot ist die Haltedauer etwas kürzer. Es ist auch möglich, dass wir zu bestimmten Marktphasen vollkommen aussteigen und nur Kapital in der Kasse halten.

Seit Auflegung am 9. August 2002 konnten wir hier eine hervorragende Performance von 10,5 Prozent pro Jahr oder eine absolute Performance von 307 Prozent erzielen. Als Resultat konnten wir den Einsatz von 50 000 € auf rund 203 000 € erhöhen.

Basisdaten des Wachstumsdepots

Stand	12.07.2016
Startzeitpunkt	09.08.2002
Wert zum Startzeitpunkt	50 000,00 €
derzeitiger Wert	203 345,52 €
kum. Performance Depot	306,7 %
kum. Performance DAX	164,9 %
Outperformance ggü. DAX	141,8 %
annualisierte Performance Depot	10,5 %
annualisierte Performance DAX	7,2 %
Restliquidität	24 426,12 €
Bargeldanteil	12,0 %

Auch aus dem Wachstumsdepot wollen wir Ihnen eine Auswahl an Titeln vorstellen:

LVMH

LVMH Moët Hennessy Louis Vuitton SA ist der Weltmarktführer im Geschäft mit Luxusgütern. Man ist geneigt zu sagen: Natürlich ein französisches Unternehmen! LVMH hat eine schillernde, über Jahrhunderte zurückreichende Geschichte. Es entstand in dieser Form 1987 durch eine Fusion von Louis Vuitton und Moët Hennessy. Seit den Gründertagen ist das Produkt- und Markenportfolio stetig durch Fusionen und Zukäufe gewachsen. Unter der Ägide des Unternehmers Bernard Arnault, der heute noch CEO und Mehrheitsaktionär mit einem Stimmrecht von rund 62 Prozent ist, wurde das Tempo ab 1987 weiter beschleunigt.

Das Produktportfolio von LVMH enthält über sechzig Marken in den Geschäftsbereichen Mode/Lederwaren, unter anderem mit den Marken Louis Vuitton, Givenchy, Donna Karan oder Fendi; Wein und Spirituosen mit VeuveCliquot, Moët & Chandon, Krug und Hennessy sowie im Bereich Parfüm und Kosmetik mit Acqua di Parma und Guerlain. Abgerundet wird das Portfolio im Bereich Uhren und Schmuck mit Bulgari, Tag Heuer und De Beers, im Einzelhandel durch das Premium-Warenhaus Le Bon Marché in Paris, die Parfümeriekette Sephora und den Yachtbauer Royal van Lent.

Die Marken im Portfolio von LVMH gehören mit zu den wertvollsten der Welt und üben auf Kunden und die, die es werden wollen, eine hohe Faszination aus. Obwohl Luxusgüter nicht direkt zu den Gütern des täglichen Bedarfs gehören, werden sie auch in Krisenzeiten stets nachgefragt. Zwar sind auch Luxusgüterunternehmen nicht absolut sicher vor den Auswirkungen von Rezessionen, jedoch halten sie sich durch die Kaufkraft und die Markentreue ihrer Kundschaft auch in schlechten Zeiten gut. LVMH ist ein Unternehmen von sehr hoher Qualität, das bewiesen hat, dass es auch unter schwierigen Bedingungen noch weiter wachsen kann. Noch ein Trend wirkt sich nachhaltig positiv auf LVMH aus, der gesellschaftspolitisch zwar bedenklich ist, für das Unternehmen aber sehr gut: Die Zahl der Reichen und Superreichen steigt stark an. LVMH hat diese Gesellschaft nicht geschaffen und ist nicht für die Politik verantwortlich. Ich sehe keinen Grund, weswegen ich nicht in die Aktien des Unternehmens investieren sollte.

Mit einem geschätzten Wachstum von sechs Prozent und einer Dividendenrendite von knapp drei Prozent sollte das Unternehmen langfristig auf knapp neun Prozent Dividende kommen.

GESCO AG

GESCO AG ist eine Beteiligungsgesellschaft aus Wuppertal, die in kleinere Marktführer oder solide aufgestellte inhabergeführte Unternehmen – sogenannte Hidden Champions- aus den Bereichen Maschinen- und Werkzeugbau sowie Kunststofftechnik investiert, bei denen es Nachfolgeprobleme gibt. GESCO sucht nach wirtschaftlich gesunden mittelständischen Industrieunternehmen mit Hauptsitz in Deutschland.

Der Langfrist-Investor übernimmt die Unternehmen in der Regel zu 100 Prozent und gibt dann dem neuen Management die Möglichkeit, nach einer Probezeit, fünf bis 20 Prozent der Anteile des vom ihm geleiteten Unternehmens zu erwerben. Die Anteile werden dauerhaft gehalten, GESCO will keinen »Exit«. In dieser Hinsicht agiert GESCO ähnlich wie Berkshire Hathaway, wenn auch in wesentlich kleinerem Rahmen.

Aufgrund des Zinsniveaus und der wenigen attraktiven Investmentmöglichkeiten ist viel Geld im Markt (klassischer Verkäufermarkt), und die Käufer müssen den guten Mittelstand umwerben. Es werden derzeit hohe Preise für Unternehmen gezahlt. Dementsprechend ergeben sich wenig interessante Chancen für GESCO. Es zeichnet einen disziplinierten Investor wie GESCO aus, dass man auch nein sagen kann und nicht zwanghaft wachsen will oder muss. Angestellte Manager in Großkonzernen sehen das oft anders.

Gegenwärtig hat das Unternehmen 17 operativ tätige Tochtergesellschaften. Im Werkzeug- und Maschinenbau werden rund 91 Prozent der Umsätze erwirtschaftet. Dieser Fokussierung des Portfolios steht eine breite Streuung hinsichtlich der Abnehmerbranchen gegenüber. Die Umsatzerlöse stammen zu 29 Prozent aus dem Pkw- und Nutzfahrzeugbau, zu 17 Prozent aus Eisen-, Blech-, Metallverarbeitungen, Werkzeugbau sowie zu 15 Prozent aus dem Anlagenbau. Die Branchen Landtechnik und Konsumgüter sind zu 6 Prozent gewichtet.

GESCO ist sicher speziell. Wir wollten aber gerne über ein Unternehmen, das sein Handwerk versteht, am deutschen Mittelstand beteiligt sein. Langfristig erhoffen wir uns sechs bis acht Prozent Rendite pro Jahr. Hinweis: Die GESCO-Aktie weist in der Regel kein hohes Handelsvolumen auf. Sollten Sie an GESCO-Aktien interessiert sein, sollten Sie unbedingt ein Kurslimit setzen.

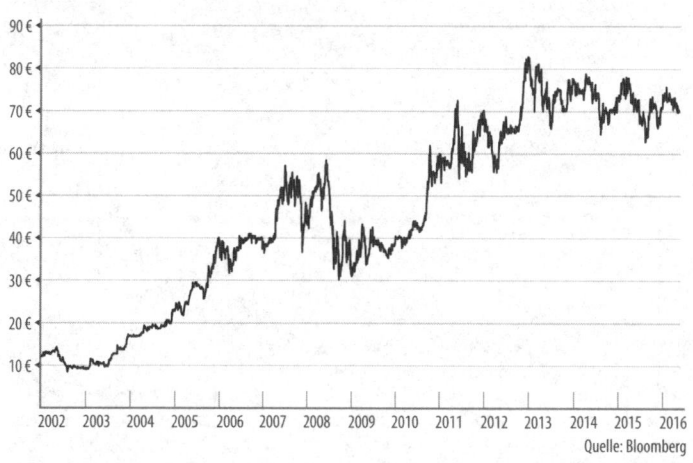

Kursentwicklung der Gesco-Aktie

Quelle: Bloomberg

Bechtle

Die mittelständisch geführte Bechtle ist ein IT-Handels- und Serviceunternehmen aus Neckarsulm. Bechtle hat sich auf IT-Lösungen von Hardware, über Netzwerkaufbau bis zu Beratung für mittelständische Unternehmen fokussiert. Bechtles Produkte werden täglich nachgefragt. Die Serviceleistungen spielen in unserem Alltag mit Laptop, PC und IT-Infrastruktur eine wichtige Rolle.

Stellen Sie sich vor: Die PC-Infrastruktur im Büro wird nach langer Zeit modernisiert. Neue Laptops, PCs und Bildschirme werden erworben und müssen mit den anderen Geräten (Drucker, Projektor usw.) verkabelt werden. Die Standards haben sich geändert, seitdem die Geräte und Netzwerke installiert waren. Hier ist man sehr dankbar für schnelle und kompetente Unterstützung durch einen Servicetechniker, der den passenden Adapter hat und die Software-Updates vornimmt.

Bechtle hat sich in dem hartumkämpften Markt eine starke Position erarbeitet. Der Konzern gewinnt jährlich Marktanteile und baut so seine Marktführerschaft aus. Der Markt ist sehr

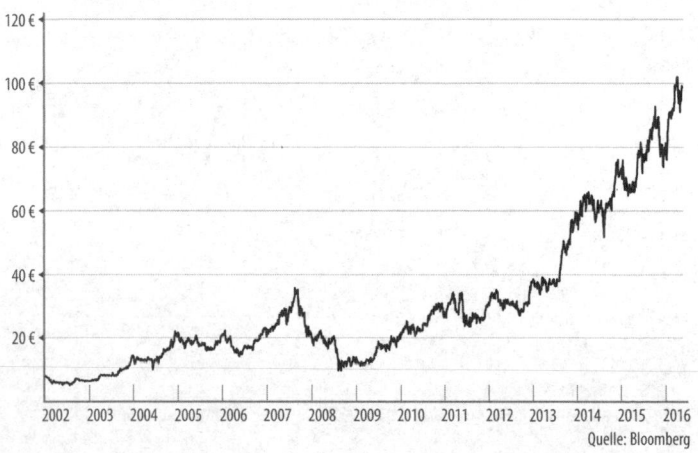

fragmentiert. Selbst Marktführer Bechtle hat nur einen Anteil von 3 Prozent! Die größten neun Konkurrenten kommen zusammen mit Bechtle auf rund 9 Prozent. Es ist also viel Platz für Bechtle, durch Zukäufe zu wachsen. Der Konsolidierungsdruck wird zu einer Marktbereinigung in Zukunft führen und Bechtle weitere Kaufgelegenheiten bei kleineren und mittelgroßen Unternehmen liefern.

Wir gehen von einem langfristigen Wachstum von sieben bis acht Prozent aus. Hinzu kommen etwas über ein Prozent Dividende, so dass die erwartete Gesamtrendite acht bis neun Prozent pro Jahr beträgt.

BMW AG

Deutschland ist (noch) im Automobilbau führend – und die Bayerischen Motorenwerke (BMW) sind einer der drei deutschen Automobilkonzerne. BMW ist vor allem im Premiumsegment mit den Marken BMW, Mini und Rolls-Royce vertreten. Im Kapitel Aktien hatten wir Ihnen BMW näher vorgestellt.

Aktuell schwächelt bei den Autobauern das Chinageschäft. Die Konkurrenz im Premiumsegment ist zudem mit Mercedes Benz und Audi stark, doch BMW hat noch neue Modelle wie den X7 in der Produktpipeline, von denen Wachstumsimpulse ausgehen können. Bis 2018 wird BMW voraussichtlich jedes Jahr ein neues Kernmodell auf den Markt bringen.

Auch die Konkurrenz durch selbstfahrende Autos (Google Car) und Elektroautos darf nicht unterschätzt werden. Im August sicherte sich jedoch ein Konsortium aus BMW, Daimler und Audi den Kartennavigationsdienst HereNow von Nokia, so dass zunächst einmal die Zukunft gesichert ist.

Aufgrund des Geschäftsmodells sowie der Branche ist BMW als zyklischer Titel einzuordnen, der stärker von der Konjunktur abhängig ist. Im Sommer 2016 waren die Aktien jedoch extrem billig – sie handelten zum sieben- bis achtfachen des Gewinns. BMWs Position im Premiumsegment schafft zusätzliche

Sicherheit. Uns gefällt auch, dass mit der Quandt-Familie ein Ankeraktionär das Unternehmen kontrolliert, der in der Vergangenheit gezeigt hat, dass man das Management überwacht und Fehler kontrollieren kann.

Das Unternehmen zahlt kontinuierlich gute Dividenden. Die Ausschüttungsquote lag innerhalb der letzten fünf Jahre bei etwas mehr als 30 Prozent des Konzerngewinns. Weil es einen Ankeraktionär gibt, haben wir in diesem Fall in die stimmrechtslosen Vorzugsaktien investiert, die etwas mehr Dividende bringen. Bei 4,5 Prozent Dividendenrendite reicht eine verhaltene Wachstumserwartung von 2 bis 3 Prozent, um auf eine ansehnliche Gesamtrendite von 6,5 bis 7,5 Prozent zu kommen. Das trauen wir BMW allemal zu – wahrscheinlich auch mehr.

TFF Group

Tonnellerie François Frères (»TFF«) produziert Eichenfässer für die Reifung von Wein, Scotch Whisky und amerikanischem Bourbon. Bei der Herstellung von Weinfässern ist die TFF-Gruppe weltweiter Marktführer mit einem Marktanteil von fast 30 Prozent. Die Sparte trägt 64 Prozent zum Umsatz bei. Ebenso marktführend ist die Gruppe bei der Herstellung von Whisky-Fässern. In Schottland hat die TFF-Gruppe einen Marktanteil von 90 Prozent bei den inländisch produzierten Fässern. Der Großteil der für Whisky verwendeten Fässer wird aber aus den USA importiert. Neben Fässern stellt das Unternehmen auch Produkte her, die der ökonomischeren Weinreifung dienen – wie zum Beispiel Holzspäne oder -chips. 1919 wurde das Unternehmen von Joseph François gegründet. Das Unternehmen wird gegenwärtig durch ein Familienmitglied in vierter Generation geführt. Die Familie François hält immer noch 71 Prozent der ausstehenden Aktien.

TFF ist ein Traditionsunternehmen mit nachvollziehbaren Wachstumschancen. So wächst zum Beispiel der Bourbon-Markt in jüngerer Zeit deutlich. Hier hat sich TFF mit einer

Produktion in den USA etabliert. Das Know-how aus dem Weinsegment kann auf weitere Spirituosenarten, die in Fässern reifen, angewendet werden.

TFF hat sich selbst das Ziel gesetzt, im amerikanischen Bourbon-Markt bis ins Jahr 2022 einen Marktanteil von 15 Prozent zu erreichen und 400 000 Fässer pro Jahr zu produzieren. Das Unternehmen hat auch Preissetzungsmacht. Wegen hoher Nachfrage nach Whisky ist das Angebot an Fässern knapp, und die Preise stiegen zum Vorteil der TFF-Gruppe an.

Insgesamt ist TFF ein qualitativ hochwertiges Unternehmen mit Wachstumspotential. Wir gehen langfristig von einer Rendite von 10 Prozent pro Jahr aus. Bei TFF handelt es sich um einen marktengen Titel. Wenn Sie ein Investment erwägen, sollten Sie unbedingt mit Kauflimit arbeiten.

Neopost

Die französische Neopost bietet diverse Produkte und Systeme für die Postbearbeitung sowie Kommunikationslösungen für Unternehmen und Organisationen an.

Neopost ist weltweit das zweitgrößte Unternehmen in der Branche Postbearbeitungssysteme und hat einen Marktanteil von rund 25 Prozent. Die wichtigsten Konkurrenten sind der Weltmarktführer Pitney Bowes (rund 60 Prozent) aus den USA und der drittgrößte Spieler FrancotypPostalia mit Sitz in Berlin (10 Prozent). Beide Unternehmen sind grundsätzlich internationale Konkurrenten, haben aber deutliche regionale Schwerpunkte. FrancotypPostalia ist ein wesentlich kleinerer Spieler, jedoch in Deutschland Marktführer.

Der Postmarkt ist rückläufig. Aber immer noch wird erstaunlich viel per Post versendet. Die Abnehmer von Postbearbeitungssystemen sind vor allem Unternehmen. Deswegen geht das Postgeschäft für Neopost langsamer als in anderen Bereichen zurück und generiert noch einen attraktiven Cashflow. Zudem erwartet Neopost ein langsames Wachstum im Segment Dienstleistungen im Paketbereich, so dass der Rückgang im Postbereich teilweise ausgeglichen werden kann. Das ist im Prinzip ähnlich wie bei IBM, nur in wesentlich kleinerem Maßstab. Der Transformationsprozess kann noch mehrere Jahre dauern. Erst in der Zukunft wird feststehen, ob die Positionierung von Neopost im neuen Marktumfeld dauerhaft sein wird. Das Management hat bislang jedoch gute Entscheidungen getroffen, so dass die Weichen grundsätzlich in die richtige Richtung gestellt sein sollten.

Das Unternehmen war im Sommer 2016 stark unterbewertet und notierte bei einem Kurs-Gewinn-Verhältnis von ungefähr fünf. Allein die Dividendenrendite betrug staatliche 8,2 Prozent. Wenn also das Unternehmen nur seinen Umsatz halten könnte, würden Sie eine Rendite von 8,2 Prozent erhalten. Wir rechnen mit 50 bis 70 Prozent Kurssteigerungspotential und würden uns dann auch wieder von Neopost trennen. In der Zwischenzeit werden Anleger mit der Dividende für das Warten gut honoriert. Die Aktie eignet sich für risikofreudigere Anleger.

Die Datenbank von www.privatinvestor.de

In der Datenbank von www.privatinvestor.de können Privatanleger die Einschätzung und Bewertung von ca. 75 Unternehmen verfolgen und mit diesen Daten ein eigenes Portfolio zusammenstellen. Am Ende des Kapitels finden Sie einen Teilauszug. Neben den Musterportfolios ist die Datenbank ein wichtiges Werkzeug für Ihre Anlagestrategie. Für jedes Unternehmen geben wir den »inneren« oder auch »fairen« Wert an, der auf der Substanz- oder Ertragskraft der Unternehmen beruht. Der Kurs einer Aktie und damit der Wert des dazugehörigen Unternehmens mit seinen Mitarbeitern, Produkten und Dienstleistungen kann aufgrund der starken Schwankungen an der Börse darüber oder darunter liegen. Besonders interessant sind natürlich Unternehmen, die unterbewertet sind. Aus dem Vergleich von innerem Wert und Börsenkurs leiten wir für Sie Kauf-, Halte- und Verkaufssignale ab. In der Tabelle sind diese mit K für Kaufen, H für Halten und V für Verkaufen gekennzeichnet.

Ebenso finden Sie in der Datenbank unsere Einschätzung zur Qualität der Unternehmen anhand der Königspunkte. Unternehmen mit mehr als 70 Königspunkten sind Langfristanlagen mit sehr hoher Qualität. Diese sollten das Fundament Ihres Depots bilden. Hier ist die Wahrscheinlichkeit eines Wertverlusts beim Kauf zum oder unter dem fairen Wert in Verbindung mit einem Anlagehorizont von über fünf Jahren sehr gering.

Die Gewichtung der Qualitätsaktien in Ihrem Depot müssen Sie für sich selbst abwägen, da wir Ihren Hintergrund und Ihre Risikoaffinität nicht einschätzen können. Außerdem ist Finanzberatung seit einigen Jahren erlaubnispflichtig. Mit diesem Gesetz sollten eigentlich die Anleger geschützt werden – tatsächlich haben sich die Anbieter von Finanzberatung vor unliebsamer Konkurrenz geschützt. Denn die Prinzipien der Aktienanlage sind eigentlich klar verständlich, wie ich Ihnen in diesem Buch zeigen will. Haben Sie den Mut, Ihre eigene Strategie zu verfolgen!

Sie sollten bei der Auswahl der Aktien immer auf eine Sicherheitsmarge (also Differenz zwischen Preis und Wert) achten und sich das Zitat von Charlie Munger ins Gedächtnis rufen: »Ingenieure arbeiten mit einer großen Sicherheitsmarge. In der Finanzwelt aber scheren sich die Leute einen Dreck um Sicherheit. Sie lassen die Kurse steigen, steigen und steigen.«[7] Und wenn das mal nicht der Fall ist und die Angst statt Gier die Oberhand gewinnt, sollten Sie beherzt unterbewertete Unternehmen kaufen. Unsere Datenbank, die Musterportfolios und unser Kapitalanlagebrief sollen Sie hierbei unterstützen.

Die Datenbank von www.privatinvestor.de am 18.07.2016 (Auszug)

Emp-fehlung	Unterneh-men	WKN	Branche	Königs-punkte	Kurs	Kauf unter	Innerer Wert	Verkauf über	Aktueller Kurs in % des fairen Werts
H	Allianz SE	840400	Versicherungen	58	128,00	118,30	169,00	185,90	76
H	Alphabet	A14Y6F	Medien + Internet	76	665,22	591,17	656,86	788,23	101
K	AS Tallink Grupp	A0HNKY	sonstige Dienst-leistungen	63	0,91	0,92	1,15	1,27	79
H	Bechtle	515870	sonstige Dienst-leistungen	70	97,49	85,50	95,00	114,00	103
H	Beiersdorf	520000	Konsum-Non-Food	70	84,06	71,55	79,50	95,40	106
K	Berkshire Hathaway B	A0YJQ2	Holding	76	131,75	142,53	158,37	190,04	83
K	BMW	519003	Autos	65	62,65	81,00	90,00	108,00	70
V	British American Tobacco	916018	Konsum-Genuss-mittel	71	58,73	36,37	45,46	54,56	129
K	CieFinanciè-reRichemont	A1W5CV	Mode/Luxus	75	53,36				

Emp-fehlung	Unterneh-men	WKN	Branche	Königs-punkte	Kurs	Kauf unter	Innerer Wert	Verkauf über	Aktueller Kurs in % des fairen Werts
H	Coca-Cola	850663	Konsum-Food	71	41,13				
K	Cognizant	915272	sonstige Dienst-leistungen	75	51,59				
	Colgate-Palmolive	850667	Konsum-Non-Food	72	67,31				
	ConocoPhil-lips	575302	Rohstoffe/Öl/Gas	60	38,53				
	Diageo	851247	Konsum-Genuss-mittel	71	25,43				
	Ebro Foods	914506	Konsum-Food	67	20,73				
	Eckert & Ziegler	565970	Investitionsgüter	63	19,78			ausführ-liche Daten	
	Hornbach	608340	Einzelhandel	65	59,45			auf www.privat-investor.de	
	IBM	851399	sonstige Dienst-leistungen	65	143,80				

459

Emp-fehlung	Unterneh-men	WKN	Branche	Königs-punkte	Kurs	Kauf unter	Innerer Wert	Verkauf über	Aktueller Kurs in % des fairen Werts
	Johnson	853260	Pharma/Generika	75	111,40				
	Nestlé	A0Q4DC	Konsum-Food	78	71,68				
	TFF	918313	Integrierte Handelskonzepte	75	81,99				
	VF Corp.	857621	Konsum-Non-Food	72	58,48				
	Villeroy + Boch AG VZ	765723	Integrierte Handelskonzepte	58	13,56				
	Voestalpine	897200	Rohstoffe/Ä-l/Gas	56	30,89				
	Wal-Mart	860853	Einzelhandel	65	66,49				

Merksätze

1. In den Musterportfolios und der Datenbank von www.privatinvestor.de stellen wir drei solide Aktienportfolios und die dazu gehörigen Unternehmen transparent dar.
2. Das Langfristdepot setzt auf die besten Unternehmen der Welt. Hier sollten Sie mit ganz wenigen Umschichtungen auskommen.
3. Im Value-Depot investieren wir in langfristige Wachstumsunternehmen und in stark unterbewertete Zykliker, die eine etwas geringere Qualität aufweisen, dafür größere kurz- bis mittelfristige Chancen bieten.
4. Im Wachstumsdepot setzen wir auf wachstumsstarke Unternehmen, Zykliker und etablierte Unternehmen in Sondersituationen. Dementsprechend unterliegt das Portfolio größeren Kursschwankungen und hat eine größere Abhängigkeit von der Konjunktur als das Langfristdepot.
5. In der Datenbank von www.privatinvestor.de werden die Unternehmen, die wir im Fokus haben, mit fairem Wert, Königspunkten, Kauf- und Verkaufsschwelle abgebildet.
6. Alle unsere Depots sind als Anregung zu verstehen. Eine Finanzanlageberatung kann IFVE nicht betreiben.
7. Die Bayerische Vermögen AG hat zusammen mit mir und der V-Bank oder der DAB Bank eine Methode entwickelt, wie Sie direkt in die Aktien des Langfristdepots investieren können, ohne einen Fonds kaufen zu müssen. www.bv-vermoegen.de/ottedepot

12. Der Weg zu Ihrer eigenen Investmentstrategie

Sie sind fast am Ende des Buches angekommen. Gemeinsam haben wir uns auf eine Reise mit dem Ziel der finanziellen Unabhängigkeit gemacht oder zumindest auf eine Reise mit dem Ziel, Ihre Investmententscheidungen unabhängiger zu treffen. Sie wollen nicht zur Mehrheit der deutschen Sparer gehören, die laut *Spiegel* ihr Geld praktisch wegwerfen und sich arm sparen. Die sich wie Narren verhalten.[1]

Sie wollen, dass Ihr harterarbeitetes Geld für Sie arbeitet. Sie wollen Vermögen aufbauen. Sie wollen wie Krankenschwester Stephanie Mucha und der Schotte John Reid, die Sie in Kapitel 1 kennengelernt haben, aus wenig viel machen. Vielleicht haben Sie auch ein gewisses Vermögen und wollen vor allem dieses Vermögen erhalten und sinnvoll vermehren. Egal, was Ihr Ziel ist: Alles fängt damit an, dafür zu sorgen, dass Ihr Vermögen für Sie arbeitet.

Persönliche Finanzstrategien gibt es fast so viele wie Anleger. Erfolgreich sind vor allem diejenigen, die langfristig und nüchtern investieren, sich dabei eigene Gedanken machen und einen Weg in die finanzielle Unabhängigkeit finden. Das kann auch der Weg sein, den mein Bruder gewählt hat: Ausgaben eisern im Griff behalten und Schritt für Schritt »gutes« Vermögen aufbauen.[2]

Für Ihren finanziellen Erfolg gibt es sechs Voraussetzungen:
1. Um zu investieren, müssen Sie etwas haben. Schaffen Sie eine *finanzielle Basis*, so dass Ihr Vermögen anfängt, für Sie zu arbeiten. Auf jeden Fall müssen Sie mehr einnehmen als

ausgeben. Das geht (fast) immer. In den Worten von Charlie Munger: »You can always spend less.« Wie Sie den ersten Schritt machen können, habe ich in Kapitel eins beschrieben.
2. Eignen Sie sich *Finanzwissen* an. Mit diesem Buch haben Sie den ersten Schritt gemacht. Oder vielleicht vorhandenes Finanzwissen aufgefrischt. Oder ergänzt. Wie auch immer: Ohne Wissen geht es nicht. Renditen, Zahlen und auch Geschäftsberichte sind keine Zauberei. (Obwohl hier manchmal mit unseriösen Zaubertricks gearbeitet wird. Aber Finanzwissen hilft Ihnen, nicht auf diese Tricks hereinzufallen.)
3. Setzen Sie sich *Finanzziele*. Entwickeln Sie eine langfristige Strategie, die zu Ihnen und Ihren Zielen passt. Überprüfen Sie gegebenenfalls Ihre Ziele. Ein kleiner Realitätscheck: Sie brauchen mehr Vermögen, als Sie denken. Wenn Sie zum Beispiel ein Investmenteinkommen von 60 000 Euro netto im Jahr haben wollen und eine Nettorendite von 4 Prozent erzielen, dann brauchen Sie 1,5 Millionen Euro! In der Vermögensaufbauphase ist die langfristige Aktienmarktrendite von 8,5 Prozent drin; wenn Sie aber im Ruhestand sind, sollten Sie mit deutlich weniger kalkulieren. Eine Mischung aus 50 Prozent Festgeld zu 0,5 Prozent und 50 Prozent Aktien zu 8,5 Prozent bringt durchschnittlich gerade einmal 4,5 Prozent brutto.
4. Erkennen Sie Ihre *Anlegerpersönlichkeit*. Selbsterkenntnis ist die wichtigste Voraussetzung für Ihren Anlageerfolg. Ihr größter Feind beim Investieren sind Sie selbst.[3]
5. *Gedanken*. Machen Sie sich Ihre eigenen Gedanken. Tauschen Sie sich mit Gleichgesinnten aus. Nur wenn Sie aktiv nachdenken, erkennen Sie, wie die Wirtschaft im Moment tickt. Wichtig: Versuchen Sie, Entwicklungen aufzuspüren, die von der Mehrheit und den Finanzmedien ignoriert werden.
6. *Üben, üben, üben*. Die wenigsten werden wie Warren Buffett als Investmentgenie geboren. Für viele ist es harte Arbeit, bis sie ihren eigenen Weg gefunden haben. Und Fehler werden Sie auch auf Ihrem Weg machen.

Anlegerpersönlichkeit

Fachwissen ist das eine. Selbsterkenntnis und Kenntnis der eigenen Anlegerpersönlichkeit das andere. Viele Menschen stolpern über sich selbst, gerade bei der Geldanlage. Gerade beim Geld werden Urinstinkte freigesetzt. Das Stammhirn (Reptilienhirn) übernimmt oftmals die Entscheidungen, ohne dass wir es merken. Wir folgen dem Herdentrieb. Sind Immobilien »heiß« – wie im Sommer 2016, wo ich diese Zeilen schreibe, interessieren sich alle für Immobilien.

Kurztest Anlegerpersönlichkeit

Aussage	stimme zu	stimme nicht zu
1. Chancen reizen mich	a) ☐	b) ☐
2. Ich habe manchmal das Gefühl, an der Börse etwas zu verpassen	a) ☐	b) ☐
3. Wenn ich Verluste mache, gebe ich mir besondere Mühe, diese aufzuholen	a) ☐	b) ☐
4. Ich interessiere mich für neue Investmentthemen	a) ☐	b) ☐
5. Ich habe Angst, Verluste zu machen	b) ☐	a) ☐
6. Das Auf und Ab an der Börse finde ich spannend	a) ☐	b) ☐
7. Das Auf und Ab an der Börse macht mich nervös	b) ☐	a) ☐

Zur Auswertung des Kurztests lesen Sie bitte die Fußnote.*

Sind Sie eher der A-Typ oder der B-Typ der Geldanlage? Typ A sieht vor allem die Chancen, will etwas machen und vergisst die Risiken. Er läuft Gefahr, auf neue Trends aufzuspringen, die »heiß« und vielversprechend sind. Das waren dann vielleicht auch die Hobbyanleger, die am Neuen Markt ganz vorne mit dabei waren. Oder bei Biotechnologie. Oder BRICS. Oder anderen heißen Themen.

Typ B ist vor allem bemüht, Risiken zu vermeiden, und vergisst daher oft, überhaupt aktiv Geld anzulegen. Wie oft habe ich den Satz »Ich warte noch, bis der DAX noch etwas weiter gefallen ist« gehört. Und selbst wenn der DAX dann tatsächlich noch fiel – der Anleger hätte wahrscheinlich die nächste Ausrede, warum er warten sollte, bis der DAX noch etwas weiter gefallen ist. Im März 2010, als der absolute Tiefpunkt an den Börsen erreicht war, sagte ich in einem großen Interview in Börse Online: »Ich rate allen: kauft Aktien!«[4] Natürlich wusste ich damals auch nicht, ob der Tiefpunkt erreicht war. Aber ich wusste, dass Aktien extrem billig waren und in den nächsten Jahren sehr gute Gewinne abwerfen würden. Das ist dann auch passiert.

Leider kann auch Typ B auf heiße Themen hereinfallen – dann nämlich, wenn diese eine Zeitlang gut gelaufen sind. So stiegen 1999 und 2000 etliche konservative Anleger noch bei Internet- und Technologiewerten ein, nur um dann massive Verluste zu erleiden.

Wenn Sie ein **A-Typ** sind, sollten Sie besonders auf Folgendes achten:

---

* Zählen Sie die Antworten, bei denen Sie a) angekreuzt haben. Bitte achten Sie darauf, dass a) und b) an unterschiedlichen Stellen stehen. Wenn Sie viermal oder häufiger a) gewählt haben, sind Sie aller Voraussicht nach ein A-Typ. Wenn Sie weniger als vier a) eingesammelt haben, sind Sie aller Wahrscheinlichkeit nach ein B-Typ.

- Schauen Sie nicht so oft Finanznachrichten. Einmal in der Woche reicht völlig, gegebenenfalls sogar weniger.
- Begrenzen Sie Zahl und Zeitpunkt Ihrer Transaktionen: einmal im Monat reicht völlig.
- Warten Sie bei jeder Transaktion eine Woche – fünf Handelstage – bevor Sie etwas machen.
- Halten Sie etwas Pulver trocken. Investieren Sie die Hälfte von dem, was Sie investieren wollen.
Sie müssen nicht immer etwas machen. Trading schadet Ihrer finanziellen Gesundheit! Das ist durch viele Studien nachgewiesen worden. Und bei jedem Trade verdient die Bank mit. Ihre Kapitalanlagen sollen für Sie arbeiten. Dafür müssen Sie ihnen Zeit lassen.

Sind Sie der **B-Typ,** müssen Sie Ihre Ängste überwinden und den Einstieg ins Investieren finden:

- Eignen Sie sich Wissen zur Kapitalanlage an. Wissen schafft Sicherheit. Geben Sie sich Zeit. Notfalls ein ganzes Jahr. Aber nicht unendlich viel Zeit. Spätestens nach einem Jahr sollten Sie anfangen zu investieren.
- Fangen Sie mit einem kleinen Betrag an. Menschen, die an einem See baden gehen wollen, testen oftmals das Wasser auch erst mit dem Fuß. Und dann gehen sie bis zur Hüfte rein. Und irgendwann schwimmen Sie.
- Machen Sie sich einen regelmäßigen Investitionsplan – zum Beispiel vierteljährlich –, und investieren Sie so lange weiter, bis Sie die Zielmarke für Ihr Investment, zum Beispiel eine bestimmte Aktienquote, erreicht haben.

Die wichtigsten Anlegerfallen vermeiden

In seinem monumentalen Buch »Die Psychologie der Börse« schildert James Montier, Chefstratege des Investmenthauses GMO, die wichtigsten Anlegerfallen.[5] In Deutschland hat der Ökonom Hanno Beck ein Buch zu Anlegerfallen und Finanzpsychologie geschrieben: »Geld denkt nicht – wie wir in Gelddingen einen klaren Kopf behalten«.[6] Ich kann Ihnen beide Bücher empfehlen, wenn Sie tiefer in die Thematik einsteigen wollen.
An dieser Stelle ein paar Warnhinweise zu den Fallen, in die Sie im Laufe eines Investorenlebens tappen können (und hier und da wohl auch werden):
1. Selbstüberschätzung: »ich doch nicht!« – so werden Sie vielleicht denken. Und doch zeigen fast alle Umfragen, dass Menschen sich regelmäßig selbst überschätzen.[7] Value-Investoren fragen sich ständig, was sie nicht wissen und was sie übersehen haben. Eine wichtige Charaktereigenschaft guter Investoren ist Demut. Stolz ist fehl am Platze.
2. Verfügbarkeitsheuristik: Wir suchen nicht nach den wichtigen Informationen, sondern nehmen die Informationen, die überall verfügbar sind. Bei Aktien sind das Kurs und Chart. Das führt dann zu dem Unsinn, den ich »Investorenlogik ersten Grades« nenne: Steigt die Aktie, ist sie »gut«, fällt sie, ist sie »schlecht«. Dabei sind Kurs und Kursbewegungen völlig irrelevant, wenn Sie zum Beispiel nicht wissen, was der faire Wert einer Aktie ist.
3. Selektive Wahrnehmung: Wenn Sie die Börsennachrichten distanziert beobachten, fällt Ihnen vielleicht auf, dass dieselbe Nachricht einmal positiv gewertet wird, ein anderes Mal negativ. Zum Beispiel wurden die Zinsen angehoben und der Kommentator wertet dies in einem optimistischen Umfeld positiv, weil es eine »vernünftige Wirtschaftspolitik« zeigt. In einem pessimistischen Umfeld wird derselbe Schritt vielleicht negativ interpretiert. »Zeig mir, was ich sehen will«, schreibt James Montier. Voreingenommenheit bestimmt die Analyse.[8]

4. Fortschreibung der Vergangenheit: Die meisten Anleger neigen dazu, die Vergangenheit fortzuschreiben. Haben sich bestimmte Investitionsobjekte in der Vergangenheit lange gut entwickelt, so werden sie auch als gute Kapitalanlagen für die Zukunft gesehen. Im Sommer 2016 stehen Immobilien in guten Lagen zum Beispiel hoch im Kurs. Immer weniger Menschen denken daran, dass gerade aufgrund der Preisentwicklung Immobilien bereits recht teuer sind und dass sie vielleicht eher über Aktien oder Gold nachdenken sollten.

5. Damit verbunden ist der **Hindsight Bias:** Im Rückblick sieht alles ganz einfach aus. Natürlich war es nachher allen klar, dass die Technologieblase platzen musste. Oder dass sich die Google-Aktie hervorragend entwickeln MUSSTE. Nur zu dem Zeitpunkt, an dem man entscheiden musste, anscheinend nicht.

6. »Halo Effekt«: Der Halo Effekt besagt, dass wir Empfehlungen oder Handlungen bekannter oder berühmter Menschen besonders trauen. Wenn solche Leute etwas machen, dann muss es gut sein. Nein, das muss es nicht. Selbst wenn Warren Buffett oder George Soros etwas kaufen, dann muss dieses Investment nicht gut FÜR SIE sein. Beide haben einen ganz anderen Hintergrund. Ihre Investments müssen zu Ihnen passen.

Kurztest Anlegerwissen[9]

In diesem Buch ist das Basiswissen enthalten, mit dem Sie Ihre Kapitalanlage selbstbestimmt in die Hand nehmen können. Wenn Sie das, was ich Ihnen geschrieben habe, verinnerlicht haben, sollten Sie starten. Aber Hand aufs Herz – gelesen ist noch nicht verstanden, verstanden ist noch nicht behalten, und behalten ist noch nicht angewendet.

Daher haben Sie hier kurz die Gelegenheit, Ihr Wissen zu testen. Kreuzen Sie die nach Ihrer Meinung richtige Antwort an. Machen Sie aber auch wirklich ein Kreuzchen, damit Ihr

Gehirn Ihnen bei der Auswertung nicht vielleicht einen Streich spielt. Das ist gar nicht so anders wie bei den Anlegerfallen, wo man auch gerne Dinge rückblickend ganz anders sieht als zum Zeitpunkt der Entscheidung, als man mitten in der Situation stand.

Kurztest Anlegerwissen

1. Eine Aktienanleihe ist
    - ☐ a) eine Anleihe
    - ☐ b) ein Zertifikat

2. Steigen die Zinsen
    - ☐ a) steigen normalerweise die Anleihekurse
    - ☐ b) sinken normalerweise die Anleihekurse
    - ☐ c) das kommt darauf an

3. Die langfristige Durchschnittsrendite der Aktienmärkte ist ungefähr
    - ☐ a) 4 Prozent
    - ☐ b) 7–9 Prozent
    - ☐ c) 11 Prozent

4. Ein Indexzertifikat enthält immer die Wertpapiere, die auch im Index enthalten sind
    - ☐ a) ja
    - ☐ b) nein

5. Eine Aktie handelt zu einem Kurs-Gewinn-Verhältnis von 25. Wie hoch ist die Gewinnrendite?
    - ☐ a) 4 Prozent
    - ☐ b) 5 Prozent
    - ☐ c) 10 Prozent

6. Ein Girokonto ist sicher: Ihr Geld dort gehört nach den geltenden gesetzlichen Regelungen auf jeden Fall Ihnen.
☐ a) ja
☐ b) nein

7. Wenn Sie an der Börse eine Aktie kaufen, erhält den Kaufpreis normalerweise
☐ a) das Unternehmen
☐ b) die Investmentbank
☐ c) ein anderer Börsenteilnehmer

8. Das Vermögen in einem Aktienfonds gehört
☐ a) der Fondsgesellschaft
☐ b) den Fondsinvestoren
☐ c) den Emittenten

9. Fonds können nicht pleitegehen
☐ a) richtig
☐ b) falsch

10. Wichtiger für die Auswahl eines Aktieninvestments sind
☐ a) Kurssteigerungen der Aktie und hohe Eigenkapitalrendite
☐ b) Gewinnsteigerungen und hohe Eigenkapitalrendite des Unternehmens

Die Fragen des Kurztests habe ich bewusst recht einfach gehalten. Das heißt aber auch, dass Sie eine hohe Punktzahl erreichen sollten.

9–10 Punkte: Sie haben das nötige Basiswissen für den Start in die Investmentwelt. Auf jeden Fall sollten Sie Ihr Wissen laufend vertiefen. Investoren lernen nie aus, sie sind von Natur aus wissbegierig.

7–8 Punkte: Sie sollten mit dem Start noch etwas warten und Ihr Wissen weiter vertiefen.

0–6 Punkte: Ihr Wissen müssen Sie noch erheblich vertiefen, wenn Sie nicht ein Opfer Ihrer selbst und der Finanzbranche werden wollen. Erwägen Sie auch, wirklich kompetente Finanzberatung in Anspruch zu nehmen.

Finanzstrategien zum Vermögensaufbau

Im Folgenden möchte ich Ihnen beispielhaft Ihre mögliche Vermögensaufteilung für die Vermögensaufbauphase und die Vermögenssicherungs- bzw. Entnahmephase vorstellen. Bitte bedenken Sie, dass ich Ihnen hier nur Anregungen geben kann und dass diese keinesfalls eine persönliche, auf Sie zugeschnittene Beratung ersetzen können.

In der **Vermögensaufbauphase** sollten Sie mindestens fünf Jahre nicht an das investierte Vermögen heranmüssen. Die Kapitalmärkte schwanken. Wenn Sie in die Kapitalmärkte investieren, um eine ordentliche Rendite zu erzielen (früher nannte man das »wachstumsorientiert«), dann müssen Sie die Zeit mitbringen, um Schwankungen auszusitzen.

Auch als jemand, der Vermögen aufbaut, sollten Sie liquide sein. Deswegen empfehle ich Ihnen, so viel auf dem Konto zu haben, dass Sie davon mindestens drei Monate Ihren Lebensunterhalt bestreiten können. Bei vielen jungen Menschen ist dies nicht der Fall. Sie konsumieren, haben Konsumschulden und schließen nebenbei noch ein Kapitalanlageprodukt ab. Befreien Sie sich von den Schulden, bauen Sie Liquidität auf. Vielleicht teilen Sie Ihren Sparbetrag auch fifty-fifty für den Abbau von Schulden bzw. den Aufbau von Kontoguthaben einerseits und für Investitionszwecke andererseits.

Edelmetalle sind auch für junge Menschen als Versicherung sinnvoll, wenn auch in geringerem Umfang.

Ich hoffe, dass ich Sie mit diesem Buch davon überzeugen

konnte, dass Aktien zum Vermögensaufbau unverzichtbar sind, dass sie stressfrei, pflegeleicht und in gewissem Sinne auch »sicher« sind. In der Vermögensaufbauphase sollten Sie viele davon haben; irgendwo zwischen 50 und 70 Prozent Ihres Vermögens (Immobilie ausgenommen).

Wenn Sie Anfänger sind, werden Sie wohl vor allem in Indexfonds, Indexzertifikate, Aktienfonds und vermögensverwaltende Mischfonds investieren. Wenn Sie Fortgeschrittener sind, werden wahrscheinlich mehr Einzelaktien dazukommen. Aber ich ermutige Sie auch als Anfänger, einige (wenige) Einzelaktien hinzuzunehmen, damit Sie den Umgang mit Einzelaktien erproben können.*

Vermögensaufteilung für die Vermögensaufbauphase (Beispiel)

	Anfänger	Fortgeschrittene
Kontoguthaben und Festgeld: Lebensunterhalt für 3 Monate	15 %	15 %*
Anleihen bzw. Anleihefonds: nur in Ausnahmefällen	0 %	0 %
Edelmetalle	5–10 %	5–10 %
Indexfonds und Zertifikate, vermögensverwaltende (Multi-Asset)-Mischfonds	40–70 %	0–50 %
Aktienfonds	0–10 %	0–10 %
Einzelaktien	5–10 %	20–70 %

Insgesamt ist Ihr Kapital in der Vermögensaufbauphase »renditeorientiert« angelegt – das heißt, in der stark schwankungsanfälligen Anlageklasse Aktien. Auch eine Immobilie kann zum

---

* Die Prozentzahl hängt natürlich von der Höhe des bereits erarbeiteten Kapitalstocks ab.

Vermögensaufbau hinzukommen. Allerdings sollten Sie kein Haus oder eine Wohnung auf Pump in der Pampa kaufen. Lieber zur Miete wohnen und ein solide vermietetes Objekt in einer ordentlichen Lage kaufen. In Kapitel 4 habe ich ausführlich darüber geschrieben. Derzeit dürfte dies aufgrund der aktuellen Preisentwicklung am Immobilienmarkt allerdings schwer sein. Ein Investor muss warten können. Geduld ist ganz, ganz wichtig. »Wenn du es eilig hast, gehe langsam.« Dieses Sprichwort gilt ganz besonders beim Vermögensaufbau.

Finanzstrategien für die Entnahme- und Vermögenssicherungsphase

In der Entnahme- oder Vermögenssicherungsphase gelten andere Prioritäten. Hier wollen Sie ein möglichst stabiles Einkommen erzielen. Früher wurde gerne eine Faustregel zitiert, nach der sich die optimale Aktienquote bestimmen ließe: 100 − Lebensalter = Aktienquote. Demnach sollte ein siebzigjähriger Investor eine Aktienquote von ungefähr 30 Prozent halten.

Diese Faustregel gilt nicht mehr, wenn sie jemals gegolten haben sollte:

- Weil das Parken von Geld auf dem Giro- oder Festgeldkonto faktisch eine Wertvernichtung darstellt, sollten Kontoguthaben und ggf. Anleihen den Zusatzbedarf für fünf Jahre abdecken (= Bedarf zusätzlich zu bezogenen Renten und anderen Kapitalerträgen).
- Der Anteil an Edelmetallen kann etwas größer sein als in der Vermögensaufbauphase.
- Alles sonstige Vermögen sollte in Ertrag bringenden Sachwerten (Immobilien, Indexfonds- und Zertifikate, vermögensverwaltende Mischfonds, Aktien) angelegt werden.
- In Einzelfällen sind vielleicht auch »alternative Investments« wie Hedgefonds oder Private Equity sinnvoll. Wenn Sie so

weit sind, werden Sie dies selbst am besten wissen. Allerdings lässt mich schon der Begriff »alternatives Investment« etwas schaudern: Ein Investment zeichnet sich nach Benjamin Graham durch Sicherheit des eingesetzten Grundkapitals und eine angemessene Rendite aus.

Auf jeden Fall ermutige ich Sie, Ihre Kapitalanlage selbst in die Hand zu nehmen oder einen seriösen Vermögensverwalter damit zu betrauen und nicht eine Rentenversicherung oder etwas Ähnliches abzuschließen. Die Provisionen und Kosten sind viel zu hoch.

Vermögensaufteilung für die Entnahme- oder Vermögenssicherungsphase (Beispiel)

	Anfänger	Fortgeschrittene
Kontoguthaben und Festgeld: Lebensunterhalt für 5 Jahre	20 %	20 %
Anleihen bzw. Anleihenfonds: nur in Ausnahmefällen*	10–20 %	10–20 %
Edelmetalle	10–20 %	10–20 %
Indexfonds und Zertifikate, vermögensverwaltende (Multi-Asset)-Mischfonds	30–60 %	0–30 %
Aktienfonds	0–10 %	0–10 %
Einzelaktien	5–10 %	30–50 %

Ich kenne sehr vermögende Menschen, die fast ihr gesamtes Depotvermögen in Aktien halten. Das kann durchaus eine sinnvolle Strategie sein – nämlich dann, wenn Sie gemessen an Ihrem Vermögen sparsam leben und Geld vererben wollen. Wenn

---

* Summe kann zu dem Bedarf für fünf Jahre hinzugezählt werden

Sie Ihren Jahresbedarf zum Beispiel aus Dividenden decken können, besteht kein Anlass, viel Liquidität vorzuhalten. Dann ist es besser, der Rest vermehrt sich gut angelegt in Immobilien und Aktien erstklassiger Unternehmen.

Investieren für Kinder

Kennen Sie noch den Weltspartag? Damals brachten wir unsere Sparschweine zur Sparkasse. Dort wurden sie feierlich geleert. Zusammen mit dem Bankmitarbeiter – damals sagte man noch gelegentlich »Schalterbeamter« – wurde dann das Geld gezählt und feierlich aufs Sparbuch gebucht. Dann gab es noch einen Stift oder Bonbons oder beides.

Eigentlich war der Weltspartag eine gute Idee: Er wurde auf dem 1. Internationalen Sparkassenkongress (Weltvereinigung der Sparkassen) im Oktober 1924 in Mailand beschlossen. Damit sollte der Gedanke des Sparens weltweit im Bewusstsein verankert und die Bedeutung des Sparens für die Volkswirtschaft und den Einzelnen unterstrichen werden. Wir erinnern uns: Ohne Sparen kein Investieren.

In Zeiten der Niedrig- und Negativzinsen muss einem der Weltspartag aber fast wie eine Verhöhnung der Kinder und Sparer vorkommen. Sollen wir unsere Kinder an systematische Kapitalvernichtung gewöhnen? Andererseits ist Sparen weiterhin die Grundlage für das Investieren. Heute ist es schwerer denn je, Kinder zum Sparen zu motivieren. Irgendetwas müssen wir uns also einfallen lassen.

Damals konnten wir erst das Sparen erlernen oder einüben, dann das Investieren. (Wobei die meisten ja gar nicht bis zum Investieren kamen.) Heute sollte beides gleichzeitig geschehen: Anstatt das Sparbuch zu füllen, sollten Sie mit Ihrem Kind oder Enkelkind ein Online-Aktiendepot einrichten.

Meine älteren beiden Kinder haben jedes ein Aktiendepot bekommen, sobald sie in der Lage waren, die grundlegenden

Konzepte nachzuvollziehen. Mein jüngster wird ein Depot bekommen, wenn es so weit ist. Und das ist bei den meisten Kindern durchaus recht früh der Fall. Im Alter von acht Jahren sind die meisten durchaus in der Lage, zu verstehen, dass

- die Aktie ein Unternehmensanteil ist
- Aktien Dividenden bezahlen
- Kurse schwanken können und dass man besser langfristig dabei ist

Meine Kinder interessieren sich für Ihre Aktien. Einmal im Quartal schauen wir nach, wie viel Dividende bezogen wurde. Selten kaufen wir (mit Papas Hilfe) nach, wenn ein Kind ein Geschenk erhalten hat. Verkauft haben wir in den drei Jahren, in denen die Depots laufen, noch nichts.

Meine beiden älteren Kinder neigen intuitiv auch zu unterschiedlichem Anlageverhalten: Während meine Tochter fokussiert gekauft hat und auf Wachstum setzt, ist mein Sohn breiter diversifiziert und wünscht laufende Erträge (die aber nicht ausgegeben, sondern reinvestiert werden).

So können Kinder das Sparen und das Investieren in einem Zug erlernen. Die Kinder sehen, wie ihr Geld für sie arbeitet, wie Aktienkurse schwanken können und wie Geduld sich auszahlt. Sie beschäftigen sich auf eine natürliche Art mit der Wirtschaft. Wenn meine Eltern nicht nur das Sparen, sondern auch das Investieren mit mir geübt hätten, wären mir viele Umwege erspart geblieben. Meine Eltern haben mir aber die Werte, den Charakter und die Bildung mitgegeben, die es mir erlaubt haben, trotz etlicher Umwege noch an (fast) jedem Ziel anzukommen, das ich mir vorgenommen habe.

Zu guter Letzt: Lehnen Sie sich zurück, und genießen Sie Ihre Reise

Ein chinesisches Sprichwort besagt, dass jede Reise mit dem ersten Schritt beginnt. Sie haben dieses Buch gelesen. Damit haben Sie schon recht viele Schritte gemacht. Dennoch werden auf Ihrem Weg zum erfolgreichen Investor noch viele weitere vor Ihnen liegen. Manchmal werden Sie tolle Resultate erzielen, manchmal wird es unschöne Rückschläge geben. Geldanlegen ist wie Fitnesstraining – Sie sollten es regelmäßig tun.

Ein anderes Sprichwort lautet: »Der Weg ist das Ziel.« Wenn ich persönlich das auch nicht ganz unterschreiben kann, so ist doch etwas Wahres dran. Neben der finanziellen Unabhängigkeit gibt es auf Ihrer Reise noch viele andere Dinge entlang des Weges. Geld – worum es sich in diesem Buch dreht – ist nur ein Bestandteil Ihrer Reise. Um ein erfolgreicher Investor zu sein, hilft es, wenn Sie auch auf andere Lebensbereiche achten. In seinem Bestseller »Die sieben Wege zur Effektivität« spricht Steven Covey von vier Lebensbereichen, die für ein erfülltes Leben im Gleichgewicht sein müssen.[10] In all diesen Bereichen sollte Erneuerung und Wachstum stattfinden: geistliches und spirituelles Wachstum, geistiges Wachstum, körperliches Wachstum, soziales und emotionales Wachstum.

Natürlich ist das Geldanlegen nur ein Teil Ihres Lebens. Aber um ein guter Investor zu werden, sind Charaktereigenschaften gefragt, die auch im alltäglichen Leben notwendig sind – Ausdauer, Geduld, Kontrolle der eigenen Emotionen, geistige Offenheit und eine gewisse Distanz zu sich selbst. Auch etwas Demut ist durchaus hilfreich.

Für Ihren Weg als Investor benötigen Sie – frei nach Börsenaltmeister André Kostolany – Geld, Gedanken, Geduld und (etwas) Glück. Wenn Sie den Prinzipien dieses Buches folgen und investieren statt sparen, machen Sie sich recht unabhängig vom Glück. (Obwohl ein bisschen Glück natürlich nicht schadet!) Üben Sie sich in Geduld, bauen Sie Ihr Vermögen systematisch auf, machen Sie sich Ihre Gedanken, und vernachlässigen Sie Ihre Gefährten nicht. Schließen Sie sich unserer Gemeinschaft von Gleichgesinnten an, aber vertrauen Sie auf Ihren eigenen Verstand.

Auf gute Investments!

Anhang

Was ist ein Unternehmen wert? Die Bestimmung des Multiplikators

Immobilien oder Unternehmen lassen sich auf zweierlei Weise berechnen: durch die Bewertung der Substanz und die Bewertung des Ertrags. Im ersten Fall wird analysiert, was die Wiederbeschaffungs- oder Erstellungskosten für das Objekt oder das Unternehmen sind – also nicht das, was aktuell am Markt gezahlt wird, sondern bei einer Immobilie zum Beispiel die Bau- und Grundstückskosten. Ähnlich lässt sich dies auch für Unternehmen durchführen.

Bei der Ertragswertmethode werden anstelle der Substanz die Erträge betrachtet, die ein Vermögensgegenstand abwirft. Nach Kiyosaki sind gute Vermögensgegenstände nur die, die eine laufende Rendite abwerfen. Das mag etwas überspitzt sein, aber im Prinzip stimmt es. Nun wird für diese Rendite ein bestimmter Preis am Markt bezahlt, bei einer Immobilie zum Beispiel das 20- oder 25fache der laufenden Jahresmiete.

Dieser Zusammenhang lässt sich in einer einfachen Formel ausdrücken (vgl. Kapitel 4):

$P = M \times Z$
P = Preis/Kurs – M = Multiplikator – Z = laufende Zahlung (Gewinn, Miete)

Wir wollen aber nicht wissen, wie »der Markt« gerade denkt,

sondern was die Erträge wirklich wert sind. Dazu müssen Sie sich Gedanken über eine langfristig realistische Rendite machen. Der langfristige »risikofreie« Zins bei Staatsanleihen liegt irgendwo bei vier Prozent. Das ist der Zinssatz, den Sparer normalerweise bekommen, wenn sie Geld verleihen. Auch in Zeiten einer schädlichen Niedrigzinspolitik sollten wir uns an diesem langfristigen Satz orientieren.

In Kapitel 5 haben wir uns mit dem Preis von Anleihen und der Bewertung von Zahlungsströmen befasst.

Fairer Wert = Barwert der versprochenen Zahlungsflüsse = B = $\frac{c}{(1+r)}$

B = Barwert – c = laufende Zahlung – r = Diskontierungszinssatz

Das lässt sich auch schreiben als
$$B = \frac{c}{(1+r)^2}$$
oder

$B = c \times M$

Das sieht so ähnlich aus wie P = Z × M, und beschreibt denselben Zusammenhang.

B ist der Barwert einer einzigen Zahlung. Für eine Reihe laufender Zahlungen, die sich ewig fortsetzt, ist die Formel noch einfacher:

$B = c \times \frac{1}{r}$ Der Multiplikator ist also einfach $M = \frac{1}{r}$

Die meisten Unternehmen werden jahrzehntealt, etliche sind über hundert Jahre alt. Nestlé feierte vor einigen Jahren hundert Jahre Markteintritt in Brasilien. Wir können bei besonders stabilen Unternehmen, also Unternehmen mit hoher Königspunktzahl, davon ausgehen, dass die Erträge stabil sind oder sogar wachsen.

Wenn ein solches Unternehmen zum Beispiel 5 Milliarden Euro Gewinn erzielt und der Zinssatz 5 % Prozent beträgt (etwas mehr als der risikofreie Zinssatz), dann wäre das Unternehmen am Markt

$$P = Z \times M = 5 \text{ Mrd.} \times \frac{1}{0{,}05} = 5 \text{ Mrd.}/0{,}05 = 100 \text{ Mrd. € wert.}$$

Wir erachten Multiplikatoren von 20 bis maximal 25 für besonders stabile und rasch wachsende Unternehmen als angemessen. Unternehmen mit schwankenden Erträgen sollten mit Multiplikatoren von 10 bis 15 auf den nachhaltigen Ertrag bewertet werden.

Bei wachsenden Unternehmen berechnet sich der Multiplikator theoretisch durch

$$M = \frac{1}{r - g}$$

Hier wird vom Zinssatz die Wachstumsrate abgezogen. Bei einem angenommenen Zinssatz von 10 Prozent (zum Beispiel, weil das Unternehmen riskanter ist) und einer Wachstumsrate von drei Prozent wäre der Multiplikator also

$$M = \frac{1}{0{,}1 - 0{,}03} = 1/0{,}07 = 14{,}3$$

Da ist aber viel Theorie dabei. Über die Wahl des richtigen Zinssatzes sind ganze Dissertationen geschrieben worden. Theoretisch gilt: Je riskanter das Investment, desto höher sollte der Diskontierungszinssatz sein. Auch die Bestimmung der angemessenen Wachstumsrate ist schwierig und mit vielen Fehlern behaftet.

In der Praxis ist die Bewertung von wachsenden Unternehmen sehr schwer. Wir nutzen bei www.privatinvestor.de die Multiplikatoren-Methode, weil zu viel Mathematik eine

Scheingenauigkeit vortäuscht, die in die Irre führt. Wichtiger ist es, sich mit den grundlegenden Fragen des Unternehmens und der Branche zu befassen.

Anmerkungen

Vorwort

1 DER SPIEGEL, 08/2016, S. 15.
2 www.wiwo.de/unternehmen-maerkte/bankberater-packen-aus-ich-habe-sie-betrogen-264071/
3 »Schande, Schande, F.A.Z.!« Der Privatinvestor, 10/2010 vom 12.03.2010.
4 www.handelsblatt.com/finanzen/boerse-inside/bp-aktie-kaufen-auf-teufel-komm-raus;2605490

Kapitel 1

1 Hans-Werner Sinn, ifo Institut, Vortrag am 1. März 2016, abrufbar unter www.youtube.com/watch?v=VFVSXN8Ezvw
2 Deutsche Rentenversicherung, Statistik der Deutschen Rentenversicherung – Aktuelle Daten 2016, Berlin 2015
3 Ich kann mich noch an die DM-Zeiten erinnern. Ja, ich bin der Auffassung, dass das Europäische Währungssystem mit nationalen Währungen besser für Europa war und habe zu jeder Gelegenheit für eine drastische Veränderung der Eurozone plädiert. Max Otte, Stoppt das Euro-Desaster, Berlin 2011.
4 Europäische Zentralbank, The Eurosystem Household Finance and Consumption Survey – Results from the First Wave, Frankfurt am Main 2013
5 Statistisches Bundesamt, Geld- und Immobilienvermögen sowie Schulden privater Haushalte, Fachserie 15, Heft 2 – 2013, Wiesbaden 2014
6 Deutsche Bundesbank, Monatsbericht Juni 2016 – 68. Jahrgang, Nr. 6, Frankfurt am Main 2016
7 OECD, National Accounts at a Glance 2015, Paris 2015

8 Als arm gelten Menschen, die über weniger als 60 Prozent des mittleren Einkommens verfügen
9 DER SPIEGEL, 08/2016, S. 15
10 Ulrike Hermann, Hurra, wir dürfen zahlen. Der Selbstbetrug der Mittelschicht, Berlin 2012
11 DER SPIEGEL, 08/2016, S. 15
12 Traugott Jähnichen und Norbert Friedrich, Geschichte der sozialen Idee im Protestantismus, In: Geschichte der sozialen Idee in Deutschland, Wiesbaden 2005
13 Deutsche Bundesbank, Monatsbericht Juni 2016 – 68. Jahrgang, Nr. 6, Frankfurt am Main 2016
14 Andreas Marquart und Philipp Bagus, Warum andere auf Ihre Kosten immer reicher werden. Und welche Rolle der Staat und das Papiergeld dabei spielen, München 2014.
15 www.worldwealthreport.com/
16 Börse Online 14/2009
17 Adam Ferguson, Das Ende des Geldes, München 2011
18 Vgl. meine Streitschrift »Rettet unser Bargeld«, Ullstein 2016
19 Daniel Stelter, Eiszeit in der Weltwirtschaft, Frankfurt 2016
20 Florian Homm, Endspiel. Wie Sie die Kernschmelze unseres Finanzsystems sicher überstehen, München 2016
21 Sahra Wagenknecht, Reichtum ohne Gier, Frankfurt 2016
22 Lesen Sie dazu auch die Ausführungen in Kapitel 2
23 Berkshire Hathaway Inc., Aktionärsbrief 2015, abrufbar unter www.berkshirehathaway.com/letters/2015ltr.pdf
24 »Das Orakel von Buffalo«, €uro am Sonntag, 6. 12. 2014
25 managermagazin 5/2000
26 Das Deutsche Aktieninstitut hat diese Umfrage nicht wiederholt. Die aktuellen Nettoeinkommen liegen gegenüber 1997 höher, obwohl das reale Einkommen gesunken ist
27 »Wer wird Millionär: Die erste Gewinnerin stirbt verarmt«, The Huffington Post, 14. 10. 2014
28 »Das Orakel von Buffalo«, €uro am Sonntag, 6. 12. 2014
29 »Sparen auf schottisch: Geizhals vererbt 27 Millionen Euro«, SPIEGEL Online, 4. 11. 2002

Kapitel 2

1 Willem Middelkoop, Der große Neustart, München 2015. Florian Homm, Endspiel, München 2016

2   Willem Middelkoop, Der große Neustart, München 2015
3   Max Otte, Der Crash kommt, Berlin 2010
4   Mario Draghi, Vortrag bei der Global Investment Conference in London am 26.7.2012, abrufbar unter www.ecb.europa.eu/press/key/date/2012/html/sp120726.en.html
5   Daniel Stelter in seinem Blog »Think Beyond The Obvious«, abrufbar unter think-beyondtheobvious.com/schulden-sind-gut/
6   McKinsey, Report – McKinsey Global Institute – Februar 2015
7   Carmen M. Reinhart und Kenneth S. Rogoff, Growth in a Time of Debt, in: American Economic Review, Vol. 100, Nr. 2, Mai 2010
8   Napoleon A. Chagnon, Noble Savages. My Life Among Two Dangerous Tribes, New York 2013
9   Bernhard Laum. Heiliges Geld. Eine historische Untersuchung über den sakralen Ursprung des Geldes. Tübingen 1924
10 David Graeber, Schulden – die ersten 5000 Jahre, München 2013
11 Hans Harlandt, Die Evolution des Geldes, Heidelberg 1989
12 Matthias Weik und Marc Friedrich, Kapitalfehler, Frankfurt 2016
13 Ebenda
14 de.wikipedia.org/wiki/Francesco_Datini
15 Simon Johnson und James Kwak, The Wall Street Takeover and the Next Financial Meltdown, New York 2010
16 Deutsche Bank, Geschäftsbericht 2015
17 Quartalsbericht der Federal Reserve, Mai 2016
18 Jahresbericht der Federal Reserve 2006
19 Beispielsweise Ron Paul, der ehemalige US-Abgeordnete und Bewerber um die republikanische Kandidatur für die US-Präsidentschaftswahl, der die Federal Reserve als Privatclub der Rockefellers und Morgans ansieht und sich für die Abschaffung der Fed in ihrer jetzigen Form einsetzt. Ron Paul, End the Fed, New York 2009
20 Peter Gauweiler wird bei seiner Verfassungsbeschwerde vom Freiburger Staatsrechtsprofessor Dietrich Murswiek vertreten, der die gesamte Klageschrift sowie weitere Dokumente zur Verfassungsbeschwerde auf seiner Homepage veröffentlicht hat. Die Dokumente sind abrufbar unter www.dietrich-murswiek.de/ueberblick.html
21 »EZB führt Negativzinssatz für die Einlagefazilität ein«, EZB Pressemitteilung vom 5. Juni 2014
22 »Strafgelder für Anlagen: Negativzins auf Spargthaben soll Ausnahme bleiben«, SPIEGEL Online, 31.10.2014
23 »Der Abschied vom kostenlosen Girokonto«, F.A.Z., 26.03.2016

24 Andreas Marquart und Philipp Bagus, Warum andere auf Ihre Kosten immer reicher werden ... und welche Rolle der Staat und das Papiergeld dabei spielen, München 2014
25 www.smart-rechner.de/kalte_progression/rechner.php; www.steuertipps.de/service/rechner/kalte-progression-berechnen
26 »Vorsicht Blase! In diesen Städten sind Immobilien viel zu teuer«, Focus Online, 24.07.2015
27 »Lage auf Wohnungsmarkt verschärft sich – das wird zum Problem für die Mittelschicht«, Focus Online, 28.10.2015
28 »Die große Inflationslüge: Warum Ihr Geld viel weniger wert ist, als Sie denken«, Focus Online, 14.06.2014
29 de.wikipedia.org/wiki/Deutsche_Inflation_1914_bis_1923
30 »Brötchen, Milch, Benzin: Welche Produkte die Inflation teurer macht«, SPIEGEL Online, 02.07.2014
31 »So Just How Did ›Core Inflation‹ Come About?«, Economic Policy Journal, 09.06.2008
32 Andreas Marquart und Philipp Bagus, Warum andere auf Ihre Kosten immer reicher werden ... und welche Rolle der Staat und das Papiergeld dabei spielen, München 2014
33 www.shadowstats.com
34 Daniel Stelter, Eiszeit in der Weltwirtschaft, Frankfurt 2016
35 »Investoren zahlen, um Nestlé Geld zu leihen«, Handelszeitung, 04.02.2015
36 »Eine neue Epoche am deutschen Kapitalmarkt«, F.A.Z., 14.06.2016

Kapitel 3
1 »Ex-Baulöwe Schneider ist wieder im Geschäft«, BILD, 07.01.2013
2 Berkshire Hathaway, Geschäftsbericht 2015
3 Eigene Berechnungen auf Grundlage von: Statistisches Bundesamt, Geld- und Immobilienvermögen sowie Schulden privater Haushalte, Fachserie 15, Heft 2 – 2013, Wiesbaden 2014; Deutsche Bundesbank, Monatsbericht Juni 2016 – 68. Jahrgang, Nr. 6, Frankfurt am Main 2016
4 Überarbeiteter Auszug aus: Max Otte, Rettet unser Bargeld, Berlin 2016
5 Landtag Nordrhein-Westfalen, 16. Wahlperiode, Haushalts- und Finanzausschuss, 94. Sitzung am 3.5.2016, Ausschussprotokoll APr 16/1275
6 Gesetz über die Deutsche Bundesbank § 14 Notenausgabe

7 § 3 Münzgesetz
8 »Greece imposes capital controls as crisis deepens«, Reuters, 28.06.2015
9 »Bundeswirtschaftsminister kann Banken zum Einfrieren von Vermögen zwingen«, Handelsblatt, 11.11.2001
10 Sahra Wagenknecht, Reichtum ohne Gier, Frankfurt 2016
11 Raimund Brichta und Anton Voglmaier, Die Wahrheit über Geld: Wie kommt unser Geld in die Welt – und wie wird aus einem Kleinkredit ein großer Finanzcrash?, Kulmbach 2013
12 www.monetative.de.
13 Norbert Häring, Die Abschaffung des Bargelds und die Folgen, Köln 2016
14 Deutsche Bundesbank, Europäische Zentralbank.
15 »Das Geheimnis der großen Scheine«, F.A.Z., 28.10.2015
16 »Draghi raubt dem deutschen Sparer seine Identität«, Die Welt, 28.4.2016
17 »Bargeld-Obergrenzen im Ausland: Die Scheinlösung«, SPIEGEL Online, 07.02.2016
18 Ulrich Horstmann und Gerald Mann, Bargeldverbot, München 2015
19 Kenneth Rogoff, Rethinking Paper Currency, Munich Lectures in Economics 2014 – Rethinking the Global Currency System, Vortrag an der Ludwig-Maximilians-Universität München am 18.11.2014
20 Norbert Häring, Die Abschaffung des Bargelds und die Folgen, Köln 2016
21 Liste der beteiligten Institute: einlagensicherungsfonds.de/ueber-den-einlagensicherungsfonds/mitwirkende-institute/
22 Richtlinie 2014/49/EU des Europäischen Parlaments und des Rates vom 16. April 2014 über Einlagensicherungssysteme
23 Richtlinie 2014/59/EU des Europäischen Parlaments und des Rates vom 15. Mai 2014 zur Festlegung eines Rahmens für die Sanierung und Abwicklung von Kreditinstituten und Wertpapierfirmen
24 www.welt.de/finanzen/article152457621/Oekonomen-kritisieren-Sparer-Haftung-bei-Bankenpleite.html
25 »Ökonomen kritisieren Sparer-Haftung bei Bankenpleite«, Welt am Sonntag, 21.02.2016
26 Multilateral Competent Authority Agreement on Automatic Exchange of Financial Account Information
27 Stand vom 28.6.2016. Der aktuelle Stand wird regelmäßig veröffent-

licht unter www.oecd.org/ctp/exchange-of-tax-information/MCAA-Signatories.pdf
28 Der Privatinvestor 15/2016 vom 15.4.16
29 www.banken-auskunft.de/vergleich/festgeld
30 »Rente nur auf Pump«, Stern, 29.11.2005
31 »BDI-Chef Ulrich Grillo hält Rente mit 85 für denkbar«, Focus Online, 30.10.2015
32 www.gdv.de/zahlen-fakten/branchendaten/ueberblick/

Kapitel 4

1 Matthias Weik und Marc Friedrich: Warum der finale Kollaps kommt und wie Sie jetzt kaufen, Köln 2014
2 Benjamin Graham und David Dodd, Die Geheimnisse der Wertpapieranalyse: Das Standardwerk des modernen Investierens, München 2008
3 Übernommen und aktualisiert aus Max Otte, Der Crash kommt, Berlin 2010
4 Charles Kindleberger, Manien. Paniken. Crashs. Die Geschichte der Finanzkrisen der Welt, Kulmbach 2001
5 Gustave LeBon, Psychologie der Massen, Stuttgart 1973, S. 10 ff
6 Ebenda
7 Charles Mackay, Extraordinary Popular Delusions and the Madness of Crowds, New York 1967
8 Charles Kindleberger, Manien. Paniken. Crashs. Die Geschichte der Finanzkrisen der Welt, Kulmbach 2001; Charles Mackay, Extraordinary Popular Delusions and the Madness of Crowds, New York 1967; William Bonner und Addison Wiggin, Tage der Abrechnung. Den Abschwung des 21. Jahrhunderts meistern, München 2005; eigene Ergänzungen
9 »Der deutsche Wohnungsmarkt läuft langsam heiß«, Bielmeiers Welt, DZ-Bank, 1.6.2016
10 Siehe unten den Abschnitt »Gerald Hörhan: Die Finanzirrtümer der Mittelschicht«
11 »Das Eigenheim ist günstig wie lange nicht«, F.A.Z., 15.05.2014
12 www.youtube.com/user/investmentpunkacadem
13 Robert T. Kiyosaki, Rich Dad, Poor Dad – Was die Reichen ihren Kindern über Geld beibringen, München 2016
14 Ebenda, S. 67
15 Ebenda, S. 73

Kapitel 5

1. Bank für Internationalen Zahlungsausgleich. BIS Statistical Bulletin. Juni 2016
2. Zum Zeitpunkt Juli 2016
3. Das sind beispielsweise US-Dollar, Schweizer Franken, Britische Pfund, Schwedische Kronen, Dänische Kronen und in weiterer Folge Kanadische Dollar, Japanische Yen und Norwegische Kronen
4. Statistisches Bundesamt, Volkswirtschaftliche Gesamtrechnungen, Fachserie 18, Reihe 1.2, Wiesbaden 2016
5. Eurostat/Europäische Kommission: Bruttoverschuldung des Staates – jährliche Daten ec.europa.eu/eurostat/tgm/table.do?tab=table&init=1&language=de &pcode=teina225&plugin=1
6. Deutsche Bundesbank, Kurse und Renditen börsennotierter Bundeswertpapiere, Juni 2016
7. Anmerkung: Wir analysierten die Petrobras-Argentina-Anleihe, bevor Pampa Energia das Angebot unterbreitete, den Anteil des brasilianischen Hauptaktionärs Petrobras zu übernehmen. Nach der Übernahme ist der Hauptaktionär Petrobras laut Anleihebedingungen zum Rückkauf der Anleihe verpflichtet
8. Ulrich Horstmann, Die geheime Macht der Ratingagenturen, München 2013
9. Europäische Wertpapier- und Marktaufsichtsbehörde, Competition and Choice in the Credit Rating Industry, Paris 2015
10. S&P, Global Ratings Definitions, Stand 3. Mai 2016
11. S&P, Ratings Direct.2014 Annual Global Corporate Default Study And Rating Transitions, New York 2015
12. Howard Marks, Memo an die Kunden seiner Investmentgesellschaft Oaktree Capital, abrufbar unter www.oaktreecapital.com/docs/default-source/memos/2014-01-16-getting-lucky.pdf?sfvrsn=2
13. Übernommen und aktualisiert aus Der Privatinvestor 48/2012 vom 30.11.12
14. »Immer mehr Mittelstandsanleihen werden zu Sanierungsfällen«, Rhein-Neckar-Zeitung, 7.7.2016

Kapitel 6

1. www.focus.de/kultur/kunst/abstraktes-bild-richter-gemaelde-zum-rekordpreis-von-41-millionen-versteigert_id_4470878.html

Kapitel 7

1. Ernst & Young, Wem gehört der DAX? Analyse der Aktionärsstruktur, Eschborn 2014
2. Deutsches Aktieninstitut. DAX-Rendite-Dreieck des deutschen Aktieninstituts. Stand 31. Dezember 2015. Frankfurt am Main 2016
3. Jeremy Siegel, Stocks for the Long Run. New York 2014
4. Siegel. Stocks for the Long Run. 2014, S. 6
5. Benjamin Graham. Intelligent investieren, München 2016, S. 171
6. Abrufbar unter www.dai.de
7. Deutsches Aktieninstitut, Aktionärszahlen des Deutschen Aktieninstituts 2015, Frankfurt am Main 2016
8. Vgl. Benjamin Graham, Intelligent investieren, München 2016, S. 100
9. Ebenda, S. 366

Kapitel 8

1. Vgl. Benjamin Graham, Intelligent investieren, München 2016, S. 86
2. Statista, Most valuable brands within the automotive sector worldwide as of May 2016 by brand value. Abrufbar unter: www.statista.com/statistics/267830/brand-values-of-the-top-10-most-valuable-car-brands/
3. Interbrand Rankings 2015. Abrufbar unter: interbrand.com/best-brands/best-global-brands/2015/ranking/
4. Tren Griffin: Charlie Munger – ich habe dem nichts mehr hinzuzufügen. München 2016, S. 162
5. Ebenda, S. 46
6. Im Anhang zeigen wir Ihnen, wie Sie Multiplikatoren für Unternehmen und Aktien ableiten
7. Benjamin Graham, Intelligent investieren, München 2016, S. 23

Kapitel 9

1. Der Zertifikateberater, DZB Plenum, April 2016
2. »Brexit-Angst – was Immofonds-Anleger jetzt wissen müssen«, Manager Magazin, 7.7.2016.
3. »Indexanbieter – Die Lizenz zum Gelddrucken«, Börse am Sonntag, 2.7.2010
4. Ein Swap ist ein sogenanntes derivatives Finanzinstrument. Vereinfacht gesagt ein Tauschgeschäft, bei dem unterschiedliche Zahlungsströme getauscht werden. Es handelt sich im Prinzip um eine Wette, die der ETF-Anbieter mit einer Bank abschließt

5 »Was vom Bric-Hype übrig bleibt«, Finanz und Wirtschaft, 1.6.2016.
6 Emittent: Deutsche Bank; WKN: DEOOODB3PKA4; Laufzeitende: 19.7.2011; Bezugsverhältnis: 1 zu 1; Aktivierungsschwellen bei 92,30 Euro, 82,05 Euro und 71,79 Euro. Bei der Wertentwicklung der Aktie wird in der Beispielrechnung eine Dividende von 6 Euro pro Jahr unterstellt. Berechnung in Anlehnung an Wirtschaftswoche, 15.9.2008

Kapitel 10
1 Statista. Worldwide desktop market share of leading search engines from January 2010 to January 2016. Abrufbar unter: www.statista.com/statistics/216573/worldwide-market-share-of-search-engines/
2 Statista. Coca-Cola Company's market share in the United States from 2004 to 2015. Abrufbar unter: www.statista.com/statistics/225388/us-market-share-of-the-coca-cola-company-since-2004/
3 Griffin: Charlie Munger – ich habe dem nichts mehr hinzuzufügen. München 2016. S. 184
4 Vitaliy Katsenelson: Investieren in Seitwärtsmärkten

Kapitel 11
1 Weiterführende Informationen dazu finden Sie in: Max Otte und Jens Castner, Deutsche Superinvestoren aus Graham- und Doodsville. Erfolgsgeheimnisse der besten Value-Investoren, München 2007, S. 241
2 Benjamin Graham, Intelligent investieren, München 2016, S. 31
3 Stand 12.07.2016
4 »Bullish« bedeutet steigende Kurse. An der Börse steht der Bulle sinnbildlich für steigende Kurse und der Bär für fallende. Das Gegenteil von »bullish« wäre auf Englisch »bearish«
5 Howard Marks, Der Finanz-Code, München 2012, S. 231
6 Berkshire Hathaway, Geschäftsbericht 2013
7 Tren Griffin, Charlie Munger – ich habe dem nichts hinzuzufügen, München 2016, S. 46

Kapitel 12
1 S. Kapitel 1
2 S. Kapitel 4
3 James Montier: The little book of behavioral investing – how not to be your own worst enemy. New York 2010
4 www.bankkaufmann.com/a-194057-Bocrse-Online-Interview-mit-Bestseller-Autor-Max-Otte-Kauft-Aktien.html

5 James Montier: Die Psychologie der Börse – der Praxisleitfaden für Behavioral Finance. München 2010
6 Hanno Beck: Geld denkt nicht – wie wir in Gelddingen einen klaren Kopf behalten. München 2012
7 Montier, S. 56 ff
8 Montier, S. 63
9 Zählen Sie die richtigen Antworten, um Ihre Punktzahl zu ermitteln. Richtig: 1 a), 2 a), 3 b), 4 b), 5 a), 6 b), 7 c), 8 b), 9 b), 10 b)
10 Steven R. Covey: Die sieben Wege zur Effektivität – Prinzipien für persönlichen und beruflichen Erfolg, Frankfurt 2005

Empfohlene Börsen- und Investmentbücher

Benjamin Graham: Intelligent investieren – der Bestseller über die richtige Anlagestrategie. München 2013.
Der Klassiker des Lehrmeisters von Warren Buffett und Begründers des Value Investing. Obwohl das Buch mittlerweile gut fünfzig Jahre alt ist, ist es noch außerordentlich lehrreich. Graham lehrt zu denken.
Joel Greenblatt: Die Börsenformel – wie Sie den Markt mit Leichtigkeit schlagen. Kulmbach 2011.
Kleines Büchlein eines erfolgreichen Hedgefonds-Managers mit interessanten Weisheiten. So leicht, wie Greenblatt es suggeriert, ist das Geldanlegen wohl nicht. Dennoch sehr lehrreiches Buch.
Tren Griffin: Charlie Munger – ich habe dem nichts mehr hinzuzufügen. München 2016.
Investmentweisheiten von Charlie Munger, dem kongenialen Partner von Warren Buffett, portionsweise verpackt.
Robert T. Kiyosaki: Rich Dad, Poor Dad – was die Reichen ihren Kindern über Geld beibringen. München 2014.
Sehr gutes und hilfreiches Buch zum Umgang mit Geld und Vermögenswerten. Basics nicht nur für Kinder.
Gerd Kommer: Souverän investieren mit Indexfonds und ETFs: Wie Privatanleger das Spiel gegen die Finanzbranche gewinnen. Frankfurt 2015.
Eine Einführung in das passive Investieren.
André Kostolany: Die Kunst, über Geld nachzudenken. Berlin 2015.
Schöngeistiges vom deutschen Börsenaltmeister.
John Mihaljevic: Das Value-Investing-Handbuch: Mit bewährten Methoden die besten Investments finden. München 2014.
Für Fortgeschrittene.
James Montier: Der Schlüssel zu Ihrem Anlage-Erfolg: Bessere Entscheidungen mit Behavioral Investing. Kulmbach 2011.

James Montier ist nicht nur Theoretiker, sondern hat auch selber große Anlagefonds erfolgreich gemanagt. Hier erläutert er die wichtigsten Anlegerfallen – wissenschaftlich fundiert und humorvoll.

Max Otte: Sehr geehrte Privatanleger – die besten Anlageweisheiten der letzten 10 Jahre. München 2013.

Investmentweisheiten zur Anlegerpsychologie, Anlageklassen, Investmentverhalten und zur Geldanlage.

Max Otte: Der Crash kommt – die neue Weltwirtschaftskrise und wie Sie sich darauf vorbereiten. Berlin 2009.

Jeremy Siegel: Aktien für die Ewigkeit. München 2016.

Das Standardwerk zur Anlage Aktien des Finanzprofessors der University of Pennsylvania.

Ulrich Wiehle u.a.: 100 Finanzkennzahlen. Wiesbaden 2011.

Hilfreiches kleines Büchlein zum Nachschlagen.

4 Wochen kostenlos testen!
Der Kapitalanlagebrief von Max Otte

Woche für Woche liefert Ihnen **Der Privatinvestor** die Erkenntnisse und Recherchen von Max Otte und seinem Team. Und das seit fast 15 Jahren. Als Abonnent haben Sie Zugriff auf nach der Methode Otte geführte Musterdepots, eine Aktiendatenbank mit über 60 Titeln und vieles mehr. **Der Privatinvestor** ist werbefrei und unabhängig. Die Strategie des Value Investing (dt. wertorientiertes Investieren) eignet sich besonders zum langfristigen Vermögensaufbau für Privatanleger.

> **Testen Sie Der Privatinvestor 4 Wochen kostenlos:**
> **www.der-privatinvestor.de/testabo**
> Herr Philipp Schäferhoff, Tel.: +49 (0)221 998019-12

Individuelle Vermögensberatung und -verwaltung (ab 250.000 €)

Verfügen Sie über ein Anlagevermögen von mehr als 250.000 € und wollen Sie individuelle Beratung? Wenn Sie Ihr Vermögen nach der Strategie von Max Otte von professioneller Hand beraten oder verwalten lassen möchten, können Ihnen dies unsere Lizenzpartner für eine Gebühr von 1% anbieten – das ist deutlich niedriger als die Kosten der meisten Aktienfonds.

Anlagefonds nach Methode Max Otte und Vermögensvewaltung nach dem Langfristdepot

- Ab 50.000 € können Sie ein Depot aus Einzeltiteln wie das im Börsenbrief **Der Privatinvestor** geführte „Langfristdepot" verwalten lassen.
- Der **Max Otte Vermögensbildungsfonds** (WKN: A1J3AM) setzt als deutscher Anlagefonds seit 1. Juli 2013 die Strategie von Max Otte um.
- Der **PI Global Value Fund** (WKN: A0N9EG) investiert seit März 2008 nach dieser Methode und hat in diesem Zeitraum den MSCI World geschlagen. Trotz Finanz- und Eurokrise betrug die Wertsteigerung zwischen März 2008 und September 2016 über 80%.

Detaillierte Infos und regelmäßiger Newsletter zu den Fonds:
www.max-otte-fonds.de
Weitere Informationen zu Vermögensverwaltung und Fonds:
Herr Philipp Schäferhoff | Tel.: +49 (0)221 998019-12